Einfamilienhäuser 50/60/70

Stadtentwicklung und Revitalisierung

WÜSTENROT STIFTUNG

Impressum

Ein Forschungsprojekt der Wüstenrot Stiftung.
Hohenzollernstraße 45 · 71630 Ludwigsburg
Tel. +49 7141 16 75 65-00 · Fax +49 7141 16 75 65-15
info@wuestenrot-stiftung.de · www.wuestenrot-stiftung.de

Bearbeitung und Redaktion
Prof. Dr.-Ing. Christina Simon-Philipp
Josefine Korbel, M.Eng.
Simon Stiegler, M.Eng.
Hochschule für Technik Stuttgart (HFT)

Gestaltung
Kreativ plus GmbH, Stuttgart
www.kreativplus.com

Druck und Bindung
Offizin Scheufele
Druck und Medien GmbH & Co. KG, Stuttgart

©2016 Wüstenrot Stiftung, Ludwigsburg
Alle Rechte vorbehalten. All rights reserved
Printed in Germany

ISBN 978-3-933249-40-1

Die Abbildungen erscheinen mit freundlicher Genehmigung der Rechteinhaber.
Wo diese nicht ermittelt werden können, werden berechtigte Ansprüche
im Rahmen des Üblichen abgegolten.

Aus Gründen der besseren Lesbarkeit wird auf die gleichzeitige Verwendung
männlicher und weiblicher Sprachformen verzichtet. Sämtliche
Personenbezeichnungen gelten gleichermaßen für alle Geschlechter.

Inhaltsangabe

	Vorwort	**5**
	Einleitung	7
1	**Einfamilienhausgebiete als Forschungsgegenstand**	**13**
1.1	Relevanz des Themas und Ausgangslage	15
1.2	Forschungsfragen, Methode und Zielsetzungen	17
1.3	Aufbau der Publikation	19
1.4	Kurzfassung/Abstract	20
2	**Gebietstyp und Situation in der Gegenwart**	**23**
2.1	Einfamilienhausgebiete der 1950er- bis 1970er-Jahre	25
2.2	Das Einfamilienhaus in Zahlen	28
2.3	Demografische Entwicklungen	34
2.4	Wohnen und Bewohner, Tendenzen und Bedürfnisse	40
3	**Stadtentwicklung und alternde Einfamilienhausgebiete**	**53**
3.1	Problemwahrnehmung – Forschungs- und Praxisprojekte im Überblick	55
3.2	Bundesweite Fallstudien	60
3.3	Problemstellungen, Projekte und Ansätze im Überblick	62
4	**Instrumente zur Weiterentwicklung von Einfamilienhausgebieten**	**69**
4.1	Bebauungsplanung und Flächenmanagement (Innenentwicklung)	72
4.2	Formelle und informelle Instrumente zur Bestandssicherung	74
4.3	Integrierte und sektorale Entwicklungskonzepte	76
4.4	Städtebauförderung	78
4.5	KfW-Förderungen	79
4.6	Quartiersmanagement	80
4.7	Landesprogramme und Modellvorhaben der Länder	81
4.8	Kommunale und kreisweite Förder- und Beratungsprogramme	82
4.9	Forschung und Experimenteller Wohnungs- und Städtebau (ExWoSt)	83
4.10	Wettbewerbe und Auszeichnungsverfahren	84
4.11	Impulsprojekte und sonstige, auch innovative Instrumente	85
	Die Anwendung der Instrumente in den Fallstudien im Überblick	86

5	**Querschnittsthemen: Kommunikation, Nachbarschaft und Beteiligung**	**93**
6	**Handlungsfelder der Stadtentwicklung**	**101**
6.1	Bedarfsgerechte Bestandsanpassung und Weiterentwicklung der Infrastruktur	**104**
	Dorsten – Wulfen-Barkenberg	
	Karlstadt – Alte Siedlung	
	Osterholz-Scharmbeck	
6.2	Wohnraumerweiterung und Schaffung zusätzlichen Wohnraums	**149**
	Aalen – Triumphstadt	
	Bocholt	
6.3	Energetische Quartierssanierung	**179**
	Stade-Hahle	
6.4	Leerstandsaktivierung und Leerstandsbewältigung	**193**
	Cuxhaven	
	Hiddenhausen	
6.5	Sicherung der Gestaltung und Baukultur	**219**
	Wolfsburg – Detmerode	
7	**Zusammenfassung und Fazit**	**237**
8	**Projektsteckbriefe**	**243**
9	**Anhang**	**297**
	Literaturverzeichnis	**299**
	Abbildungsverzeichnis	**319**
	Abkürzungsverzeichnis	**334**
	Index	**335**
	Autorinnen	**338**

Vorwort

Die Wertschätzung von Ein- und Zweifamilienhäusern ist in Deutschland in hohem Maße ambivalent. Für ihre ersten Eigentümer sind sie in der Regel die größte Investition im Lebenslauf. Sie stehen oft im Mittelpunkt der finanziellen Planungen und sind ein zentraler Faktor bei der Entscheidung für oder gegen einen Wohnstandort und Lebensmittelpunkt. Sehr häufig werden sie beim Erwerb als ‚Familien-Immobilie' betrachtet, obwohl sie später nahezu ebenso oft von den Kindern doch nicht ernsthaft in die eigene Lebensplanung einbezogen werden.

Architekten und Planer blicken dagegen gerne etwas kritisch auf Ein- und Zweifamilienhäuser sowie auf die Wohnquartiere, die von diesem Gebäudetyp dominiert werden. Dies gilt insbesondere dann, wenn an den einzelnen Häusern und an einem heterogenen Quartiersbild die individuellen Vorlieben der Eigentümer in der Ausstattung und äußeren Gestaltung der Gebäude zum Ausdruck kommen.

Eigentlich haben die Ein- und Zweifamilienhäuser ebenso wie die Wohngebiete eine geringe Wertschätzung und ablehnende Distanzierung nicht verdient. Zugegeben: Ökologisch können sowohl Gebäude- wie auch Quartierstyp nur wenig punkten. Flächen- und Energieverbrauch sind höher als in verdichteten Strukturen und die mit suburbanen Standorten oder Randlagen nahezu zwangsläufig einhergehende Trennung von Wohnen und Arbeiten, von Infrastruktur und Freizeitaktivität führt zu einem erhöhten Mobilitätsaufkommen. Dieses kann nur eingeschränkt mit öffentlichen Verkehrsmitteln bewältigt werden, da deren Dichte und Frequenz im Umland der Städte nicht ausreicht, dass Familien auf einen (zweiten) PKW verzichten können. Urbanere Wohnformen scheinen auch aus diesen Gründen inzwischen deutlich an Attraktivität in der Bevölkerung zu gewinnen, obwohl die großzügige und großflächige Ausweisung weiterer, neuer Ein- und Zweifamilienhausgebiete offenbar ungebrochen zur demografischen Standardstrategie von Gemeinderäten und Bürgermeistern der Umlandgemeinden gehört.

Aktuell sind es vor allem viele Ein- und Zweifamilienhausgebiete aus den 1950er bis 1970er Jahren, die an Beliebtheit und Anziehungskraft verlieren. Der (Verkaufs-)Wert der Häuser sinkt aufgrund kleiner oder veralteter Grundrisse und einer überwiegend nicht mehr zeitgemäßen Ausstattung. Aufgeschobene oder ausgebliebene Modernisierungen erhöhen die Investitionskosten für potenzielle Kaufinteressenten, die bei häufig gleichzeitig überhöhten Preiserwartungen der Ersteigentümer von einem Kauf zurückschrecken. Auch das fehlende Engagement der Erben trägt dazu bei, dass ein anstehender Generationenwechsel ins Stocken gerät und erste, bald rasch wachsende Leerstände entstehen können. In vielen Kommunen richtet sich dann in dieser Phase erstmalig seit ihrer Entstehung die fachliche Aufmerksamkeit auf diese Gebiete, die sich in den Jahrzehnten zuvor ohne besonderen Handlungsbedarf oder Probleme entwickelt haben.

Die Reaktionen auf diesen Wandel und auf den daraus resultierenden Handlungsbedarf erfolgen zu oft nur zögerlich; teils aus fehlender Erfahrung im Umgang mit solchen Gebieten, teils aus der ambivalenten Wertschätzung gegenüber den Gebäuden und nicht zuletzt auch aufgrund der zu erwartenden komplexen Prozesse bei einer unklaren Verantwortung für die zukünftige Entwicklung des Quartiers. Die Zersplitterung der Eigentumsverhältnisse mit vielen, unabhängig voneinander agierenden Selbstnutzern oder deren (passiven) Erben, und die Anforderung einer gleichzeitigen Ertüchtigung von Gebäuden, Infrastruktur und Wohnumfeld erschweren die Entwicklung und Umsetzung adäquater Handlungsoptionen.

Präventive Orientierungen müssen im Umgang mit diesen Gebäuden und Quartieren deutlich stärker als bisher im Vordergrund stehen. Je früher auf die einsetzenden Entwicklungen reagiert wird, desto eher lässt sich die Dynamik einer negativen Eigenspirale verhindern und desto leichter kann über adäquate Konzepte und Unterstützungsmaßnahmen das eigenständige Entwicklungspotenzial betroffener Gebiete gestärkt werden, auch unter veränderten Rahmenbedingungen und Nachfrageparametern.

Bei der Beschäftigung mit den Entwicklungspotenzialen der Ein- und Zweifamilienhäuser aus den Nachkriegsjahrzehnten dürfen wir nicht vergessen, dass der hohe Anteil, den gerade diese Gebäude und Quartiere auch heute noch am Wohnungsbestand in Deutschland halten, keine Folge mangelnder Alternativen oder eines überdurchschnittlichen günstigen Kostenfaktors ist. Es waren eher die Haushalte, die aufgrund ihrer ökonomischen Verhältnisse und ihrer Mobilität über Auswahlmöglichkeiten verfügten, die sich für diese Wohnform entschieden hatten. Die große Verbreitung der Ein- und Zweifamilienhäuser ist deshalb in erster Linie auf ihre Eignung für bestimmte Lebensmodelle und Lebensphasen zurückzuführen.

In den letzten Jahr(zehnt)en ist zwar die frühere Dominanz der Kleinfamilie zurückgegangen und andere Lebensformen mit einer höheren Affinität zu städtischen, verdichteten Wohnformen und Standorten gewinnen an Bedeutung. Dennoch sind die in vielen Regionen selbstverständlich zum Kern eines differenzierten Wohnungsangebotes gehörenden Ein- und Zweifamilienhäuser der Nachkriegsjahrzehnte bis auf weiteres unverzichtbar. Dies gilt angesichts der in ihnen gebundenen Stoffe und Energien auch unter ökologischen Kriterien.

Für eine nachhaltige Zukunft der Ein- und Zweifamilienhäuser aus den 1950- bis 1970er-Jahren ist entscheidend, dass sowohl Bewohner als auch Gebäude und Quartiere in einen sukzessiven und kontinuierlichen Erneuerungsprozess treten. Die für eine zukunftsfähige Nutzung erforderlichen Konzepte und Strategien können auf verschiedenen Ebenen mit unterschiedlichen Optionen und Beteiligten ansetzen.

Das Forschungsprojekt der Wüstenrot Stiftung, dessen Ergebnisse mit dieser Publikation allen Interessenten und potenziell Beteiligten zur Verfügung gestellt werden, stellt solche unterschiedlichen Ansätze und Beispiele in den Mittelpunkt. Sie wurden über eine bundesweite Recherche gefunden und als Fallbeispiele wie als Referenzprojekte analysiert. Die daraus ableitbaren Erkenntnisse und Handlungsoptionen sollen dazu dienen, die aktuelle Bedeutung wie auch die zukünftigen Potenziale der Ein- und Zweifamilienhäuser aus den Nachkriegsjahrzehnten zu verdeutlichen.

Dr. Stefan Krämer
Wüstenrot Stiftung

Einleitung

Im Jahr 2015 wurden laut statistischem Bundesamt je Frau
1,5 Kinder
geboren.

Um den heutigen Bevölkerungsstand aufrecht zu erhalten, müssten je Frau
2,1 Kinder
geboren werden.

61 %
2009

50 %
2060

Im Jahr 2060 werden voraussichtlich nur noch ca. 50 % der Bevölkerung im erwerbsfähigen Alter sein. 2009 waren dies ca. 61 %.

Einleitung | 1

81,8 Mio.
2013

70,1 Mio.
Obergrenze
2060

64,7 Mio.
Untergrenze

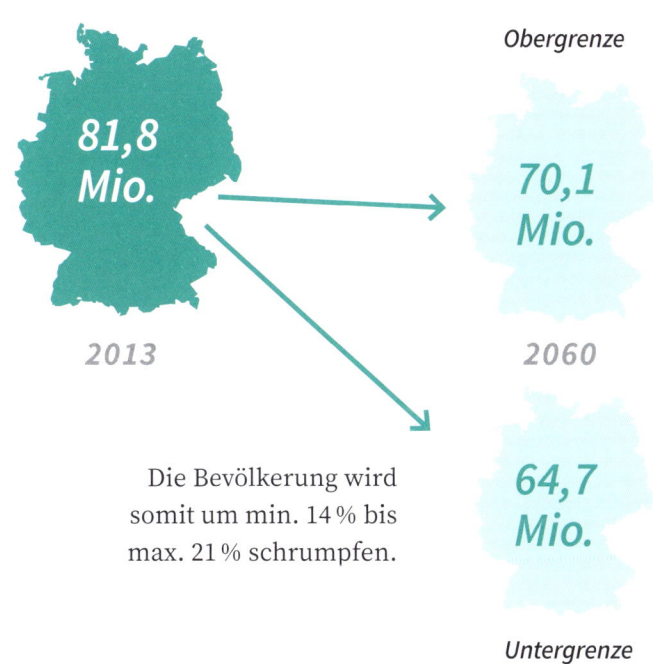

Die Bevölkerungszahl wird von 81,8 Mio. im Jahr 2013 auf 64,7 Mio. (Untergrenze) bzw. 70,1 Mio. (Obergrenze) im Jahr 2060 abnehmen.

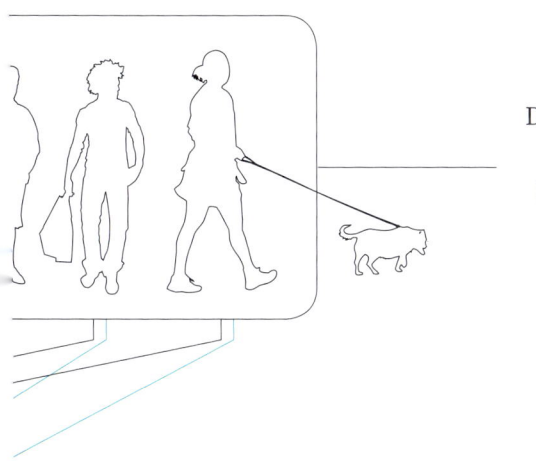

Die Bevölkerung wird somit um min. 14 % bis max. 21 % schrumpfen.

Das Durchschnittsalter der Bevölkerung Deutschlands beträgt

43,3 Jahre

Im Jahr 2060 werden **1/3** der Bevölkerung Deutschlands 65 Jahre oder älter sein. 2009 waren es noch 1/5.

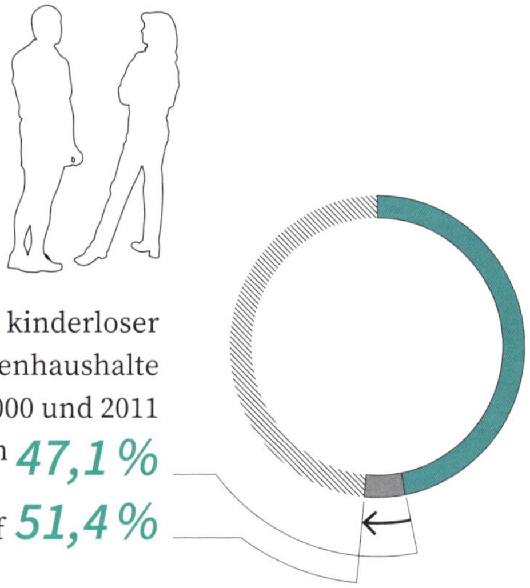

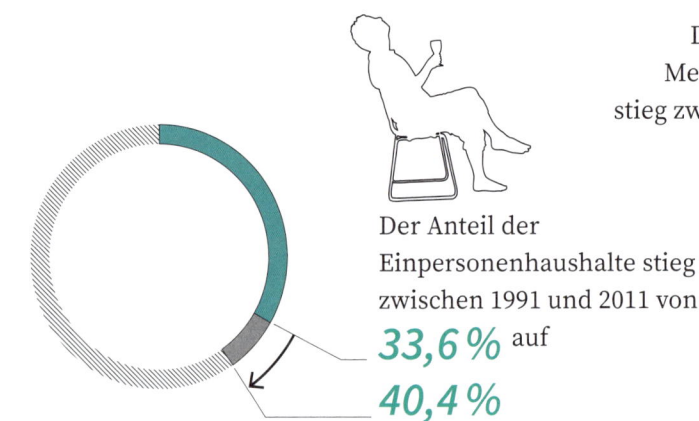

Der Anteil der Einpersonenhaushalte stieg zwischen 1991 und 2011 von **33,6 %** auf **40,4 %**

Der Anteil kinderloser Mehrpersonenhaushalte stieg zwischen 2000 und 2011 von **47,1 %** auf **51,4 %**

Laut Prognosen steigt die Zahl der Einpersonenhaushalte bis zum Jahr 2030 in den neuen Bundesländern auf **42,3 %** und in den alten Bundesländern auf **41,3 %**

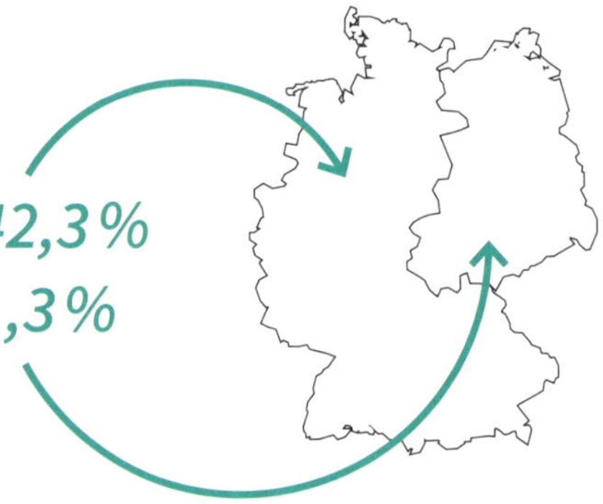

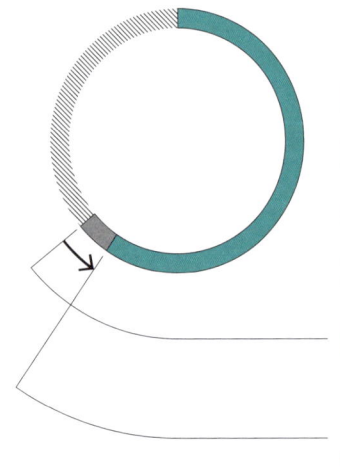

Der Anteil der Mehrpersonenhaushalte sank zwischen 2000 und 2011 von **63,9 %** auf **59,6 %**

Einleitung | **1**

Über **50 %** der Deutschen sehen im Einfamilienhaus die ideale Wohnform.

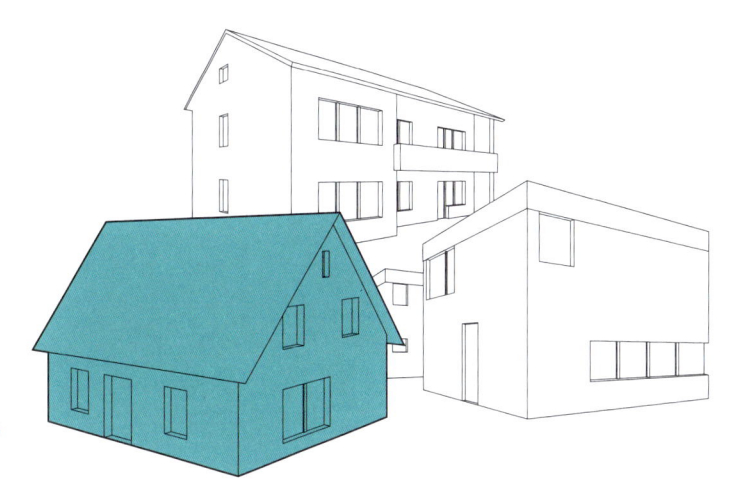

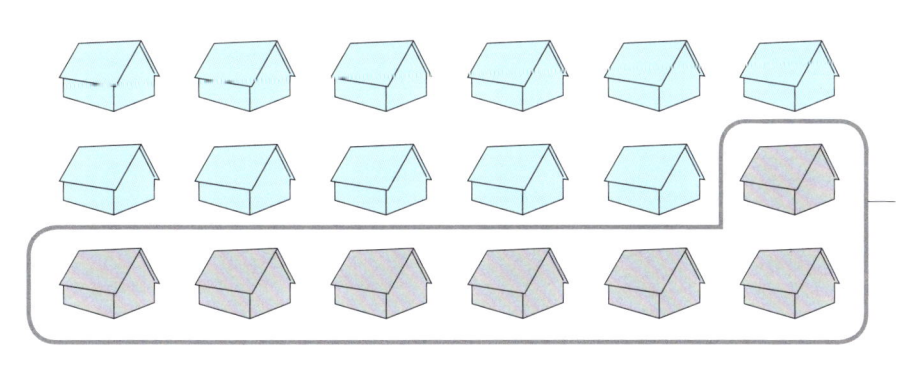

Der gesamte Wohngebäudebestand in Deutschland liegt bei rund **18,2 Mio.** Gebäuden.

7,1 Mio. und somit 39 % entstanden in den 1950er- bis 1970er-Jahren.

Mehr als jede 5. westdeutsche Wohneinheit befindet sich in einem Einfamilienhaus der 1950er- bis 1970er-Jahre.

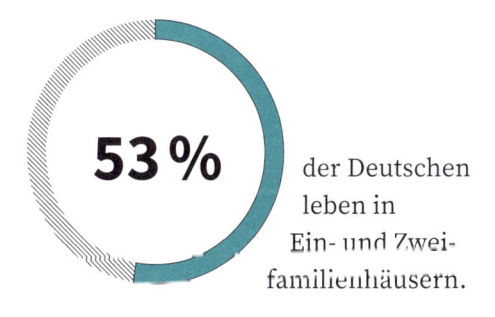

53 % der Deutschen leben in Ein- und Zweifamilienhäusern.

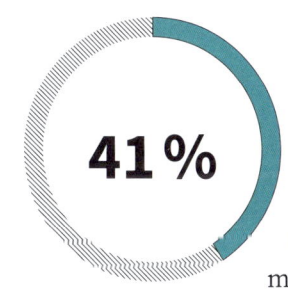

41 % der Deutschen leben in Gebäuden aus den 1950er- bis 1970er-Jahren In den alten Bundesländern beinahe zweimal so viele wie in den neuen Bundesländern.

5,7 Mio. und somit 37 % der Ein- und Zweifamilienhäuser in Deutschland entstanden laut statistischem Bundesamt in den 1950er- bis Ende der 1970er-Jahren.

Nahezu *jedes 3. Wohngebäude* in den alten Bundesländern ist ein Einfamilienhaus der 1950er- bis 1970er-Jahre.

the # 1

Einfamilienhausgebiete als Forschungsgegenstand

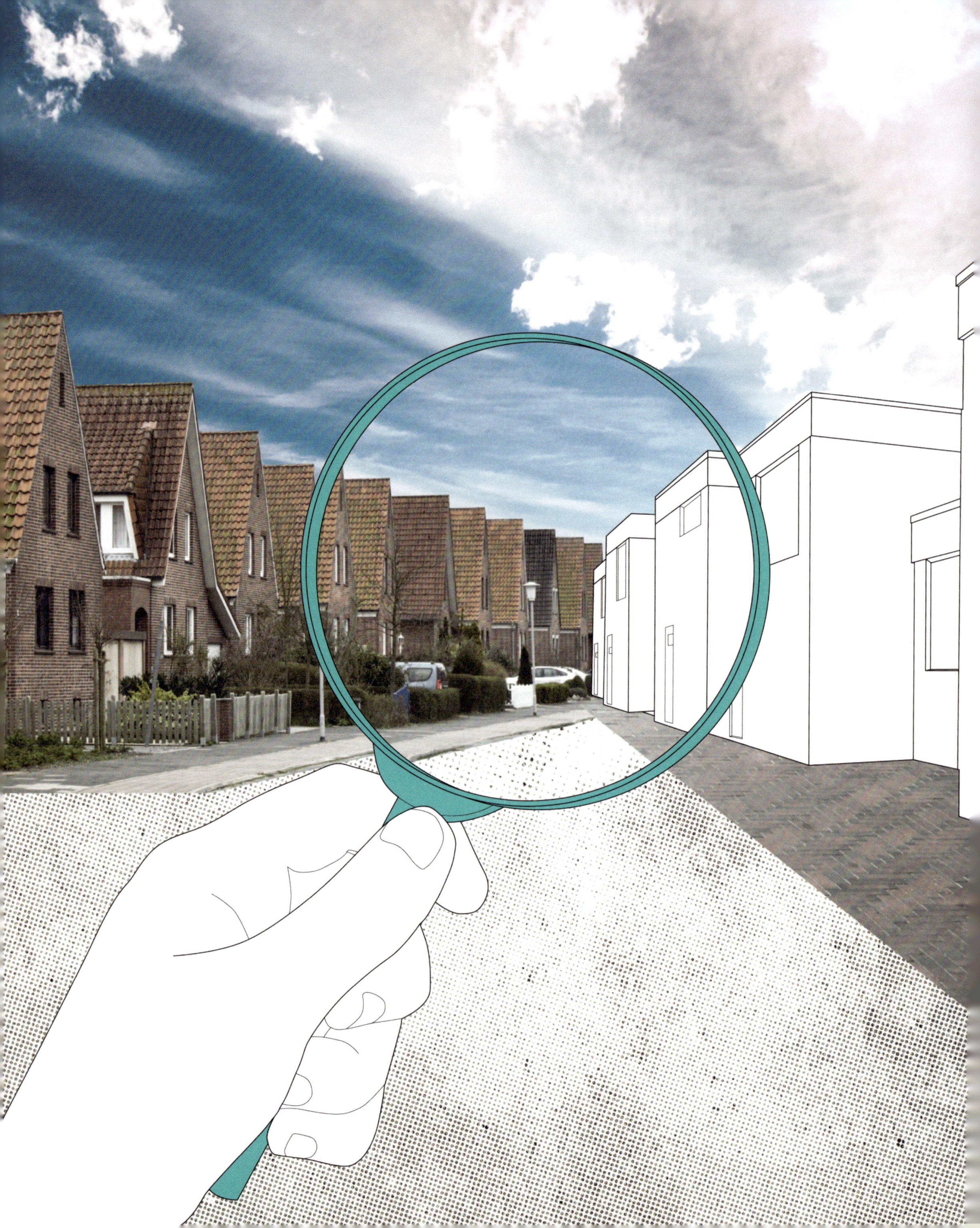

1 Einfamilienhausgebiete als Forschungsgegenstand

1.1 Relevanz des Themas und Ausgangslage

Die Entwicklung der Einfamilienhausgebiete der Nachkriegsjahrzehnte galt lange Zeit als unproblematisch. Heute sind viele der meist einheitlich aufgesiedelten Gebiete von Veränderungsprozessen betroffen. Die Ursachen hierfür liegen in ungünstigen demografischen Entwicklungen, neuen Wohnpräferenzen und Lebensentwürfen, dem Strukturwandel und steigenden energetischen Anforderungen. Die Nachfragestruktur nach Wohnraum verändert sich deutlich; städtische Regionen und urbane Räume gewinnen gegenüber der Peripherie und schlecht erschlossenen Standorten an Bedeutung. Vielfach steht ein Generationenwechsel in den Gebieten an. Die auf Familien zugeschnittenen Häuser werden heute oft von älteren, alleinstehenden Menschen bewohnt. Der Altersdurchschnitt ist somit oft sehr hoch und es sind „innere Leerstände" („empty nester"), ein Sanierungs- und Modernisierungsstau sowie eine veränderte Nachfrage nach Infrastruktur zu beobachten.

Soziodemografische Veränderungsprozesse führen zu einer neuen Nachfragestruktur nach Wohnraum. Die zunehmende Anzahl an Singlehaushalten (vgl. Statistisches Bundesamt 2011: 8) und die weitverbreitete Präferenz urbaner Räume (vgl. Statistisches Bundesamt 2011: 11) prägen die Wohnwünsche und führen zu Verschiebungen in der Nachfrage. Die Bausubstanz der Gebäude aus den 1950er- bis 1970er-Jahren entspricht vielfach nicht mehr heutigen Wohnwünschen, Standards und energetischen Anforderungen.

Problemwahrnehmung

Die Relevanz des Themas wird nicht zuletzt auch durch die große Menge der Bestände offensichtlich. Der Anteil der Ein- und Zweifamilienhäuser dieser Baualtersklassen am Gesamtwohnungsbestand ist beträchtlich. In den alten Bundesländern ist nahezu jedes dritte Wohngebäude ein zwischen 1949 und 1978 errichtetes Ein- bzw. Zweifamilienhaus. Meist wurden die Gebäude am Stadtrand in reinen Wohngebieten errichtet. Mehr als jede fünfte westdeutsche Wohneinheit befindet sich in einem Einfamilienhaus der 1950er- bis 1970er-Jahre (Wüstenrotstiftung 2012: 12; siehe Kapitel 2). Aktuell ist zu beobachten, dass sich Kommunen, die Stadtentwicklungspolitik und die Stadtforschung zunehmend mit den Beständen, ihren Veränderungen, den demografischen Entwicklungen und Herausforderungen auseinandersetzen.

„In die Jahre gekommene Einfamilienhausgebiete" werden inzwischen auch in den Medien und in der Presse thematisiert, z.B.: „Wenn das Wohngebiet überaltert" (Ingeborg Breuer,

Deutschlandfunk 27.09.2012), „Leerstand bei Einfamilienhäusern: Alptraumhaus im Grünen" (Christian Tröster, SPIEGEL online 6.11.2012), „Auslaufmodell Einfamilienhaus?" (Joachim Göres, Taz, 9.02.2013), „Verlassen und verramscht – wenn keiner Omas Haus will" (WDR-Reihe „Die Story" 10.02.1014), „Der unsichtbare Riss" (Stefan Schmitz, Stern 25.9.2014) und „Hausgeträumt" (Mark Schieritz, ZEIT, 10.10.2016).

Herausforderungen

Wollen Kommunen eine nachhaltige, bestandsorientierte Stadt- und Gemeindeentwicklung vorantreiben, kommen sie nicht umhin, auch die in die Jahre gekommenen Einfamilienhausgebiete miteinzubeziehen. Dem Ziel des sparsamen Umgangs mit Grund und Boden entsprechend ist die Anpassung des in die Jahre gekommenen Wohnungsbestandes eine wichtige Herausforderung der Stadtentwicklung, deren Planungsgrundsätze mit dem Vorrang der Innenentwicklung (vgl. BauGB 2014 § 1 ff) im Baugesetzbuch festgelegt sind (vgl. „Innenentwicklungsnovelle" 2013: Gesetz zur Stärkung der Innenentwicklung in den Städten und Gemeinden (...) vom 11.6.2013. DGBI. I S. 1548).

In zwei Forschungsprojekten der Wüstenrot Stiftung wurden die Aufgaben und Probleme im Umgang mit dem Wohnungsbestand der 1950er- bis 1970er-Jahre untersucht (2012 und 2013). Im Forschungsprojekt „Die Zukunft von Ein- und Zweifamilienhausgebieten aus den 1950er- bis 1970er-Jahren – Handlungsempfehlungen für eine nachhaltige Nutzung" (2009-2012) wurde die Anpassungsfähigkeit von Ein- und Zweifamilienhausbeständen der 1950er- bis 1970er-Jahre an eine veränderte Nachfrage analysiert. Zentrale Fragestellungen des Forschungsprojektes waren: In welchen Regionen in Westdeutschland ist mit einer divergierenden Entwicklung zwischen Angebot und Nachfrage zu rechnen? Welche kleinräumigen Differenzierungen bestehen? Wie ist die Marktsituation von Einfamilienhausbeständen und wie vollzieht sich der Generationenwechsel? Welche Bedeutung kommt dem Thema Bestandsentwicklung aus Sicht der Kommunen zu? Welche Strategien und Maßnahmen sind geeignet, um die nachhaltige Nutzung der Einfamilienhausbestände zu fördern?

Als Ergebnis des Projektes wurden Handlungsfelder und Instrumente identifiziert, die aufzeigen, welche Qualifizierungsmöglichkeiten bestehen und welche Einflussmöglichkeiten die Kommune hat, um Einfamilienhausgebiete nachhaltig weiterzuentwickeln. Die kommunale Sicht und die Möglichkeiten des kommunalen Handelns standen dabei im Vordergrund (vgl. Wüstenrot Stiftung 2012).

Die Spannbreite der Eingriffs- und Steuerungsmöglichkeiten, der Entwicklungsoptionen unterschiedlicher Eingriffstiefe, ist groß. Im Rahmen der Stadtentwicklung gibt es ein breites Spektrum kommunalen Handelns und kommunaler Rollen. Auch wenn in vielen Kommunen nur sehr begrenzte Ressourcen zur Verfügung stehen, gibt es Handlungsoptionen für die Weiterentwicklung der Gebiete. An erster Stelle steht die kontinuierliche Beobachtung der Gebiete, ihrer Entwicklungen und Veränderungen sowie die Bereitstellung von Datengrundlagen, sodass auftretende Probleme frühzeitig erkannt werden können. In den Blickpunkt stadtplanerischen Handelns gerät das Thema unter anderem durch die Erarbeitung kommunaler Demografieberichte und Analysen zur Vorbereitung von Stadtentwicklungskonzepten. Durch die Aufarbeitung entsprechender Ausgangslagen werden sich die Kommunen erstmals über Problemlagen bewusst. Insbesondere die demografische Entwicklung in den Gebieten ist aufschlussreich.

Die Kommune kann planen und regulieren, sie kann das rechtsverbindliche Instrumentarium und informelle Instrumente anwenden. Sie kann beobachten und analysieren, beraten und moderieren. Stehen mehr Ressourcen zur Verfügung, kann die Kommune (Impuls)Projekte initiieren und fördern. Neben den kommunalen Handlungsfeldern (strategische Stadtentwicklungsplanung, Innenentwicklung, Infrastrukturplanung, Stadtbild, Verkehr, Mobilität und Partizipation) sind insbesondere folgende baurechtliche Instrumente relevant: Bauplanungsrecht, städtebauliche Gebote, Sanierungs- und Stadtumbaumaßnahmen.

Es gibt aber auch Handlungsfelder, die nicht im Einflussbereich kommunaler Akteure liegen, sondern auf übergeordneter Ebene angesiedelt sind (Bundes- und Landesebene) und die ebenso große Auswirkungen auf die Entwicklung von Einfamilienhausgebieten haben. Zu nennen sind vor allem fiskalische Maßnahmen (z.B. Differenzierung der Grunderwerbssteuer zugunsten von Bestandsimmobilien, Differenzierung der Grundsteuer in Richtung Bodenwertabgabe), das Bau- und Planungsrecht, die Ausgestaltung der geförderten Stadterneuerung und die Förderung der Bestandsanpassung.

Praxis und Forschung

Das hier vorliegende Forschungsprojekt untersucht aufbauend auf die theoretisch-analytische Auseinandersetzung mit den Handlungsfeldern und Instrumenten die konkrete Umsetzung von Entwicklungsstrategien und die Erprobung der Handlungsoptionen in den Kommunen, deren Ziel es ist, die Gebiete nachhaltig weiterzuentwickeln. Dabei geht es sowohl um investive Projekte („Hardware") als auch um nichtinvestive Strategien („Software"), die derzeit umgesetzt werden oder deren Umsetzung konkret ansteht. Im Ergebnis des Forschungsvorhabens werden in der Praxis erprobte Empfehlungen zum Umgang mit Einfamilienhausbeständen dokumentiert. Dabei werden Handlungsfelder auf unterschiedlichen Maßstabsebenen aufgezeigt. Als Resultat wird deutlich, dass der Umgang mit den Ein- und Zweifamilienhausgebieten ein stadtentwicklungspolitisches Handlungsfeld darstellt, das es noch weiter auszubauen gilt. Hauptadressaten sind die Kommunen, deren städtebauliches Handeln wesentlichen Einfluss auf die Zukunftsfähigkeit potenzieller Problembestände innehat.

1.2 Forschungsfragen, Methode und Zielsetzungen

Im Mittelpunkt des Projektes stand die Analyse und Auswertung von Fallbeispielen zum Umgang mit Einfamilienhausgebieten der 1950er- bis 1970er-Jahre. Das Forschungsinteresse galt der Analyse investiver und nicht investiver, gebietsbezogener oder stadtweiter Strategien der Erneuerung oder Transformation, deren Ziel die Weiterentwicklung oder Umstrukturierung der Gebiete ist. Die Größe der Einfamilienhausgebiete, ihre städtebauliche Struktur, die Haustypen, der Aufsiedelungsprozess und die regionale oder kleinräumige Lage der Gebiete sind dabei vielfältig.

Folgende Forschungsfragen wurden bearbeitet: Wo treten welche Probleme auf? Welche Erfahrungen liegen in den Kommunen vor? Welche konkreten Umsetzungsstrategien gibt es? Welche Hemmnisse und Erfolgsfaktoren lassen sich ableiten? Welche Planungsinstrumente werden angewendet und welche Strategien verfolgt? Auf welchen räumlichen Ebenen wird gehandelt (Stadt, Stadtteil, Gebiet)? Lassen sich praxistaugliche Handreichungen ableiten?

Das Forschungsvorhaben gliederte sich in fünf Arbeitsphasen. In der ersten Arbeitsphase erfolgte zunächst eine umfassende Literaturrecherche. Hierbei baute das Forscherteam auf dem Projekt „Die Zukunft von Einfamilienhausgebieten aus den 1950er- bis 1970er-Jahren Handlungsempfehlungen für eine nachhaltige Nutzung" auf, an dem die Hochschule für Technik Stuttgart beteiligt war.

In der zweiten Arbeitsphase wurde ein bundesweiter Fallstudienaufruf gestartet. Der Fallstudienaufruf erfolgte über direkte Ansprache oder die Zusendung eines Flyers, der einen Überblick über den Forschungsinhalt gab und die Anforderungen an die Fallstudien darstellte. Der Aufruf wurde in ganz Deutschland breit gestreut. Adressaten waren: Wissenschaft und Verwaltung, Bundes- und Länderministerien, Verbände und Gebietskörperschaften, Multiplikatoren, die Architektenkammern der Länder, die Städte- und Gemeindetage, die Regionalverbände, der Bundesverband Wohneigentum etc.

In der nächsten Projektphase wurden neun Fallstudien für die nähere Betrachtung ausgewählt. Es ging dabei um Einfamilienhausgebiete der 1950er- bis 1970er-Jahre, die Gegenstand konkreter (kommunaler) Strategien oder Projekte waren, welche die Stabilisierung, Weiterentwicklung oder

Methode und Aufbau des Projektes

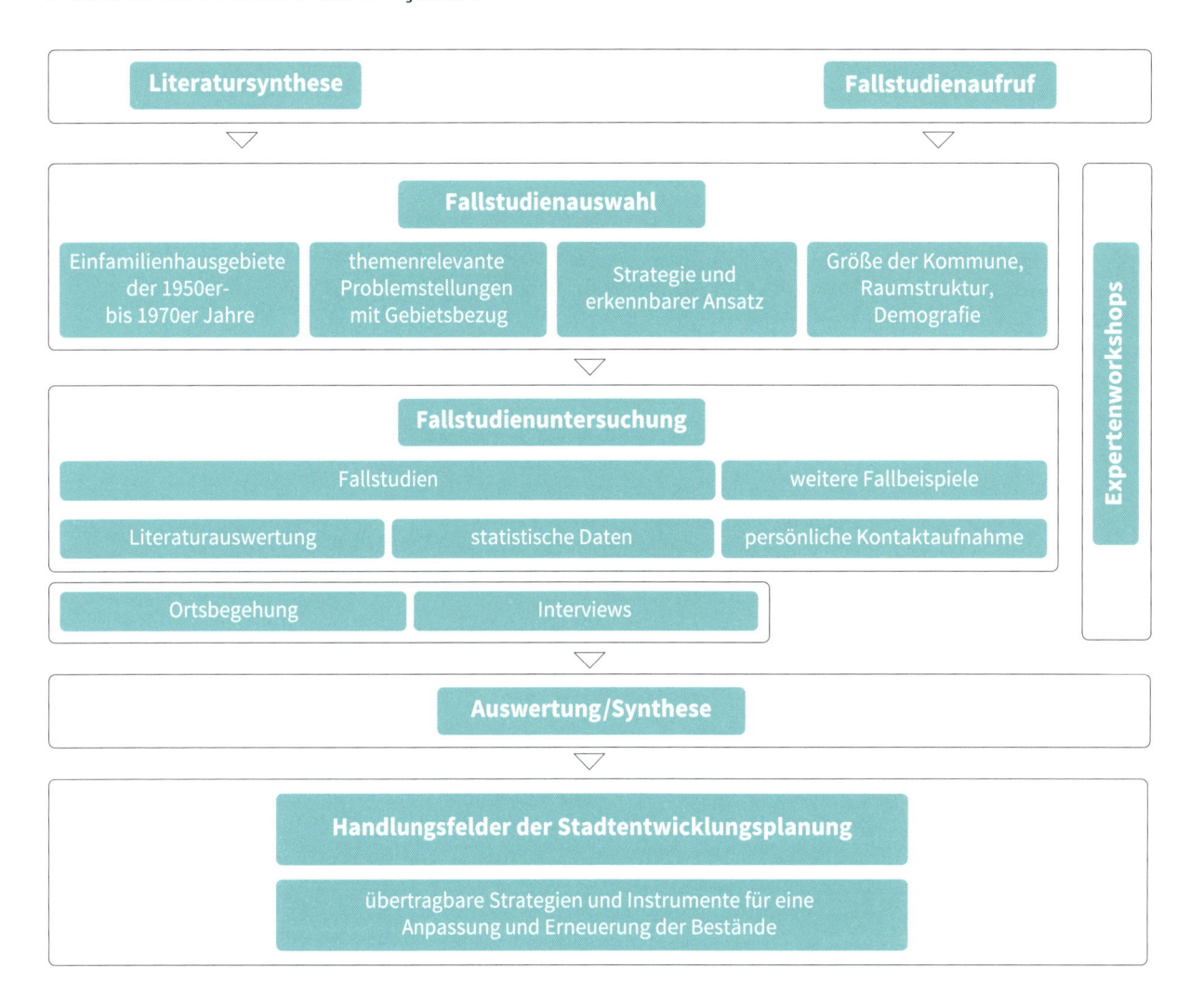

- **Literatursynthese**
- **Fallstudienaufruf**
- **Fallstudienauswahl**
  - Einfamilienhausgebiete der 1950er- bis 1970er Jahre
  - themenrelevante Problemstellungen mit Gebietsbezug
  - Strategie und erkennbarer Ansatz
  - Größe der Kommune, Raumstruktur, Demografie
- **Fallstudienuntersuchung**
  - Fallstudien
  - weitere Fallbeispiele
  - Literaturauswertung
  - statistische Daten
  - persönliche Kontaktaufnahme
  - Ortsbegehung
  - Interviews
- **Auswertung/Synthese**
- **Handlungsfelder der Stadtentwicklungsplanung**
  - übertragbare Strategien und Instrumente für eine Anpassung und Erneuerung der Bestände

Expertenworkshops

Quelle: Eigene Darstellung

Transformation der Gebiete zum Gegenstand haben. Die Strategien und Projekte konnten sich noch in der Planung oder bereits in der Umsetzung befinden. Wichtig war, dass sich die Maßnahmen auf ein gesamtes Gebiet bezogen und nicht nur auf einzelne Gebäude. Gesucht wurden bauliche und nicht bauliche, quartiersbezogene oder stadtweite Strategien der Erneuerung oder Transformation, deren Ziel die Weiterentwicklung oder Umstrukturierung der Gebiete ist.

In der vierten Projektphase ging es um die Analyse der Fallbeispiele. Es fanden Begehungen statt und es wurden leitfadengestützte Interviews mit unterschiedlichen Akteuren geführt, darunter Verantwortungsträger aus Verwaltung, Leiter städtischer Einrichtungen, Architekten, Bewohner und Multiplikatoren vor Ort. In der letzten Projektphase wurden die Ergebnisse aus der Fallstudienanalyse ausgewertet, Handlungsfelder der Stadtentwicklung herausgearbeitet sowie in der Praxis erprobte, übertragbare Strategien und Instrumente für eine Anpassung und Erneuerung der Bestände herausgearbeitet.

Im Forschungsprojekt wurde ein Netzwerk aufgebaut und Erfahrungen zum Umgang mit komplexen Stadterneuerungs- und Stadtumbauprozessen in Einfamilienhausgebieten der 1950er- bis 1970er-Jahre ausgetauscht. Während der Projektlaufzeit fanden zwei Expertenworkshops statt. Es wurde ein breites, transdisziplinäres Akteursspektrum eingebunden: Verwaltung, Forschung, Praxis und Bürger. Dabei wurden auch Erfahrungen aus internationalen Projekten miteinbezogen.

1.3 Aufbau der Publikation

In den einleitenden Kapiteln werden nach einem Problemaufriss die Spezifika der Einfamilienhausgebiete analysiert, Gebietstypen unterschieden sowie wichtige Daten zum Gebäudebestand, zur demografischen Entwicklung, zur Bewohnerstruktur und zu Wohnbedürfnissen und -tendenzen herausgearbeitet. Die Einfamilienhausgebiete im Kontext der Stadtentwicklung sind Gegenstand des dritten Kapitels. Es wird ein Überblick über die Problemwahrnehmung sowie Forschungs- und Praxisprojekte gegeben. Der Hauptteil des Kapitels befasst sich mit bundesweiten Fallstudien, den Problemstellungen, Projekten und Ansätzen im Überblick.

Das darauffolgende Kapitel widmet sich den Instrumenten, die zur Weiterentwicklung von Einfamilienhausgebieten angewendet werden können. Die formellen und informellen Instrumente werden in Bezug auf ihre Anwendung in Einfamilienhausgebieten erläutert sowie Vor- und Nachteile aus Praxiserfahrungen geschildert. Es wird ein breites Spektrum an Instrumenten aufgearbeitet, der Praxisbezug ist hierbei der leitende Aspekt.

In allen Fallstudien und weiteren Beispielen, die in diesem Forschungsprojekt aufgearbeitet wurden, spielen die Beteiligten und die Kommunikation eine zentrale Rolle. Sie sind die Basis für alle Handlungsansätze und werden in einem eigenen Kapitel aufgearbeitet.

Das Hauptkapitel dieser Publikation beschreibt als Ergebnis der Fallstudienanalyse die Handlungsfelder der Stadtentwicklung zur Revitalisierung von Einfamilienhausgebieten. Dabei werden Ausgangslage, Ziele, Erfolgsfaktoren und Hemmnisse sowie Übertragbarkeit anhand der untersuchten Praxisprojekte erläutert.

Im Fazit werden die wesentlichen Erkenntnisse zusammengefasst und anschließend eine Übersicht über weitere Praxisprojekte gegeben. Ziel ist es, zu einer Vielfalt von Problemstellung praxiserprobte Empfehlungen zu geben.

1.4 Kurzfassung

Ein- und Zweifamilienhäuser aus den 1950er- bis 1970er-Jahren sind ein städtebaulich und siedlungsstrukturell prägender Bestandteil des Gebäude- und Wohnungsbestandes in Deutschland. Jedes dritte Wohngebäude Westdeutschlands ist ein Ein- bzw. Zweifamilienhaus aus den Jahren 1949-1978. Demografische und soziokulturelle Veränderungen führen dazu, dass der Generationenwechsel nicht mehr überall problemlos verläuft. Die Standortpräferenzen verändern sich zugunsten gut angebundener Gebiete mit bedarfsgerechter Infrastrukturausstattung. Die Stadterweiterungsgebiete der 1950er- bis 1970er-Jahre verlieren ihr Privileg als „Selbstläufer" und werden zum Gegenstand der bestandsorientierten Stadtentwicklungsplanung.

Im Forschungsprojekt wurde ein exemplarischer Querschnitt möglicher Projekte, Strategien und Instrumente zur Revitalisierung der Gebiete aufgearbeitet. Neun Fallstudien zeigen Ansätze auf, wie eine nachhaltige Entwicklung angestoßen werden kann. Der Fokus der Untersuchungen lag dabei sowohl auf investiven als auch auf nicht investiven Maßnahmen, integrierten, partizipativen, gebietsbezogenen oder gesamtstädtischen Ansätzen.

Es wurden fünf Handlungsfelder der Stadtentwicklung identifiziert, die für die Revitalisierung der Bestände von Bedeutung sind. Die bedarfsgerechte Bestandsanpassung und die Weiterentwicklung der Infrastruktur sind Gegenstand zahlreicher Entwicklungsstrategien (vgl. Dorsten, Karlstadt, Osterholz-Scharmbeck). Verdichtung und Wohnraumerweiterungen erfordern in der Regel eine planungsrechtliche Sicherung durch einen Bebauungsplan (vgl. Aalen, Bocholt). Die energetische Quartierssanierung setzt insbesondere auf Bewusstseinsbildung und Beratung (vgl. Stade). Für die Leerstandsaktivierung und Leerstandsbewältigung ist der gesamtstädtische Kontext von großer Bedeutung (vgl. Cuxhaven, Hiddenhausen). Die Sicherung der Gestaltung und Baukultur ist in einheitlich aufgesiedelten Gebieten, die von Beginn an einen hohen Gestaltungsanspruch formulierten, zum Beispiel im Rahmen von Modellprojekten und Demonstrativbauvorhaben des Bundes ein Zukunftsthema (vgl. Wolfsburg).

Information, Bewusstseinsbildung und Sensibilisierung sind die Voraussetzung für alle Umsetzungskonzepte. Daher wurden Querschnittsthemen herausgearbeitet, die Gegenstand aller Handlungsfelder der Stadtentwicklung sind: Kommunikation, Beteiligung und Nachbarschaft. In Gebieten mit kleinteiliger Eigentümerstruktur, einem hohen Grad an Identifikation und langer Wohndauer lassen sich Veränderungen nur in die Wege leiten, wenn die Bewohner von Beginn an mitgenommen werden und nicht die Probleme, sondern die Herausforderungen, Chancen und Perspektiven in den Vordergrund gestellt werden.

Es gibt eine Reihe von formellen und informellen Instrumenten, die zur Weiterentwicklung von Einfamilienhausgebieten angewendet werden können. Bedeutend sind insbesondere die Bauleitplanung (Flächennutzungsplan und Bebauungspläne) und das Flächenmanagement. Gestaltungspläne und Bebauungspläne können dazu beitragen, die Spielräume für Anbauten und Aufstockungen verbindlich zu regeln, neue Bebauungspläne können Möglichkeiten für Nachverdichtungen schaffen. Zur Weiterentwicklung von Einfamilienhausgebieten ist ein Instrumenten- und Methodenmix zielführend. Auch eine Kombination aus bewährten und ergebnisoffenen, kreativen, neu interpretierten Instrumenten kann erfolgversprechend sein. Integrierte (Stadt)Entwicklungskonzepte/städtebauliche Entwicklungskonzepte sind eine wesentliche Grundlage für die Revitalisierung der in die Jahre gekommenen Einfamilienhausgebiete. Kommunale und kreisweite Förderprogramme bieten die Möglichkeit, lokal-spezifische Hilfestellungen bereitzustellen. Programme und Modellvorhaben des Landes können wichtige Anstöße geben (z.B. Regionale NRW).

Soll eine zukunftsfähige Entwicklung in den Gebieten eingeleitet werden, müssen sowohl die Bedürfnisse der zunehmenden Zahl Älterer als auch die der jungen Familien berücksichtigt werden. Die Untersuchung der Fallstudien macht deutlich, wie mit einem hohen Grad an kommunalem Engagement, einer intensiven Beteiligung, kreativen Ideen und Impulsprojekten sowie einem ausgeprägten Bürgerengagement Siedlungsgebiete der 1950er- bis 1970er-Jahre weiterentwickelt werden können. Die im Forschungsprojekt untersuchten Instrumente, Methoden und Projekte sind sehr gut übertragbar. Auch wenn wenige finanzielle und personelle Kapazitäten zur Verfügung stehen, können mit Engagement und Kreativität beispielgebende Initiativen ins Leben gerufen werden. So kann es gelingen, bestehende Strukturen zu stabilisieren, Immobilienwerte zu erhalten, Wohnquartiere zu verjüngen, die Infrastrukturauslastung zu verbessern und die nachhaltige Siedlungsentwicklung voranzubringen.

1.4 Abstract

Today a major part of existing single-family-housing-areas is affected by changes, like adverse demographic development, current changes in society, structural changes, increasing energetic requirements, new residential preferences and new life-concepts. An increasing number of old houses is confronted with a decreasing amount of demander households. The social change brings a loss of attraction of single-family-houses in remote and poor equipped areas. Most of the buildings do not satisfy the energetic requirements and state-of-the-art living standards.

There is a high amount of detached and semidetached houses of the post-war period compared to the entire housing stock. Almost every third residential building in the old West German states is a detached or semidetached house built between 1949 and 1978. More than every fifth residential unit is arranged in a single-family house of the 1950s-1970s.

Despite the high amount of these buildings, municipalities, politics and researchers dealt rarely with them yet. As the single-family and semi-detached-housing-areas have been known as self-runners, they have never been focused on by development strategies nor have they gotten economical and political attention. An active and early confrontation and discussion with the housing stocks is necessary because of environmental, economical, social and urban planning reasons. But to achieve a space-saving urban development it is important to consider these areas. The adaptation of the areas is a huge challenge for the future urban development. The sustainable use of older single-family-house-areas is a challenge for location adjusted urban development.

The research project deals with nine various case studies in Germany. The selected case studies already show a progress of transformation into a sustainable development. The research focus was on investment or non-investment related measures, interdisciplinary, participatory, area-based or city-wide strategies for renewal to a sustainable development.

One case study was part of the "Regionale 2016" programme and also took part in the architecture competition EUROPAN. One case study was in a model project of the federal state Bavaria „Revitalisierung von Einfamilienhausgebieten". Two case studies focus the field of restructuring consulting. One case study considers energetic/age-appropriate redevelopment and consulting. Four case studies focus on planning instruments/urban design.

There are different initiatives or programs on different levels dealing with the single-family-housing areas in the case studies. The federal government offers funding programs for an energetic renewal or for a transformation for older people's house. The state and the federal government offer a renewal-program, which can also focus on the single-family-housing-areas. Two states, Bavaria and North Rhine-Westphalia offer projects for dealing with these areas. Also municipalities offer their own consultation or funding programs. Municipalities can also become active by creating development concepts with a focus on the single-family houses or they can make efforts by using the legal planning instruments, like the zoning plan, which can enable an extension of the single-family-houses for fitting the changed demand.

Attendant to the research on the case studies a scientifically supported exchange of experiences in dealing with complex renewal processes took place. Experts from Germany, Austria and France took part. Within the approaches in the case studies different instruments were applied. Not only the classical planning instruments – like for example the zoning plan – were used also participation formats, consulting, funding programs, development concepts, competitions or neighborhood management.

It became clear that especially the instruments for enhancing the awareness for the development and problems in the single-family-housing-areas play an important role. In a lot of case studies there were formats for information, consulting and participation. And also the neighborhood and social life in the case studies were magnificent for a transformation process. A strategic guideline was created which shows practice-oriented and proved measures and strategies.

2

Gebietstyp und Situation in der Gegenwart

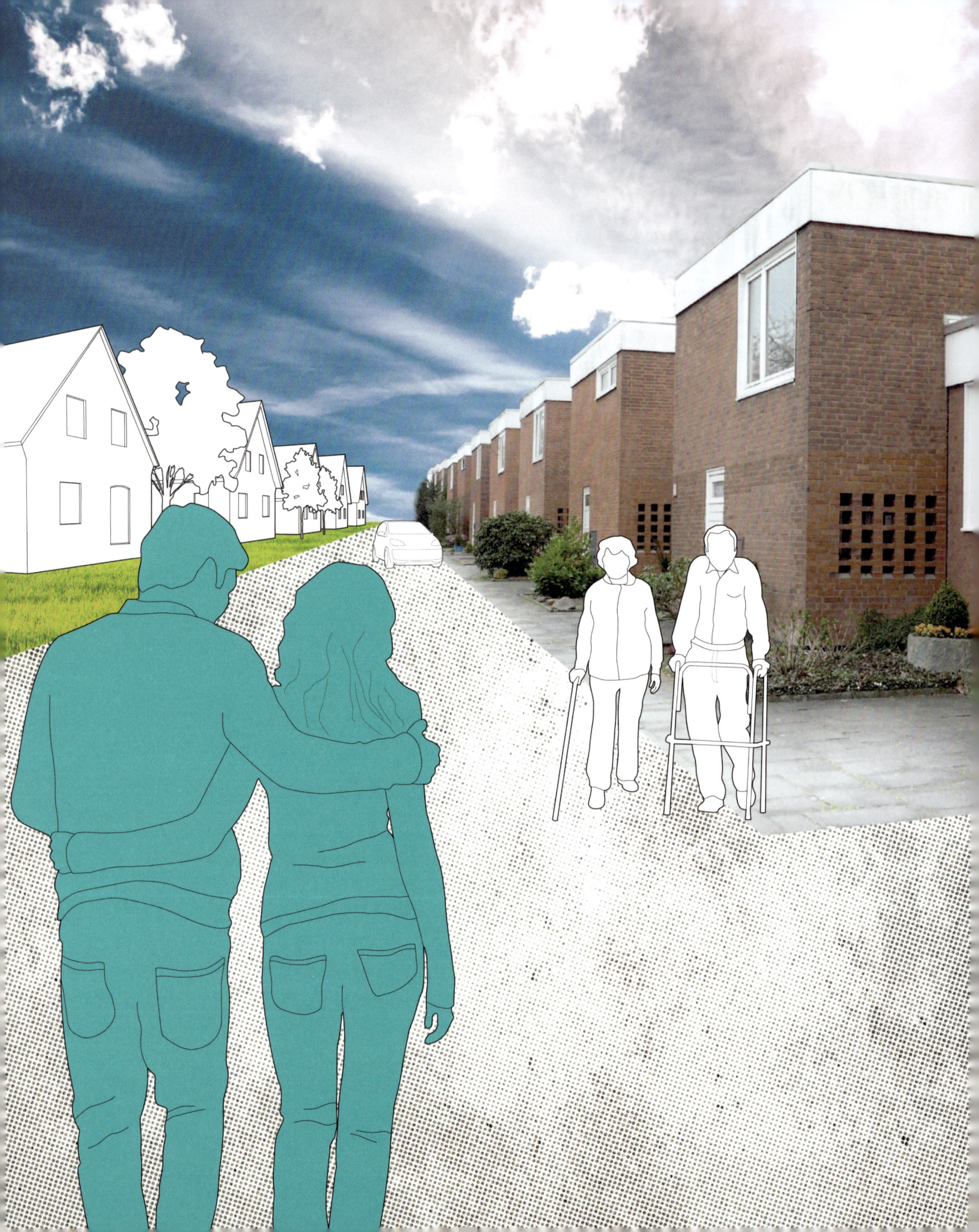

2 Gebietstyp und Situation in der Gegenwart

2.1 Einfamilienhausgebiete der 1950er- bis 1970er-Jahre

Einfamilienhausgebiete der 1950er- bis 1970er-Jahre lassen sich in Bezug auf ihr Erscheinungsbild und ihre Struktur nach vielfältigen Merkmalen unterscheiden (vgl. Wüstenrot Stiftung 2012; Simon 2001). Dabei sind die „Mikroebene" und die „Makroebene" von Interesse. Ersteres meint die Bauformen (Haustypen), zweites den städtebaulichen Kontext. Die Unterscheidungsmerkmale, die einen wesentlichen Einfluss auf die Weiterentwicklung der Gebiete haben können, lassen sich wie folgt zusammenfassen:

- Lage im Stadtgebiet (z.B. Kernstadt, Randlage, Stadtteil)
- städtebauliche Struktur, Haustypen und Dichte
- Topografie und Erschließung
- Lage / Einbindung der sozialen Infrastruktur und Versorgungseinrichtungen
- Aufsiedelungsprozess
- Bewohner- und Altersstruktur

Das Einfamilienhaus war der bedeutendste Motor der Suburbanisierung des Wohnens in der Bundesrepublik (vgl. Simon 2001: 91). Als Gebietstypen lassen sich einheitlich aufgesiedelte Gebiete „aus einem Guss" sowie sukzessiv aufgesiedelte Gebiete durch individuelle Bauherren unterscheiden. In neu errichteten Stadtteilen, die vielfach als Großsiedlungen im Rahmen von Versuchs- und Vergleichsvorhaben (1949-1956) und Demonstrativbauvorhaben (1956-1977) des Bundes realisiert wurden, entstanden Einfamilienhäuser meist in verdichteter Form nach einem städtebaulichen Entwurf aus einer Hand. In diesen größeren Stadterweiterungen mit gemischten Bauformen wurden die Einfamilienhäuser meist kompakt am Rand angeordnet oder auch punktuell verstreut in kleinen Gruppen über das gesamte Gebiet. Bauträger/Wohnungsbaugesellschaften errichteten die Gebäude, die dann an Eigennutzer verkauft wurden. In den Demonstrativbauvorhaben spielte die verkehrsberuhigte Erschließung eine wichtige Rolle, vielfach wurden die Gebäude durch Wohnwege erschlossen. Die Parkierung war oftmals in Garagenhöfen oder Sammelparkierungen untergebracht.

Vor allem in den frühen 1950er-Jahren wurden viele Einfamilienhausgebiete als Kleinsiedlungen errichtet. Eine Siedlungsbaugesellschaft trat als Betreuer der einzelnen Bauherren auf. Kennzeichnend sind meist freistehende Gebäude mit geringer Wohnfläche (ca. 70 m²) und großen Gärten, die zur

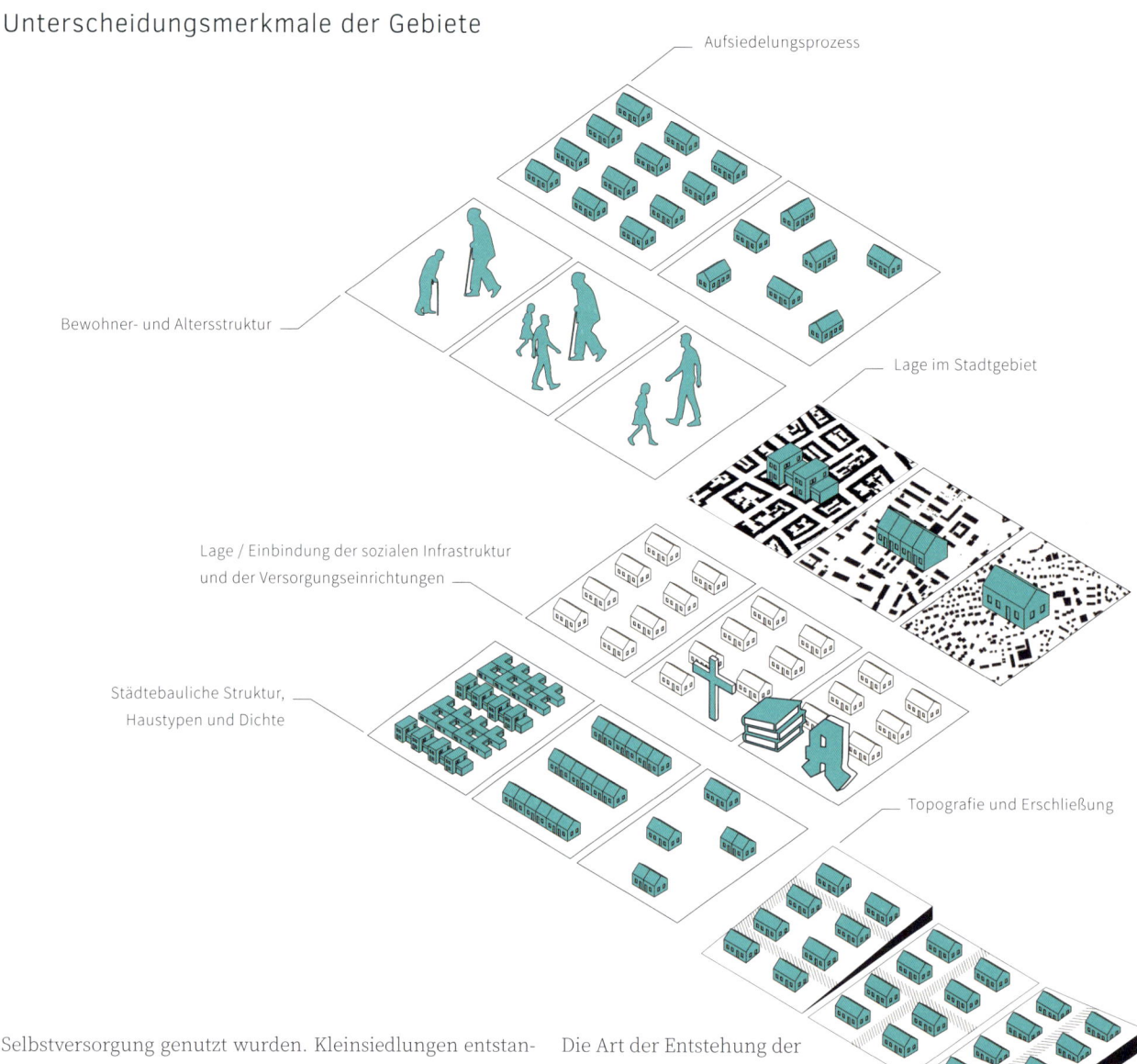

Unterscheidungsmerkmale der Gebiete

- Aufsiedelungsprozess
- Bewohner- und Altersstruktur
- Lage im Stadtgebiet
- Lage / Einbindung der sozialen Infrastruktur und der Versorgungseinrichtungen
- Städtebauliche Struktur, Haustypen und Dichte
- Topografie und Erschließung

Selbstversorgung genutzt wurden. Kleinsiedlungen entstanden als überschaubare Siedlungserweiterung (ca. 30 bis unter 100 Wohneinheiten), aber auch als größere, eigenständige Siedlungseinheiten mit mehr als 250 Wohneinheiten und eigener Stadtteilidentität (z.B. Eisenberg-Steinborn).

Neben freistehenden, meist ein- oder zweigeschossigen Einfamilienhäusern gibt es eine Reihe verdichteter Bautypen: Doppelhäuser, Reihenhäuser, Kettenhäuser, Gartenhofhäuser. Freistehende Einfamilienhäuser entstanden vielfach durch individuelle Bauherren, sukzessive aufgesiedelt nach einem städtischen Bebauungsplan. Ihre Gestaltung weist eine hohe Individualität auf. Die Erschließung erfolgt über Wohnstraßen, geparkt wird auf dem Grundstück.

Die Art der Entstehung der Gebiete hat einen wesentlichen Einfluss auf ihre städtebauliche und architektonische Gestaltung (vgl. Simon 2001: 98). Gebiete, die aus einer Hand geplant und einheitlich aufgesiedelt wurden, weisen meist eine hohe gestalterische Einheit auf. Auch die Altersstruktur in den Gebieten ist homogen; früher wohnten Familien in den Häusern und Kinder prägten das Wohnumfeld. Die Wohndauer ist hoch, die Elterngeneration blieb zurück, heute überwiegen ältere Ein- bis Zweipersonenhaushalte. Die Problemstellungen in den Einfamilienhausgebieten, die Weiterentwicklungsbedarfe und Herausforderungen, die damit verbunden sind, werden in Kapitel drei thematisiert.

Gebietstyp und Situation in der Gegenwart

Gebietstypen

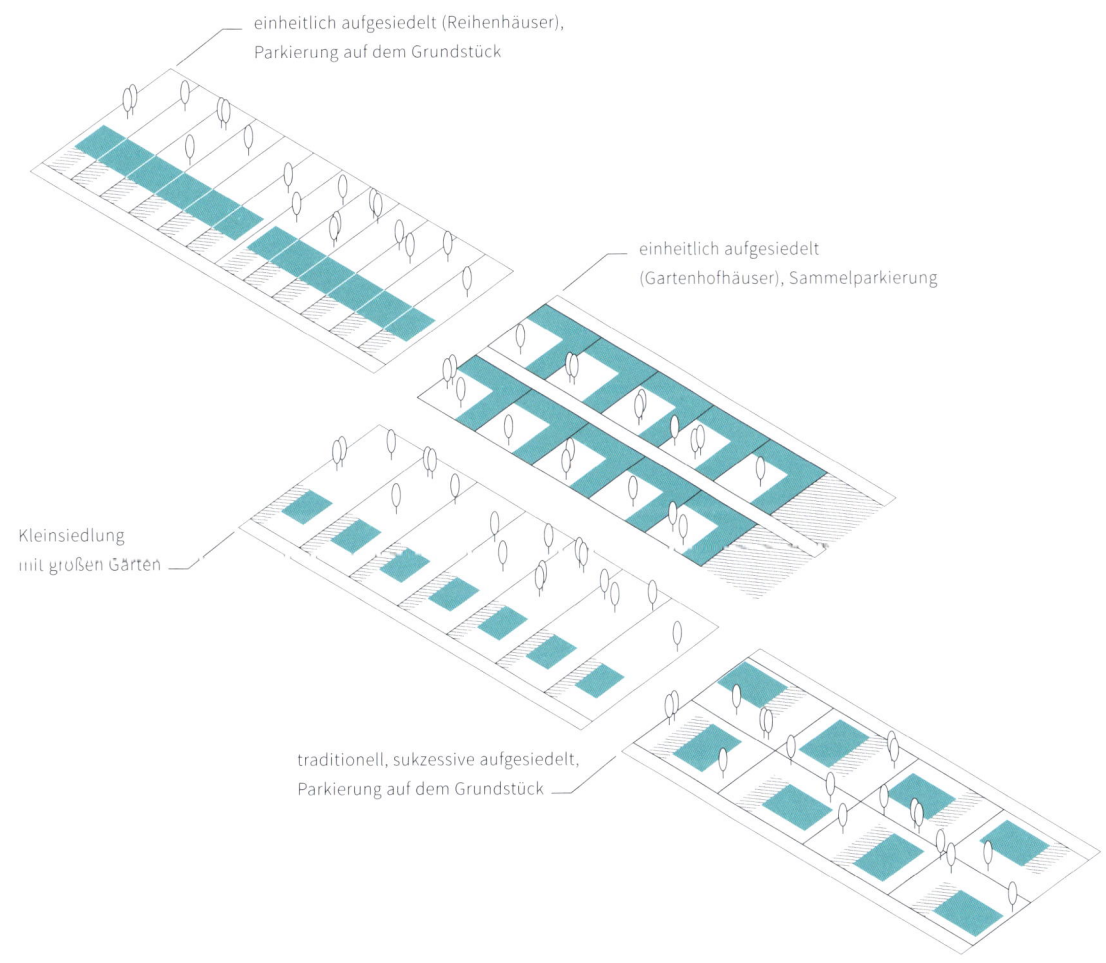

- einheitlich aufgesiedelt (Reihenhäuser), Parkierung auf dem Grundstück
- einheitlich aufgesiedelt (Gartenhofhäuser), Sammelparkierung
- Kleinsiedlung mit großen Gärten
- traditionell, sukzessive aufgesiedelt, Parkierung auf dem Grundstück

Haus- und Gebietstypen

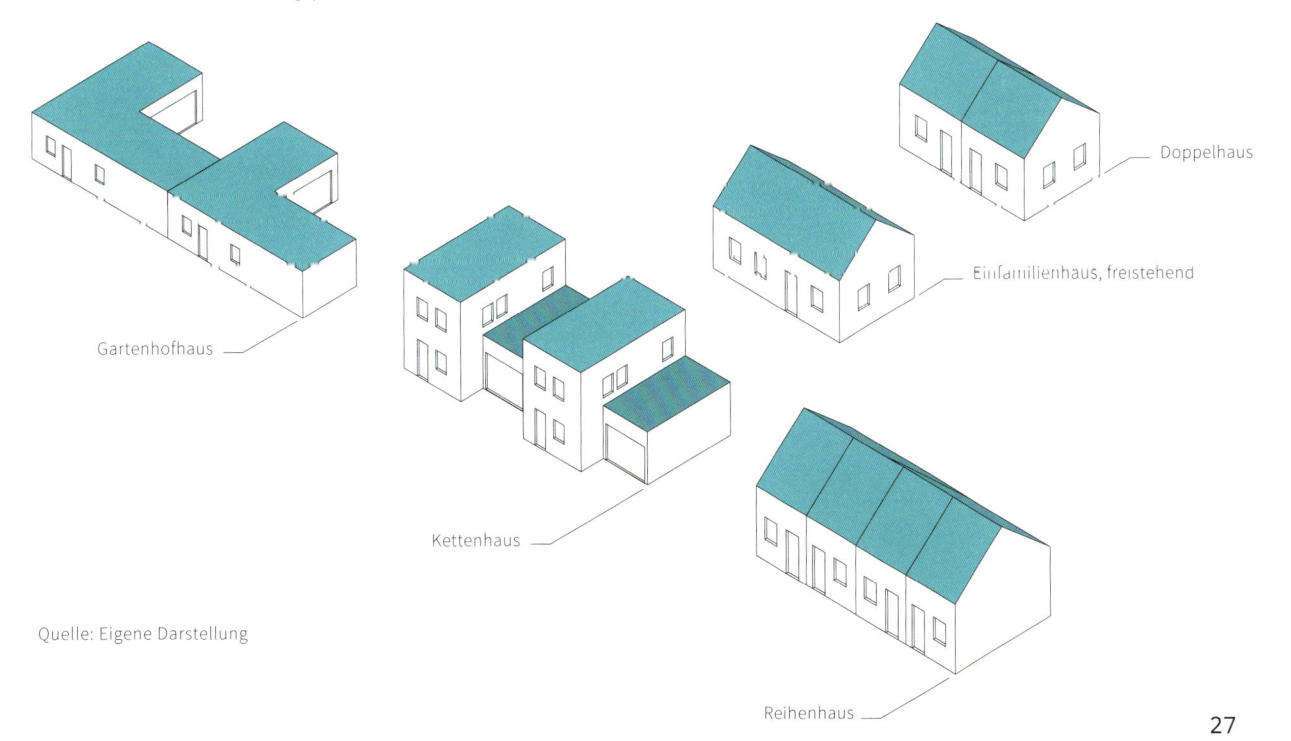

- Gartenhofhaus
- Kettenhaus
- Einfamilienhaus, freistehend
- Doppelhaus
- Reihenhaus

Quelle: Eigene Darstellung

2.2 Das Einfamilienhaus in Zahlen

Wohngebäudebestand nach Baujahr in Deutschland
Ohne Wohnheime

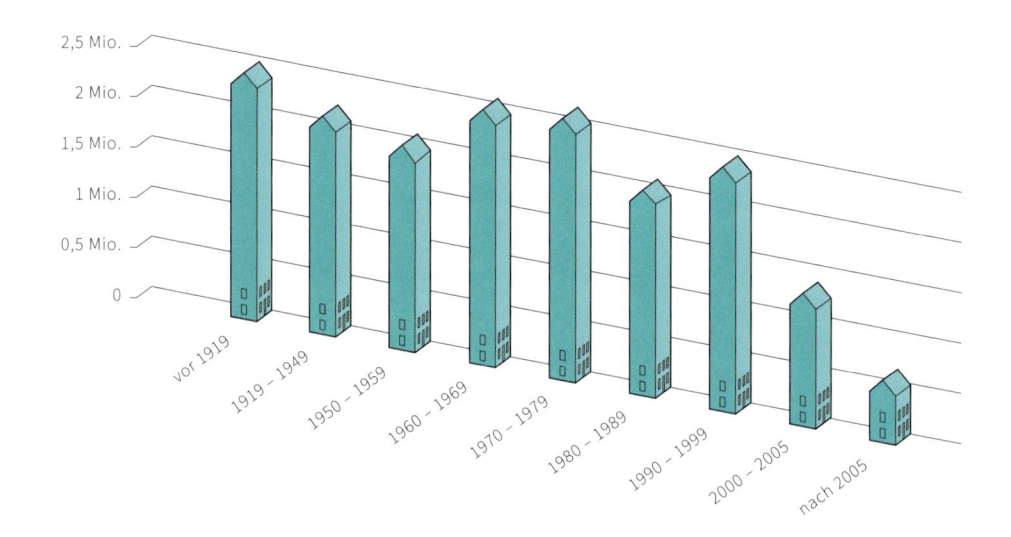

Quelle: Eigene Darstellung,
Grundlage Zensus 2011,
Ergebnisse dynamisch und
individuell, 21.07.2014

Das Einfamilienhaus ist bis heute eine der beliebtesten Wohnformen. Über 50 Prozent der Deutschen sehen im Einfamilienhaus die ideale Wohnform (vgl. Simon 2001, Bornmann 2008: o.S.). Dies drückt sich auch in Untersuchungen zur Wohnzufriedenheit aus. Diese belegen, dass das Wohnen im Einfamilienhaus sehr positiv bewertet wird. Neben der Wohnform Einfamilienhaus ist die zur Verfügung stehende Wohnfläche von Bedeutung für die Wohnzufriedenheit (vgl. Statistisches Bundesamt 1999: 503-504). Das Einfamilienhaus hat als Eigenheim einen hohen ideellen Wert. Es ist in vielen Fällen nicht nur eine Wohnform, sondern auch ein Lebensentwurf.

Der Anteil der Ein- und Zweifamilienhäuser aus den 1950er- bis 1970er-Jahren am Gesamtwohnungsbestand ist beachtlich. In den alten Bundesländern ist jedes dritte Wohngebäude ein zwischen 1949 und 1978 errichtetes Ein- bzw. Zweifamilienhaus (vgl. Zensus 2011, 21.07.2014). Der gesamte Wohngebäudebestand (Wohngebäude ohne Wohnheime) in Deutschland liegt absolut bei rund 18,2 Millionen Gebäuden (18.239.634 Gebäude). Davon sind rund 7,1 Millionen Wohngebäude (7.137.952 Gebäude) in den Jahren 1950 bis 1979 entstanden. Diese haben somit einen prozentualen Anteil von 39 Prozent am gesamten Wohngebäudebestand.

In dieser Untersuchung geht es um Gebäude mit einer oder zwei Wohnungen, die zwischen 1950 und 1979 errichtet wurden. Hiervon gibt es in Deutschland rund 5,7 Millionen Gebäude (vgl. Statistisches Bundesamt 2014, exakte Zahl: 5.703.597). Im Vergleich mit dem gesamten Wohngebäudebestand (ohne Wohnheime) in Deutschland nehmen sie rund 31 Prozent des Wohngebäudebestandes ein. Der gesamte Bestand an Ein- und Zweifamilienhäusern in Deutschland beträgt rund 15,1 Millionen Gebäude (15.075.849). Die 5,7 Millionen Ein- und Zweifamilienhäuser aus den 1950er- bis 1970er-Jahren entsprechen hierbei einem Anteil von zirka 37 Prozent am gesamten Bestand an Ein- und Zweifamilienhäusern in Deutschland.

Wohngebäudebestand nach Baujahr in Deutschland
Ohne Wohnheime

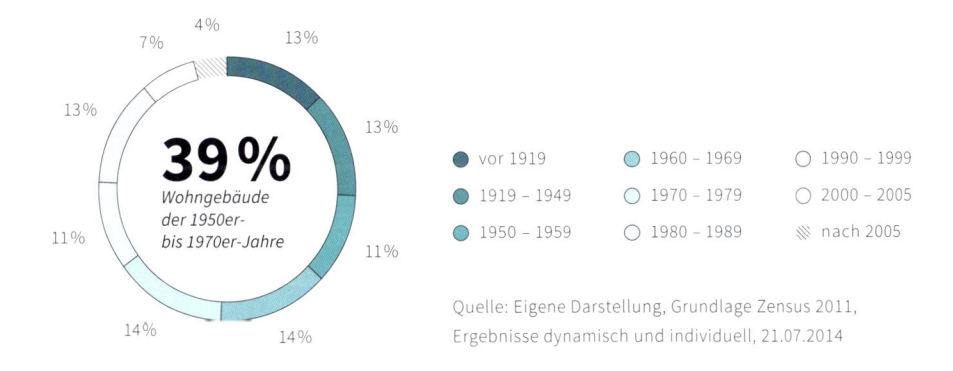

39 %
Wohngebäude der 1950er- bis 1970er-Jahre

- vor 1919: 13%
- 1919 – 1949: 13%
- 1950 – 1959: 11%
- 1960 – 1969: 14%
- 1970 – 1979: 14%
- 1980 – 1989: 11%
- 1990 – 1999: 13%
- 2000 – 2005: 7%
- nach 2005: 4%

Quelle: Eigene Darstellung, Grundlage Zensus 2011, Ergebnisse dynamisch und individuell, 21.07.2014

Ein- und Zweifamilienhausbestand nach Baualtersklassen in Deutschland
Differenziert dargestellt nach Ein- und Zweifamilienhäusern

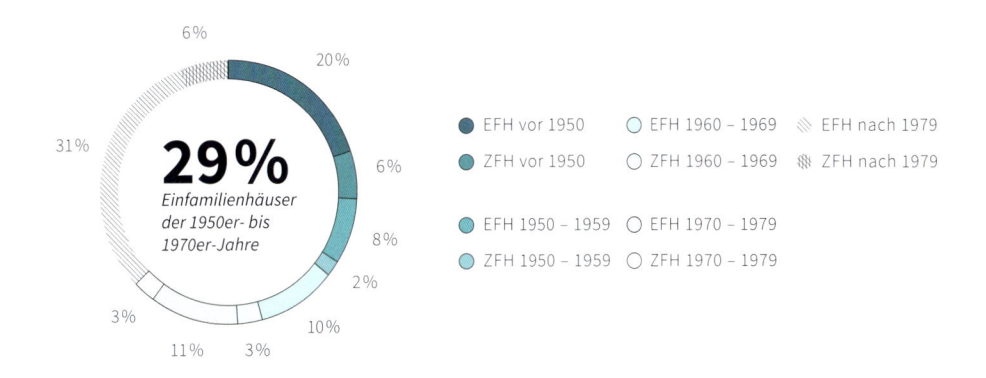

29 %
Einfamilienhäuser der 1950er- bis 1970er-Jahre

- EFH vor 1950: 20%
- ZFH vor 1950: 6%
- EFH 1950 – 1959: 8%
- ZFH 1950 – 1959: 2%
- EFH 1960 – 1969: 10%
- ZFH 1960 – 1969: 3%
- EFH 1970 – 1979: 11%
- ZFH 1970 – 1979: 3%
- EFH nach 1979: 31%
- ZFH nach 1979: 6%

Ein- und Zweifamilienhausbestand nach Baualtersklassen in Deutschland

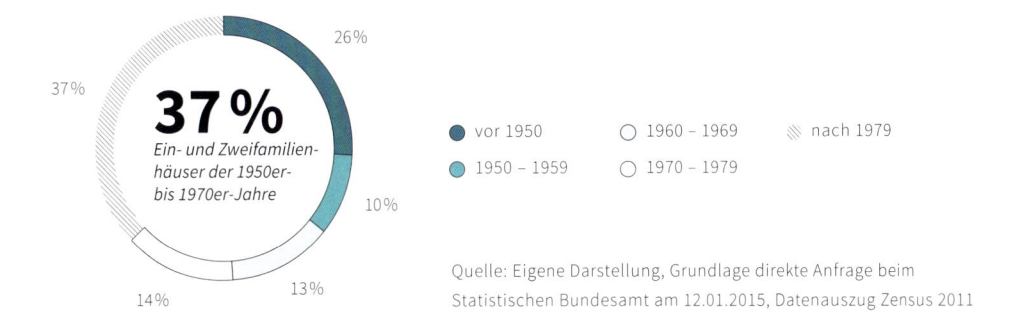

37 %
Ein- und Zweifamilienhäuser der 1950er- bis 1970er-Jahre

- vor 1950: 26%
- 1950 – 1959: 10%
- 1960 – 1969: 13%
- 1970 – 1979: 14%
- nach 1979: 37%

Quelle: Eigene Darstellung, Grundlage direkte Anfrage beim Statistischen Bundesamt am 12.01.2015, Datenauszug Zensus 2011

Ein- und Zweifamilienhäuser der betrachteten Baualtersklassen gesamt

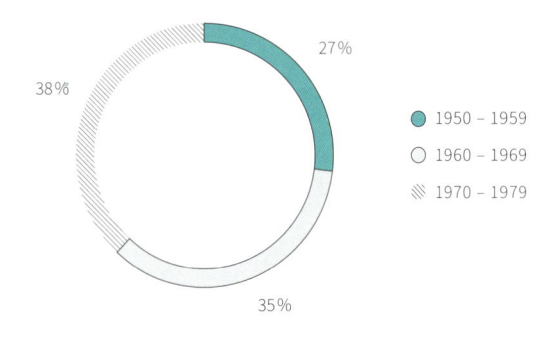

- 27 % 1950 – 1959
- 35 % 1960 – 1969
- 38 % 1970 – 1979

Wohngebäude der betrachteten Baualtersklassen nach Ein- und Zweifamilienhäusern

- 21 % EFH 1950 – 1959
- 6 % ZFH 1950 – 1959
- 26 % EFH 1960 – 1969
- 9 % ZFH 1960 – 1969
- 30 % EFH 1970 – 1979
- 8 % ZFH 1970 – 1979

Ein- und Zweifamilienhausbestand nach Baualtersklassen

Westdeutschland

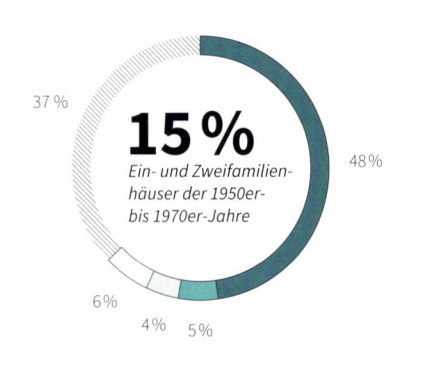

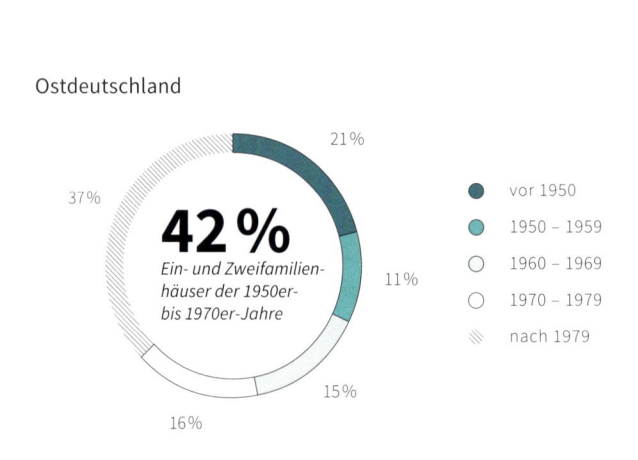

15 % Ein- und Zweifamilienhäuser der 1950er- bis 1970er-Jahre

- 48 % vor 1950
- 5 % 1950 – 1959
- 4 % 1960 – 1969
- 6 % 1970 – 1979
- 37 % nach 1979

Ostdeutschland

42 % Ein- und Zweifamilienhäuser der 1950er- bis 1970er-Jahre

- 21 % vor 1950
- 11 % 1950 – 1959
- 15 % 1960 – 1969
- 16 % 1970 – 1979
- 37 % nach 1979

Quelle: Eigene Darstellung, Grundlage direkte Anfrage beim Statistischen Bundesamt 6/2014, Datenauszug Zensus 2011

Ein- und Zweifamilienhausbestand nach Baualtersklassen in West- und Ostdeutschland im Vergleich

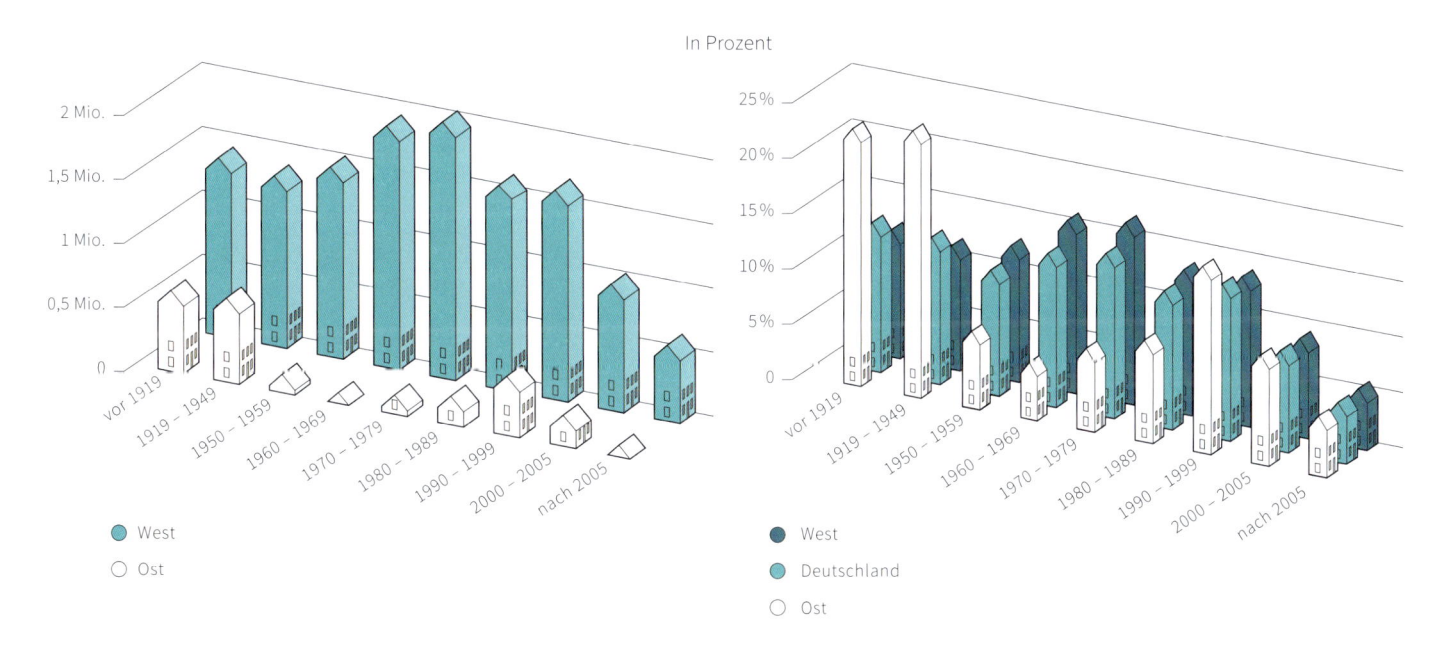

Quelle: Eigene Darstellung, Grundlage direkte Anfrage beim Statistischen Bundesamt am 12.01.2015, Datenauszug des Zensus 2011

In die Betrachtung werden Zweifamilienhäuser miteinbezogen, die vor allem in den Siedlungen der Nachkriegszeit entstanden sind. Ein Zweifamilienhaus ist ein Wohngebäude mit zwei voneinander abgeschlossenen Wohnungen. Die zweite, meist kleinere und untergeordnete Wohnung wird als Einliegerwohnung bezeichnet. Paragraph 11 des Zweiten Wohnbaugesetzes, das von 1956 bis 2001 Gültigkeit besaß, definiert die Einliegerwohnung wie folgt: „Eine Einliegerwohnung ist eine in einem Eigenheim, einem Kaufeigenheim oder einer Kleinsiedlung enthaltene abgeschlossene oder nicht abgeschlossene zweite Wohnung, die gegenüber der Hauptwohnung von untergeordneter Bedeutung ist." Ursprünglich dienten die Einliegerwohnungen auf Bauernhöfen der Unterkunft für die dort beschäftigten Landarbeiter, die sogenannten Einlieger. Um dem Wohnungsmangel nach dem Zweiten Weltkrieg entgegenzuwirken, wurde der Einbau von Einliegerwohnungen in neu errichtete Einfamilienhäuser durch das Erste Wohnbaugesetz vorangetrieben (vgl. Erstes Wohnungsbaugesetz 1950).

Der Bestand an Ein- und Zweifamilienhäusern aus den 1950er- bis 1970er-Jahren verteilt sich relativ gleichmäßig auf die drei betrachteten Baualtersklassen. Die zuvor dargestellten Grafiken zeigen, dass die Bautätigkeit in den 1970er-Jahren besonders hoch war.

Der Anteil der Einfamilienhäuser am betrachteten Wohngebäudebestand aus den 1950er- bis 1970er-Jahren in Deutschland weist mit 77 Prozent einen signifikant höheren Anteil auf als jener der Zweifamilienhäuser mit lediglich 23 Prozent.

Auffallend ist, dass der Bestand an Ein- und Zweifamilienhäusern aus den betrachteten Baualtersklassen in den neuen und alten Bundesländern einen sehr markanten Unterschied aufweist. In Ostdeutschland überwiegen die Ein- und Zweifamilienhäuser mit den Baujahren vor 1950 mit 48 Prozent deutlich. Erst ab den 1990er-Jahren gab es dann wieder eine rege Bautätigkeit im Ein- und Zweifamilienhaussegment.

Ein- und Zweifamilienhäuser der 1950er- bis 1970er-Jahre

Nach Gemeindetypen

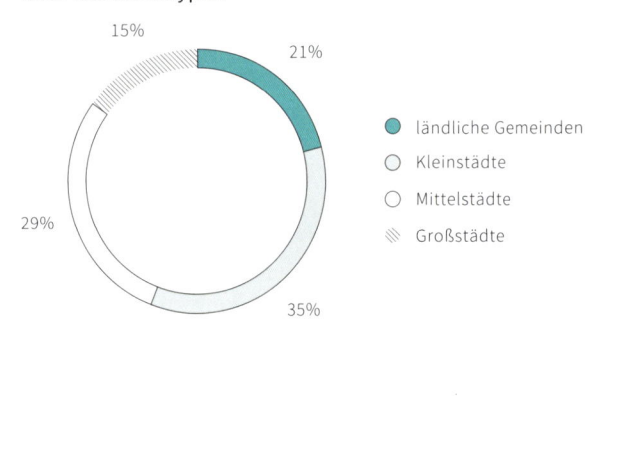

- 15%
- 21%
- 29%
- 35%

● ländliche Gemeinden
○ Kleinstädte
○ Mittelstädte
▨ Großstädte

In ländlichen Gemeinden

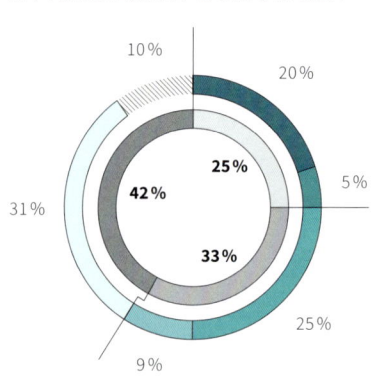

- 10%
- 20%
- 5%
- 25%
- 9%
- 31%
- 25% / 42% / 33%

In Kleinstädten

- 10%
- 19%
- 6%
- 25%
- 10%
- 30%
- 25% / 40% / 35%

In Mittelstädten

- 7%
- 21%
- 7%
- 27%
- 9%
- 29%
- 28% / 37% / 35%

In Großstädten

- 5%
- 26%
- 8%
- 28%
- 7%
- 26%
- 34% / 31% / 35%

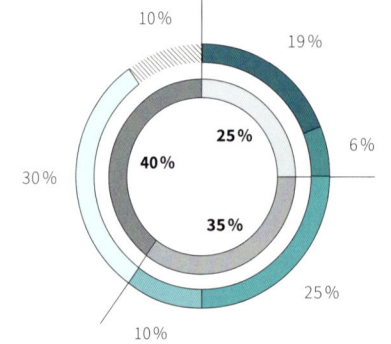

○ 1950 – 1959
● 1960 – 1969
● 1970 – 1979

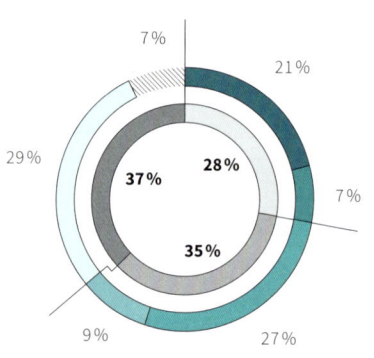

Differenziert nach Ein- bzw. Zweifamilienhäusern

● EFH 1950 – 1959
● ZFH 1950 – 1959

● EFH 1960 – 1969
● ZFH 1960 – 1969

○ EFH 1970 – 1979
▨ ZFH 1970 – 1979

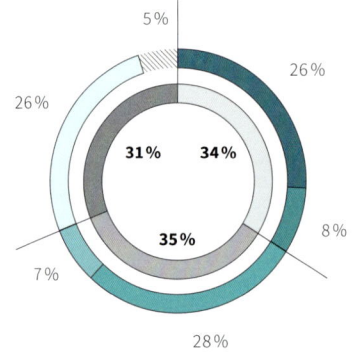

Quellen: Eigene Darstellung, Grundlage direkte Anfrage beim Statistischen Bundesamt 6/2014, Datenauszug Zensus 2011

Neubau nach Gebäudearten 2010 bis 2025

Ein- und Zweifamilienhäuser

Mehrfamilienhäuser

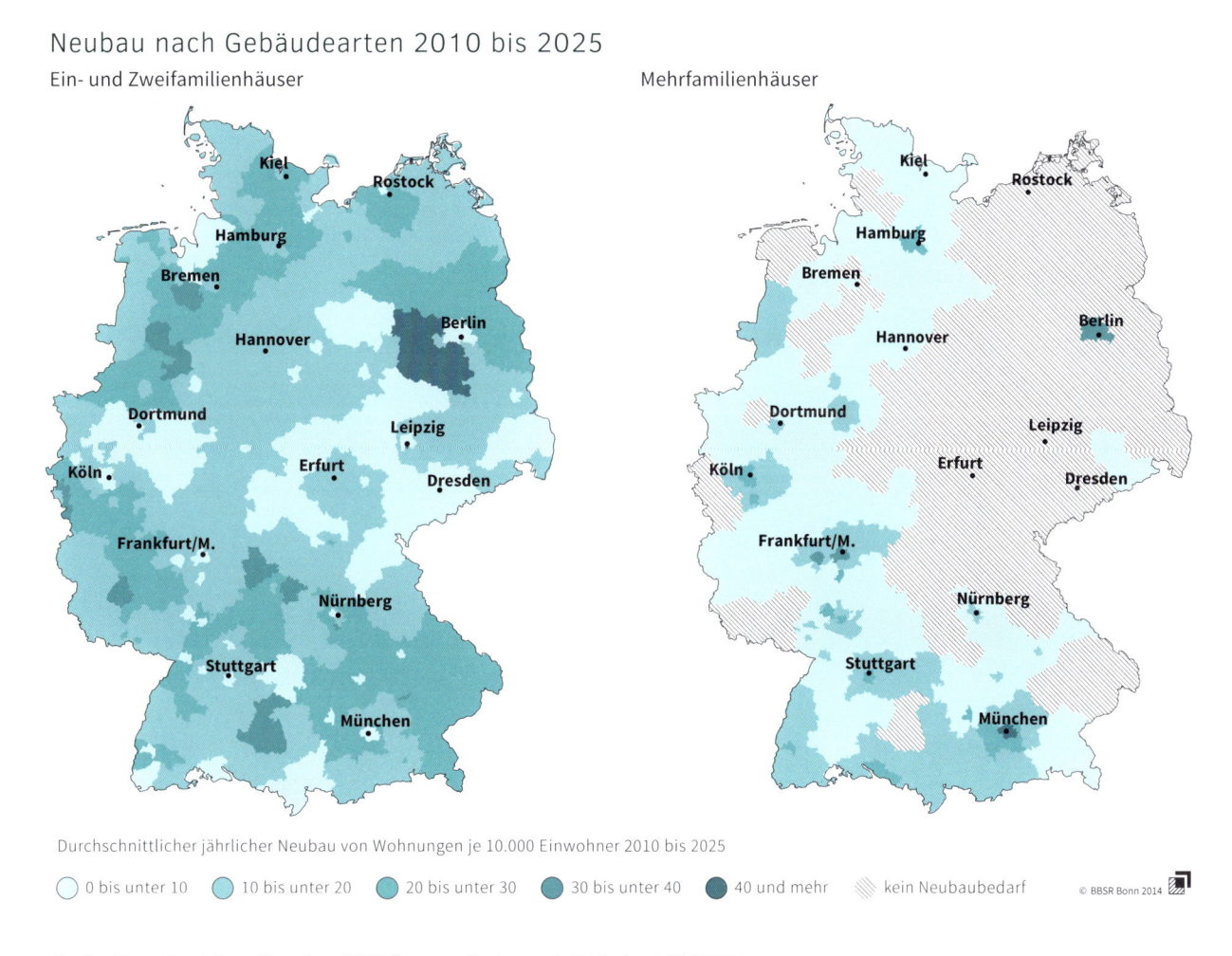

Durchschnittlicher jährlicher Neubau von Wohnungen je 10.000 Einwohner 2010 bis 2025

○ 0 bis unter 10   ● 10 bis unter 20   ● 20 bis unter 30   ● 30 bis unter 40   ● 40 und mehr   ▨ kein Neubaubedarf

© BBSR Bonn 2014

Quelle: Eigene Darstellung, Grundlage BBSR, Prognose Neubau nach Gebäudeart, 29.07.2014

Der Anteil der Ein- und Zweifamilienhäuser aus den 1950er- bis 1970er-Jahren am gesamten Einfamilienhausbestand der neuen Länder beträgt lediglich 15 Prozent. In den westdeutschen Bundesländern dominieren vor allem die Ein- und Zweifamilienhäuser aus den Baualtersklassen der 1950er- bis 1970er-Jahre. Zusammengenommen haben sie einen Anteil von 42 Prozent am gesamten Ein- und Zweifamilienhausbestand.

Die Verteilung des betrachteten Gebäudebestandes auf die einzelnen Gemeindetypen zeigt, dass der mit Abstand größte Anteil des betrachteten Wohngebäudebestandes (35 Prozent) in den Kleinstädten angesiedelt ist. In Mittelstädten liegt der Anteil des betrachteten Ein- und Zweifamilienhausbestandes bei 29 Prozent. In den Großstädten und ländlichen Gemeinden spielt der Bestand aus den 1950er- bis 1970er-Jahren mit 15 Prozent bzw. 21 Prozent zahlenmäßig eine eher untergeordnete Rolle.

Die Grafiken links zeigen die Verteilung der Baualtersklassen je nach Gemeindetyp. Je kleiner die Gemeinde, desto reger war die Bautätigkeit vor allem in den 1970er-Jahren.

Die Prognose des Bundesinstituts für Bau-, Stadt- und Raumforschung zum künftigen Neubaubedarf macht deutlich, dass der Bedarf an Ein- und Zweifamilienhäusern nach wie vor hoch sein wird (vgl. BBSR-Wohnungsmarktprognose 2025). Dieser konzentriert sich insbesondere in den Umlandregionen der Metropolen (vgl. BBR, 29.07.2014).

2.3 Demografische Entwicklungen

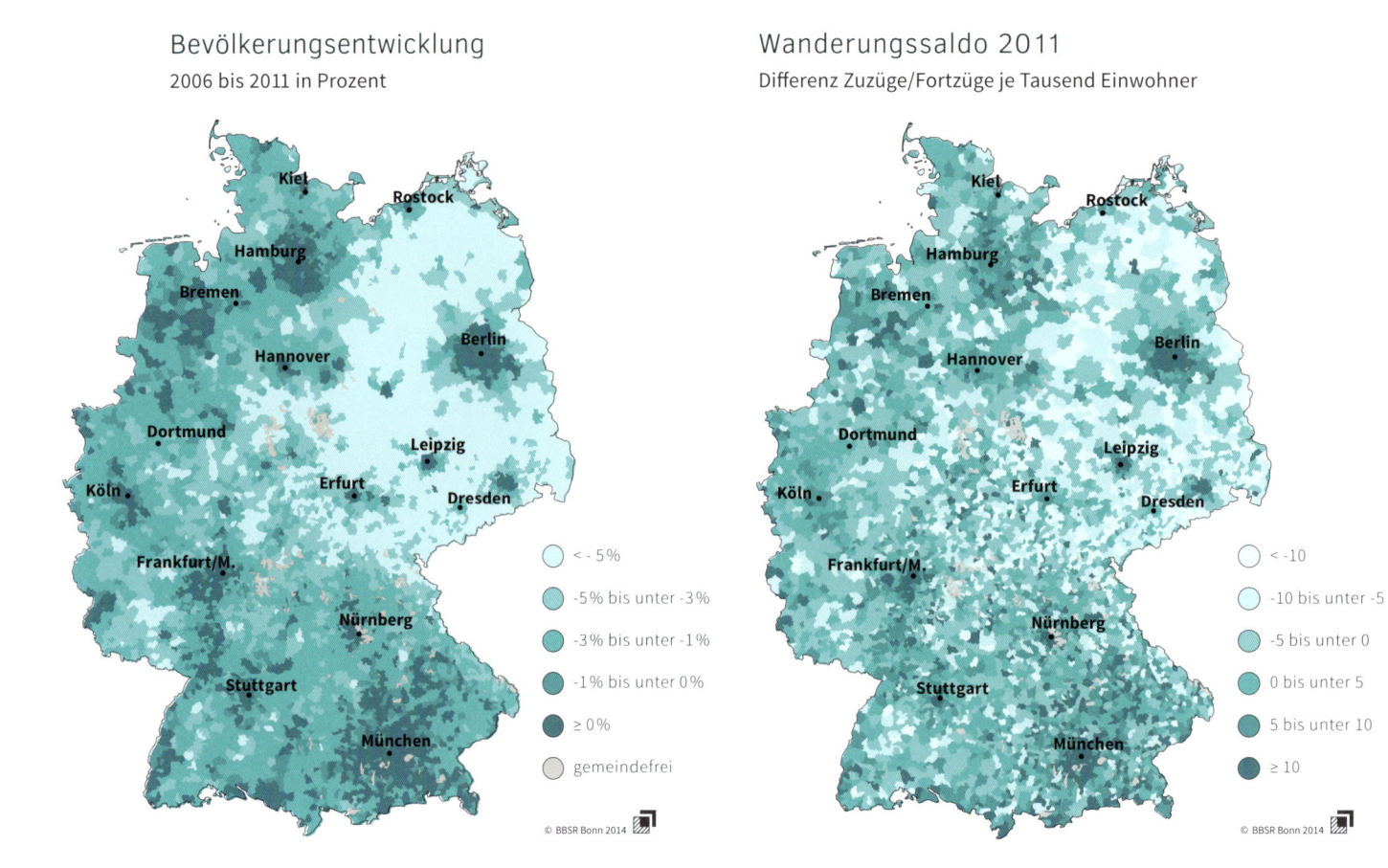

Bevölkerungsentwicklung
2006 bis 2011 in Prozent

Wanderungssaldo 2011
Differenz Zuzüge/Fortzüge je Tausend Einwohner

Legende (Bevölkerungsentwicklung):
- < -5%
- -5% bis unter -3%
- -3% bis unter -1%
- -1% bis unter 0%
- ≥ 0%
- gemeindefrei

Legende (Wanderungssaldo):
- < -10
- -10 bis unter -5
- -5 bis unter 0
- 0 bis unter 5
- 5 bis unter 10
- ≥ 10

© BBSR Bonn 2014

Quelle: Eigene Darstellung, Grundlage BBSR-Karte Bevölkerungsentwicklung, 29.07.2014

Die Bevölkerungsentwicklung in Deutschland von 2006 bis 2011 zeigt auf, dass die Einwohnerzahl vor allem in und um die Ballungsräume angestiegen ist. Hohe Bevölkerungsverluste hingegen gab es in den Umlandregionen der neuen Bundesländer.

Die Darstellung des Wanderungssaldos auf Gemeindeebene (2011) zeigt den regen Zuwachs der Bevölkerung in den Metropolen und ihren Ballungsräumen. Es wird deutlich, dass viele Gemeinden der ländlichen Regionen, insbesondere in den neuen Bundesländern an Bevölkerung eingebüßt haben.

Altersaufbau

In Deutschland führen verschiedene Faktoren, wie Geburten- und Sterbezahl sowie Zu- und Abwanderung dazu, dass der zahlenmäßige Anteil der Kinder und Jugendlichen schrumpft und die Anzahl der Personen im Rentenalter wächst. Gleichzeitig verändert sich der Anteil der Personen im erwerbsfähigen Alter wenig. Die Veranschaulichung des Altersaufbaus mittels der Alterspyramide macht deutlich, dass bis zum Alter unter 50 Jahren der Männeranteil überwiegt. In der Altersgruppe der 50- bis unter 60-Jährigen gibt es ungefähr gleich

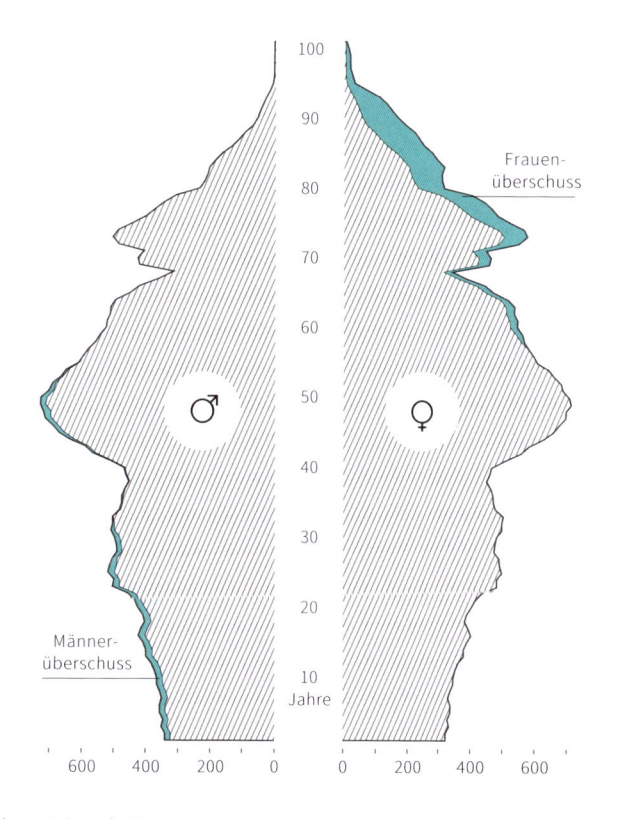

Altersaufbau der Bevölkerung und Entwicklung der Altersstruktur

Deutschland 2011 in Tausend je Altersjahr

	Bevölkerung in 1.000	Davon im Alter von ... bis ... Jahren in %				Jugend-quotient	Jugend-quotient
		unter 20	20 – 64	65 – 79	80 und älter		
1950	69.346	30,4	59,9	8,7	1,0	50,8	16,3
1960	73.147	28,4	60,0	10,0	1,6	47,3	19,3
1970	78.069	30,0	56,2	11,8	2,0	53,4	24,6
1980	78.397	26,8	57,7	12,8	2,7	46,3	26,9
1990	79.753	21,7	63,4	11,2	3,8	34,2	23,6
2000	82.260	21,1	62,2	12,9	3,8	34,0	26,8
2010	81.752	18,4	60,9	15,3	5,3	30,3	33,8
2011	81.844	18,2	61,2	15,2	5,4	29,8	33,7

Quelle: Eigene Darstellung, Grundlage Statistisches Bundesamt / WZB 2013: 14-15

viele Männer wie Frauen. In den höheren Altersgruppen überwiegen die Frauen deutlich. Der Grund für den geringen Männeranteil in den obersten Altersgruppen ist neben der höheren Lebenserwartung der Frau auch der starke Männerverlust durch den Zweiten Weltkrieg.

Die Wandlungen des Bevölkerungsaufbaus werden in der Tabelle oben verdeutlicht. Während der Anteil der Heranwachsenden (unter 20-Jährige) seit 1970 stetig zurückgeht, steigt der Seniorenanteil (65- bis 79-Jährige) und der der Hochbetagten (80 Jahre und älter) seit den 1950er-Jahren bis heute kontinuierlich. Seit dem Jahr 2006 übersteigt der Altenquotient (Zahl der 65-Jährigen und Älteren bezogen auf die Zahl der 20- bis 64-Jährigen) den Jugendquotienten (Zahl der unter 20-Jährigen bezogen auf die Zahl der 20- bis 64-Jährigen). Im Jahr 2011 lag der Jugendquotient bei 29,8 Prozent, der Altenquotient bereits bei 33,7 Prozent. (vgl. Statistisches Bundesamt, WZB 2013: 14-15).

Entwicklung der Geburtenrate
Kinder je Frau

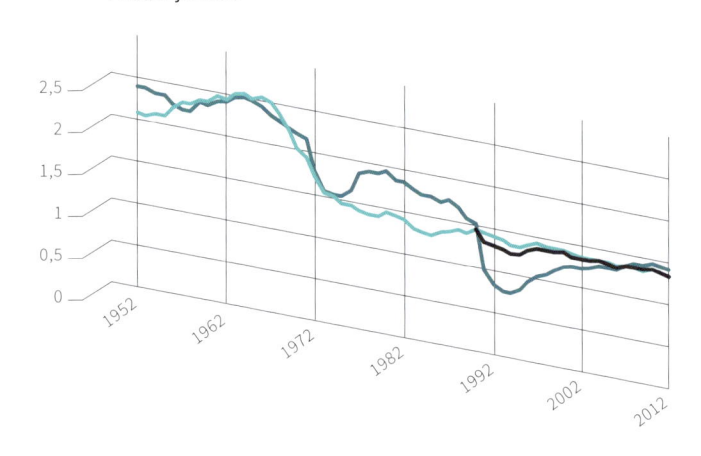

- Früheres Bundesgebiet
- Neue Länder
- Deutschland

Quelle: Eigene Darstellung, Grundlage Statistisches Bundesamt / WZB 2013: 25-15 (Die zusammengefasste Geburtenrate stieg 2015 auf 1,5 Kinder je Frau; das ist seit mehr als 30 Jahren der höchste Wert)

Durchschnittsalter der Bevölkerung
In Jahren für Deutschland

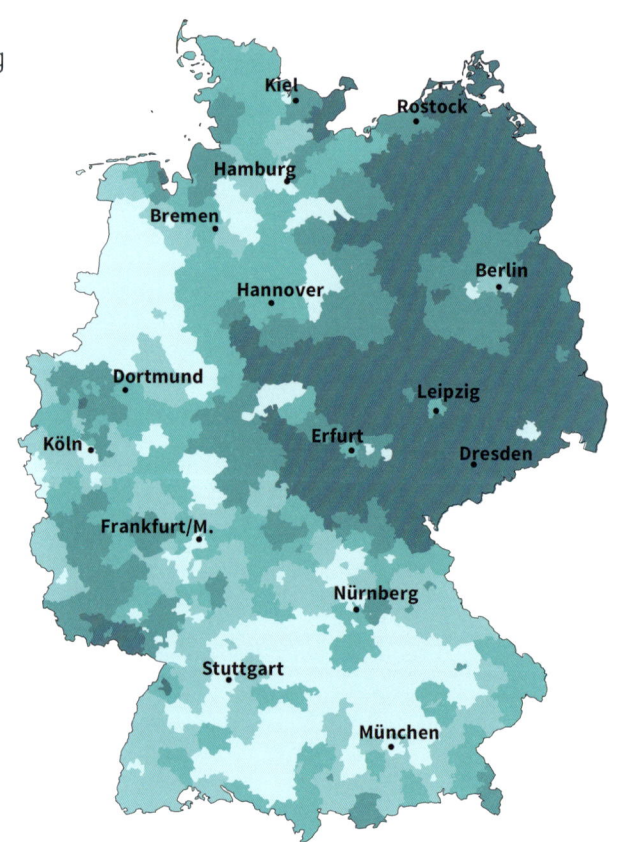

- < 42,3
- 42,3 bis unter 43,1
- 43,1 bis unter 43,9
- 43,9 bis unter 45,2
- ≥ 45,2

© BBSR Bonn 2014

Quelle: Eigene Darstellung, Grundlage Zensus 2011, Ergebnisse kartografisch und visuell, 21.07.2014

Personen nach infrastrukturellen Altersgruppen 2011

Quelle: Eigene Darstellung, Grundlage Zensus 2011, Ergebnisse dynamisch und individuell, 21.07.2014

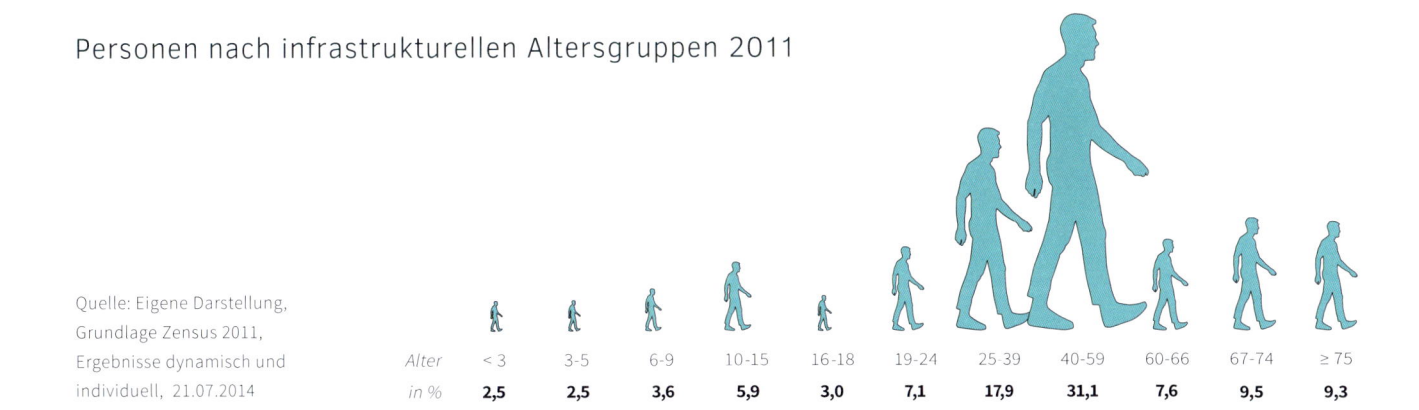

Alter	< 3	3-5	6-9	10-15	16-18	19-24	25-39	40-59	60-66	67-74	≥ 75
in %	2,5	2,5	3,6	5,9	3,0	7,1	17,9	31,1	7,6	9,5	9,3

Das Durchschnittsalter der Bevölkerung in Deutschland liegt bei 43,3 Jahren. Die Abbildung hierzu zeigt, dass besonders in den ländlichen Regionen der neuen Bundesländer die Bevölkerung überdurchschnittlich alt ist. Jedoch weist die Bevölkerung der meisten Metropolen im Bundesgebiet ein durchschnittliches Alter auf.

Bei der Darstellung der infrastrukturrelevanten Altersgruppen in Deutschland wird deutlich, dass die Gruppe der 40- bis 59-Jährigen mit Abstand am Stärksten vertreten ist, gefolgt von der Gruppe der 25- bis 39-Jährigen. Unter den Jugendlichen ist die Gruppe der 10- bis 15-Jährigen am stärksten vertreten. Bei den Senioren sind es die 67- bis 74-Jährigen. Bei der separaten Betrachtung der infrastrukturellen Altersgruppen nach Ost- bzw. Westdeutschland gibt es keine signifikanten Unterschiede in der prozentualen Verteilung der einzelnen Altersgruppen in der Bevölkerung.

Lebensformen und demografische Entwicklung

Die Zusammensetzung der Lebensformen in Deutschland ist sehr unterschiedlich. 2011 lebten insgesamt 80,95 Millionen Personen in Deutschland, 49,1 Prozent davon in einer Familie. 20,73 Millionen Personen (25,6 Prozent) lebten als Eltern, dies sind Ehefrauen/-männer, Lebenspartner/-partnerinnen sowie alleinerziehende Elternteile mit 19,04 Millionen (23,5 Prozent) Kindern in diesen Familien (vgl. Bundeszentrale für politische Bildung, 6.10.2014). Die Lebens- und Familienformen in Deutschland verändern sich. Neben die traditionellen Familien sind mittlerweile auch „alternative", „nicht-traditionelle" oder „neue" Lebensformen hinzugekommen. Das nichteheliche Zusammenleben gewinnt immer mehr an Bedeutung (vgl. Statistisches Bundesamt, WZB 2013: 37).

In den nächsten Jahrzehnten wird der demografische Wandel für die Wirtschaft und das soziale Sicherungssystem eine große Herausforderung darstellen. Es ist zu erwarten, dass sich die bisherigen Prognosen durch die stark steigenden Migrationsbewegungen (seit 2015) verändern werden. Hierzu liegen jedoch noch keine Zahlen vor. Die Zahl der geborenen Kinder reicht seit ungefähr 40 Jahren nicht mehr aus, um die Elterngeneration zu ersetzen. Die Bevölkerung Deutschlands würde ohne Zuwanderung aus dem Ausland schon längst rapide schrumpfen und noch schneller altern. Der demografische Wandel hat heute schon tiefe Spuren im Altersaufbau der Bevölkerung hinterlassen. Den geburtenstarken Jahrgängen der 1950er- und 1960er-Jahre folgen jüngere Jahrgänge, die geringer besetzt sind. Somit wird mit dem fortscheitenden Alter dieser „Babyboomer-Generation" und zunehmender Lebenserwartung älterer Menschen auch die Bevölkerung Deutschlands stärker als bisher altern (vgl. Statistisches Bundesamt, WZB 2013: 21).

Die Bevölkerungszahl wird sich absolut von 81,8 Millionen Anfang des Jahres 2013 auf 64,7 Millionen (Untergrenze) bzw.

70,1 Millionen (Obergrenze) vermindern. Dies wird einem Bevölkerungsrückgang von 21 Prozent (Untergrenze) bzw. 14 Prozent (Obergrenze) entsprechen. Die Relation zwischen der jungen und alten Bevölkerung wird sich 2060 gegenüber dem Jahr 2009 stark verändert haben. Im Jahr 2009 waren 19 Prozent der Bevölkerung unter 20 Jahre alt, 21 Prozent 65 Jahre und älter sowie 61 Prozent im erwerbsfähigen Alter (20 bis 64 Jahre). Im Jahr 2060 hingegen wird voraussichtlich nur noch die Hälfte der Bevölkerung im erwerbsfähigen Alter sein. Ein Drittel der Bevölkerung wird 65 Jahre oder älter sein und etwas mehr als ein Viertel 20 Jahre oder jünger.

Wie die zwölfte koordinierte Bevölkerungsvorausrechnung darstellt, ist die Alterung der Bevölkerung in den nächsten Jahrzehnten nicht zu vermeiden. Die gegenwärtige Altersstruktur führt ab den 2020er-Jahren zu einem Ungleichverhältnis, wonach sehr stark besetzte Rentnerjahrgänge verhältnismäßig schwach besetzten Jahrgängen im Erwerbsalter gegenüberstehen werden. Diese massiven Veränderungen werden nicht erst in 50 Jahren viele Lebensbereiche betreffen, sie werden schon in den nächsten Jahrzehnten eine große Herausforderung darstellen (vgl. Statistisches Bundesamt, WZB 2013: 21ff).

Altersaufbau der Bevölkerung in den Jahren 2013 und 2060
Unter Annahme geringer und starker Zuwanderung – in Millionen (in Prozent)

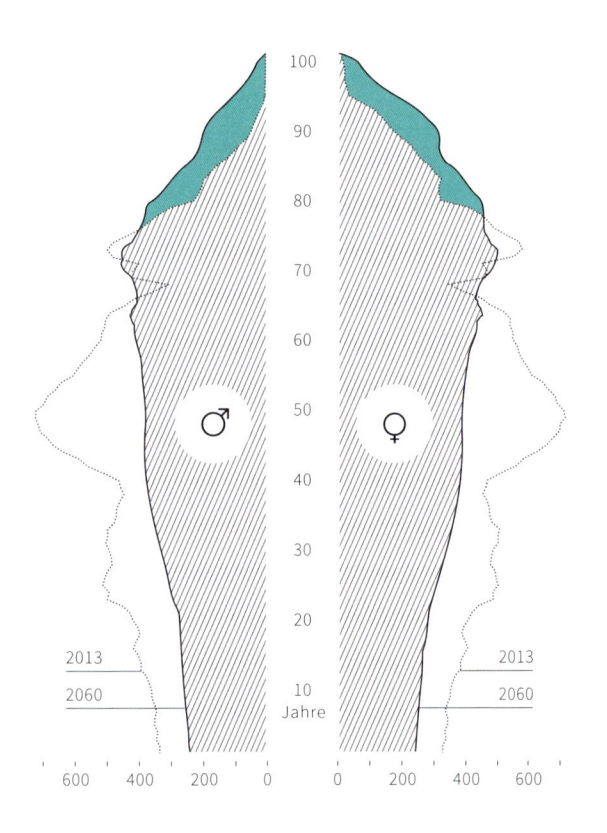

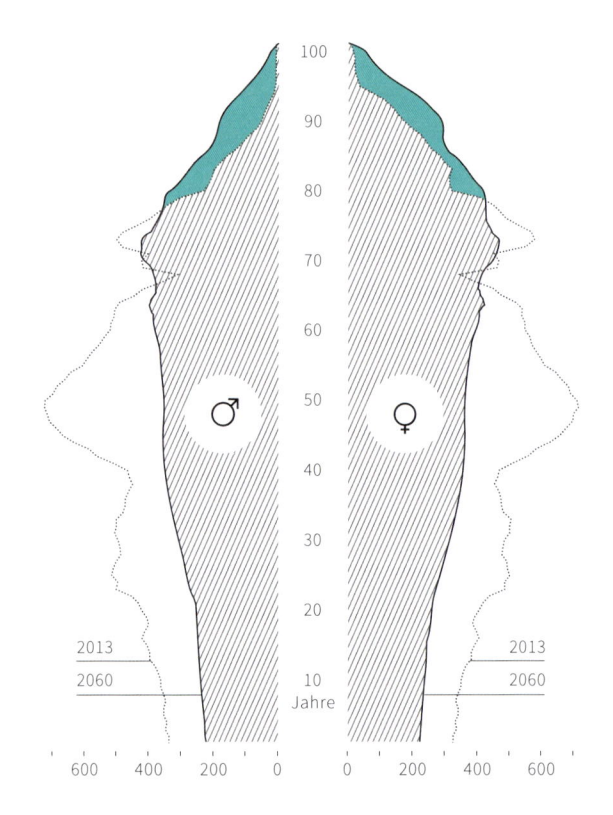

Quelle: Eigene Darstellung,
Grundlage Statistisches Bundesamt / WZB 2013: 21ff

Die Überlagerung der einzelnen Komponenten des demografischen Wandels bis zum Jahr 2025 zeigt sehr deutlich, dass in den meisten wachsenden Regionen weniger die abnehmende Zahl der jüngeren Menschen, sondern vielmehr die Zunahme der Hochbetagten von Belang sein wird. Vor allem in schrumpfenden Gemeinden ist eine Abnahme der schulpflichtigen Kinder zu erwarten. Besonders in weiten Teilen des ländlichen Raums der neuen Bundesländer trifft eine starke Zunahme der Hochbetagten auf einen starken Rückgang der schulpflichtigen Kinder. In diesen sogenannten Problemräumen müssen umfangreiche Anpassungen an die sich wandelnden demografischen Rahmenbedingungen stattfinden. Die Komponente der Internationalisierung findet überwiegend in den Städten statt. In den alten Bundesländern wird eine Zunahme der Bevölkerung mit Migrationshintergrund vermehrt auch in kleineren Städten sowie in höher verdichteten Kreisen in Agglomerationsräumen erwartet. In den neuen Ländern beschränkt sich deren Zunahme lediglich auf wenige Kernstädte (vgl. BBR, 29.07.2014).

Der demografische Wandel im Raum
Eine Synthese

großräumliche Bevölkerungsdynamik
- deutliche Abnahme
- deutliche Zunahme

Alterung
- /// starke Abnahme Schulpflichtiger
- ≡ massive Zunahme Hochbetagter

© BBSR Bonn 2014

Quelle: Eigene Darstellung, Grundlage BBR: Thematische Karten, Demografischer Wandel – Synthese, 29.07.2014

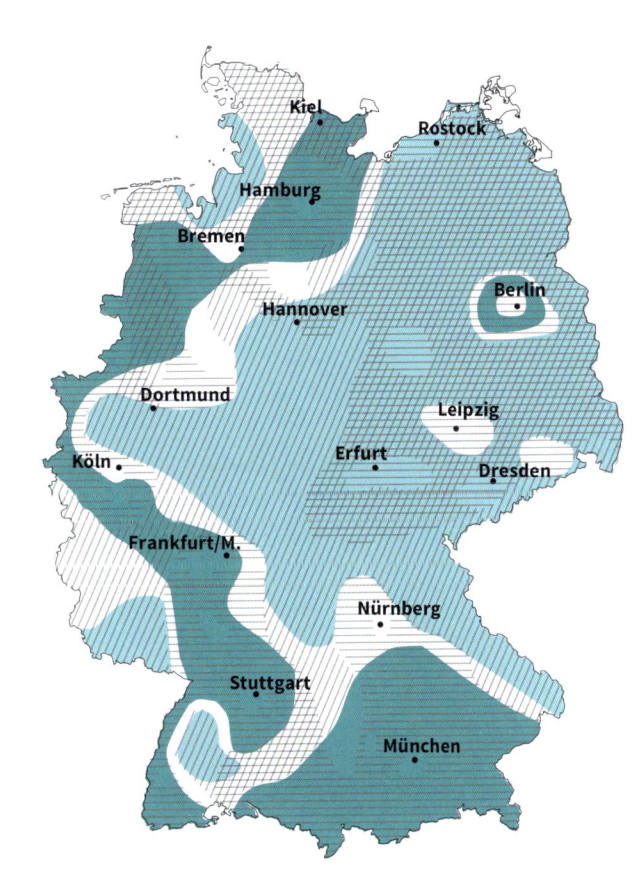

2.4 Wohnen und Bewohner, Tendenzen und Bedürfnisse

Wohnpräferenzen und -tendenzen spiegeln sich im Immobilienmarkt wieder. Die ungebrochene Attraktivität von gebrauchten Eigenheimen begründen die Immobilienexperten der Landesbausparkassen in erster Linie mit dem günstigen Preis. Neben der schnellen Bezugsfähigkeit und der in der Regel guten Lage in gewachsenen Strukturen, kosten gebrauchte Eigenheime (2013: 164.000 Euro) im Durchschnitt weniger als die Hälfte im Vergleich zu Neubauten (2013: 334.000 Euro). Diese Fakten sind trotz des zusätzlichen Instandsetzungs- und Sanierungsaufwandes ein gutes Argument für den Bestandskauf (vgl. LBS, Presseportal, 10.07.2014).

Unabhängig von der Objektart und Region ist seit Jahren zu beobachten, dass die Preisschere zwischen neuen und gebrauchten Immobilien immer größer wird. Mittlerweile sind viele gebrauchte Einfamilienhäuser sogar günstiger als neue Eigentumswohnungen. Gründe hierfür sind die überproportional gestiegenen Grundstückspreise, insbesondere in Zentrumsnähe, und gestiegene Ansprüche an den Wärmeschutz und Komfort (Barrierefreiheit). In die Preisverhandlungen von gebrauchten Eigenheimen fließen so die anstehenden Modernisierungskosten mit ein (vgl. Westfalium: Krawczyk, 23.09.2014).

In den letzten Jahren haben konstant 70 Prozent aller Immobilienkäufe (Neubau wie Bestand) in Ballungsräumen stattgefunden. Nach Einschätzung von Landesbausparkassen-Experten weist dieser Trend darauf hin, dass die Wohneigentumsbildung mindestens in gleicher Weise wie der Mietwohnungsbau auf den Anstieg der Wohnungsnachfrage reagiert. Es wird davon ausgegangen, dass sich der seit einigen Jahren anhaltende Aufwärtstrend der Immobiliennachfrage weiter fortsetzten wird (vgl. Bundesgeschäftsstelle Landesbausparkassen 2014: 49). In ländlichen Regionen ist der Immobilienmarkt alles andere als angespannt. Im Gegensatz zu den Ballungszentren wird der Hausverkauf durch fehlende Nachfrage und schlechte Zustände der Immobilien erschwert. Junge Menschen ziehen meist in die Großstadt. Vielfach bleiben nur diejenigen auf dem Land, die mit ihrem Heimatort tief verwurzelt sind, vorausgesetzt es gelingt, dort beruflich Fuß zu fassen. Nur wenige, die zur Ausbildung fortgezogen sind, kehren zurück.

Bei der Wohnstandortwahl spielt die Erreichbarkeit eine wichtige Rolle. Besonders die Agglomerationen in den alten Bundesländern sind gut aufgestellt, was die Erreichbarkeit anbelangt. Periphere Regionen gibt es verhältnismäßig häufiger in Bayern, Thüringen, Sachsen-Anhalt und Niedersachsen. Die deutlich peripher gelegenen Gebiete sind vornehmlich in den neuen Bundesländern zu finden.

Urbanes Wohnen
Wo sich Eigentumserwerber ansiedeln

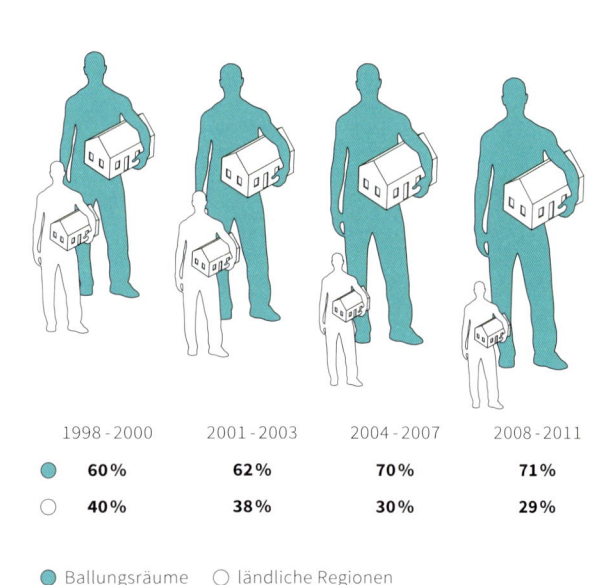

	1998 - 2000	2001 - 2003	2004 - 2007	2008 - 2011
● Ballungsräume	60%	62%	70%	71%
○ ländliche Regionen	40%	38%	30%	29%

Quelle: Eigene Darstellung, Grundlage Bundesgeschäftsstelle Landesbausparkassen 2014: 49

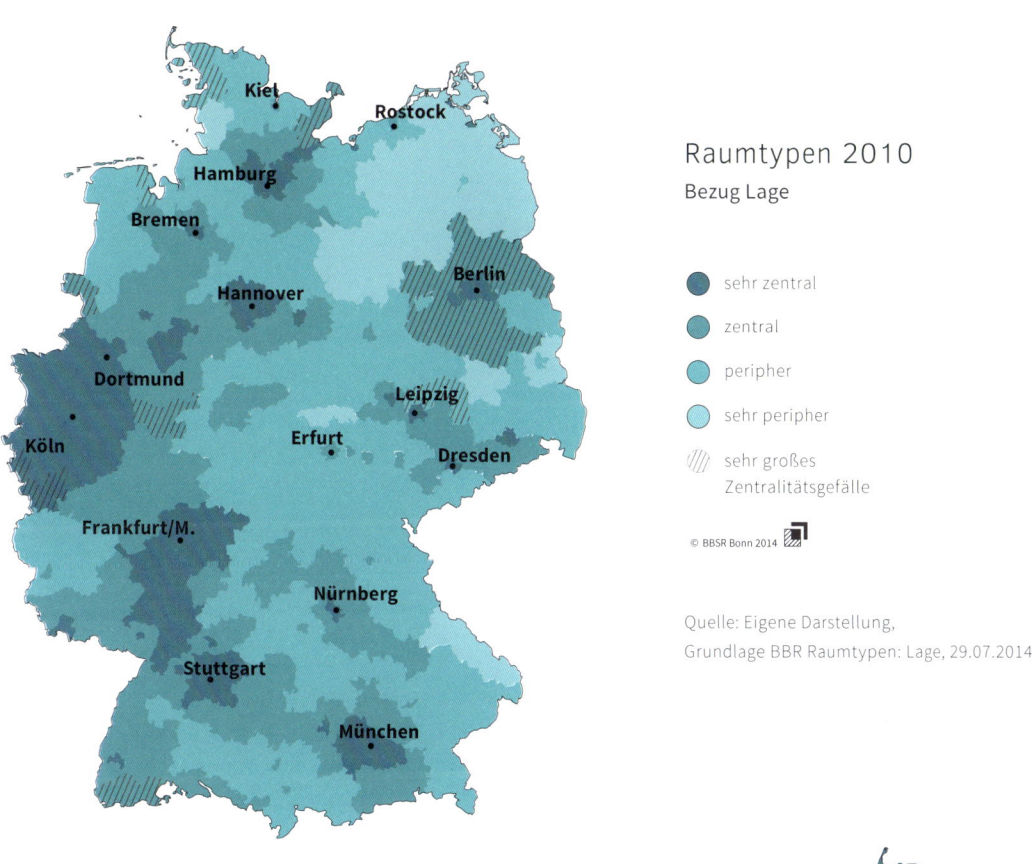

Gebietstyp und Situation in der Gegenwart | 2

Raumtypen 2010
Bezug Lage

- sehr zentral
- zentral
- peripher
- sehr peripher
- sehr großes Zentralitätsgefälle

© BBSR Bonn 2014

Quelle: Eigene Darstellung,
Grundlage BBR Raumtypen: Lage, 29.07.2014

Erreichbarkeit von Oberzentren
(PKW-Fahrtzeiten)

- < 30 min.
- 30 bis unter 45 Min.
- 45 bis unter 60 Min.
- 60 bis unter 75 Min.
- ≥ 75 Min.
- Teil eines oberzentralen Verbundes
- Oberzentrum

© BBSR Bonn 2014

Quelle: Eigene Darstellung, Grundlage BBR
Erreichbarkeit von Oberzentren, 29.07.2014

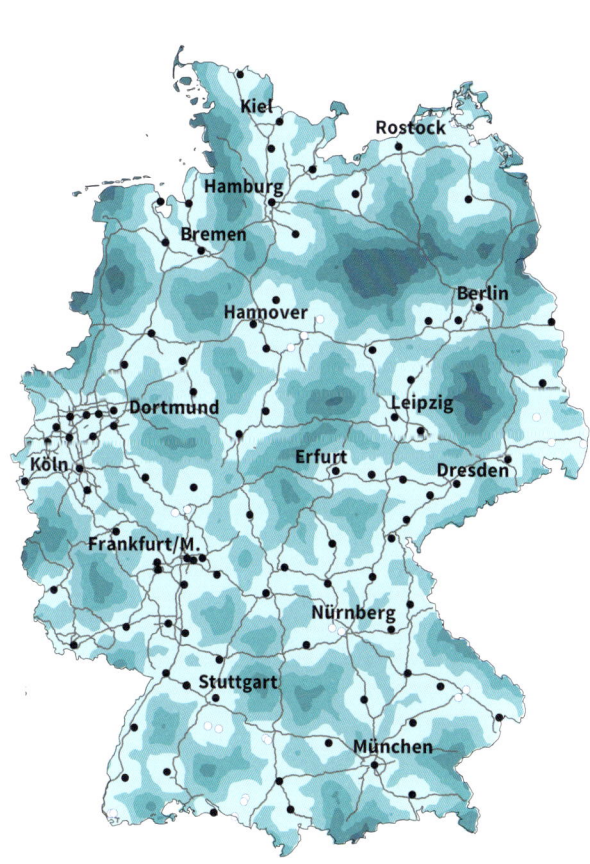

Der Wunsch nach Wohneigentum

Wohneigentum ist nach wie vor stark nachgefragt, der Preisanstieg verhält sich regional sehr unterschiedlich und ist auch abhängig von der kleinräumigen Lage (vgl. Presseportal: Bundesgeschäftsstelle Landesbausparkassen, 07.06.2014).

Der Wunsch nach Wohneigentum ist unter Mietern mit 57 Prozent (West: 59 Prozent / Ost: 48 Prozent) recht hoch. Die Gründe hierfür sind vielfältig. Hauptsächlich sehen Mieter sich nach der Unabhängigkeit vom Vermieter (98 Prozent). Des Weiteren sind verschiedene finanzielle Gründe, wie „in die eigene Tasche zahlen" (94 Prozent), Vererbbarkeit (92 Prozent) und Altersvorsorge (90 Prozent) ausschlaggebend für den ausgeprägten Wunsch nach Eigentum. Den letzten Platz belegt der Grund der höheren Lebensqualität mit 88 Prozent (vgl. Bundesgeschäftsstelle Landesbausparkassen 2014: 51). Die Gründe für Eigentum sind bei jungen Menschen zwischen 16 und 25 Jahren laut einer Umfrage der Landesbausparkassen im Grunde dieselben wie für ihre Elterngeneration. Am wichtigsten ist ihnen, wie der älteren Generation auch, die Unabhängigkeit vom Vermieter (96 Prozent). Dabei messen die jungen Menschen der Vorsorge für das Alter eine größere Bedeutung bei als die ältere Generation. Bei der Frage nach der späteren Wohnform entschieden sich 77 Prozent für Wohneigentum und nur neun Prozent für das Wohnen zur Miete (vgl. Kappel, Offenes Presseportal, 23.09.2014).

Die hohe Wohnzufriedenheit der Bewohner ist auf eine in Deutschland anhaltend zunehmende Quote von selbstgenutztem Wohneigentum sowie auf einen deutlich verbesserten Gebäudezustand im Mietwohnungsbau zurückzuführen. Auf einer Skala von 0 bis 10 ist die Wohnzufriedenheit der Wohnungseigentümer mit einem Wert von rund acht jedoch etwas höher als der der Mieter, die nur einen Wert von rund sieben aufweist (vgl. Bundesgeschäftsstelle Landesbausparkassen 2014: 26).

Wohnzufriedenheit: Beurteilung der Wohnsituation durch Eigentümer und Mieter
Angabe auf einer Skala von 0 bis 10

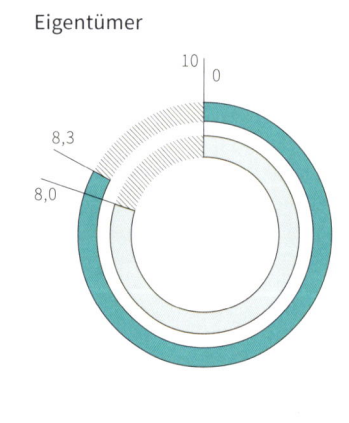

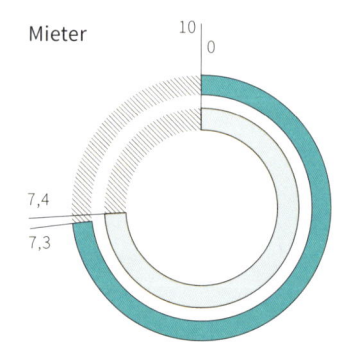

Eigentümer: West 8,3 / Ost 8,0

Mieter: West 7,4 / Ost 7,3

○ West
○ Ost

Quelle: Eigene Darstellung, Grundlage Bundesgeschäftsstelle Landesbausparkassen 2014: 26

Argumente für Wohneigentum
Warum Mieter zu Wohneigentümern werden

88% | höhere Lebensqualität
89% | langfristig günstiger als Miete
90% | Altersvorsorge
92% | bleibender, vererbbarer Wert
94% | in eigene Tasche zahlen
98% | Unabhängigkeit vom Vermieter

Quelle: Eigene Darstellung, Grundlage Bundesgeschäftsstelle Landesbausparkassen 2014: 51

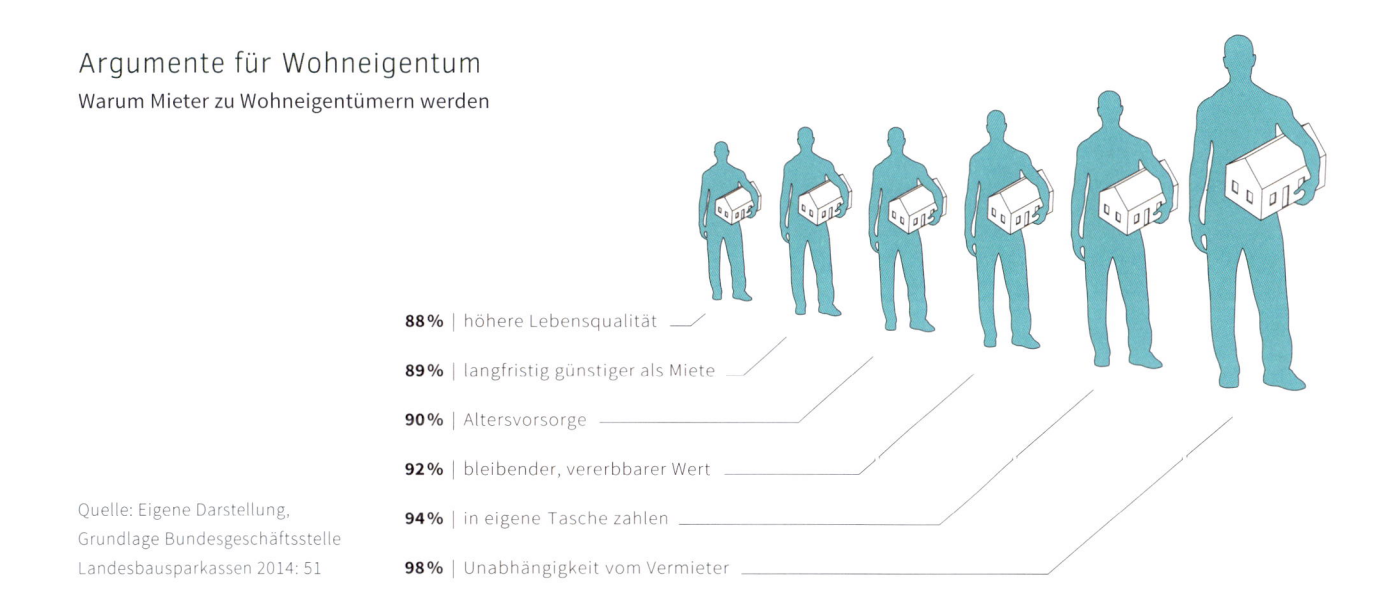

Wie die Alten so die Jungen
Warum junge Menschen zu Wohneigentümern werden

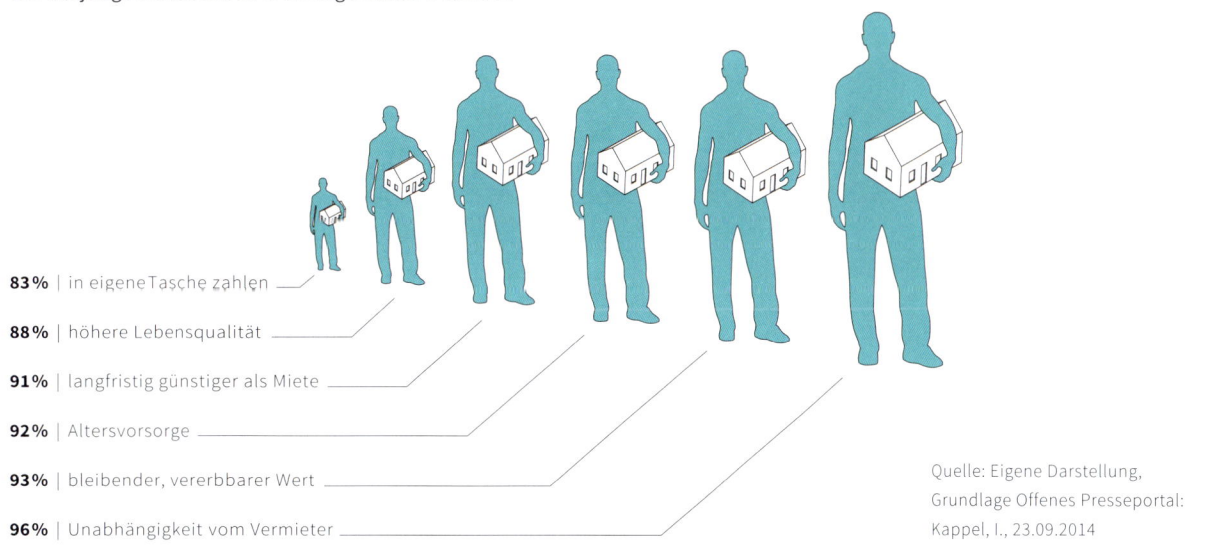

83% | in eigene Tasche zahlen
88% | höhere Lebensqualität
91% | langfristig günstiger als Miete
92% | Altersvorsorge
93% | bleibender, vererbbarer Wert
96% | Unabhängigkeit vom Vermieter

Quelle: Eigene Darstellung, Grundlage Offenes Presseportal: Kappel, I., 23.09.2014

Gründe für eine energetische Modernisierung
Umfrage unter Hausbesitzern

- 76 % Einsparung von Energiekosten
- 12 % Verbesserung des Wohnklimas
- 9 % notwendige Instandhaltung
- 3 % Beitrag zum Umweltschutz

Quelle: Eigene Darstellung, Grundlage Offenes Presseportal: Kappel, I., 23.09.2014

Die Wohnwünsche unterschiedlicher Haushalts- und Altersgruppen sind sehr vielfältig. Die Anforderungen an den Wohnstandard werden vornehmlich durch die Wohnbedürfnisse und finanziellen Möglichkeiten der Bewohner bestimmt. Die Wohnvorstellungen der Eigentümer von Bestandsimmobilien orientieren sich in der Regel an der Beschaffenheit der aktuellen Neubauten. Diese Wünsche sind allerdings bei der Modernisierung des Altbaus nicht unmittelbar umsetzbar. Bei der Sanierung und Modernisierung von Wohngebäuden aus den 1950er- bis 1980er-Jahren gehören die energetische Verbesserung, die Anpassung an spezifische Lebensumstände und die Einhaltung der schallschutztechnischen Belange zu den wichtigsten Gesichtspunkten. Bei der Verbesserung der Energieeffizienz spielt vor allem der Einbau oder die Erneuerung der Heizungs- und Sanitärinstallationen eine große Rolle (vgl. Kompetenzzentrum der Initiative „Kostengünstig qualitätsbewusst Bauen" 2009: 2-4).

Bei der Umsetzung der Energiewende sind Hauseigentümer die wichtigsten Akteure, da fast zwei Drittel der Heizkosten in Deutschland in selbstgenutzten Eigenheimen und Eigentumswohnungen anfallen. Bei der Entscheidung zur energetischen Sanierung ist die Senkung der Energiekosten der wichtigste Grund für Hauseigentümer. Eigenheimbesitzer streben häufig erst dann eine Modernisierung an, wenn das Eigenheim über dreißig Jahre alt ist. Eine entscheidende Gruppe hierbei sind die Eigentümer im Rentenalter, da ihre Objekte überdurchschnittlich große Energieeinsparpotenziale aufweisen. Bewohner einer Immobilie schieben notwendige Modernisierungsarbeiten gerne auf, wohingegen Käufer von Gebrauchtimmobilien meist direkt vor dem Einzug modernisieren. Sie modernisieren in der Regel auch umfassender als langjährige Bewohner (vgl. Kappel, Offenes Presseportal, 23.09.2014 / Hartwik, Presseportal, 29.09.2014).

Wohnverhältnisse und Wohnflächenbedarf

Bei der Betrachtung der Wohnverhältnisse in Deutschland fällt auf, dass eine Hälfte der Bevölkerung in Ein- und Zweifamilienhäusern (53 Prozent) und die andere in Mehrfamilienhäusern und anderen Gebäudetypen (47 Prozent) lebt.

In Deutschland leben 41 Prozent der Bevölkerung in Wohngebäuden der 1950er- bis 1970er-Jahre. Bei der Betrachtung der alten und neuen Bundesländer ist zu erkennen, dass im westdeutschen Bundesgebiet mit 45 Prozent rund doppelt so viele Personen in Wohngebäuden der 1950er- bis 1970er-Jahre leben wie in den ostdeutschen Bundesländern mit 26 Prozent.

Gebietstyp und Situation in der Gegenwart | 2

Personen nach Gebäudetyp

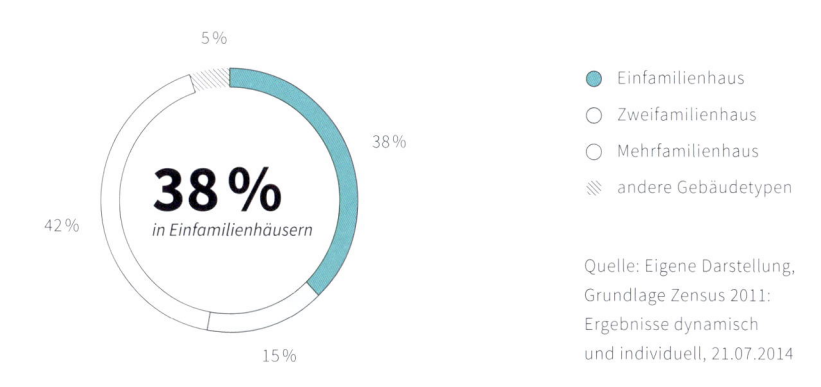

- 5%
- 38%
- 15%
- 42%

38 % in Einfamilienhäusern

○ Einfamilienhaus
○ Zweifamilienhaus
○ Mehrfamilienhaus
▨ andere Gebäudetypen

Quelle: Eigene Darstellung, Grundlage Zensus 2011: Ergebnisse dynamisch und individuell, 21.07.2014

Personen in Wohngebäuden (ohne Wohnheime) nach Baualtersklassen

- 24%
- 11%
- 15%
- 15%
- 35%

41 % in Wohngebäuden der 1950er- bis 1970er-Jahre

In Westdeutschland

- 19%
- 12%
- 17%
- 16%
- 36%

45 % in Wohngebäuden der 1950er- bis 1970er-Jahre

In Ostdeutschland

- 41%
- 6%
- 9%
- 11%
- 33%

26 % in Wohngebäuden der 1950er- bis 1970er-Jahre

● vor 1950
● 1950 - 1959
○ 1960 - 1969
○ 1970 - 1979
▨ nach 1979

Quellen: Eigene Darstellung, Grundlage Zensus 2011: Ergebnisse dynamisch und individuell, 21.07.2014

Entwicklung des Wohnflächenverbrauchs
Je Einwohner und Wohnfläche je Wohnung in Deutschland

● Wohnfläche je Wohnung
○ Wohnfläche je Einwohner

Quelle: Eigene Darstellung, Grundlage Engel und Völkers AG 2013: 4

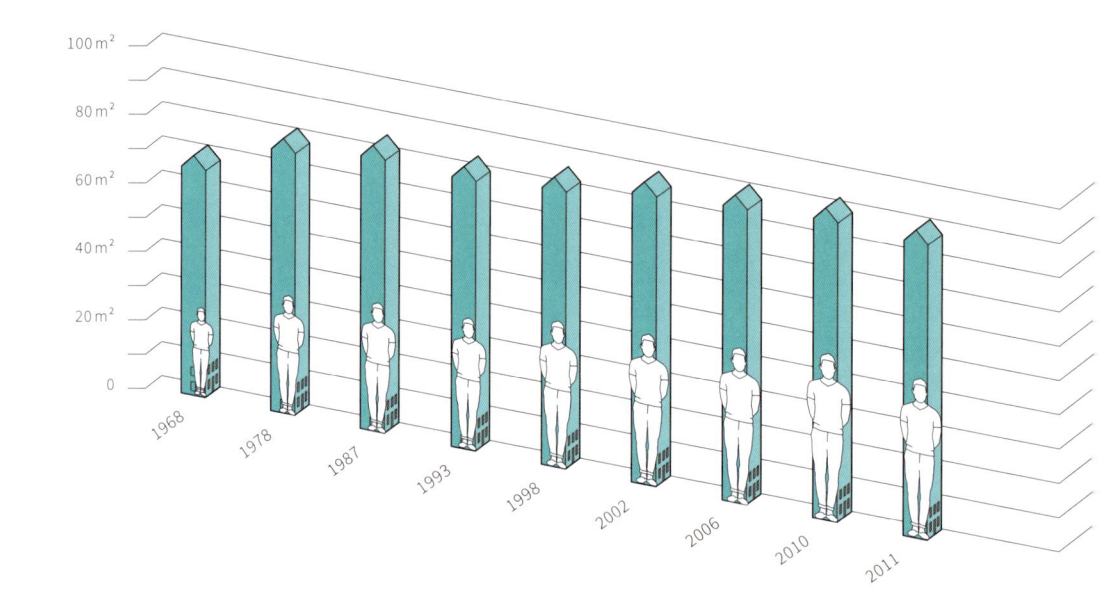

Die durchschnittliche Wohnfläche pro Kopf hat sich in den letzten 35 Jahren um fast die Hälfte, von 23,8 m² auf 44,8 m², verdoppelt. Gleichzeitig ist die durchschnittliche Größe einer Wohnung im Zeitraum zwischen 1968 und 2011 von 71,1 m² auf 90,2 m² gestiegen. Immer mehr Menschen leben allein. Während im Jahr 2000 noch 31 Prozent der Bevölkerung in Einpersonenhaushalten lebten, waren es im Jahr 2010 bereits 40 Prozent. Die Gründe für die stetig steigende Wohnflächennachfrage sind vielfältig. Nicht eheliche Lebensgemeinschaften, die in zwei Haushalten leben, doppelverdienende Haushalte und ein damit verbundener materieller Wohlstand sowie stetig steigende Wohnansprüche der Menschen. Zudem steigt die Anzahl der bewusst gewählten Form der Single-Haushalte und es leben parallel dazu immer mehr ältere Menschen allein in ihrer angestammten Wohnung (vgl. Engel und Völkers AG 2013: 4). Es wird davon ausgegangen, dass sich dieser Trend fortsetzen wird. So wird die Wohnfläche pro Kopf in Westdeutschland im prognostizierten Zeitraum von 2010 bis 2030 von 47 m² auf 54 m² steigen (vgl. Bundesgeschäftsstelle Landesbausparkassen 2014: 41).

Wohnverhältnisse der Haushalte

Die Entwicklung der Haushalte in Deutschland macht einen deutlichen Wandel erkennbar. Die abnehmende Bedeutung der Mehrpersonenhaushalte ist hierbei am auffälligsten. Der Anteil der Mehrpersonenhaushalte an allen Haushalten sank in Westdeutschland zwischen den Jahren 1872 und 2011 von 73,8 Prozent auf 60,5 Prozent, in gesamt Deutschland fiel er von knapp 64 Prozent auf knapp 60 Prozent in den Jahren 2000 bis 2011.

Des Weiteren hat sich der Anteil der Haushalte ohne Kinder unter den Mehrpersonenhaushalten in Deutschland kontinuierlich erhöht. Zwischen 2000 und 2011 stieg er von 47 Prozent

Mehr Raum zum Wohnen
Prognose der Wohnflächenentwicklung 2010 bis 2030 in Quadratmeter pro Kopf

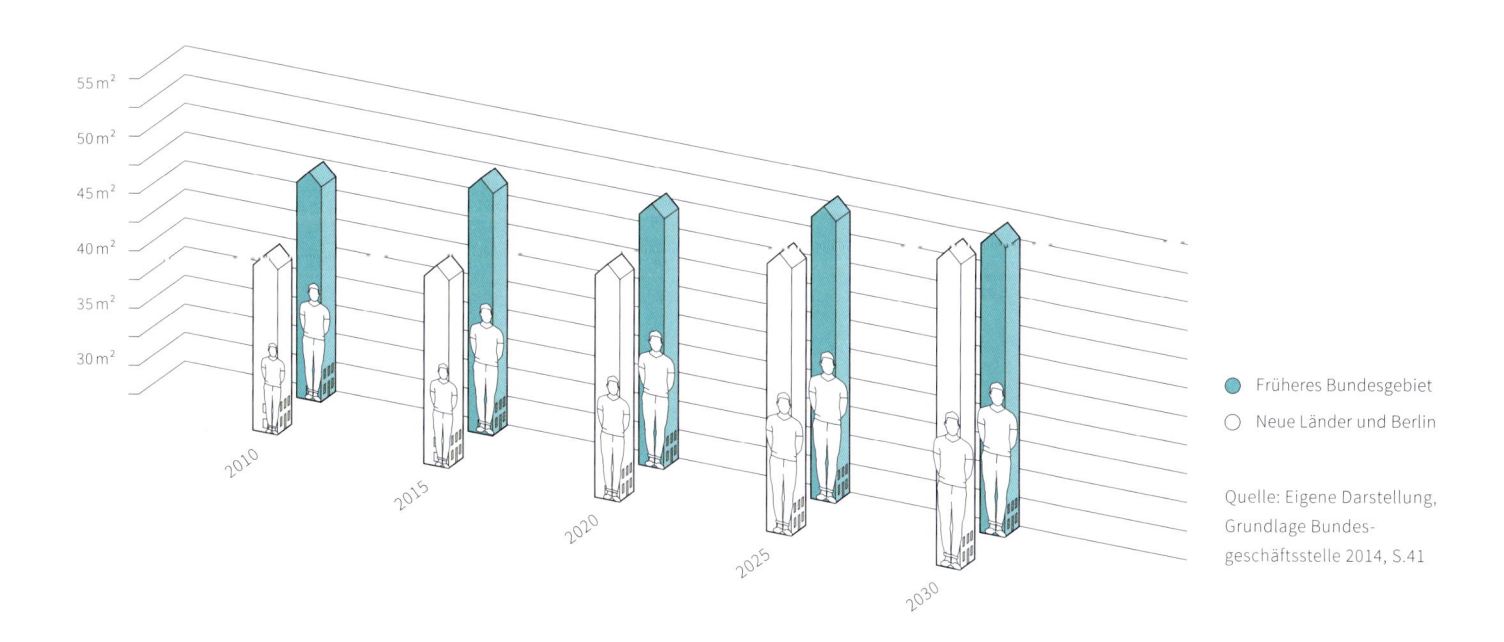

● Früheres Bundesgebiet
○ Neue Länder und Berlin

Quelle: Eigene Darstellung, Grundlage Bundesgeschäftsstelle 2014, S.41

auf 51 Prozent. In Westdeutschland erhöhte sich der Anteil der Haushalte ohne Kinder zwischen 1972 und 2011 von 33 Prozent auf gut 50 Prozent. In Ostdeutschland nahm dieser Anteil zwischen den Jahren 2000 und 2011 von 47 auf knapp 56 Prozent zu.

Gleichzeitig ist der Anteil der Einpersonenhaushalte stetig gestiegen. In Deutschland stieg er in den Jahren 1991 bis 2000 von 33,6 Prozent auf 36,1 Prozent und bis 2011 noch einmal auf 40,4 Prozent. In Westdeutschland erhöhte sich der Anteil der Einpersonenhaushalte an allen Haushalten von 26,2 Prozent auf 39,5 Prozent zwischen den Jahren 1972 und 2011. In Ostdeutschland stieg er von 1991 bis 2000 von 30,8 Prozent auf 34,1 Prozent und bis 2011 weiter auf 43,6 Prozent.

Nach Haushaltsvorausrechnungen des Statistischen Bundesamtes wird der Anteil der Einpersonenhaushalte in allen Bundesländern anhaltend zunehmen. Für Westdeutschland wird für das Jahr 2030 ein Anteil der Einpersonenhaushalte an allen Haushalten von 42,3 Prozent prognostiziert. In den Neuen Bundesländern soll 2030 in 41,3 Prozent aller Haushalte nur eine Person leben (vgl. Bundeszentrale für politische Bildung, 06.10.2014).

Die Darstellung der Haushaltsverteilung auf die Ein- und Zweifamilienhäuser der gesamten Baualtersklassen der 1950er- bis 1970er-Jahre zeigt, dass die Zahl der Haushalte mit einer und zwei Personen deutlich überwiegt. Bundesweit haben sie einen Anteil von 65 Prozent.

Differenzierung der Haushaltstypen

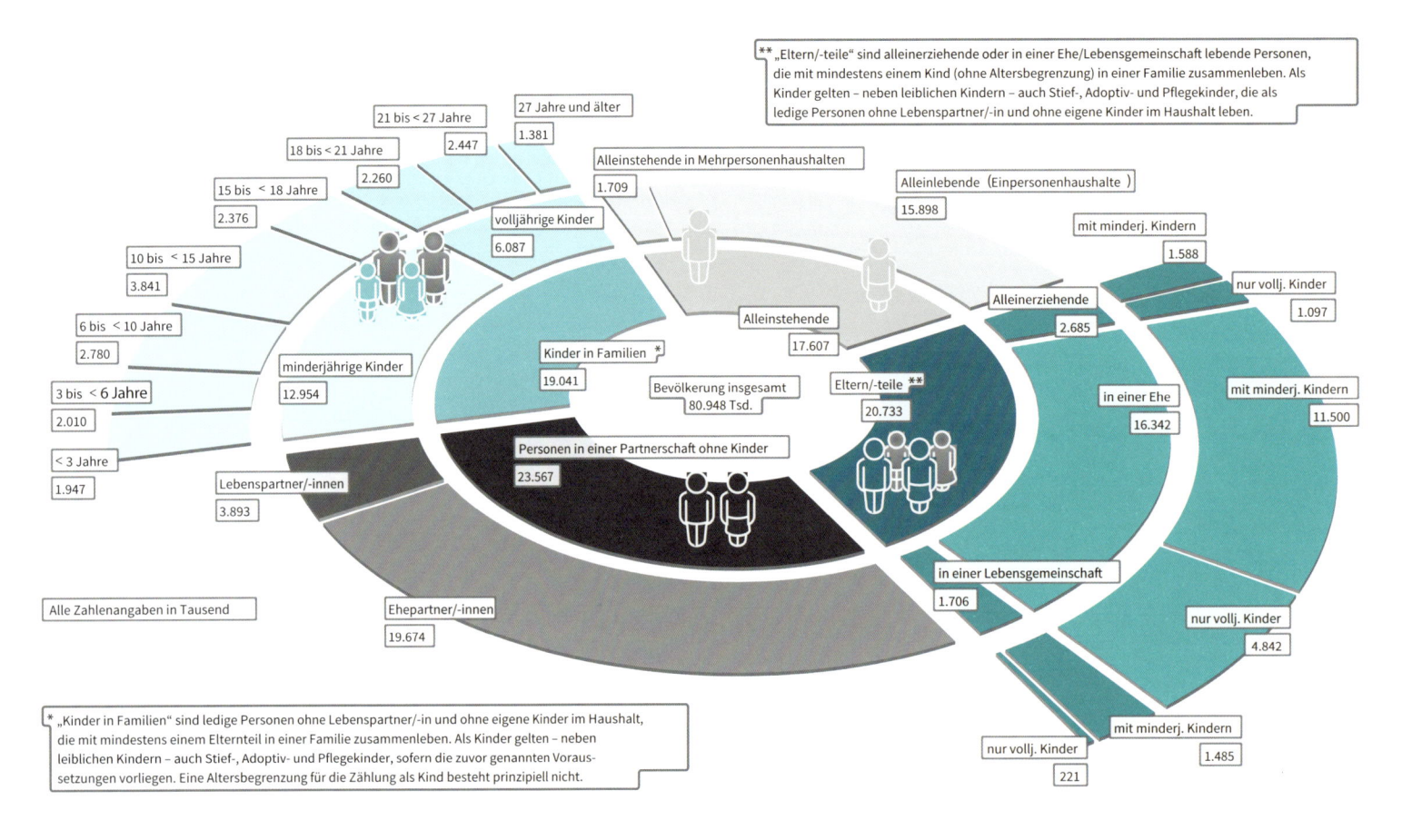

"Eltern/-teile" sind alleinerziehende oder in einer Ehe/Lebensgemeinschaft lebende Personen, die mit mindestens einem Kind (ohne Altersbegrenzung) in einer Familie zusammenleben. Als Kinder gelten – neben leiblichen Kindern – auch Stief-, Adoptiv- und Pflegekinder, die als ledige Personen ohne Lebenspartner/-in und ohne eigene Kinder im Haushalt leben.

- 27 Jahre und älter: 1.381
- 21 bis < 27 Jahre: 2.447
- 18 bis < 21 Jahre: 2.260
- 15 bis < 18 Jahre: 2.376
- 10 bis < 15 Jahre: 3.841
- 6 bis < 10 Jahre: 2.780
- 3 bis < 6 Jahre: 2.010
- < 3 Jahre: 1.947
- volljährige Kinder: 6.087
- minderjährige Kinder: 12.954
- Kinder in Familien *: 19.041
- Alleinstehende in Mehrpersonenhaushalten: 1.709
- Alleinstehende: 17.607
- Alleinlebende (Einpersonenhaushalte): 15.898
- Bevölkerung insgesamt: 80.948 Tsd.
- Personen in einer Partnerschaft ohne Kinder: 23.567
- Lebenspartner/-innen: 3.893
- Ehepartner/-innen: 19.674
- Eltern/-teile **: 20.733
- Alleinerziehende: 2.685
  - mit minderj. Kindern: 1.588
  - nur vollj. Kinder: 1.097
- in einer Ehe: 16.342
  - mit minderj. Kindern: 11.500
  - nur vollj. Kinder: 4.842
- in einer Lebensgemeinschaft: 1.706
  - mit minderj. Kindern: 1.485
  - nur vollj. Kinder: 221

Alle Zahlenangaben in Tausend

* „Kinder in Familien" sind ledige Personen ohne Lebenspartner/-in und ohne eigene Kinder im Haushalt, die mit mindestens einem Elternteil in einer Familie zusammenleben. Als Kinder gelten – neben leiblichen Kindern – auch Stief-, Adoptiv- und Pflegekinder, sofern die zuvor genannten Voraussetzungen vorliegen. Eine Altersbegrenzung für die Zählung als Kind besteht prinzipiell nicht.

Quelle: Grundlage Bundeszentrale für politische Bildung, 06.10.2014 (farblich angepasst)

Wohnverhältnisse nach Wohnungsnutzung

Die durchschnittliche Eigentumsquote in Deutschland stieg in den Jahren 2006 bis 2011 um 0,5 Prozent an, dabei sind jedoch deutliche regionale Unterschiede zu erkennen. Den höchsten Zuwachs an Eigennutzern verzeichnete Brandenburg mit 3,6 Prozent. In den Bundesländern Hamburg und Saarland nahm die Quote des selbst genutzten Eigentums um zirka drei Prozent zu. Berlin bildet mit einem Zuwachs von nur 0,9 Prozent und einer Eigentumsquote von insgesamt 15 Prozent mit Abstand das Schlusslicht im Ländervergleich. Insgesamt stieg die Eigentumsquote in den Jahren 2006 bis 2011 in sämtlichen alten Bundesländern, ausgenommen Rheinland-Pfalz.

Haushalte in Ein- und Zweifamilienhäusern der 1950er- bis 1970er-Jahre

In Deutschland

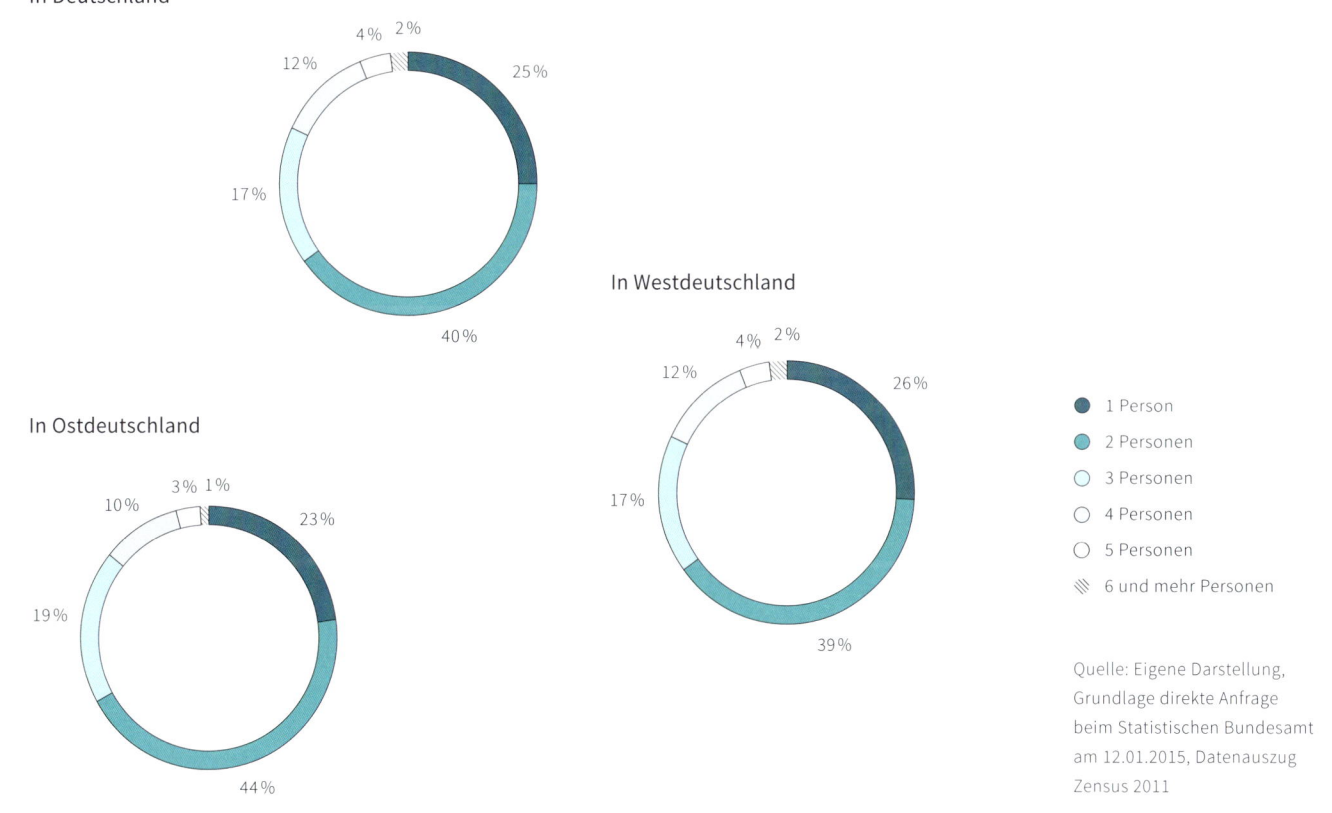

- 1 Person: 25%
- 2 Personen: 40%
- 3 Personen: 17%
- 4 Personen: 12%
- 5 Personen: 4%
- 6 und mehr Personen: 2%

In Westdeutschland

- 1 Person: 26%
- 2 Personen: 39%
- 3 Personen: 17%
- 4 Personen: 12%
- 5 Personen: 4%
- 6 und mehr Personen: 2%

In Ostdeutschland

- 1 Person: 23%
- 2 Personen: 44%
- 3 Personen: 19%
- 4 Personen: 10%
- 5 Personen: 3%
- 6 und mehr Personen: 1%

Legende:
- ● 1 Person
- ● 2 Personen
- ○ 3 Personen
- ○ 4 Personen
- ○ 5 Personen
- ▨ 6 und mehr Personen

Quelle: Eigene Darstellung, Grundlage direkte Anfrage beim Statistischen Bundesamt am 12.01.2015, Datenauszug Zensus 2011

Wobei das Bundesland mit einer Eigentumsquote von über 50 Prozent im Ländervergleich einen Spitzenplatz einnimmt (vgl. Engel und Völkers AG 2013: 5).

Die Verteilung der Eigentümer- und Mieterhaushalte ist in Ost- und Westdeutschland sehr unterschiedlich. In den alten Bundesländern überwiegen die Eigentümerhaushalte mit 55 Prozent. In den ostdeutschen Bundesländern überwiegen die Mieterhaushalte mit 58 Prozent.

Der weit überwiegende Teil des Einfamilienhausbestands der 1950er- bis 1970er-Jahre wird von Eigentümern bewohnt (76 Prozent). In den alten Bundesländern werden 85,7 Prozent der Einfamilienhäuser von Eigentümern bewohnt, in den neuen Bundesländern sind es 76,5 Prozent. Die Leerstandsquote der Einfamilienhäuser aus dieser Zeit liegt bei vier Prozent. Im Vergleich hierzu liegt der deutschlandweite Durchschnitt von leer stehenden Wohnungen in Wohngebäuden bei 4,5 Prozent.

Auffallend ist, dass die Wohnfläche der Einfamilienhäuser mit den Baujahren von durchschnittlich 105 m² in den 1950er-Jahren auf 122 m² in den 1970er-Jahren zugenommen hat. Dabei ist anzumerken, dass die durchschnittlichen Wohnungsgrößen in den neuen Bundesländern durchweg weit unter den Wohnungsgrößen der westdeutschen Bundesländer liegen.

Eigentumsquote
Anteil des selbst genutzten Wohneigentums in Prozent

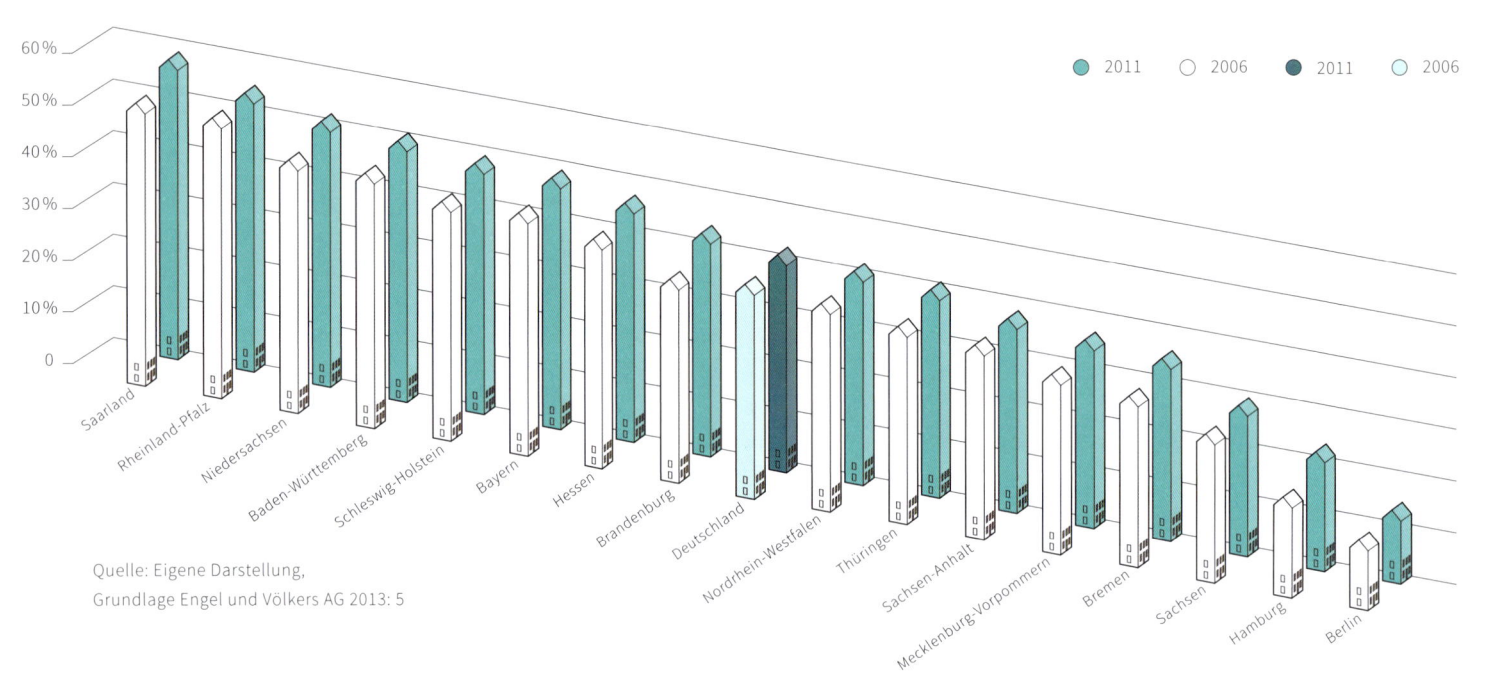

● 2011   ○ 2006   ● 2011   ○ 2006

Saarland, Rheinland-Pfalz, Niedersachsen, Baden-Württemberg, Schleswig-Holstein, Bayern, Hessen, Brandenburg, Deutschland, Nordrhein-Westfalen, Thüringen, Sachsen-Anhalt, Mecklenburg-Vorpommern, Bremen, Sachsen, Hamburg, Berlin

Quelle: Eigene Darstellung,
Grundlage Engel und Völkers AG 2013: 5

Mieter- und Eigentümerhaushalte
Ost- und Westdeutschland

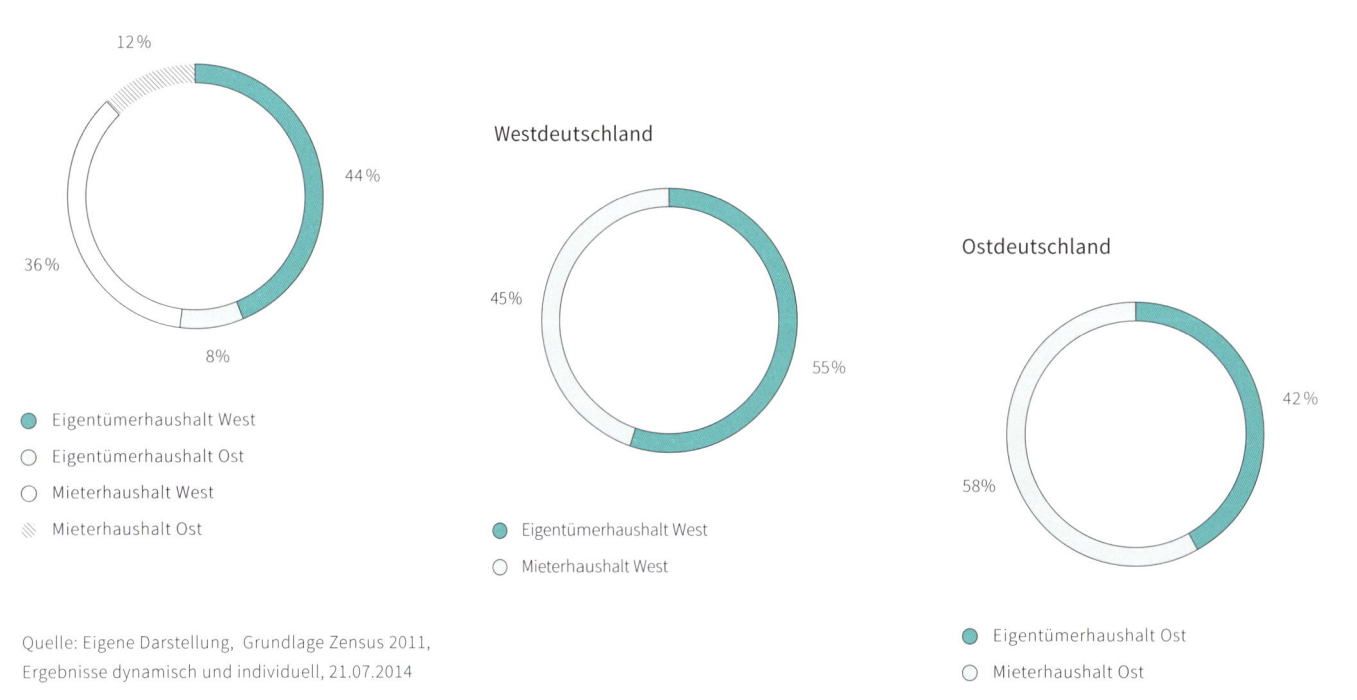

12%
44%
36%
8%

● Eigentümerhaushalt West
○ Eigentümerhaushalt Ost
○ Mieterhaushalt West
⋰ Mieterhaushalt Ost

Quelle: Eigene Darstellung, Grundlage Zensus 2011,
Ergebnisse dynamisch und individuell, 21.07.2014

Westdeutschland

45%
55%

● Eigentümerhaushalt West
○ Mieterhaushalt West

Ostdeutschland

42%
58%

● Eigentümerhaushalt Ost
○ Mieterhaushalt Ost

Anteil der vom Eigentümer bewohnten Wohnungen an allen bewohnten Wohnungen
in Ein- und Zweifamilienhäusern der 1950er- bis 1970er-Jahre und durchschnittliche Wohnfläche

Baujahr	Vom Eigentümer bewohnte Wohnungen	Zu Wohnzwecken vermietete Wohnungen	Leer stehende Wohnungen	Durchschnittliche Wohnfläche
Deutschland				
1950 bis 1959	74 %	26 %	4 %	105 m²
1960 bis 1969	75 %	25 %	4 %	111 m²
1970 bis 1969	80 %	20 %	3 %	122 m²
Gesamt	76 %	24 %	4 %	113 m²
Westdeutschland				
1950 bis 1959	72,4 %	27,6 %	4,4 %	105 m²
1960 bis 1969	76,5 %	23,5 %	3,6 %	111 m²
1970 bis 1969	80,6 %	19,4 %	2,6 %	124 m²
Gesamt	76,5 %	23,5 %	3,5 %	113 m²
Ostdeutschland				
1950 bis 1959	84,3 %	15,7 %	4,5 %	97 m²
1960 bis 1969	84,0 %	16,0 %	4,5 %	98 m²
1970 bis 1969	88,7 %	11,3 %	2,8 %	104 m²
Gesamt	85,7 %	14,3 %	3,9 %	100 m²

Quelle: Eigene Darstellung, Grundlage direkte Anfrage beim
Statistischen Bundesamt am 06.10.2014, Datenauszug Zensus 2011

Ideeller Wert des Eigenheims und Bindung an das Haus

Das Einfamilienhaus besitzt als Eigenheim einen hohen ideellen Wert. Das Eigenheim ist für viele Menschen nicht nur eine Wohnform sondern ein Lebensentwurf. Die Identifikation mit dem eigenen Haus ist sehr hoch und damit auch die Bindung an den Wohnort. Viele Bewohner gehen ihr Leben lang davon aus, dass das Eigenheim eine kluge Geldanlage sei. Aber tatsächlich lassen sich die Erwartungen an den Wert des Hauses oftmals nicht mehr erfüllen. Aufgrund des geringen Erlöses, der das Eigenheim bei einem Verkauf erbringen würde und aufgrund der emotionalen Bindung bleiben die Senioren daher meist in ihrem Eigenheim. Das große Haus und auch ein Garten sind jedoch pflegeaufwändig und demnach arbeitsintensiv. Nicht selten wird der Garten zur Last. Dabei waren insbesondere Gärten früher das prägende Merkmal freistehender Einfamilienhäuser und auch vielfach ein Grund für die Kaufentscheidung.

3

Stadtentwicklung und alternde Einfamilienhausgebiete

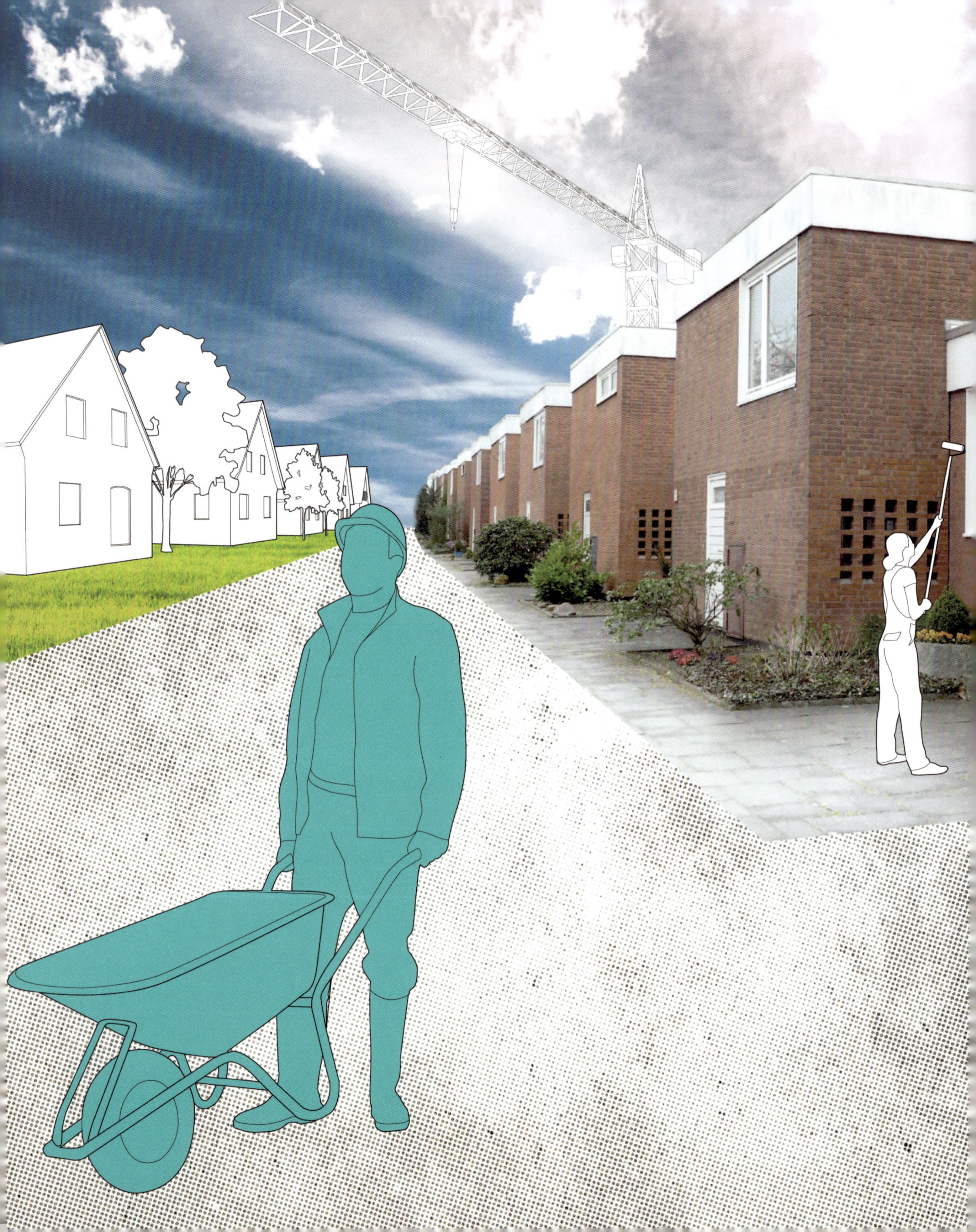

3 Stadtentwicklung und alternde Einfamilienhausgebiete

3.1 Problemwahrnehmung – Forschungs- und Praxisprojekte im Überblick

Zur Wohnsuburbanisierung nach dem Zweiten Weltkrieg, zu ihren Entwicklungsprozessen und Entstehungsfaktoren gibt es bereits vielfältige Forschungen (vgl. Simon 2001; Harlander 2001). Die Anpassung der niedrigverdichteten Wohngebiete der 1950er- bis 1970er-Jahre an veränderte demografische Gegebenheiten und Wohnwünsche wurde vor rund zehn Jahren als Thema der Stadtforschung erkannt. Das in Kapitel 1 skizzierte Forschungsprojekt der Wüstenrot Stiftung „Die Zukunft von Einfamilienhausgebieten aus den 1950er- bis 1970er-Jahren – Handlungsempfehlungen für eine nachhaltige Nutzung" konnte wichtige Grundlagen liefern (vgl. Wüstenrot Stiftung 2012).

Verschiedene Forschungsvorhaben thematisieren zunehmend diesen Quartierstyp. So wurden in einem Forschungsprojekt des Instituts für Stadtentwicklung und Bauwirtschaft der Universität Leipzig verschiedene Quartierstypen untersucht, darunter auch Einfamilienhausgebiete. Für jeden Quartierstyp erarbeitete das Forschungsteam vier Stadtumbauszenarien und Modellrechnungen zur Entwicklung. Die vier Szenarien zeigten verschiedene Entwicklungsvarianten auf: „Liegenlassen", „Renaturieren", „Nischen und Nester" und „Stabilisieren". Die Szenarien stellen Potenziale und Konsequenzen kommunaler Steuerung, aber auch Risiken dar, die entstehen können, sofern keine gesteuerte Transformation angegangen wird. Das Szenario „Liegenlassen" zeichnet sich durch eine unterlassene Steuerung durch die Kommune aus. Das Szenario „Stabilisieren" wird nicht im Kontext einer Einfamilienhaussiedlung dargestellt, da dieses Szenario einen erhöhten Anteil an kommunaler Steuerung erfordert und gleichzeitig bei einer geringen Bevölkerungsdichte vergleichsweise wenige Bewohner erreicht. Der Handlungsspielraum der Kommune zur Umsetzung stabilisierender Maßnahmen wäre aufgrund der großen Anzahl an Einzeleigentümern relativ gering. Im Szenario „Nischen und Nester" werden die Möglichkeiten zur Transformation durch fehlende soziale Infrastruktureinrichtungen und gemeinschaftliche Freiflächen erschwert. Die kleinteiligen Eigentumsverhältnisse schränken eine gemeinschaftliche Interessenverfolgung ein. Das Szenario „Renaturieren" wurde nicht tiefgreifend analysiert, da der Rückbau einer Eigenheimsiedlung aufgrund der vielen Einzeleigentümer kaum denkbar ist. Möglich wäre stattdessen jedoch die Schaffung alternativen Wohnraums in innerstädtischen Quartieren für die zunehmende Anzahl an Senioren (vgl. Stadtquartiere im Umbruch, 30.09.2014).

Integrierte Ansätze für den suburbanen Raum

Das Bundesministerium für Verkehr, Bau und Stadtentwicklung hat 2013 eine Studie zum Thema „Suburbaner Raum im Lebenszyklus" herausgegeben. In Fallstudien wurden unter anderem Einfamilienhausgebiete aus den 1950er- bis 1970er-Jahren betrachtet (vgl. BMVBS 2013). Untersuchungsgegenstand war der Strukturwandel in suburbanen Räumen vor dem Hintergrund räumlicher und zeitlicher Entwicklungsdynamiken (vgl. BMVBS 2013: 1). Zu Grunde gelegt wurden drei zentrale Forschungsfragen: Wo liegen die Herausforderungen des lebenszyklischen Wandels suburbaner Räume? Wie kann mit dem Anpassungsdruck strategisch und instrumentell umgegangen werden? Wie sind funktionsfähige suburbane Standorte gekennzeichnet, die sich an die veränderten Nachfragestrukturen anpassen oder die von ihrer Lage und Entwicklungsgeschichte her günstige Voraussetzungen für eine Anpassung besitzen (vgl. BBSR, 26.08.2014)? Im Ergebnis wird der Ansatz des Placemakings vorgeschlagen, der auch nicht baulich-räumliche Dimensionen betrachtet. Hierdurch unterscheidet sich Placemaking von klassischen planerischen Ansätzen. Ziel ist es, für den suburbanen Raum eine Adresse zu schaffen und den Generationenwechsel als Chance wahrzunehmen, um eine aktive Imageverbesserung zu generieren. Hierzu muss aber auch eine Aktivierung der unmittelbar Beteiligten, der Bewohner und Eigentümer stattfinden. Ein Monitoring soll schließlich dazu dienen, frühzeitig Probleme zu identifizieren und mit entsprechenden Strategien entgegenzuwirken (vgl. BMVBS 2013: 132f).

Kleinsiedlungen im Wandel

In einem vom Rheinlandpfälzischen Ministerium für Finanzen geförderten Projekt „Wohneigentum für Generationen" wurde der Zukunftsfähigkeit von Siedlergemeinschaften der Nachkriegszeit nachgegangen. Die Universität Kaiserslautern erarbeitete gemeinsam mit Eigentümern umsetzungsfähige Konzepte und Strategien zur zukünftigen Entwicklung der Siedlungen. Dabei stellte sich heraus, dass der ursprüngliche Zweck einer Siedlergemeinschaft (nachbarschaftliche Hilfe, das Miteinander und Füreinander) heute wenig relevant ist und daher eine solche Gemeinschaft für jüngere Eigentümer zunehmend uninteressanter wird (vgl. Ministerium der Finanzen Rheinland-Pfalz 2011: 29). Der Generationenwechsel kommt zwar der Bausubstanz zugute, da die jüngeren Eigentümer häufiger sanieren. Damit wird aber auch der Siedlungscharakter gefährdet, da das einheitliche Siedlungsbild durch die individuellen Sanierungen und Modernisierungen verloren zu gehen droht (vgl. Ministerium der Finanzen Rheinland-Pfalz 2011: 40). Der Verband Wohneigentum e.V. vertritt die Siedlergemeinschaften und ist sich der Probleme in älteren Einfamilienhaussiedlungen bewusst (vgl. Verband Wohneigentum e.V, 08.07.2013). In einem jährlichen Bundeswettbewerb werden Eigenheimsiedlungen ausgezeichnet, die in besonderer Weise künftigen Ansprüchen gerecht werden. Dabei geht es beispielsweise um Generationentauglichkeit, Energieeffizienz oder soziales Engagement (vgl. Verband Wohneigentum e.V. 2013). Das Auszeichnungsverfahren soll Anreize für die zukunftsfähige Qualifizierung der Gebiete geben.

Breitgefächerte Auseinandersetzung mit den Einfamilienhausbeständen

Projekte, Publikationen, Studienarbeiten und Veranstaltungen der letzten Jahre zeigen eine deutliche Zunahme des Problembewusstseins. So fand im Jahr 2012 beispielsweise eine Veranstaltung des Deutsches Instituts für Urbanistik statt, bei der Referenten aus Wissenschaft und Verwaltung über das Thema „,Alternde' Einfamilienhausgebiete - Herausforderungen und Perspektiven" berichteten.

Die Landesinitiative StadtBauKultur NRW unterstützt mit dem Zweig UmBauKultur „Häuser von gestern für die Stadt von morgen" Projekte, die sich mit der Umnutzung, Anpassung und der Sanierung von öffentlichen Räumen, Infrastrukturen, Gebäuden oder ganzen Stadtquartieren befassen. In einer Anfang 2014 durchgeführten Konferenz wurden in die Jahre gekommene Einfamilienhäuser und Nachkriegssiedlungen thematisiert und damit auf die Probleme der Bestandsentwicklung aufmerksam gemacht (vgl. Landesinitiative StadtBauKultur NRW 2014: 19-25). Ein darauf aufbauendes Forschungsvorhaben (2015-2016) wird weiter Erkenntnisse zur Situation in Nordrhein-Westfalen aufzeigen.

Verschiedene Studien- und Abschlussarbeiten der letzten Semester setzen sich mit den Einfamilienhausbeständen der Nachkriegszeit auseinander. 2010 bis 2011 wurde an der TU Dortmund ein Projekt zu den Marktchancen und dem Investitionsbedarf von Einfamilienhaussiedlungen durchgeführt. Am Fallbeispiel der Stadt Selm wurde festgestellt, dass die Marktchancen als gering einzustufen sind. Im Rahmen des Projektes wurde die Grundsatzfrage gestellt, ob im Quartier ein Generationenwechsel angestrebt werden soll oder ein möglichst langes Verweilen der Senioren in ihrem Eigenheim (vgl. TU Dortmund 2011: 160f). Diese zentrale Fragestellung sollte tatsächlich stets am Anfang eines Umwandlungsprozesses in diesen Quartieren stehen.

Zwei Abschlussarbeiten untersuchten partizipative Planungsansätze im Umgang mit den aktuellen Herausforderungen in Einfamilienhausgebieten der 1950er- bis 1970er-Jahre. Es wurde der Frage nachgegangen, welche Herausforderungen sich für eine kooperative Stadt- und Quartiersentwicklung ergeben (vgl. Römhild 2013; Bomkamp 2013). An der Universität Kassel arbeiteten Studierende unter dem Titel „Häuser von gestern für die Stadt von morgen – vom Konsumieren zum Produzieren" an einem städtebaulich-freiraumplanerischen Entwurf in einer solchen Siedlung (vgl. Universität Kassel 2014).

In einem laufenden Promotionsvorhaben wird der Frage nachgegangen, inwieweit vor einem Generationenwechsel stehende Einfamilienhausgebiete der 1950er- bis 1970er-Jahre durch Freiraum qualifiziert werden können. Dabei wurden folgende Thesen aufgestellt: Freiraum kann einen wesentlichen Beitrag zur Entwicklung von Einfamilienhausgebieten leisten. Zukünftige Qualifizierungsaufgaben können in Einfamilienhausgebieten besser gemeinschaftlich als individuell gelöst werden. Dabei geht es nicht nur um Wohnumfeldverbesserungsmaßnahmen im herkömmlichen Sinne, sondern vielmehr um Strategien des „Placemakings". Ein Schwerpunkt der Arbeit ist die Betrachtung privater Kooperationen. Im Ergebnis sollen Möglichkeiten und Grenzen von privaten Kooperationen aufgezeigt werden, deren Ziel es ist, Einfamilienhausgebiete der 1950er- bis 1970er-Jahre durch Freiraum zu entwickeln (vgl. Rolfes 2014).

Einfamilienhausgebiete als Handlungsfeld der Stadtentwicklung

Die Weiterentwicklung der Einfamilienhausbestände wird zunehmend als Handlungsfeld der Stadtentwicklungsplanung erkannt. Kommunen beobachten und analysieren die Veränderungsprozesse in diesen Gebieten und initiieren Projekte, deren Ziel es ist, die Bestände an die veränderten Anforderungen und Bedingungen anzupassen. Auch auf Kreis-, regionaler und Landesebene wird die Entwicklung der Gebiete thematisiert. Vielen Kommunen und Regionen wird aufgrund durchgeführter Wohnungsmarktbeobachtungen vor Augen geführt, dass Probleme hinsichtlich des Verkaufs von bestehenden Einfamilienhäusern vorliegen (bspw. Flensburg, Ruhrgebiet, vgl. Convent Planung und Beratung GmbH, Elbberg Stadt-Planung 2008). In Köln wurden im Rahmen des „Stadtentwicklungskonzeptes Wohnen" speziell die älteren Ein- und Zweifamilienhausgebiete betrachtet und eine Befragung in sechs Fallstudiengebieten durchgeführt. Bei den Untersuchungen stellte sich heraus, dass der Generationenwechsel eine tragende Rolle für das Marktsegment der Ein- und Zweifamilienhäuser spielt. Als Empfehlung wird ein kleinräumiges Monitoring der älteren Ein- und Zweifamilienhausgebiete vorgeschlagen (vgl. Stadt Köln, Amt für Stadtentwicklung und Statistik 2012: 3, 17).

Auch in einer Expertise des Forums Baulandmanagement NRW wird die Notwendigkeit kommunalen Handelns deutlich. In der Studie werden die veränderten Rahmenbedingungen der kommunalen Boden- und Wohnungspolitik untersucht. Daraus wird deutlich, dass ein Umdenken hinsichtlich der veränderten demografischen, politischen, gesellschaftlichen und klimatischen Rahmenbedingungen erforderlich ist (vgl. Forum Baulandmanagement NRW 2010: 6ff). Die Vermarktbarkeit von Einfamilienhäusern wird unter Berücksichtigung der veränderten Rahmenbedingungen je nach Lage schwieriger und mit dem Ausdünnen dieser Gebiete wird die Infrastruktur unter ökonomischen Gesichtspunkten nicht mehr ausreichend ausgelastet (vgl. Forum Baulandmanagement NRW 2010:13-14). Probleme werden insbesondere in der Monostrukturierung der Einfamilienhausgebiete gesehen. Eine Nutzung des Bestands durch vielfältige Bevölkerungsgruppen und Haushaltstypen ist allerdings nur durch private Initiativen möglich. Kommunen können lediglich die Rahmenbedingungen optimieren, beispielsweise Förderprogramme auflegen, das Wohnumfeld verbessern oder die Baulandbereitstellung steuern (vgl. Forum Baulandmanagement NRW 2010:14).

In einigen Gemeinden ist die Problematik bereits so weit vorangeschritten, dass ein Leerstandsmanagement oder auch Rückbau und Abriss Optionen darstellen (bspw. Illingen, Fuldatal, Leerstandsoffensive Brückenland Bayern Böhmen). Die Leerstandsproblematik im ländlichen Raum der Bundesländer Hessen, Rheinland-Pfalz und Saarland wurde außerdem in einem Paper der Akademie für Raumforschung und Landesplanung (ARL) 2011 betrachtet. Darin wird festgestellt, dass sich die Leerstände in den Dorfkernen bereits deutlich zeigen, zunehmend aber auch die Ein- und Zweifamilienhäuser der 1960er- bis 1980er-Jahre betroffen sein werden. Konzepte und Lösungsansätze für die drohenden Leerstände sind daher dringend zu erarbeiten (vgl. Spehl 2011: 95).

Auffällig ist jedoch, dass es wenige Projekte und Initiativen mit konkreten baulichen Umsetzungen gibt. Der beratende Charakter der Initiativen wird meist nicht überschritten, sodass lediglich eine Sensibilisierung für das Thema erfolgt. Kommunikation und Moderation müssten im Vordergrund stehen, so die Studie „kostengünstige und qualitätsbewusste Entwicklung von Wohnungsobjekten im Bestand" des Bundesministeriums für Verkehr, Bau und Stadtentwicklung. Es stünden nicht die formellen Planungsinstrumente im Mittelpunkt, sondern vielmehr Beratung und informelle Unterstützung. Im Rahmen einer Befragung stellte sich heraus, dass großes Interesse der selbstnutzenden Eigentümer an Informationen zur Wertermittlung der Bestandsimmobilien, zur Marktentwicklung und zu energetischen Sanierungsmaßnahmen besteht, sofern sie zu Einsparungen der Betriebskosten führen (vgl. BMVBS 2010b: 3-4).

Beratung, Information und Bewusstseinsbildung

Viele Ansätze konzentrieren sich auf Beratung und Information. So beispielsweise die Energiekarawane in Ilvesheim. Hier wurden Beratungen für Eigentümer von Gebäuden der 1950er- bis 1970er-Jahre angeboten (vgl. Gemeinde Ilvesheim, 13.03.2014). In Cuxhaven wird über die Beratungtätigkeit und die Information hinausgegangen. Hier gibt es das Programm „Cuxhavener Wohnlotsen", dessen Ziel es ist, die Wohnungsbestände insbesondere der 1950er- bis 1980er-Jahre im Ein- und Zweifamilienhaussegment zu aktivieren (vgl. Cuxhavener Wohnlotsen, 13.03.2014). Dies erfolgt über ein Serviceangebot, das die Eigentumsbildung in den Wohnungsbestand lenken soll. Dieses Modell der „Wohnlotsen" wurde mittlerweile von weiteren Kommunen aufgegriffen (z.B. Flensburg). In einer ExWoSt-Studie wurden neben Cuxhaven weitere kommunale Konzepte zum Wohnen untersucht. Die Modellvorhaben griffen aktuelle wohnungspolitische Schwerpunkte auf, die mit stadtentwicklungspolitischen Themen verknüpft wurden. Hierbei wurde deutlich, dass die Wohnungsmarktbeobachtung eine tragende Rolle spielt (vgl. BBR 2008: 4).

Einige Programme und Projekte befassen sich bereits mit konkreteren Maßnahmen, wie das bayerische Modellprojekt „Revitalisierung von Einfamilienhausgebieten". Ziel des Modellprojekts war die Weiterentwicklung von Einfamilienhausgebieten aus den 1950er- bis 1970er-Jahren unter Berücksichtigung der demografischen Veränderungen. Individuelle Lösungsansätze sollen zur Revitalisierung dieser Gebiete beitragen und dadurch Neuausweisungen auf der „grünen Wiese" verringert werden. Dies erfolgt im Wesentlichen über eine Quartiersplanung mit einem umsetzungsorientierten Ansatz. Im Ergebnis des Projektes wurden umsetzbare Einzelmaßnahmen identifiziert und ein Leitfaden mit übertragbaren Ansätzen zusammengestellt.

Im Rahmen der Regionale 2016 wird der Schwerpunkt mit dem Projektaufruf „Innen leben – neue Qualitäten entwickeln" auf die Einfamilienhausgebiete der 1950er- bis 1970er-Jahre in Gemeinden des Münsterlandes gelegt. In verschiedenen Projekten werden Ansätze für den zukunftsfähigen Umgang mit diesen Gebieten dargestellt. Junge Architekten und Planer aus ganz Europa haben sich im Wettbewerb Europan 12 „Adaptable City – Stadt im Wandel" mit dem Thema auseinandergesetzt und innovative bauliche, nicht-investive und quartiersbezogene Lösungsmöglichkeiten aufgezeigt. Es wurden kreative Vorschläge zum zukünftigen Umgang mit diesen Wohngebieten entwickelt. Drei Gemeinden nahmen am internationalen Architekturwettbewerb teil (vgl. Lüke/Führs 2016; Crone/Friedrich 2014: 21; Hoetzel 2014: 23ff).

Die Bedeutung von Förderprogrammen

Förderprogramme wie beispielsweise die KfW-Förderungen für quartiersbezogene energetische Stadtsanierung und für den altersgerechten Umbau bieten ebenfalls vielfach genutzte Lösungsansätze für die genannten Gebiete. Eine Untersuchung der Arbeitsgemeinschaft für zeitgemäßes Bauen e.V. besagt, dass umfangreichere Modernisierungen von Ein- und Zweifamilienhäusern und kleinen Mehrfamilienhäusern nur mit finanzieller Förderung wirtschaftlich umzusetzen sind (vgl. Walberg 2011: 122). Gleichzeitig sei bislang ein erhebliches Defizit an Barrierefreiheit und Altersgerechtigkeit vorhanden (vgl. Walberg 2011:120). Das Förderprogramm „Altersgerecht Umbauen" zielt auf die Verringerung von Barrieren im Wohnbereich ab. 2009 wurden verschiedene Modellvorhaben in einem Forschungsvorhaben zum KfW-Programm ausgewählt und dokumentiert, darunter auch Einfamilienhausgebiete aus den 1950er- bis 1970er-Jahren. Die Modellvorhaben sollen Impulse für altersgerechte bauliche Anpassungen geben (vgl. BMVBS 2010a). Die Hansestadt Stade untersucht im Zuge ihres integrierten kommunalen Klimaschutzkonzeptes in Verbindung mit dem genannten KfW-Programm zur energetischen Stadtsanierung die Rahmenbedingungen für ein energetisches Quartierskonzept in Ein- und Zweifamilienhausquartieren der 1950er- bis 1970er-Jahre.

Internationaler Bedeutungsgewinn des Themas

Auch international gewinnt das Thema an Bedeutung. In einem Projekt der Forschungsgruppe CRESSON an der École d'Architecture de Grenoble wird derzeit eine vergleichende Untersuchung des Erlebens sanfter Nachverdichtungsprozesse in Deutschland, Spanien und Frankreich durchgeführt. In dem Projekt wird die Haltung der Nachbarn betrachtet, die Nachverdichtungsprozesse im Umfeld miterleben. Dabei soll untersucht werden, ab wann durch diese Prozesse die Wohnqualität beeinflusst wird. In den ersten Arbeitsschritten wurde eine Applikation zur Simulation von Nachverdichtung gestaltet, die in den drei Untersuchungsgebieten getestet wurde. Dabei stand die Frage, in welchem Maß die Applikation geeignet ist, die Nachbarn und deren Interessen in den Prozess der Nachverdichtung einzubeziehen, im Vordergrund. Der internationale Vergleich soll das Erleben von Nachverdichtungsprozessen durch national unterschiedliche Wohnkulturen bzw. spezifische Formen der politisch-administrativen Gestaltung von Nachverdichtungsprozessen aufzeigen. Mit dem Fokus auf den Nachbarn soll insgesamt die Notwendigkeit und Möglichkeit einer stärker partizipativen Gestaltung der Nachverdichtung von Einfamilienhausgebieten diskutiert werden (vgl. Expertenworkshop HFT Stuttgart 06.02.2015, Kazig). Als vorläufiges Ergebnis ist festzuhalten, dass insbesondere die Furcht vor einer stärkeren Verkehrsbelastung (ruhender und fahrender Verkehr) Nachverdichtungen erschwert.

In Österreich untersuchte das Österreichische Ökologie Institut 2014 bis 2015, wie Einfamilienhäuser zu Mehrpersonenhäusern weiterentwickelt werden können. Dabei sollten Wohnformen ermöglicht werden, die über das bekannte Mehrgenerationenwohnen hinausgehen. Für vier Gebäudetypologien (Siedlungshaus, Bungalow, Landhaus und Zweifamilienhaus) der 1950er- bis 1990er-Jahre wurden architektonische Lösungen entwickelt und die dafür notwendigen technischen, finanziellen, rechtlichen und sozialen Voraussetzungen dargestellt. Im Ergebnis entstand ein Handbuch mit gender- und altersgerechten Sanierungsoptionen. Ziel war es, Anregungen zum nachhaltigen Umgang mit dem Bestand zu geben und beispielhafte Optionen zur Weiterentwicklung aufzuzeigen (vgl. Österreichisches Ökologie Institut, 06.10.2014; ReHABITAT Blog, 06.10.2014).

Das Leibniz-Institut für Ökologische Raumentwicklung setzt sich in einem internationalen Forschungsprojekt „Homes-up – Single Family Homes under Pressure?" mit der Weiterentwicklung von älteren Einfamilienhausbeständen auseinander. Die Situation in Deutschland wird analysiert. Ergänzend erstellten internationale Kooperationspartner Studien in Italien, Großbritannien und den Niederlanden sowie in Japan und den USA (vgl. Leibniz-Institut für Ökologische Raumentwicklung, 02.01.2016).

Die zunehmende Anzahl und Vielfalt an Projekten und auch die zahlreichen Rückmeldungen auf den Fallstudienaufruf in diesem Forschungsvorhaben (März 2014) deuten auf eine Zunahme des Problembewusstseins hin. So beschränkten sich viele Rückmeldungen zunächst auf die Nennung eines Gebietes, das problembehaftet ist, jedoch noch keine Lösungsansätze gefunden wurden. Zudem meldete sich eine Vielzahl an Akteuren zurück, die an einem Erfahrungsaustausch interessiert sind.

3.2 Bundesweite Fallstudien

Kern des Forschungsvorhabens war die Untersuchung von bundesweiten Fallstudiengebieten. Über einen Projektaufruf und mittels einer umfassenden Internet- und Literaturrecherche wurden insgesamt neun Fallstudiengebiete ausgewählt. Die Fallstudien wurden 2015 bereist und es wurden qualitative Interviews durchgeführt. Aus der Analyse und Auswertung der Fallstudien wurden übertragbare Ansätze identifiziert.

Der Projektaufruf startete im Jahr 2014. Es wurde ein Flyer mit einem Überblick über den Forschungsinhalt sowie die Anforderungen an die Fallstudien erstellt und in Deutschland breit gestreut. Adressaten waren: Wissenschaft und Verwaltung, Multiplikatoren, Verbände und Gebietskörperschaften, die Architektenkammern der Länder, die Städte- und Gemeindetage, die Regionalverbände, der Bundesverband Wohneigentum, Ministerien u.a.m.

Die Suche nach Fallstudien erstreckte sich zunächst über das gesamte Bundesgebiet. Die Fallbeispiele sollten Einfamilienhausgebiete aus den 1950er- bis 1970er-Jahren sein, die aufgrund von Problemen (bspw. hohes Durchschnittsalter der Bevölkerung, schlechter Gebäudezustand) Gegenstand einer Erneuerung oder gesteuerten Umwandlung sind. Es wurde nach vorhandenen Problemen gefragt, den Ansätzen und Strategien zum Umgang mit den Problemen und dem Bearbeitungsstand. Als statistische Daten wurden die Stadtgröße, die Raumstruktur und die demografische Entwicklung mit aufgenommen.

Bei den Maßnahmen zur Erneuerung oder gesteuerten Umwandlung konnte es sich um bauliche und nicht bauliche, quartiersbezogene oder stadtweite Strategien der Erneuerung oder Transformation handeln, deren Ziel die Weiterentwicklung oder Umstrukturierung der Gebiete ist. Im Mittelpunkt des Interesses standen die Strategien, Ansätze und Lösungswege, die zur Bewältigung von Problemlagen angewandt werden. Diese sollten bereits einen nachvollziehbaren Umsetzungsstand aufweisen, denn nur so lassen sich praxisnahe Erkenntnisse ableiten. Zudem wurde eine breite räumliche Verteilung der Fallstudien angestrebt. Dabei sollten möglichst unterschiedliche Raumstrukturen, Stadtgrößen und demografische Trends abgebildet sein.

Innerhalb von drei Monaten kamen Rückmeldungen aus fast allen westdeutschen Bundeländern. Insgesamt 73 Rückmeldungen gingen ein, darunter jedoch nur 38 mit konkreten Fallbeispielen im Sinne des Projektaufrufs. Aus Ostdeutschland gab es lediglich zwei Rückmeldungen, deren Fallbeispiele jedoch nicht den Auswahlkriterien entsprachen. Weitere Fallbeispiele ergaben sich aus einer umfassenden Literatur- und Internetrecherche.

Ausgewählte Fallstudien

Nicht in allen Bundesländern konnten passende Fallstudien gefunden werden. Auf den Projektaufruf meldeten sich zwölf Fallstudien aus Nordrhein-Westfalen, sieben aus Bayern und aus den weiteren westdeutschen Bundesländern im Schnitt jeweils drei Kommunen, aus dem Saarland jedoch nur eine. Die meisten Ansätze lassen sich in den Mittel- und Oberzentren finden. Kleinstädte unter 10.000 Einwohnern sind unter den Fallstudien nur marginal vertreten, ebenso wie kleinere Kommunen im ländlichen Raum. Unter den Einreichungen waren alle Demografietypen vertreten (leicht sinkend, sinkend, stabil, schwankend, leicht steigend, steigend). Die nachfolgende Tabelle gibt einen Überblick über die Programme, Initiativen und Projekte, die in den Fallstudien durchgeführt werden bzw. wurden (siehe Seite 63 ff.). Dabei wird zwischen Initiativen auf Bundes-, Länder- und europäischer Ebene unterschieden.

In einem überwiegenden Anteil dieser Programme spielen Beratungstätigkeiten und Information eine tragende Rolle. In vielen Fällen werden bauliche Umsetzungen angestrebt, jedoch sind diese zum Großteil noch nicht erfolgt. Viele Ansätze erfolgen über Entwicklungskonzepte, in denen Einfamilienhausgebiete aus den 1950er- bis 1970er-Jahren thematisiert werden. Planungsinstrumente wie Bebauungsplanänderungen, beispielsweise zur Nachverdichtung oder Gestaltungspläne finden ebenfalls in einigen Gebieten Einsatz. Eine Vielzahl der Ansätze erfolgt nicht nur auf Quartiersebene sondern auf gesamtstädtischer Ebene.

Die 38 gesammelten Fallstudien wurden in einem zweiten Rechercheverfahren nochmals auf ihre Tauglichkeit für das Forschungsvorhaben untersucht. Ziel war es, bei der Auswahl ein möglichst breites Spektrum abzubilden. Es sollten unterschiedliche Stadtgrößen, Raumkategorien, demografische Entwicklungstrends, Vorhaben und Lösungsansätze abgebildet werden. Zudem war es wichtig, dass das jeweilige Vorhaben bereits einen nachvollziehbaren Umsetzungsgrad erreicht hatte, sodass erste Erkenntnisse daraus abgeleitet werden konnten. Einige Fallstudien konnten diesen Anforderungen bei weiterführenden Recherchen nicht gerecht werden. Es kristallisierte sich heraus, dass verschiedene Bereiche nicht abgedeckt werden konnten, so beispielsweise die Kleinstädte und Kommunen unter 10.000 Einwohnern. Um die bisherige Suche nach Fallstudien noch weiter auszudifferenzieren, erfolgte eine Nachrecherche, bei der Kontakte mit weiteren Gemeinden und Multiplikatoren

geknüpft wurden. Die Nachrecherche bestätigte, dass sich die Probleme in den Kleinstädten und Dörfern weniger auf den Gebäudebestand der 1950er- bis 1970er-Jahre konzentrieren, sondern vielmehr auf die Dorfzentren und die noch älteren Gebäudebestände.

Die Eingrenzung auf neun Fallstudien erwies sich als schwierig. Das Projektteam entschied sich daher, neben den favorisierten, ausführlich analysierten Gebieten zusätzlich Beispielprojekte auszuwählen. Diese ähneln den Fallstudien im Ansatz und wurden daher ebenfalls vergleichend betrachtet, jedoch nicht vertiefend analysiert. Diese Beispiele wurden in Kapitel 8 aufgeführt.

Deutschland-Karte mit Lage der Fallstudien

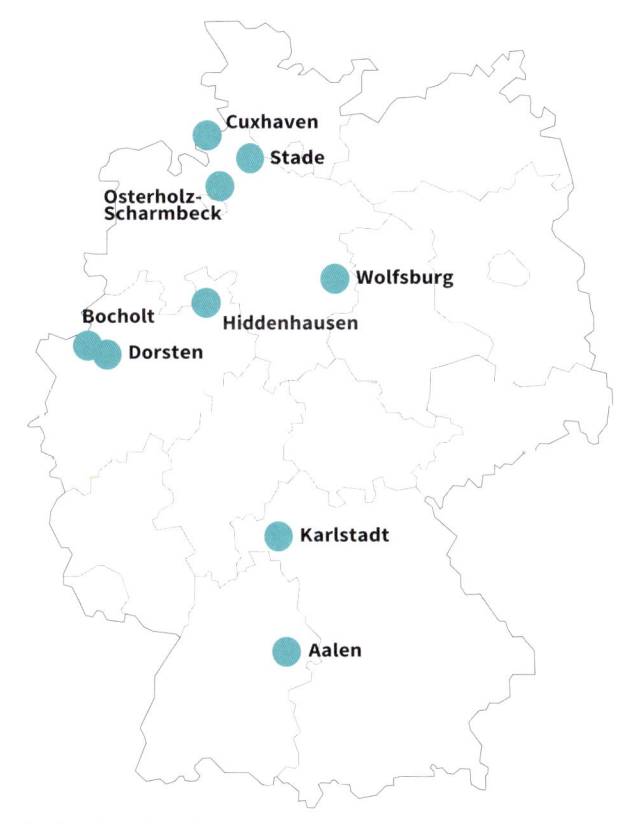

Quelle: Eigene Darstellung

3.3 Problemstellungen, Projekte und Ansätze im Überblick

Die Herausforderungen, städtebaulichen Kontexte, die kommunalen Rahmenbedingungen, die demografischen Entwicklungen sowie die Programme und Instrumente, die in den Fallstudien zur Anwendung kamen, sind sehr unterschiedlich. Es wird ein breites Spektrum von Erneuerungsstrategien untersucht, das gut auf andere Kontexte mit ähnlichen Problemlagen übertragbar ist. Partizipation und Kommunikation sind dabei stets von großer Bedeutung.

Es werden Einfamilienhausgebiete untersucht, die als Demonstrativbauvorhaben des Bundes gefördert wurden: Aalen-Triumphstadt, Wolfsburg-Detmerode und Dorsten, Wulfen-Barkenberg. Dabei sind die Problemstellungen sehr unterschiedlich. In Aalen geht es um Verdichtung, in Wolfsburg um die Sicherung der baukulturellen Qualitäten und in Dorsten um partizipative Prozesse der generationengerechten Erneuerung.

Von Interesse sind ebenso gesamtstädtische Ansätze, wie sie in Bocholt, Osterholz-Scharmbeck, Cuxhaven und Hiddenhausen vorzufinden sind. Die Entwicklung der meist sukzessive aufgesiedelten Gebiete mit überwiegend freistehenden Eigenheimen ist Gegenstand der gesamtstädtischen Entwicklungsplanung. In Bocholt geht es um die behutsame Nachverdichtung „in zweiter Reihe", in Cuxhaven und Hiddenhausen um innovative Ansätze zur Leerstandsprävention. Welche gesamtstädtischen und quartiersbezogenen Impulse sich durch die Aufwertung der sozialen Infrastruktur ergeben, zeigt sich in Osterholz-Scharmbeck.

Die Fallstudien Karlstadt und Stade verdeutlichen die Chancen, die sich aus integrierten Quartiersentwicklungskonzepten ergeben. In Karlstadt liegt der Schwerpunkt auf der Weiterentwicklung der Infrastruktur, in Stade steht die energetische Quartierssanierung im Vordergrund.

Herausforderungen vor Ort

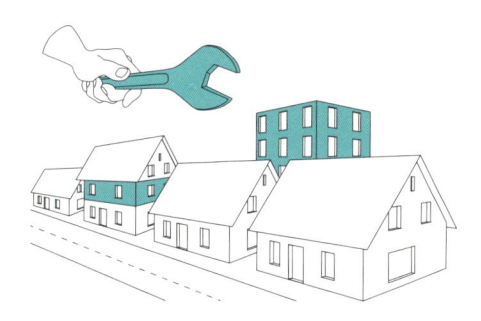

Baulicher Veränderungsdruck / Nachverdichtungsdruck

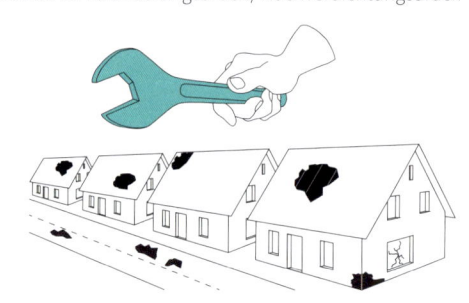

Modernisierungs- / Anpassungsbedarf

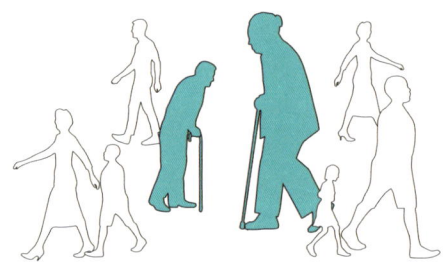

Demografischer Wandel

Fehlende planungsrechtliche Sicherheit

Quelle: Eigene Darstellung

Fallstudien im Überblick

Aalen | Triumphstadt

Bundesland
Baden-Württemberg

Gebietstyp
einheitlich aufgesiedelt,
Demonstrativbauvorhaben

Gebietsgröße
16,7 ha

Zentralörtliche Funktion
Mittelzentrum

Einwohner Gesamtstadt
66.813 (2014)

Demografische Entwicklung, Gesamtstadt
1990 | **64.781** · 2000 | **66.373** · 2010 | **66.113**

Ausgangslage und Herausforderungen
Wegbrechende Nahversorgung, mangelnder ÖPNV, Lärmimmissionen, städtebauliche Missstände im öffentlichen Raum, baulicher Veränderungsdruck, Verlust des einheitlichen Siedlungsbildes

Projekt/Ansatz
Gestaltungsplan und planungsrechtliche Sicherung über Bebauungsplan, um Wohnraumerweiterung unter Erhalt des einheitlichen Siedlungsbildes zu ermöglichen

Bocholt

Bundesland
Nordrhein-Westfalen

Gebietstyp
sukzessive aufgesiedelt

Gebietsgröße
119,4 km² (Gesamtstadt)

Zentralörtliche Funktion
Mittelzentrum

Einwohner Gesamtstadt
70.837 (2014)

Demografische Entwicklung, Gesamtstadt
1990 | **68.936** · 2000 | **72.138** · 2010 | **73.170**

Ausgangslage und Herausforderungen
Demografische Veränderungen, Bevölkerungsverlust, schleppender Generationswechsel, Alterung der Bewohner, Nachverdichtungsdruck, baulicher Veränderungsdruck

Projekt/Ansatz
Bebauungsplan, um Nachverdichtungen zu ermöglichen

Cuxhaven

Bundesland
Niedersachsen

Gebietstyp
sukzessive aufgesiedelt

Gebietsgröße
161,91 km² (Gesamtstadt)

Zentralörtliche Funktion
Mittelzentrum

Einwohner Gesamtstadt
48.221 (2014)

Demografische Entwicklung, Gesamtstadt
1990 | **56.090** · 2000 | **53.391** · 2010 | **50.492**

Ausgangslage und Herausforderungen
Bevölkerungsverlust, Alterung der Bewohner,
innere Leerstände, Leerstände

Projekt/Ansatz
„Cuxhavener Wohnlotsen", eine Informationsplattform
zur Vermittlung von Wohnraum und zur Lenkung der
Nachfrage in den Bestand

Dorsten | Wulfen-Barkenberg

Bundesland
Nordrhein-Westfalen

Gebietstyp
Teil einer Großsiedlung,
Demonstrativbauvorhaben

Gebietsgröße
12,4 ha

Zentralörtliche Funktion
Mittelzentrum

Einwohner Gesamtstadt
75.439 (2014)

Demografische Entwicklung, Gesamtstadt
1990 | **78.035** · 2000 | **81.063** · 2010 | **76.775**

Ausgangslage und Herausforderungen
Anpassungsbedarf der Gebäude an veränderte Wohnbedürfnisse,
Bevölkerungsverlust, schleppender Generationswechsel, Alterung
der Bewohner, wegbrechende Nahversorgung, städtebauliche Missstände
im öffentlichen Raum

Projekt/Ansatz
Strukturförderprogramm des Landes Nordrhein-Westfalen „Regionale 2016
ZukunftsLand", europaweiter Ideenwettbewerb für junge Architekten
Europan12, verschiedene Beteiligungsformate, unter anderem das Projekt
„HausAufgaben" in Kooperation mit der Landesinitiative StadtBauKultur NRW

Hiddenhausen

Bundesland
Nordrhein-Westfalen

Gebietstyp
sukzessive aufgesiedelt

Gebietsgröße
23,87 km² (Gesamtgemeinde)

Zentralörtliche Funktion
Unterzentrum (Grundzentrum)

Einwohner Gesamtstadt
19.591 (2014)

Demografische Entwicklung, Gesamtstadt
1990 | **19.945** · 2000 | **21.039** · 2010 | **19.846**

Ausgangslage und Herausforderungen
Bevölkerungsverlust, Alterung der Bewohner,
Innere Leerstände, Leerstände

Projekt/Ansatz
Städtisches Förderprogramm „Jung kauft Alt" mit dem Ziel,
den Zuzug junger Familien zu fördern und die Nachfrage
in den Bestand zu lenken

Karlstadt | Alte Siedlung

Bundesland
Bayern

Gebietstyp
sukzessive aufgesiedelt

Gebietsgröße
25 ha

Zentralörtliche Funktion
Mittelzentrum

Einwohner Gesamtstadt
14.750 (2014)

Demografische Entwicklung, Gesamtstadt
1990 | **15.006** · 2000 | **15.289** · 2010 | **14.863**

Ausgangslage und Herausforderungen
Alterung der Bewohner, Anpassungsbedarf der Gebäude,
städtebauliche Missstände im öffentlichen Raum

Projekt/Ansatz
Ressortübergreifendes Modellprojekt „Revitalisierung von
Einfamilienhausgebieten" der bayerischen Landesregierung,
Erarbeitung eines integrierten Entwicklungskonzeptes

Osterholz-Scharmbeck

Bundesland
Niedersachsen

Gebietstyp
sukzessive aufgesiedelt

Gebietsgröße
146,9 km² (Gesamtstadt)

Zentralörtliche Funktion
Mittelzentrum

Einwohner Gesamtstadt
30.032 (2014)

Demografische Entwicklung, Gesamtstadt
1990 | **24.705** · 2000 | **31.206** · 2010 | **30.198**

Ausgangslage und Herausforderungen
Generationenwechsel, Modernisierungsbedarf, Anpassungsbedarf an veränderte Wohnwünsche, altersgerechter Anpassungsbedarf, energetischer Anpassungsbedarf

Projekt/Ansatz
Integriertes Stadtentwicklungskonzept mit Schwerpunkten auf Bildung und altengerechtem Wohnen, Musterhaus zum Wohnen mit Zukunft, Bildungs-Campus für lebenslanges Lernen

Stade-Hahle

Bundesland
Niedersachsen

Gebietstyp
Einheitlich aufgesiedelt

Gebietsgröße
0,5 km²

Zentralörtliche Funktion
Mittelzentrum

Einwohner Gesamtstadt
45.772 (2014)

Demografische Entwicklung, Gesamtstadt
1990 | **45.991** · 2000 | **45.727** · 2010 | **46.159**

Ausgangslage und Herausforderungen
Bevölkerungsverlust, beschleunigte Fluktuation, energetischer Anpassungsbedarf

Projekt/Ansatz
Energetische Quartiersentwicklung, Anforderungen an energieeffiziente und klimaneutrale Quartiere (EQ), jetzt: KfW 432, Gläserne Baustelle

Wolfsburg-Detmerode

Bundesland
Niedersachsen

Gebietstyp
Teil einer Großsiedlung, Demonstrativbauvorhaben

Gebietsgröße
4,92 ha

Zentralörtliche Funktion
Oberzentrum

Einwohner Gesamtstadt
123.027 (2014)

Demografische Entwicklung, Gesamtstadt
1990 | **128.510** · 2000 | **121.261** · 2010 | **121.237**

Ausgangslage und Herausforderungen
Modernisierungsbedarf, Anpassungsbedarf an veränderte Wohnwünsche, altersgerechter Anpassungsbedarf, energetischer Anpassungsbedarf

Projekt/Ansatz
„Detmerode – Städtebauliche Qualitäten gemeinsam sichern", Modellvorhaben im ExWoSt-Forschungsfeld „Baukultur in der Praxis", Weiterentwicklung des Bestandes unter Sicherung des einheitlichen Siedlungsbildes

Quelle: Eigene Darstellung

4

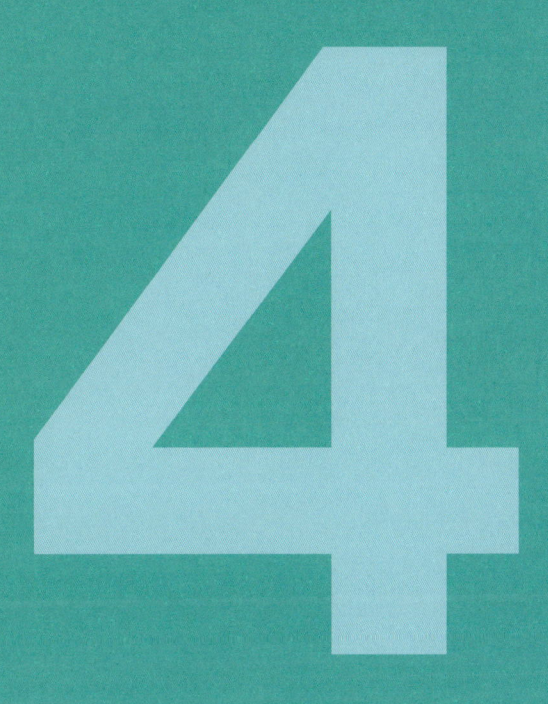

Instrumente zur Weiterentwicklung von Einfamilienhausgebieten

BauGB

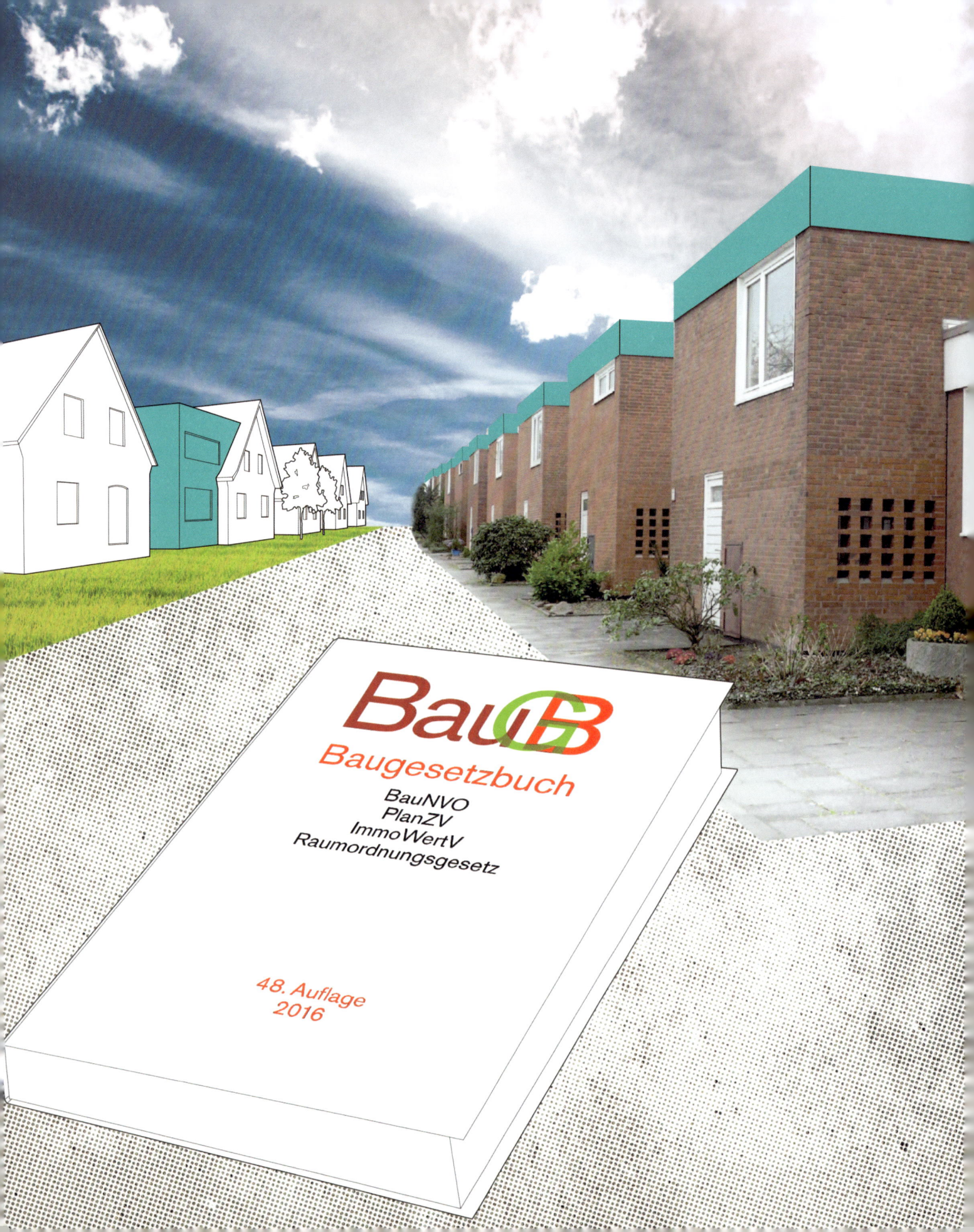

Baugesetzbuch

BauNVO
PlanZV
ImmoWertV
Raumordnungsgesetz

48. Auflage
2016

4 Instrumente zur Weiterentwicklung von Einfamilienhausgebieten

		Seite	*Fallstudien Übersicht*
4.1	Bebauungsplanung und Flächenmanagement (Innenentwicklung)	72	*86*
4.2	Formelle und informelle Instrumente zur Bestandssicherung	74	*87*
4.3	Integrierte und sektorale Entwicklungskonzepte	76	*87*
4.4	Städtebauförderung	78	*88*
4.5	KfW-Förderungen	79	*89*
4.6	Quartiersmanagement	80	*89*
4.7	Landesprogramme und Modellvorhaben (der Länder)	81	*90*
4.8	Kommunale und kreisweite Förder- und Beratungsprogramme	82	*90*
4.9	Forschung und Experimenteller Wohnungs- und Städtebau (ExWoSt)	83	*91*
4.10	Wettbewerbe und Auszeichnungsverfahren	84	*91*
4.11	Impulsprojekte und sonstige, auch innovative Instrumente	85	*92*

Es gibt eine Reihe von formellen und informellen Instrumenten, die zur Weiterentwicklung von Einfamilienhausgebieten angewendet werden können. Im Ergebnis der Fallstudienanalyse wurden alle relevanten Instrumente zusammengestellt. Sie werden im Folgenden jeweils kurz charakterisiert, es werden Erfolgsfaktoren benannt und ihre Anwendung für die Weiterentwicklung von Einfamilienhausgebieten an praktischen Beispielen aufgezeigt.

Es wird zwischen formellen und informellen Instrumenten unterschieden. Planungsrechtliche Instrumente sind rechtlich bindend und in einem Gesetzbuch formuliert. Bedeutend für die Weiterentwicklung von Einfamilienhausgebieten ist die Bauleitplanung (Flächennutzungsplan und Bebauungspläne), die im Baugesetzbuch in den §§ 1-13a geregelt ist. Im Gegensatz zu den planungsrechtlichen formellen Instrumenten sind planerisch informelle Instrumente nicht gesetzlich festgeschrieben; ihre Anwendung ist nicht formell geregelt, daher sind sie flexibler. In der kommunalen Planungspraxis werden formelle und informelle Instrumente vielfach kombiniert. Ein informelles Instrument, das im Rahmen der Stadtentwicklung und Stadterneuerung stark an Bedeutung gewonnen hat, ist das städtebauliche Entwicklungskonzept. Es gehört nach § 1 Abs. 6 Nr. 11 BauGB zu den in der Abwägung zu berücksichtigenden öffentlichen Belangen (vgl. ARL, 22.09.2015). Darüber hinaus ist es ein wichtiger Bestandteil der Städtebauförderung.

4.1 Bebauungsplanung und Flächenmanagement (Innenentwicklung)

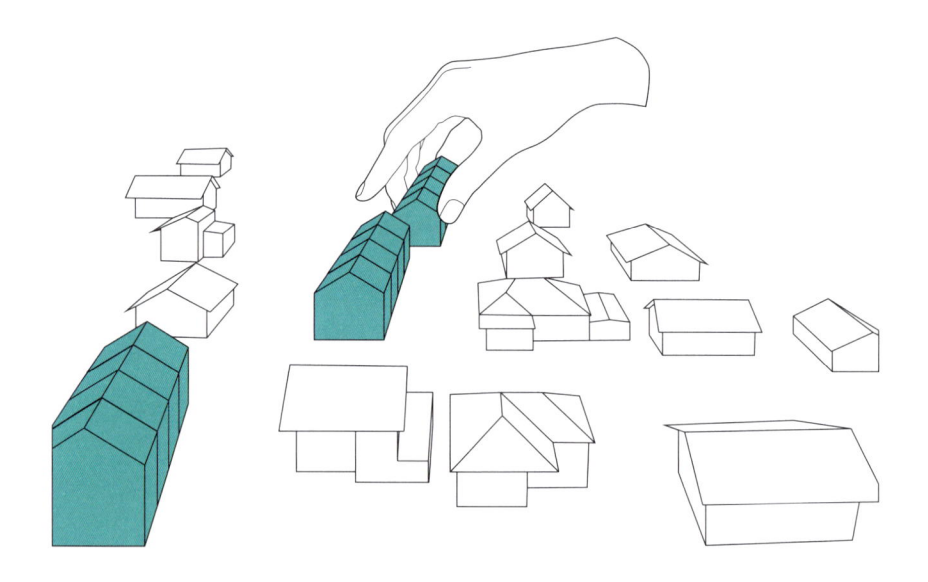

Das Flächenmanagement ist ein geeignetes Instrument, um Innenentwicklung zu betreiben. Die Erfassung von Baulücken, Leerständen und weiteren Nachverdichtungspotenzialen sind wichtige Schritte, um eine flächensparende Siedlungsentwicklung voranzubringen. Folgende Handlungsfelder werden unter anderem beim Flächenmanagement betrachtet: Baulückenaktivierung, Brachflächenrecycling, Konversion und Nachverdichtung (vgl. Bayerisches Landesamt für Umwelt 2014).

Zur Weiterentwicklung von älteren Einfamilienhausgebieten kann die Nachverdichtung ein sinnvolles Instrument sein, beispielsweise über Anbauten, Aufstockungen und Umbauten aber auch durch die Aktivierung von Baulücken und ggf. größeren Brachflächen. Nachverdichtungsmaßnahmen können jedoch aufgrund von Einsprüchen aus der Nachbarschaft konfliktreich sein. Im beplanten Bereich richten sich die Möglichkeiten zu Um- und Anbauten nach dem jeweiligen Bebauungsplan. Gibt es einen rechtsgültigen Bebauungsplan, so müssen die Möglichkeiten, die innerhalb des vorgegebenen Rahmens zur Erweiterung bestehen, berücksichtigt werden (§ 9 BauGB). Von Bedeutung sind Art und Maß der baulichen Nutzung, Größe, Breite und Tiefe der Baugrundstücke, die überbaubaren und nicht überbaubaren Flächen des Grundstücks sowie die Bauweise. Aber auch die Festsetzungen der Baunutzungsverordnung (BauNVO) sind zu betrachten (Kleinsiedlungsgebiet, reines Wohngebiet, allgemeines Wohngebiet, besonderes Wohngebiet etc.). Der Gebietstyp und die weiteren Festsetzungen im Bebauungsplan beschränken (bzw. regeln) die Weiterentwicklungsoptionen. Bebauungspläne aus der Entstehungszeit lassen oftmals nur wenige Spielräume für zeitgemäße Weiterentwicklungen. Die Einfamilienhausgebiete der 1950er- bis 1970er-Jahre wurden zumeist als reine oder allgemeine Wohngebiete festgesetzt. In reinen Wohngebieten gibt es nur wenige Möglichkeiten der Nutzungserweiterung, z.B. in Bezug auf die Kombination von Wohnen und Arbeiten. Schränkt ein Bebauungsplan die Möglichkeiten zur Weiterentwicklung eines Baugebiets so stark ein, dass eine Anpassung des Bestandes an heutige Ansprüche nicht erfolgen kann, bietet es sich an, den Bebauungsplan zu ändern oder einen neuen Bebauungsplan aufzustellen. Das Änderungsverfahren erfolgt entsprechend dem Aufstellungsverfahren.

Da der Aufwand für ein Änderungsvorhaben sehr groß ist, wird häufig davon abgesehen. Sofern es sich nur um einzelne Änderungswünsche handelt, können Befreiungen erteilt werden. Gelingt es, neues Baurecht zu schaffen, kann dies viele Vorteile mit sich bringen. Es gibt den Bauherren eine verlässliche Rechtsgrundlage und das Siedlungsbild kann nach einheitlichen Vorgaben weiterentwickelt werden. Bei gestalterisch einheitlichen Gebieten mit baukulturellem Wert empfiehlt es sich, die Weiterentwicklungsoptionen formell zu regeln.

In vielen Fällen liegen die Einfamilienhausgebiete der 1950er- bis 1970er-Jahre nicht im Geltungsbereich eines rechtskräftigen Bebauungsplanes, sondern im unbeplanten Innenbereich einer Gemeinde (§34 BauGB, Zulässigkeit von Vorhaben innerhalb der im Zusammenhang bebauten Ortsteile). Das Einfügen von Anbauten und Aufstockungen sowie neue Gebäude müssen der städtebaulichen Ordnung entsprechen und die Erschließung muss gesichert sein (§ 34 Absatz 1 BauGB).

Erfolgsfaktoren und Anwendungsbeispiele des Bebauungsplans in den Fallstudien

Gewachsene Quartiere können von den Ergebnissen des Flächenmanagements profitieren. Die Entwicklung in Bestandsgebieten führt beispielsweise dazu, dass Infrastrukturen wieder ausreichend genutzt werden. Durch die Ausnutzung freier Flächen im Innenbereich werden Flächen im Außenbereich geschont und der Boden entlastet, gleichzeitig wird die Bebauungsdichte im Inneren erhöht. Wird die Dichte im Gebiet durch Nachverdichtungsmaßnahmen jedoch zu hoch, kann dies wiederum hinderlich für die Attraktivität sein und Proteste in der Nachbarschaft hervorrufen.

Bestehen alte Bebauungspläne, können diese erschwerend auf eine Nacherdichtung wirken, da die Wohnansprüche zum Zeitpunkt der Erstellung der Bebauungspläne, je nach Alter des Gebiets, deutlich von den heutigen abweichen. Erweiterungsmöglichkeit bestehen daher meist nur bedingt.

Bei einem unbeplanten Bereich werden Ergänzungen über § 34 BauGB durchgeführt. Nach § 34 BauGB gibt es relativ große Interpretations- und damit Entwicklungsspielräume. Bei jedem Bauantrag müssen somit Einzelfallentscheidungen getroffen werden. Dies kann hinderlich für das städtebauliche Gefüge im Quartier sein. Die Weiterentwicklung der Gebiete über § 34 BauGB setzt keinen verlässlichen Rahmen.

Die Weiterentwicklung eines Einfamilienhausgebiets über eine Bebauungsplanänderung kann mit sehr hohem Aufwand verbunden sein. So kann es dazu kommen, dass ein Bebauungsplan zu einem späten Planungszeitpunkt durch die formelle Bürgerbeteiligung gekippt wird. Vorteil ist jedoch, dass bei Gelingen einer solchen Maßnahme die Möglichkeit besteht, das Siedlungsbild nach einheitlichen Vorgaben weiterzuentwickeln.

Anwendungsbeispiele

- *Aalen-Triumphstadt*
- *Ahaus-Josefsviertel*
- *Bensheim-Hemsberg-Viertel*
- *Bocholt Gesamtstadt*
- *Eichenau-Okalsiedlung*
- *Erlangen-Sieglitzhofer Waldsiedlung*
- *Osterholz-Scharmbeck Gesamtstadt*

4.2 Formelle und informelle Instrumente zur Bestandssicherung

Die Einfamilienhausgebiete der 1950er- bis 1970er-Jahre, denen ein einheitlicher städtebaulicher und architektonischer Entwurf zugrunde lag, weisen oft ein erhaltenswertes Siedlungsbild auf. Individuelle Sanierungs- und Modernisierungstätigkeiten können das Siedlungsbild und die gestalterische Gesamtkonzeption nachhaltig beeinträchtigen und den einheitlichen Charakter verändern. Zur Sicherung der städtebaulichen und baulichen Gestalt eines Einfamilienhausgebietes gibt es sowohl informelle als auch formell bindende Instrumente.

Informelle Instrumente zur Gestaltungssicherung

Gestaltungsleitfäden oder Gestaltungspläne können als informelle Planungsinstrumente Hinweise zu Gestaltungsmöglichkeiten geben. Diese Hinweise dienen der Orientierung bei Um- und Anbauvorhaben. Sie haben jedoch keine bindende Funktion, sondern lediglich Empfehlungscharakter. Gestaltungsleitfäden oder Gestaltungspläne werden für Gebiete entwickelt, die nicht unter Denkmalschutz stehen, deren Erscheinungsbild aber als erhaltenswert eingestuft wird. Das Bewusstsein der Eigentümer und Bewohner für die Gestaltqualität kann durch eine Bestandsaufnahme der wesentlichen prägenden architektonischen und städtebaulichen Merkmale geschärft werden. In Handlungsempfehlungen werden beispielhafte Möglichkeiten der Sanierung sowie Umbaupotenziale dargestellt, die den Siedlungscharakter nicht gefährden. Ein Gestaltungsplan kann über einen Bebauungsplan rechtlich gesichert werden. Dies ist möglich, indem die wesentlichen Gestaltungsvorgaben in die Neuaufstellung oder Änderung eines Bebauungsplans einfließen (vgl. Fallstudie Wolfsburg, Wolfsburg 2013).

Formelle Instrumente zur Bestandssicherung

Um die Gestaltung zu sichern, können auch formelle Instrumente angewendet werden. Die Gemeinden haben die Möglichkeit, (historische) Bausubstanz durch eine örtliche Bauvorschrift in Form einer Gestaltungssatzung zu sichern. Die Gestaltungssatzung ist ein Instrument zum Schutz von „Bauten, Straßen, Plätzen oder Ortsteilen von geschichtlicher, künstlerischer oder städtebaulicher Bedeutung sowie zum Schutz von Kultur- und Naturdenkmalen" (§74 Landesbauordnung Baden-Württemberg). Der Detaillierungsgrad der Gestaltungssatzung liegt in der Hand der Kommune. Als Rechtsgrundlage dient die jeweilige Landesbauordnung. Gestaltungsrichtlinien können die Grundlage für die örtlichen Bauvorschriften eines Bebauungsplans bilden (z.B. „Schaichhofsiedlung" in Weil im Schönbuch).

Gemäß § 172 Baugesetzbuch steht es Gemeinden zu, zur Erhaltung baulicher Anlagen und der Eigenart von Gebieten Erhaltungssatzungen zu erlassen. Per Satzung können Gebiete festgelegt werden, in denen der Abbruch, die Änderung, die Nutzungsänderung oder Errichtung baulicher Anlagen einer Genehmigung bedürfen. Dieser Schutz dient der Erhaltung der Gebietscharakteristik. Auch in Einfamilienhausgebieten können Erhaltungssatzungen zur Anwendung kommen.

Im Bereich des Denkmalschutzes besteht die Möglichkeit neben einzelnen Kulturdenkmalen auch flächenhafte Areale unter Schutz zu stellen, wenn sie ein einheitsstiftendes historisches Moment besitzen und anschaulich überliefert sind. Dazu werden in den Denkmalschutzgesetzen auf Länderebene verschiedene Begriffe verwendet, z.B. Sachgesamtheiten, Ensembles, Gesamtanlagen, Denkmalbereiche, Denkmalzone. Die einzelnen Gebäude müssen dabei nicht zwangsläufig als Einzelobjekte unter Denkmalschutz stehen (vgl. Martin 2008: 2). Die Ausweisung eines solchen Gebiets geschieht auf Grundlage der Denkmalschutzgesetze der Länder. Sanierungen, Modernisierungen und Erweiterungen unterliegen den länderspezifischen Regelungen der Denkmalschutzgesetze (vgl. Vereinigung der Landesdenkmalpfleger in der Bundesrepublik Deutschland 2013).

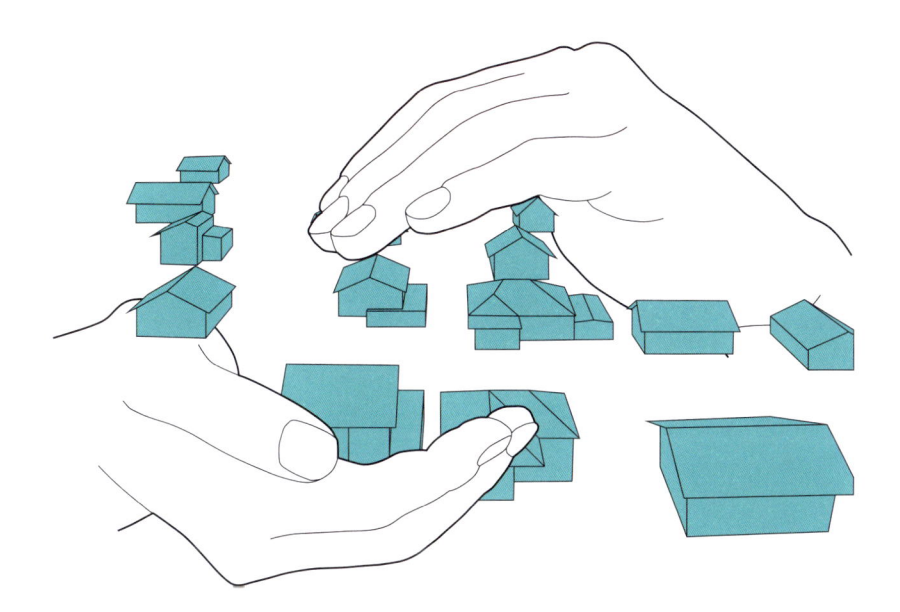

Erfolgsfaktoren von formellen und informellen Instrumenten zur Bestandssicherung und Anwendung in den Fallstudien

Formelle Instrumente zur Gestaltsicherung stellen besondere gestalterische Anforderungen an bauliche Anlagen. Dabei werden alle besonders typischen Merkmale und Elemente der Gestaltung (eines Gebietes) einbezogen. Gestaltungssatzungen sind geeignet, um den Siedlungscharakter zu sichern und ein einheitliches Siedlungsbild zu erhalten. Gestaltungssatzungen stehen Nachverdichtungen, die in Einfamilienhausgebieten der 1950er- bis 1970er-Jahre vielfach anstehen, nicht grundsätzlich entgegen. Formelle Instrumente zum Erhalt der wesentlichen Gebiets- und Gebäudemerkmale können individuelle Modernisierungs-, Sanierungs- oder Erweiterungswünsche aber auch einschränken (Fallstudie Cuxhaven, Zitat: „Gestaltungssatzungen enteignen"). Dies ist für die Eigentümer besonders dann belastend, wenn wenig Bewusstsein für den Wert der gestaltprägenden Merkmale vorhanden ist.

Da informelle Instrumente zur Gestaltsicherung (Gestaltungsleitfaden, Gestaltungsfibel, Gestaltungshandbuch etc.) keine rechtliche Wirkung haben, ist die Vermittlung ihrer Inhalte von besonderer Wichtigkeit, um ihre Wirksamkeit sicherzustellen. Ohne Einbezug der Eigentümer, ohne Öffentlichkeitsarbeit und Maßnahmen zur Bewusstseinsbildung werden informelle Instrumente zur Gestaltsicherung wenig wirkungsvoll sein. Die Vorschläge und Empfehlungen müssen nachvollziehbar sein und dürfen den finanziellen Aufwand nicht erhöhen.

Durch die Orientierung an informellen Instrumenten zur Gestaltsicherung besteht für die Verwaltung der Vorteil, dass nahezu keine Einzelfallentscheidungen bei Bauanfragen mehr getroffen werden müssen. Ob ein Gestaltungsleitfaden erfolgsversprechend für den Erhalt des Gestaltbildes einer Siedlung ist, kann von Fall zu Fall stark divergieren. Nicht nur die Bausubstanz bzw. das Gestaltbild einer Siedlung ist hierfür von Bedeutung, sondern auch die Ausgestaltung und Vermittlung des Leitfadens, die Kommunikation der Verwaltung mit den Eigentümern und auch der nachbarschaftliche Zusammenhalt der Bewohner (vgl. Fallstudie Wolfsburg, Stadt Wolfsburg 2013).

Anwendungsbeispiele

- *Dorsten Wulfen-Barkenberg*
- *Karlsruhe Rüppurr-Baumgartensiedlung*
- *Stuttgart Botnang-Aspen*
- *Weil im Schönbuch-Schaichhofsiedlung*
- *Wolfsburg-Detmerode*

4.3 Integrierte und sektorale Entwicklungskonzepte

Integrierte (Stadt)Entwicklungskonzepte/ integrierte städtebauliche Entwicklungskonzepte (ISEK) sind geeignet, um die Potenziale und Entwicklungsoptionen von älteren Einfamilienhausgebieten herauszuarbeiten. Voraussetzung ist das politische Bekenntnis der Kommune zum Vorrang der Innenentwicklung und Bestandssicherung. Dabei ist es wichtig, alle Handlungsfelder der Stadtentwicklung zu betrachten und eine vorausschauende städtische Wohn- und Liegenschaftspolitik zugrunde zu legen. Ziel der integrierten Entwicklungskonzepte ist die koordinierte Umsetzung von Zielen und Maßnahmen der Stadtentwicklung. In sektoralen Entwicklungskonzepten können einzelne Handlungsfelder vertiefend betrachtet werden.

Integrierte städtebauliche Entwicklungskonzepte

Integrierte städtebauliche Entwicklungskonzepte können gesamtstädtisch, stadtteil- oder gebietsbezogen aufgestellt werden. Städtebauliche Entwicklungskonzepte sind gemäß § 1 Abs. 6 Nr. 11 BauGB bei der Aufstellung von Bauleitplänen zu berücksichtigen. Sie dienen der Stadtverwaltung als Anhaltspunkt für die künftige Entwicklung und umfassen räumlich-strukturelle, funktionale, sozioökonomische und ökologische Aspekte bis zu stadtgestalterischen und baukulturellen Aussagen. Problembereiche werden analysiert und Lösungen ergebnisorientiert gesucht. Nach Formulierung der Ziele werden dann, je nach Detaillierungsgrad und Gebietsbezug des Entwicklungskonzepts, Maßnahmen formuliert. Zudem werden Ziele für einzelne Handlungsbereiche formuliert. Diese können sein: Stadtstruktur/Stadtgeschichte, Bevölkerungsstruktur, Sozialstruktur, Wohnsituation, Infrastruktur, Mobilität, Kultur, Sport und Freizeit, Einzelhandel, Gewerbe u.a. Die Kommune entscheidet, welche Handlungsbereiche vertieft bearbeitet werden. Aus einer Stärken- und Schwächenanalyse (SWOT) werden auch identitätsstiftende

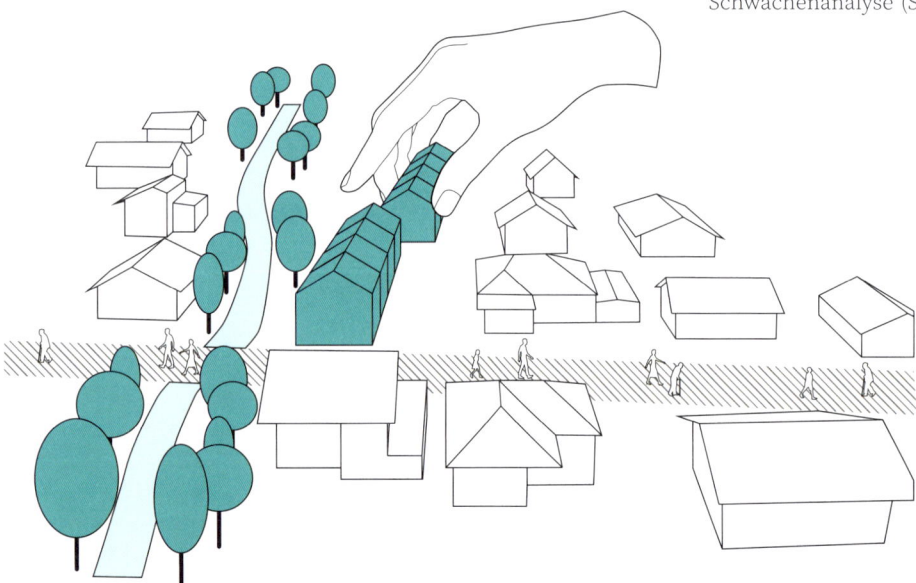

Merkmale herausgearbeitet (z.B. Osterholz-Scharmbeck: Stadt der Freizeit, Natur, Bildung und Sport). Für die Weiterentwicklung von Einfamilienhausgebieten der 1950er- bis 1970er-Jahre spielt die Aufrechterhaltung und Bedarfsanpassung von Infrastrukturen eine wichtige Rolle. Bildungsstandorte, soziale Infrastruktureinrichtungen für alle Altersgruppen aber auch die Erneuerung von technischer Infrastruktur, haben erheblichen Einfluss auf die Attraktivität von Wohnstandorten. Mit Blick auf die Einfamilienhausgebiete der 1950er- bis 1970er-Jahre tritt neben der Weiterentwicklung und Aufwertung der Infrastruktur das Handlungsfeld der Wohnraumentwicklung in den Vordergrund. So kann die Kommune über die Bereitstellung von ergänzenden, bedarfsgerechten Wohnangeboten und neuen Wohnformen steuernd in die Gebietsentwicklung eingreifen.

Sektorale Entwicklungskonzepte

Unabhängig von der Maßstabsebene kann auch der Fokus eines Entwicklungskonzepts variieren. Neben den integrierten städtebaulichen Entwicklungskonzepten gibt es auch themenspezifische Konzepte. Im Rahmen des KfW-Programms „Energetische Stadtsanierung" muss beispielsweise ein energetisches Quartierskonzept erstellt werden. Weitere für die Entwicklung von älteren Einfamilienhausgebieten bedeutsame Konzepte können Wohnraumversorgungskonzepte (z.B. Cuxhaven), Verkehrs- oder Frei- und Grünräumkonzepte sein.

Erfolgsfaktoren von integrierten und sektoralen Entwicklungskonzepten und Anwendung in den Fallstudien

Integrierte Entwicklungskonzepte sind ein solides Werkzeug und eine Orientierungshilfe für die künftige Stadtentwicklung. Eine begleitende Bürgerbeteiligung ist unerlässlich. Zudem sind sie immer prozessorientiert zu betrachten und nicht als festgeschriebene, abzuarbeitende Regelwerke zu verstehen. Die Analyse und Aufarbeitung der unterschiedlichen Handlungsfelder der Stadt- und Gebietsentwicklung können zur Bewusstseinsbildung über die Problemlagen, Chancen und Herausforderungen der räumlichen Entwicklung beitragen. Monitoring und (Zwischen)Evaluationen können den Umsetzungsstand reflektieren. Die Fallstudienanalyse in diesem Forschungsprojekt hat gezeigt, dass die Erarbeitung von städtebaulichen Entwicklungskonzepten eine wesentliche Grundlage für die Weiterentwicklung der in die Jahre gekommenen Einfamilienhausgebiete darstellen kann. In Bocholt und Cuxhaven beispielsweise wurden die Problemlagen in den Gebieten durch die Erarbeitung der Entwicklungskonzepte erst sichtbar.

Anwendungsbeispiele

- Bocholt Gesamtstadt
- Cuxhaven Gesamtstadt
- Kiel-Ellerbeck und Wellingdorf
- Mainz-Lerchenberg
- Oberasbach-Hölzleshoffeld
- Ostfildern-Parksiedlung
- Weil im Schönbuch-Schaichhofsiedlung
- Crailsheim-Zur Flügelau
- Karlstadt-Alte Siedlung
- Langenneufnach-Blumensiedlung
- Marktrodach-Am Steig
- Osterholz-Scharmbeck Gesamtstadt
- Stade-Hahle

4.4 Städtebauförderung

Es ist grundsätzlich möglich, ältere Einfamilienhausgebiete im Rahmen der Städtebauförderung aufzuwerten. Voraussetzung ist das Vorliegen von städtebaulichen Missständen. Oft gibt es jedoch in anderen Gebietstypen der Gemeinde (z.B. Innenstadt, Stadtteilzentren, Gründerzeitquartieren, Gewerbegebiete etc.) gewichtigere Missstände, sodass diese Gebiete vordringlich Gegenstand der Städtebauförderung sind. Es gibt verschiedene Programme der Städtebauförderung, die sich für die Aufwertung von älteren Wohngebieten eignen. Dies sind insbesondere folgende Programme: Soziale Stadt, Stadtumbau West, Aktive Stadt- und Ortsteilzentren, kleinere Städte und Gemeinden sowie eventuell vorhandene Landesprogramme (in Baden-Württemberg das Landessanierungsprogramm). Die Städtebauförderung speist sich aus Mitteln des Bundes und der Länder. Fördergegenstand ist der Sanierungs- bzw. Entwicklungsprozess als Gesamtmaßnahme in einem abgegrenzten Gebiet. Voraussetzung für die Antragstellung ist die Erarbeitung von Vorbereitenden Untersuchungen (VU) und die Aufstellung eines städtebaulichen Entwicklungskonzeptes (vgl. 4.3, z.B. Stadtumbau § 171 b BauGB).

Erfolgsfaktoren der Städtebauförderung und Anwendung in den Fallstudien

Die Städtebauförderung konzentriert sich auf die dringlichsten Handlungsfelder der städtebaulichen Erneuerung in einer Kommune. Das besondere Städtebaurecht ist zeitlich befristet und kommt in Gebieten zur Anwendung, in denen gravierende städtebauliche Missstände vorliegen. Auch wenn sich das Instrumentarium flexibel auf unterschiedliche Gebietstypen anwenden lässt, werden ältere Einfamilienhausgebiete nicht auf breiter Basis Gegenstand der geförderten Stadterneuerung werden, da andere Gebietstypen im Fokus stehen. In förmlich festgelegten Sanierungsgebieten besteht die Möglichkeit der erhöhten steuerlichen Abschreibung nach § 7h und 10f des Einkommensteuergesetzes (EStG). Denkbar ist es, Einfamilienhausgebiete als Sanierungsgebiete förmlich abzugrenzen, den Eigentümern damit eine erhöhte steuerliche Abschreibung für Sanierungsmaßnahmen zu ermöglichen und die Fördermittel vorwiegend für die Aufwertung des öffentlichen Raumes und die Anpassung der sozialen Infrastruktur aufzuwenden.

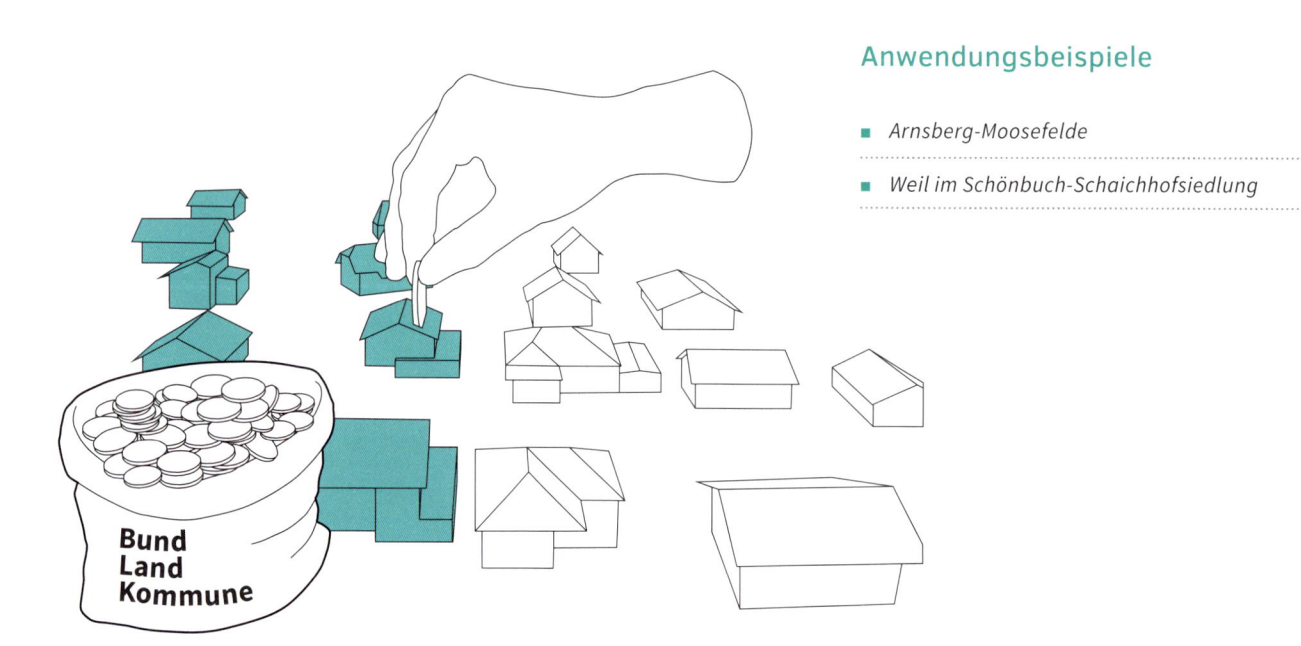

Anwendungsbeispiele

- *Arnsberg-Moosefelde*
- *Weil im Schönbuch-Schaichhofsiedlung*

4.5 KfW-Förderungen

Es gibt zahlreiche Fördermöglichkeiten der KfW-Bank für Sanierungsmaßnahmen (Kreditanstalt für Wiederaufbau). Neben der Förderung von kleinteiligen Gebäudebeständen von Einzeleigentümern können auch Wohnungsbaugesellschaften Förderungen für Geschosswohnungsbauten in Anspruch nehmen. Für ältere Einfamilienhäuser gibt es sowohl Fördermöglichkeiten für energetische Sanierungsmaßnahmen als auch für den altersgerechten Umbau. Die Art der Förderung kann dabei variieren, neben Krediten besteht die Möglichkeit, einen Investitionszuschuss zu erhalten. Im Rahmen der energetischen Stadtsanierung gibt es die Möglichkeit für Investitionszuschüsse. Dabei bezieht sich die Förderung auf mehrere Gebäude im städtebaulichen Kontext und nicht auf einzelne Gebäude. Im Rahmen des Programms wird die Erstellung eines integrierten Quartierskonzepts gefördert sowie ein Sanierungsmanager für drei Jahre.

Erfolgsfaktoren der KfW-Förderung und Anwendung in den Fallstudien

Die Konditionen der unterschiedlichen KfW-Programme sind, nicht nur in Bezug auf den Fördernehmer, sehr unterschiedlich. Kredite sind zu einem bestimmten Zinssatz zurückzuzahlen. Nur Personen, die als kreditwürdig eingestuft werden, bekommen einen Kredit. Vor allem älteren Personen wird diese Art der Förderung daher häufig verwehrt (vgl. Wüstenrot Stiftung 2012: 277). Das KfW-Programm 432 Energetische Stadtsanierung fördert keine investiven Maßnahmen, sondern die Erstellung von Quartierskonzepten und den Einsatz von Sanierungsmanagern. Die fehlende Förderung von privaten Investitionen in den Gebäudebestand wird in den untersuchten Fallstudien bemängelt.

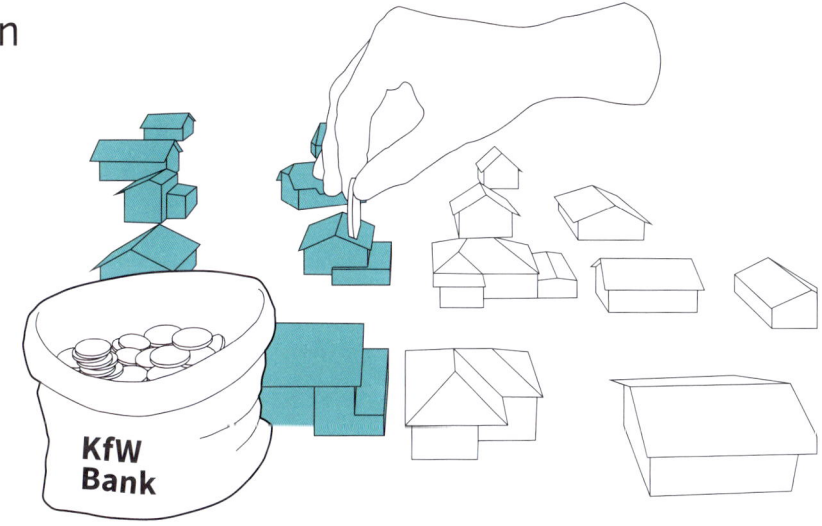

Anwendungsbeispiele

- *Crailsheim-Zur Flügelau*
- *Mainz-Lerchenberg*
- *Oberasbach-Hölzleshoffeld*
- *Ostfildern-Parksiedlung*
- *Stade-Hahle*

4.6 Quartiersmanagement

Ein Quartiersmanagement wird eingesetzt, um die Kommunikation vor Ort zu fördern, Probleme sollen erkannt und dialogorientiert gelöst werden. Das Quartiersmanagement soll Selbsthilfe anregen und dazu beitragen, dass die Bewohner bereit sind, Verantwortung für ihr Quartier zu übernehmen. Das Quartiersmanagement führt Akteure verschiedener Bereiche zusammen. Es versteht sich als Schnittstelle zwischen der Stadtverwaltung und den Bürgern. Anliegen der Bürger werden der Stadtverwaltung abseits der normalen Verwaltungswege mitgeteilt und die Bewohner werden über das Verwaltungshandeln informiert. Das Quartiersmanagement bezieht Akteure vor Ort, Bewohner und Einrichtungen im Quartier mit ein. Der nachbarschaftliche Zusammenhalt bzw. das soziale Miteinander spielen dabei eine wichtige Rolle.

Der Quartiermanager soll ein zuverlässiger Ansprechpartner sein und das Quartiersmanagement vor Ort ein Treffpunkt im Gebiet. Das KfW-Programm „Energetische Stadtsanierung" sieht die Einrichtung eines Quartiersmanagements vor. Der Quartiers- oder in diesem Fall Sanierungsmanager ist jedoch vorwiegend auf energetische Fragen spezialisiert.

Erfolgsfaktoren des Quartiersmanagements und Anwendung in den Fallstudien

Ein Quartiersmanagement wird nur für einen bestimmten Zeitraum eingesetzt. Die Verstetigung der Ergebnisse und Erfolge nach Wegfall des Quartiersmanagements vor Ort müssen frühzeitig vorbereitet werden. Ein Quartiersmanager muss neben der Fachkompetenz eine hohe Sozialkompetenz mitbringen. Von besonderer Bedeutung ist es, die Aufgaben des Quartiersmanagements unmittelbar an die Bedürfnisse vor Ort anzupassen. Geschieht dies nicht, kann das Management auch schnell auf Ablehnung stoßen.

Anwendungsbeispiele

- Ahaus-Josefsviertel
- Arnsberg-Moosfelde
- Bottrop-Windmühlenweg
- Crailsheim-Zur Flügelau
- Dorsten Wulfen-Barkenberg
- Karlstadt-Alte Siedlung
- Mainz-Lerchenberg
- Nordkirchen-Südkirchen
- Oberasbach-Hölzleshoffeld
- Ostfildern-Parksiedlung

4.7 Landesprogramme und Modellvorhaben der Länder

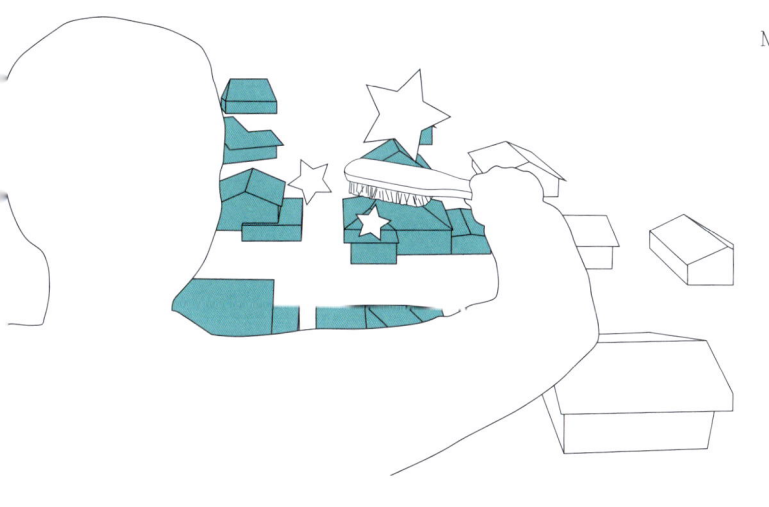

Die Bundesländer können eigene Förderprogramme und Modellvorhaben initiieren. Neben den Landesprogrammen der Städtebauförderung (z.B. Landessanierungsprogramm in Baden-Württemberg) gibt es landeseigene Strukturförderprogramme. Die „Regionale" ist ein beispielgebendes Instrument einer ambitionierten regionalisierten Strukturpolitik in Nordrhein-Westfalen (vgl. Kabinettsbeschluss der Landesregierung NRW 1997). Vorbild für diese neue Art der Strukturpolitik war die Internationale Bauausstellung (IBA) Emscherpark. Ausgewählte (nicht zwangsläufig administrativen Grenzen folgende) Regionen erarbeiten über kommunale Grenzen hinweg Ideen und Konzepte mit dem Ziel, ihre eigenen Stärken, charakteristischen Merkmale und Qualitäten herauszuarbeiten und zukunftsfähig zu gestalten. Für einen begrenzten Zeitraum fließen Fördermittel bevorzugt in die Gebiete, die sich zu einer „Regionale" zusammengeschlossen haben. Damit können mit einem räumlichen Fokus gezielt Planungen und Investitionen vorangetrieben werden. Mit der „Regionale 2016" wurde erstmals ein Hauptaugenmerk auf die Weiterentwicklung älterer Einfamilienhausgebiete gelegt. Neben den Landesprogrammen, die in einem bestimmten Turnus regelmäßig aufgelegt werden, gibt es auch Landesprogramme, die einmalig aufgelegt werden. Hierzu zählt ein Modellprojekt des Freistaates Bayern (2012-2014), das die Revitalisierung von Einfamilienhausgebieten in den Mittelpunkt stellte. Das ressortübergreifende Modellvorhaben wurde von vier bayerischen Staatsministerien ins Leben gerufen und betreut. Die Weiterentwicklung von Einfamilienhausgebieten der 1950er- bis 1970er-Jahre wurde unter besonderer Berücksichtigung demografischer Veränderungen untersucht (vgl. Bayerisches Staatsministerium des Innern, für Bau und Verkehr: Revitalisierung von Einfamilienhausgebieten, 22.09.2015).

Erfolgsfaktoren von Landesprogrammen und Modellvorhaben und Anwendung in den Fallstudien

Eigene Landesprogramme sind positiv zu bewerten, sofern sie erfolgversprechend durchgeführt, regelmäßig evaluiert und angepasst werden. Voraussetzung für erfolgreiche Landesprogramme ist eine gut aufgestellte, vorausschauende Landespolitik und -verwaltung, die sich bemüht, offensiv Antworten auf die anstehenden Entwicklungsherausforderungen zu finden. Modellvorhaben können zwar wichtige Anstöße für aktuelle Fragestellungen der räumlichen Entwicklung geben und zur Bewusstseinsbildung beitragen. Nicht selten aber finden die Erkenntnisse und Ergebnisse keinen breiten Transfer in die kommunale Planungspraxis.

Anwendungsbeispiele

- *Ahaus-Josefsviertel*
- *Dorsten Wulfen-Barkenberg*
- *Karlstadt-Alte Siedlung*
- *Langenneufnach-Blumensiedlung*
- *Marktrodach-Am Steig*
- *Nordkirchen-Südkirchen*

4.8 Kommunale und kreisweite Förder- und Beratungsprogramme

Auch Kreise oder Kommunen können, sofern es die Haushaltslage erlaubt, eigene Förder- und Beratungsprogramme auflegen, um Entwicklungen zu steuern. Diese Programme werden meistens in Kooperation mit lokalen Akteuren, wie Sparkassen und anderen Kreditinstituten und je nach Förderung auch unter Beteiligung von lokalen Handwerkern oder Maklern aufgelegt. Bei kreisweiten Programmen ist die Höhe der Kreiszuwendung entscheidend. Zur Koordination der Programme muss Personal bereitgestellt werden. Viele kommunale Förderprogramme beschränken sich auf die Bereitstellung von Beratungsleistungen; auch sind viele der Programme zeitlich befristet. Zuschussprogramme sind in der kommunalen Praxis selten und erfordern auch eine strikte Kalkulation.

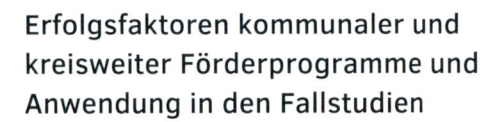

Erfolgsfaktoren kommunaler und kreisweiter Förderprogramme und Anwendung in den Fallstudien

Kommunale Förderprogramme sind unmittelbar abhängig von der kommunalen Haushaltslage. Die erforderlichen politischen Beschlüsse können schnell obsolet werden, wenn sich die Haushaltslage der Kommune (plötzlich) ändert (siehe Wolfsburg 2015). Die Förderprogramme können eingestellt werden, was Unsicherheiten auf der Seite der Fördernehmer mit sich bringt. Wichtig ist es, lokal gebundene Akteure (beispielsweise lokale Sparkassen und andere Kreditinstitute) einzubinden. Je nach Programmzuschnitt können vielfältige lokale Akteure profitieren, neben den Hauseigentümern beispielsweise das lokale Handwerk. Kommunale und kreisweite Förderprogramme bieten die Möglichkeit, lokalspezifische Hilfestellungen bereitzustellen.

Anwendungsbeispiele

- *Bocholt Gesamtstadt*
- *Cuxhaven Gesamtstadt*
- *Hiddenhausen Gesamtstadt*
- *Illingen Gesamtstadt*
- *Kreis Steinfurt*
- *Kreis Coesfeld*

4.9 Forschung und Experimenteller Wohnungs- und Städtebau (ExWoSt)

Der „Experimentelle Wohnungs- und Städtebau" (ExWoSt) ist ein Forschungsprogramm des Bundes (Bundesministerium für Umwelt, Naturschutz, Bau und Reaktorsicherheit (BMUB), vgl. BBSR, 22.09.2015). Modellvorhaben und Studien bilden seit 1987 den Schwerpunkt des Programmes. Bis 1986 wurden vorwiegend bauliche Umsetzungen und Investitionen gefördert. Das Themenspektrum des Experimentellen Wohnungs- und Städtebaus ist weit gefasst und bezieht auch Fragestellungen des Einfamilienhausbaus mit ein. In den 1980er-Jahren wurden bundesweit Konzepte zum Bau verdichteter Einfamilienhäuser gefördert (Kosten- und flächensparendes Bauen in den 1980er-Jahren). Heute geht es vielfach um die Anpassung der älteren Einfamilienhausgebiete an neue Anforderungen und demografische Rahmenbedingungen.

Erfolgsfaktoren des Experimentellen Wohnungs- und Städtebaus und Anwendung in den Fallstudien

Der Experimentelle Wohnungs- und Städtebau trägt dazu bei, Lösungen für anstehende Herausforderungen der Stadtentwicklung zu finden. Kommunen können sich mit Ideen initiativ bewerben und den bundesweiten Erfahrungsaustausch damit prägen. Beispielsweise das Konzept der Cuxhavener Wohnlotsen, das mittlerweile bundesweit Schule machte, konnte nur mit Unterstützung des Experimentellen Wohnungs- und Städtebaus ausgearbeitet werden.

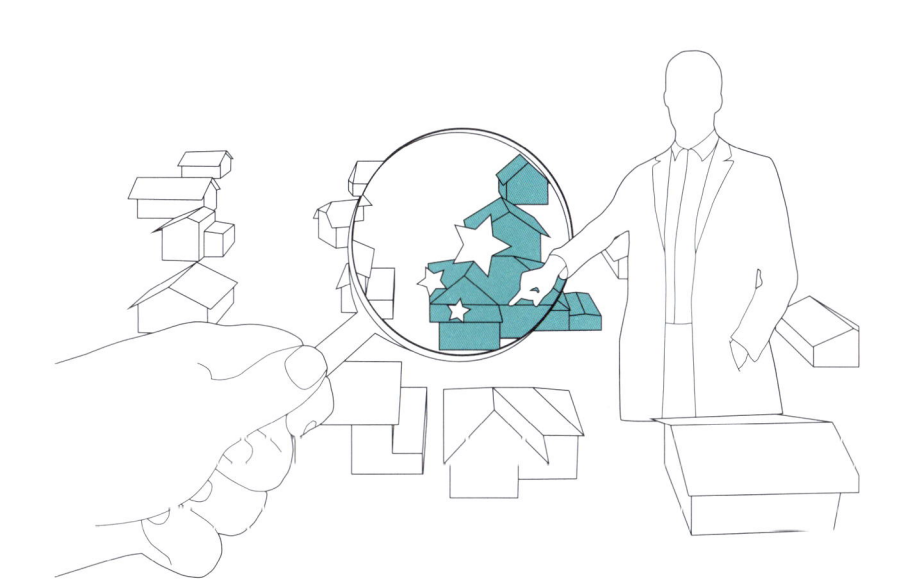

Anwendungsbeispiele

- *Arnsberg-Hüsten*
- *Cuxhaven Gesamtstadt*
- *Flensburg Gesamtstadt*
- *Lahnstein-Am Allerheiligenberg*
- *Stade-Hahle*
- *Wolfsburg-Detmerode*

4.10 Wettbewerbe und Auszeichnungsverfahren

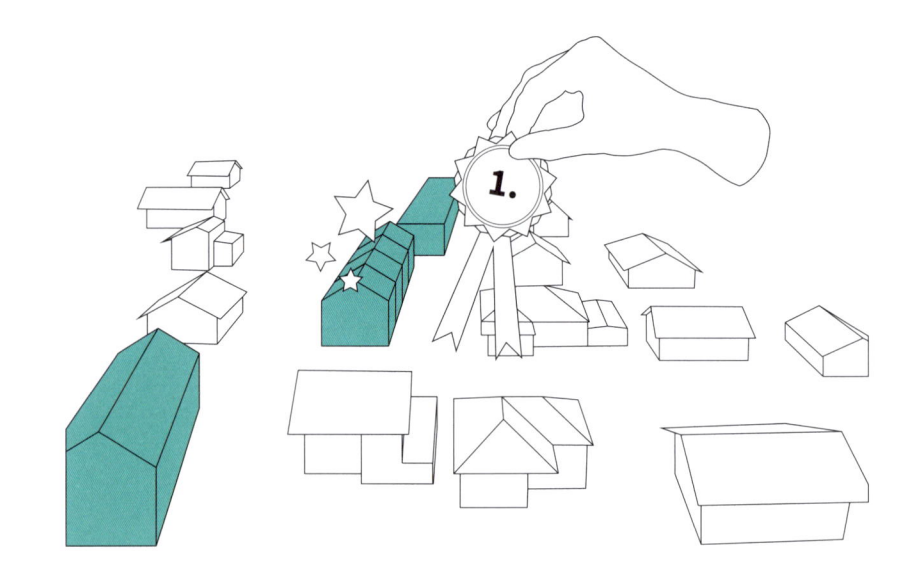

Für anstehende (städtebauliche) Bauaufgaben werden Wettbewerbe und konkurrierende Verfahren ausgelobt, um in Abwägung aller Belange die beste (städte-)bauliche Lösung zu finden. Der Auslober (in der Regel die Kommune) erläutert in der Auslobung die fachlichen Schwerpunkte der Planungsaufgabe. Bürger- und Bewohnerinteressen werden in die Auslobung und zunehmend auch in das gesamte Verfahren miteinbezogen. Ein Preisgericht aus Fachpreisrichtern und ortskundigen Sachpreisrichtern gibt dem Gemeinderat eine Empfehlung, welcher Entwurf der weiteren Realisierung zugrunde gelegt werden soll. Die endgültige Entscheidung obliegt dem Gemeinderat.

Die Richtlinien für Planungswettbewerbe 2013 (RPW) unterscheiden verschiedene Wettbewerbsarten: Realisierungs- und Ideenwettbewerb, offener Wettbewerb, nichtoffener Wettbewerb, zweiphasiger Wettbewerb und kooperatives Verfahren. Öffentliche Auftraggeber sind verpflichtet, Vergabeverfahren oberhalb des EU-Schwellenwertes auf der Grundlage der Verdingungsordnung für freiberufliche Leistungen (VOF) durchzuführen (vgl. BMUB 2014). Klassische städtebauliche Wettbewerbe (nach RPW) für die Weiterentwicklung von Einfamilienhausgebieten der 1950er- bis 1970er-Jahre sind nicht bekannt. Der EUROPAN-Wettbewerb für junge Planer und Architekten unter 40 Jahren stellte 2014 erstmals unter dem Vorzeichen der „adaptable city" auch die Weiterentwicklung von Einfamilienhausgebieten der 1950er- bis 1970er-Jahre als Planungsaufgabe zur Aufgabe. Bisher widmete sich der europaweite Wettbewerb vorwiegend innerstädtischen Fragestellungen und stellte die Konversion von Industrie-, Gewerbe- und Militärbrachen in den Mittelpunkt. Ideenwettbewerbe können kreative, auch unkonventionelle Anregungen aufzeigen, die zum Nachdenken anregen. Dies zeigte sich auch bei der Weiterentwicklung von Einfamilienhausgebieten.

Neben den Wettbewerbsverfahren gibt es Auszeichnungen, die gelungene Projekte und Initiativen belobigen. Die bekanntesten Auszeichnungsverfahren im Einfamilienhausbereich sind die Wettbewerbe für Eigenheimgemeinschaften. Auslober ist der Verband Wohneigentum (früher Deutscher Siedlerbund) in Kooperation mit dem Bundesministerium für Umwelt, Naturschutz, Bau und Reaktorsicherheit. Im Jahr 2016 wird der 26. Bundeswettbewerb unter dem Motto „Wohneigentum – heute für morgen. Nachhaltig – Ökologisch – Sozial engagiert" ausgelobt. Mit den Themenbereichen Energieeffizienz, altersgerechter Umbau und bürgerschaftliches Engagement sollen aktuelle Themen aufgegriffen werden. Der Wettbewerb soll die Eigenheimbesitzer dazu anregen, einen Beitrag zum Umweltschutz und zum Gemeinwohl zu leisten. Er findet alle drei bis vier Jahre statt. Gemeinschaften sollen ermutigt werden, die Verbesserung ihrer Wohnumwelt voranzutreiben – für sich selbst und für nachfolgende Generationen (vgl. Verbandwohneigentum e.V. 2015). Neben dem Bundeswettbewerb gibt es auch Wettbewerbe der einzelnen Landesverbände.

Erfolgsfaktoren konkurrierender Verfahren und Anwendung in den Fallstudien

Durch konkurrierende Verfahren ist es möglich, eine Vielfalt von Lösungsmöglichkeiten in Erwägung zu ziehen und die jeweils beste Lösung zu favorisieren. Konkurrierende Verfahren ermöglichen es, sich in einem diskursiven Prozess der besten Lösung zu nähern. Wettbewerbe sind geeignete Instrumente, um Architektur und Baukultur in der Öffentlichkeit zu vermitteln (vgl. BMUB 2014).

Wettbewerbe sind mit Kosten verbunden, die jedoch nur einen geringen Teil der Planungskosten ausmachen. Das Wettbewerbsergebnis wird so gut wie nie eins zu eins umgesetzt. Veränderte Rahmenbedingungen und Anforderungen erfordern eine kontinuierliche Anpassung der Planung.

Anwendungsbeispiele

- *Ahaus-Josefsviertel*
- *Dorsten Wulfen-Barkenberg*
- *Nordkirchen-Südkirchen*
- *Lahnstein-Am Allerheiligenberg*

4.11 Impulsprojekte und sonstige, auch innovative Instrumente

Als ein weiteres Instrument wurde aus den Fallbeispielen der Einsatz von Impulsprojekten identifiziert. Die Kommune kann gezielt Impulse setzen. In Osterholz-Scharmbeck beispielsweise wurde ein Musterhaus für das Wohnen im Alter realisiert. Das Gebäude dient als gebautes Beispiel, es kann besichtigt werden. Niederschwellige Angebote, z.B. begleitende Beratungsangebote sollen Impulse setzen. Ziel ist es, Umbauten im Bestand zu fördern und Schwellenängste bei den Eigentümern zu senken. Die Stadt tritt gemeinsam mit weiteren Akteuren (örtlichen Kreditinstituten, Handwerkern etc.) als Initiator auf und vermittelt niederschwellig beispielhafte Ansätze zum Umbau von Bestandsgebäuden.

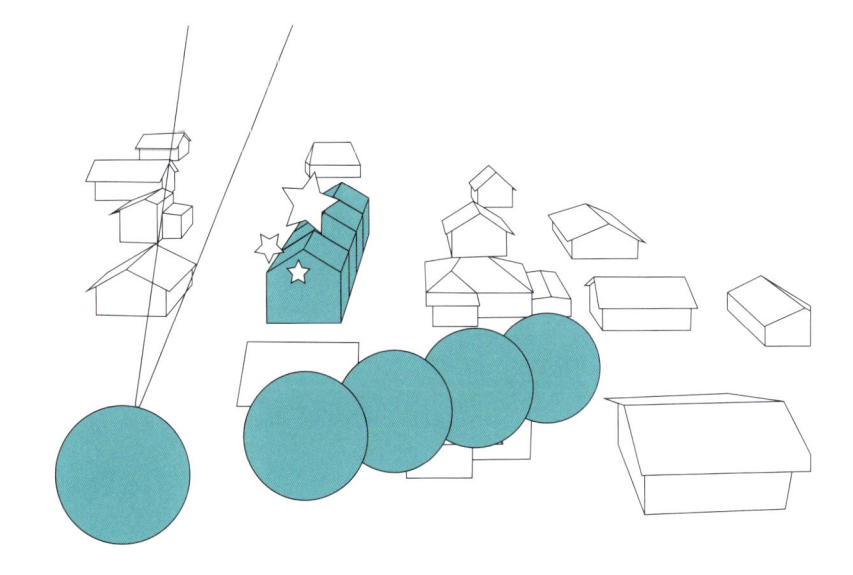

Es gibt neben den klassischen Instrumenten der Stadtentwicklung eine Vielfalt weiterer, weniger etablierter, auch neuer Instrumente zur Weiterentwicklung von Bestandsgebieten. Die Ideen für neue Instrumente sind vielfältig: z.B. innovative Partizipationsideen wie das Konzept HausAufgaben in Dorsten. Innovative, aufsuchende Beratungsangebote, wie z.B. die mobilen Wohnberater in Osterholz-Scharmbeck, das Probewohnen in Cuxhaven oder der Leitfaden mit Audioguide zur Sicherung der Baukultur in Wolfsburg können wichtige Impulse setzen.

Erfolgsfaktoren von Impulsprojekten und Anwendung in den Fallstudien

Impulsprojekte können wichtige Anstöße liefern und niederschwellig Ideen zur baulichen Umsetzung vermitteln. Für die erfolgreiche Umsetzung ist die Zusammenarbeit unterschiedlicher Akteure notwendig (vgl. Musterhaus für das Wohnen im Alter in Osterholz-Scharmbeck, Gläserne Baustelle Stade). Es ist wichtig, Impulsprojekte durch Image- und Pressearbeit zu begleiten.

Anwendungsbeispiele

- *Cuxhaven Gesamtstadt*
- *Ilvesheim-Mühlenweg*
- *Stade-Hahle*
- *Dorsten Wulfen-Barkenberg*
- *Osterholz-Scharmbeck Gesamtstadt*
- *Wolfsburg-Detmerode*

Die Anwendung der Instrumente in den Fallstudien im Überblick

Bebauungsplan und Flächenmanagement (Innenentwicklung)

Aalen-Triumphstadt	Bebauungsplan, Änderung zur Ausschöpfung von Nachverdichtungspotenzialen, planungsrechtlich gesicherter Gestaltungsplan
Ahaus-Josefsviertel	Bebauungsplan, Aufstellungsbeschluss wurde verabschiedet, ein städtebauliches Konzept soll entwickelt werden und in eine Gestaltungsfibel münden
Bensheim-Hemsberg-Viertel	Bebauungsplan, Aufstellung zur Sicherung der städtebaulichen Ordnung und auch zur Definition der Rahmenbedingungen für Ersatzbauten (bislang nur § 34 BauGB, allmählich Umbruch und städtebaulich unkontrollierte Veränderungen)
Bocholt Gesamtstadt	Bebauungsplan, Neuaufstellung und/oder Änderung zur Nachverdichtung

Eichenau-Okalsiedlung	Bebauungsplan, Neuaufstellung zur Wohnraumerweiterung über Anbau mit Flachdach im Erdgeschoss
Erlangen-Sieglitzhofer Waldsiedlung	Bebauungsplan, Änderung zur Wohnraumerweiterung
Osterholz-Scharmbeck Gesamtstadt	Nachverdichtungskonzept, geriet allerdings in den 1990er-Jahren ins Stocken, keine Identifikation der Bewohner mit den Planungen, neue Bestandsuntersuchung 2009-2013

Formelle und informelle Instrumente zur Bestandssicherung

Dorsten Wulfen-Barkenberg	Historisches Freiflächenkonzept mit Artenlisten und Pflanzplänen, findet trotz Gültigkeit heute keine Anwendung mehr
Karlsruhe Rüppurr-Baumgartensiedlung	Formelle Bestandssicherung, Kulturdenkmal
Weil im Schönbuch-Schaichhofsiedlung	Formelle Bestandssicherung, Gestaltungsrichtlinie, Gestaltungsrichtlinie ist gleichzeitig die Beurteilungsgrundlage für die Förderfähigkeit von Erneuerungsmaßnahmen im Rahmen des Landessanierungsprogramms und der Genehmigung nach § 144 BauGB
Wolfsburg-Detmerode	Informelle Bestandssicherung, Gestaltungsleitfaden
Stuttgart Botnang-Aspen	Formelle Bestandssicherung, Kulturdenkmal

Integrierte und sektorale Entwicklungskonzepte

Bocholt Gesamtstadt	Stadtentwicklungskonzept mit Schwerpunkt auf Nachverdichtung von Einfamilienhausgebieten
Crailsheim-Zur Flügelau	Energetisches Quartierskonzept im Zusammenhang mit KfW-Programm „Energetische Stadtsanierung"
Cuxhaven Gesamtstadt	Stadtentwicklungskonzept

Karlstadt-Alte Siedlung	Quartierskonzept zur Revitalisierung des Einfamilienhausgebiets
Kiel-Ellerbeck und Wellingdorf	Quartierskonzept im Zusammenhang mit KfW-Programm „Altersgerecht Umbauen"
Langenneufnach-Blumensiedlung	Quartierskonzept zur Revitalisierung des Einfamilienhausgebiets
Mainz-Lerchenberg	Energetisches Quartierskonzept im Zusammenhang mit KfW-Programm „Energetische Stadtsanierung"
Marktrodach-Am Steig	Quartierskonzept zur Revitalisierung des Einfamilienhausgebiets
Oberasbach-Hölzleshoffeld	Energetisches Quartierskonzept im Zusammenhang mit KfW-Programm „Energetische Stadtsanierung"
Osterholz-Scharmbeck Gesamtstadt	Gesamtstädtisches Integriertes Entwicklungskonzept mit Schwerpunkt auf Infrastruktur und Einfamilienhausgebieten
Ostfildern-Parksiedlung	Energetisches Quartierskonzept im Zusammenhang mit KfW-Programm „Energetische Stadtsanierung"
Stade-Hahle	Energetisches Quartierskonzept im Zusammenhang mit KfW-Programm „Energetische Stadtsanierung"
Weil im Schönbuch-Schaichhofsiedlung	Städtebauliches Entwicklungskonzept im Rahmen des Landessanierungsprogramms

Städtebauförderung

Arnsberg-Moosfelde	Stadtumbau West
Weil im Schönbuch-Schaichhofsiedlung	Landessanierungsprogramm

KfW-Förderungen

Crailsheim-Zur Flügelau	Energetisches Quartierskonzept im Zusammenhang mit KfW-Programm „Energetische Stadtsanierung"
Mainz-Lerchenberg	Energetisches Quartierskonzept im Zusammenhang mit KfW-Programm „Energetische Stadtsanierung"
Oberasbach-Hölzleshoffeld	Energetisches Quartierskonzept im Zusammenhang mit KfW-Programm „Energetische Stadtsanierung"
Ostfildern-Parksiedlung	Energetisches Quartierskonzept im Zusammenhang mit KfW-Programm „Energetische Stadtsanierung"
Stade-Hahle	Energetisches Quartierskonzept im Zusammenhang mit KfW-Programm „Energetische Stadtsanierung"

Quartiersmanagement

Arnsberg-Moosfelde	Quartiersmanagement im Rahmen von Stadtumbau West
Bottrop-Windmühlenweg	Quartiersmanagement im Auftrag der NRW-Bank
Crailsheim-Zur Flügelau	Quartiersmanagement im Zusammenhang mit KfW-Programm „Energetische Stadtsanierung"
Dorsten Wulfen-Barkenberg	Quartiersmanagement im Zusammenhang mit dem Stadtumbau West 2006-2014, eine Weiterführung des Quartiersmanagements wird angestrebt
Karlstadt-Alte Siedlung	Quartiersmanagement geplant
Mainz-Lerchenberg	Quartiersmanagement im Zusammenhang mit KfW-Programm „Energetische Stadtsanierung"
Nordkirchen-Südkirchen	Quartiersmanagement geplant
Oberasbach-Hölzleshoffeld	Quartiersmanagement im Zusammenhang mit KfW-Programm „Energetische Stadtsanierung"

Ostfildern-Parksiedlung	Quartiersmanagement im Zusammenhang mit KfW-Programm „Energetische Stadtsanierung"
Stade-Hahle	Quartiersmanagement im Zusammenhang mit KfW-Programm „Energetische Stadtsanierung"

Landesprogramme und Modellvorhaben (der Länder)

Ahaus-Josefsviertel	Regionale 2016 „Innen leben – Neue Qualitäten entwickeln!"
Dorsten Wulfen-Barkenberg	Regionale 2016 „Innen leben – Neue Qualitäten entwickeln!"
Karlstadt-Alte Siedlung	Bayerisches Modellvorhaben Revitalisierung von Einfamilienhausgebieten
Langenneufnach-Blumensiedlung	Bayerisches Modellvorhaben Revitalisierung von Einfamilienhausgebieten
Marktrodach-Am Steig	Bayerisches Modellvorhaben Revitalisierung von Einfamilienhausgebieten
Nordkirchen-Südkirchen	Regionale 2016 „Innen leben – Neue Qualitäten entwickeln!"

Kommunale und kreisweite Förder- und Beratungsprogramme

Bocholt Gesamtstadt	Kommunales Förderprogramm Altbauoptimal
Cuxhaven Gesamtstadt	Förderprogramm Wohnlotsen, es ist geplant das Konzept der Wohnlotsen (Beratung), das aus ExWoSt-Mitteln gespeist wurde, in ein kommunales Förderprogramm zu überführen
Hiddenhausen Gesamtstadt	Kommunales Förderprogramm Jung kauft Alt
Illingen-Gesamtstadt	Kommunales Förderprogramm für Abriss
Kreis Steinfurt	Kreisweites Beratungsprogramm Haus im Glück
Kreis Coesfeld	Kreisweites Beratungsprogramm Clever wohnen im Kreis Coesfeld

Forschung und Experimenteller Wohnungs- und Städtebau (ExWoSt)

Arnsberg-Hüsten	„Kooperation im Quartier mit privaten Eigentümern zur Wertsicherung innerstädtischer Immobilien"
Cuxhaven Gesamtstadt	„Cuxhavener Wohnlotsen"
Flensburg Gesamtstadt	„Flensburg jung & alt - Die Wohnlotsen e.V."
Lahnstein- Am Allerheiligenberg	„Wohneigentum für Generationen – Siedlungen zukunftsfähig gestalten und entwickeln"
Stade-Hahle	„Anforderungen an energieeffiziente und klimaneutrale Quartiere"
Wolfsburg-Detmerode	„Baukultur in der Praxis"

Wettbewerbe und Auszeichnungsverfahren

Ahaus-Josefsviertel	Europan 13, Europaweiter Wettbewerb für junge Planer
Dorsten Wulfen-Barkenberg	Europan 13, Europaweiter Wettbewerb für junge Planer
Nordkirchen-Südkirchen	Europan 13, Europaweiter Wettbewerb für junge Planer
Lahnstein- Am Allerheiligenberg	Teilnahme an mehreren Wettbewerben, auch am Landeswettbewerb des Verbandes Wohneigentum Rheinland-Pfalz e.V. 2012 im Zusammenhang mit dem ExWoSt-Vorhaben „Wohneigentum für Generationen – Siedlungen zukunftsfähig gestalten und entwickeln" erfolgten im Rahmen des Wettbewerbs auch Beratungen für die teilnehmenden Gemeinschaften

Impulsprojekte und sonstige, auch innovative Instrumente

Cuxhaven Gesamtstadt	Tag des offenen Wohnlotsen (geplant; analog Tag der Architektur oder Tag des offenen Denkmals)
Dorsten Wulfen-Barkenberg	Innovatives Beteiligungskonzept HausAufgaben
Ilvesheim-Mühlenweg	Energiekarawane, Beratung von Haus zu Haus
Osterholz-Scharmbeck Gesamtstadt	Musterhaus zum altersgerechten Umbau, gefördert vom Bundesministerium für Familie, Senioren, Frauen und der örtlichen Kreissparkasse
Stade-Hahle	Gläserne Baustelle zur energetischen Sanierung
Wolfsburg-Detmerode	Leitfaden und Audioguide zur Bewusstseinsbildung für Baukultur

5

Querschnittsthemen:
Kommunikation,
Nachbarschaft und
Beteiligung

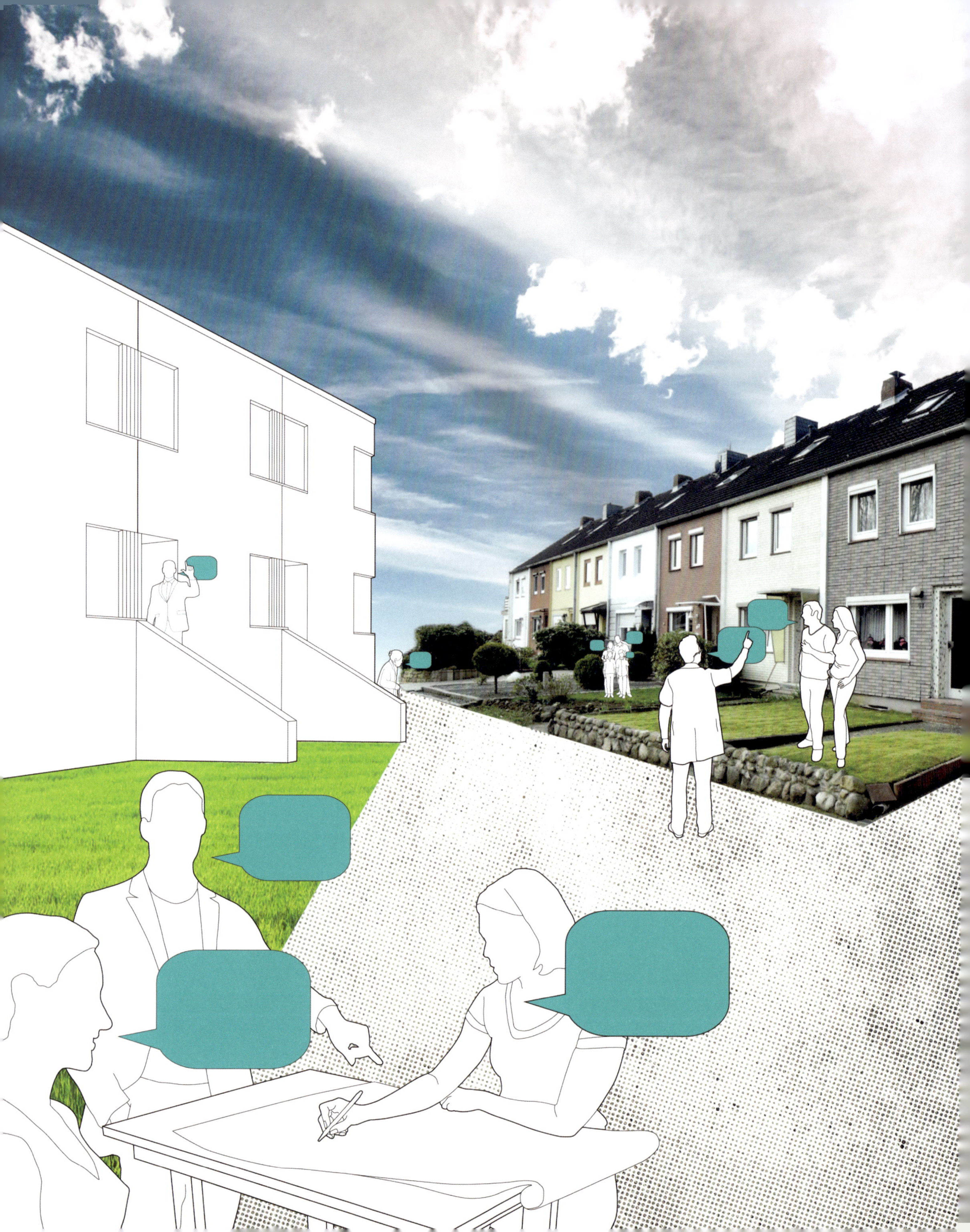

5 Querschnittsthemen: Kommunikation, Nachbarschaft und Beteiligung

Kommunikation, Bewusstseinsbildung, Aktivierung und Beteiligung sind feste Bestandteile aller Handlungsfelder der Stadtentwicklung, die in Kapitel 6 anhand der Fallstudien beschrieben werden. Kleinteilig strukturierte Gebiete mit einer Vielzahl von individuellen Eigentümern erfordern ebenso kleinteilig strukturierte, auf Kommunikation basierende Entwicklungsstrategien. Die Weiterentwicklung der Einfamilienhausgebiete kann nur gelingen und Akzeptanz finden, wenn die Bewohner und Eigentümer von Beginn an in die Planungen, Initiativen und Projekte eingebunden sind.

Die Kommune kann Prozesse initiieren und unterstützen, ohne die Mitwirkung der Bewohner und Eigentümer aber nicht umsetzen. Im Hinblick auf die Kommunikation und den Planungsprozess stellen sich vielfältige methodische Fragen: Wie können die Bewohner und Eigentümer angesprochen, sensibilisiert, motiviert und in den Planungsprozesse einbezogen werden? Welche Kooperationen sind fördernd und wie können Projekte und Initiativen in einem kollektiven Prozess entwickelt werden? Welche Strukturen und Netzwerke sind geeignet, um die Gebiete veränderten Anforderungen, insbesondere an eine älter werdende Bevölkerung anzupassen?

Kommunikation im Planungsprozess

Die Erfahrungen in der Stadterneuerung haben gezeigt, dass Kommunikation im Planungsprozess heute weit über die gesetzlich festgelegten Vorgaben zur Information und Beteiligung hinausgeht. Die Gestaltung der Kommunikation hat einen wesentlichen Einfluss auf den Erfolg von städtebaulichen Planungen in kleinteilig strukturierten Bestandsgebieten. Die Kommune kann in den Kommunikationsprozessen unterschiedliche Rollen einnehmen, dabei ist zu beobachten, dass sich diese Rolle zunehmend ausdifferenziert (vgl. Wüstenrot Stiftung 2012: 277). Neben die klassischen Aufgaben wie Planen und Regulieren, Versorgen und Anbieten, treten Beobachten und Beraten, Initiieren und Fördern. Vor allem die Rolle der Kommune als Initiator und Moderator gewinnt an Bedeutung. Es wird informiert, Eigentümer und Bewohner werden aktiviert und Prozesse zur Bewusstseinsbildung und Öffentlichkeitsarbeit angeregt. Medieneinsatz und neue („smarte") Technologien werden die Kommunikationsprozesse auch in der Planung verändern. Allerdings überwiegen in vielen Kommunen heute noch die klassischen Formate der Kommunikation: Information über die örtliche Presse,

Bürgerversammlungen, moderierte Planungsworkshops. Es zeigt sich jedoch, dass damit nur diejenigen Zielgruppen angesprochen werden, die offen für diese Formate sind; ein repräsentativer Querschnitt wird nicht erreicht. In den Fallstudien wird deutlich, welche Impulse durch einen Methodenmix gesetzt werden können.

Der Europan 12 Wettbewerb (2014) hat deutlich gemacht, dass es bei den Zukunftsszenarien für Einfamilienhausgebiete in Ahaus, Dorsten und Nordkirchen weniger um bauliche Vorschläge, sondern mehr um neue Ideen zur Beteiligung und Kommunikation ging. Auch hat der Wettbewerb gezeigt, dass konkurrierende Verfahren, auch wenn sie zunächst nur kreative, zukunftsweisende Ideen liefern sollen, nur erfolgreich sein können, wenn die Eigentümer und Bewohner von Beginn an informiert und eingebunden werden (Dorsten, Nordkirchen). Bleibt die frühzeitige Kommunikation aus, kommt es zu vehementer Ablehnung (Ahaus).

Bei Entwicklungsprozessen in älteren, in die Jahre gekommenen Einfamilienhausgebieten gibt es ein breites Spektrum an Beteiligten; die Fallstudien spiegeln dies wider: Bewohner bzw. Eigentümer, Stadt-/Gemeindeverwaltung, Planer und Architekten, Kommunikationsbüros, Ministerien, Landkreise, Wohnungsgenossenschaften, Stadtwerke, Energieversorger, Wohlfahrtsverbände, Vereine, soziale Einrichtungen, Banken und Sparkassen, Makler, örtliche Handwerker, Beratungsnetzwerke etc. Je nach Entwicklungsmaßnahme treten die Beteiligten in unterschiedlichen Konstellationen und Funktionen sowie mit unterschiedlichen Aufgaben und Handlungsspielräumen auf.

Leben im Quartier und in der Nachbarschaft

Der Erwerb eines Eigenheims ist in der Regel eine Entscheidung, die für das Leben getroffen wird. Die emotionale Bindung an das Haus – meist ein realisierter Lebenstraum – ist hoch und die Wohndauer lang. Verändert sich die Familiensituation, zum Beispiel durch den Auszug der Kinder, bedeutet dies nicht zwangsläufig den Auszug aus dem Haus. Angesichts des demografischen Wandels und der damit einhergehenden Alterung der Gesellschaft treten zunehmend Fragen in den Vordergrund, wie das Leben im Alter in einem Einfamilienhausgebiet bedarfsgerecht gestaltet werden kann.

In den Gebieten der 1950er- bis 1970er-Jahre leben viele Senioren meist in Zwei- und später in Einpersonenhaushalten. Die Trennung von der gewohnten Umgebung fällt schwer, es besteht der Wunsch, so lange wie möglich im eigenen Haus wohnen bleiben zu können. Dies ist nicht nur auf das Eigenheim und die damit verbundenen Emotionen zurückzuführen, sondern auch auf das Wohnumfeld und die gewachsenen Nachbarschaften, die das Leben über Jahre prägten. Werden Einfamilienhausgebiete in großen Teilen von älteren, hilfebedürftigen Menschen bewohnt, droht Vereinsamung und eine Verödung der Gebiete.

In Gebieten mit sehr einheitlichen Alterskohorten muss frühzeitig für das Thema Generationenwechsel sensibilisiert werden. Gewachsene Nachbarschaften werden geschätzt, sie können ein Motiv für das Verbleiben im Eigenheim sein. Gebiete mit guten nachbarschaftlichen Verhältnissen bieten Potenziale für den Aufbau selbsttragender Strukturen. Die Bewohner identifizieren sich mit ihrem Quartier, sie schätzen die gewachsenen Strukturen, die langjährigen Nachbarschaften und es gibt eine hohe Bereitschaft für nachbarschaftliche Hilfeleistungen auf freiwilliger Basis. Ist die Altersstruktur durchmischt, werden Unterstützungsleistungen auf ehrenamtlicher Basis im nachbarschaftlichen Gefüge begünstigt (z. B. Rasenmähen, Einkaufen, Fahrgemeinschaften etc.). In Form von Tauschbörsen können ehrenamtliche Leistungen generationenübergreifend im Sinne des Gebens und Nehmens angeboten werden. Zu den Organisationsformen des gemeinschaftlich getragenen Zusammenlebens gibt es noch Forschungsbedarf. Denkbar ist zum Beispiel die Gründung von Bürgergenossenschaften. In einigen Städten konnten solche Strukturen bereits erfolgreich aufgebaut werden (vgl. BürgerGenossenschaft „wir aktiv" Biberach).

Wenn die Pflege nicht mehr durch die eigene Familie, Freunde oder die Nachbarschaft geleistet werden kann, müssen professionelle Hilfe- und Pflegeleistungen zum Einsatz kommen. Dabei handelt es sich in der Regel um mobile Pflegeangebote. Die Wohlfahrtsverbände der Kirchen wie die Diakonie oder die Caritas sind hier neben den Kommunen wichtige Akteure. Das Angebotsspektrum variiert von Ort zu Ort. Sehr wichtig ist es, altengerechte Wohnangebote im städtebaulichen Kontext gebietsbezogen zu planen und nicht an bestimmten Standorten in der Stadt zu konzentrieren. Gibt es wohnortnahe Angebote, können ältere Menschen trotz Umzug in eine altengerechte Wohnung weiter in der gewohnten Umgebung leben. Allerdings kann das geltende Baurecht – vor allem in Einfamilienhausgebieten, die häufig als reine Wohngebiete ausgewiesen sind – solchen Initiativen im Wege stehen.

Für das Leben im Alter sind die Beschaffenheit der Umgebung (z. B. barrierefreie/barrierearme Wege) und die Ausstattung mit Infrastruktureinrichtungen von zentraler Bedeutung, um eine Teilhabe am gesellschaftlichen Leben zu ermöglichen. In vielen Gebieten bricht jedoch die Nahversorgung weg und die Anbindung an den ÖPNV ist unzureichend. Fehlen alternative Mobilitätsangebote, droht eine schleichende Vereinsamung bzw. Isolation der Menschen. Homogene Wohnformen und homogene Altersstrukturen in einem Gebiet bringen immer die Gefahr der Unterauslastung der Infrastruktur mit sich. Spielplätze veröden, Kindergärten und Grundschulen kämpfen um das Überleben. Auf der anderen Seite sind gerade die sozialen Infrastruktureinrichtungen ein wichtiger Standortfaktor für zuziehende Generationen.

Bewusstseinsbildung, Aktivierung und Partizipation

Um auf Veränderungen in gewachsenen Gebieten aufmerksam zu machen, sind Bewusstseinsbildung, Aktivierung und Beteiligung von Bedeutung. Schleichende Veränderungen werden oftmals nicht wahrgenommen. Durch Bewusstseinsbildung können die Probleme, vor allem aber auch die Chancen und Perspektiven kommuniziert werden. Fühlen sich Menschen angesprochen und betroffen, sind sie eher bereit, aktiv an Veränderungsprozessen mitzuwirken. Es ist zielführend, in der Kommunikation nach der Methode eines Kontrastszenarios die Chancen und Perspektiven der Gebietsentwicklung in den Mittelpunkt zu stellen. In den Fallstudien zeigt sich, dass visuelle Formen der Ansprache gut aufgenommen werden. Dabei ist es auch sinnvoll, die Darstellungsvielfalt zu nutzen, die die neuen Medien bieten. Zum Beispiel können (interaktive) Fotomontagen (auf Tablets o. a.) anschaulich darstellen, welche Entwicklungsoptionen es im Gebiet gibt; energetische Aspekte können durch Thermografieaufnahmen verbildlicht werden. Generell ist das Thema „Energiesparen" von großer Bedeutung für die Bewohner, es weckt Interesse und kann daher als Einstieg zu Beteiligungsmaßnahmen fungieren, nicht zuletzt auch aufgrund der finanziellen Einsparungen, die eine energetische Sanierung mit sich bringen kann. Neben die Instrumente der klassischen Öffentlichkeitsarbeit in Form von Broschüren, Flyern oder Pressemitteilungen treten auch hier neue Instrumente, die auf die virtuelle und auch interaktive Kommunikation setzen und damit ebenfalls neue Zielgruppen erreichen.

Öffentlichkeitsarbeit dient nicht nur der Bewusstseinsbildung und Sensibilisierung, sondern kann auch das Image eines Quartiers beeinflussen. Sie ist ein geeignetes Instrument, um auf die Wohnpotenziale im Bestand aufmerksam zu machen (vgl. Wohnlotsen Cuxhaven). Eine kontinuierliche Öffentlichkeitsarbeit und Informationsvermittlung können bürgerschaftliche Mitwirkung begünstigen.

Das Thema Sensibilisierung und Bewusstseinsbildung ist in Einfamilienhausgebieten von besonderer Bedeutung. Die Bindung an den Wohnort ist in der Regel hoch; das individuelle Eigentum ist als Lebenswerk und Lebensziel mit vielen Träumen, Entbehrungen und Emotionen verbunden. Anstehende Veränderungen können als Bedrohung wahrgenommen werden. Es ist wichtig, frühzeitig die Chancen und Risiken, die in den Gebäuden stecken, bewusst zu machen. Individuelle Vorstellungen, Fragen der Lebensplanung, des sozialen Miteinanders und der finanziellen Lage stehen plötzlich im Fokus (vgl. Führs/Niekamp/Schneider 2015: 2011-2015).

Der Zeitpunkt und die Dauer der Beteiligungsformen variieren. Es gibt ein breites Spektrum von Beteiligungsformen, wie zum Beispiel Stadtforen, Stadtdialoge, Zukunftswerkstätten, Arbeitskreise, Stadtteilkonferenzen etc. Beteiligungsverfahren erfordern personelle, zeitliche und finanzielle Ressourcen (vgl. Busch 2009: 96ff). Besonders ambitioniert wurde die Beteiligung in Dorsten mit dem Projekt „HausAufgaben" umgesetzt. Sinnvoll ist es immer, vorhandene Netzwerke miteinzubeziehen, wie zum Beispiel Bürgervereine.

Es ist ein großer Unterschied, ob nur Einzelne im Quartier agieren oder ein kooperativer Prozess mit mehreren Bewohnern entsteht. Siedlerverbände können gemeinschaftliche Prozesse fördern, ebenso wie bestehende (Vereins-)Strukturen. Auch ein „Kümmerer" (Quartiersmanager) vor Ort kann als Ansprechpartner und Koordinator wichtig sein, dies ist jedoch ortsabhängig zu entscheiden, ein „Kümmerer" könnte auch als Bevormundung wahrgenommen werden.

In kooperativen Prozessen kann ein Vorhaben über lange Zeit begleitet werden; die Beteiligung wird flexibel und situativ ausgestaltet. Unter den Betroffenen gibt es meist sehr aktive Gruppen, die wiederum einer großen Anzahl schwer erreichbarer Gruppen gegenüberstehen. Der Erfolg von Beteiligungsverfahren hängt davon ab, wie stark die Angebote angenommen werden. Eine organisierte Nachbarschaft, beispielsweise in Form einer Siedlergemeinschaft, kann als Multiplikator auftreten. Gute nachbarschaftliche Kontakte schaffen eine positive Grundstimmung und begünstigen die Offenheit für Veränderungen und Initiativen, die nur gemeinschaftlich getragen werden können. Leben die Bewohner zurückgezogen und anonym oder in Gemeinschaft? All diese Faktoren wirken auf den Erfolg von Beteiligungsverfahren (Wüstenrot Stiftung 2012: 265).

Informelle Beteiligungsverfahren eröffnen die Möglichkeit, vielfältige neue, kreative Verfahren und Instrumente der Beteiligung zu erproben. Aber: Partizipation kann – unabhängig von den gewählten Instrumenten – nur dann erfolgreich sein, wenn die Spielräume der Beteiligung von Beginn an offen kommuniziert werden (vgl. Steckel 2008: 17ff). Die Perspektiven der Mitbestimmung und auch ihre Grenzen müssen von Anfang an für alle Beteiligten transparent sein. Da sich nur bestimmte Gruppen im Beteiligungsprozess engagieren, kann allein deren Meinungsbild, nicht aber zwangsläufig ein repräsentatives Meinungsbild wiedergegeben werden (vgl. lpb u.a. 2006: 8f).

Beratung

Die Analyse der Fallstudien hat deutlich gemacht, wie wichtig Beratung ist. Diese bezieht sich nicht nur auf die baulichen Veränderungen und Anpassungsoptionen, sondern auch auf finanzielle Fragestellungen und Förderoptionen. Im Rahmen der Sanierungsberatung können unterschiedliche Schwerpunkte gesetzt werden: allgemeine oder energetische Sanierungsberatung sowie Beratungen zu altengerechter Sanierung.

Auch kann es darum gehen, das Bewusstsein für die besonderen baulichen Qualitäten einheitlicher Bauensembles zu wecken. Die Kommune kann formelle und informelle Instrumente einsetzen, um die baulichen Qualitäten zu sichern; Bewusstseinsbildung steht jedoch an erster Stelle. Insbesondere, wenn es um Nachverdichtung geht, muss eine sensible Bewusstseinsbildung für die damit verbundenen Chancen erfolgen. Es besteht die Befürchtung, dass durch Nachverdichtungen die Verkehrsbelastung steigt sowie der Gebietscharakter, die gewachsene Nachbarschaft und der Wohnwert verloren gehen.

Besonders attraktiv sind kostenfreie Beratungsangebote, wie sie beispielsweise in Stade (KfW-Programm „Energetische Stadtsanierung", Sanierungsmanagement) oder Osterholz-Scharmbeck (Musterhaus zum Wohnen mit Zukunft) initiiert wurden. Beratungs- und Informationsangebote, die Sanierungs- und Modernisierungsmaßnahmen am gebauten Objekt aufzeigen, sind äußerst erfolgversprechend. In Stade wurde auf der „Gläsernen Baustelle", filmisch begleitet, der gesamte Modernisierungsprozess eins zu eins abgebildet. Die Wandlung vom in die Jahre gekommenen Reihenmittelhaus in ein zeitgemäßes Wohnangebot mit großzügigeren Raumzuschnitten kann in wenigen Minuten mitverfolgt werden. Auf Altbauten ausgerichtete Beratungsangebote, wie zum Beispiel in Hiddenhausen oder Cuxhaven, können dazu beitragen, den Bedarf in den Bestand zu lenken. Mobile Wohnberater erweitern das Spektrum um eine aufsuchende, sehr individuell zugeschnittene Form der Beratung.

Beratung wird häufig von einem Quartiersmanagement durchgeführt, es mangelt jedoch oftmals an den nötigen Ressourcen dafür. In Cuxhaven wurde daher eine virtuelle Plattform zur Beratung eingerichtet. Zwar bietet sie keinen direkten Austausch mit den Bürgern, aber dennoch wurden mit dieser Kooperationsplattform gute Erfahrungen gemacht. Die Motivation und Moderation von Planungsprozessen erfordert ein hohes Maß an Kontinuität und einen langen Atem der Verwaltung, dies zeigt sich zum Beispiel in Cuxhaven – engagierte Mitarbeiter sind ein Schlüssel zum Erfolg. Auch gilt es, das Bewusstsein in der Politik für die Bestandssicherung und Innenentwicklung zu stärken. Die Fallstudien machen dabei deutlich, welche wichtige Rolle aufgeschlossene Stadtverwaltungen spielen.

6

Handlungsfelder der Stadtentwicklung

Cuxhaven
Stade
Osterholz - Scharmbeck
Wolfsburg
Bocholt
Dorsten
Hiddenhausen
Karlstadt
Aalen

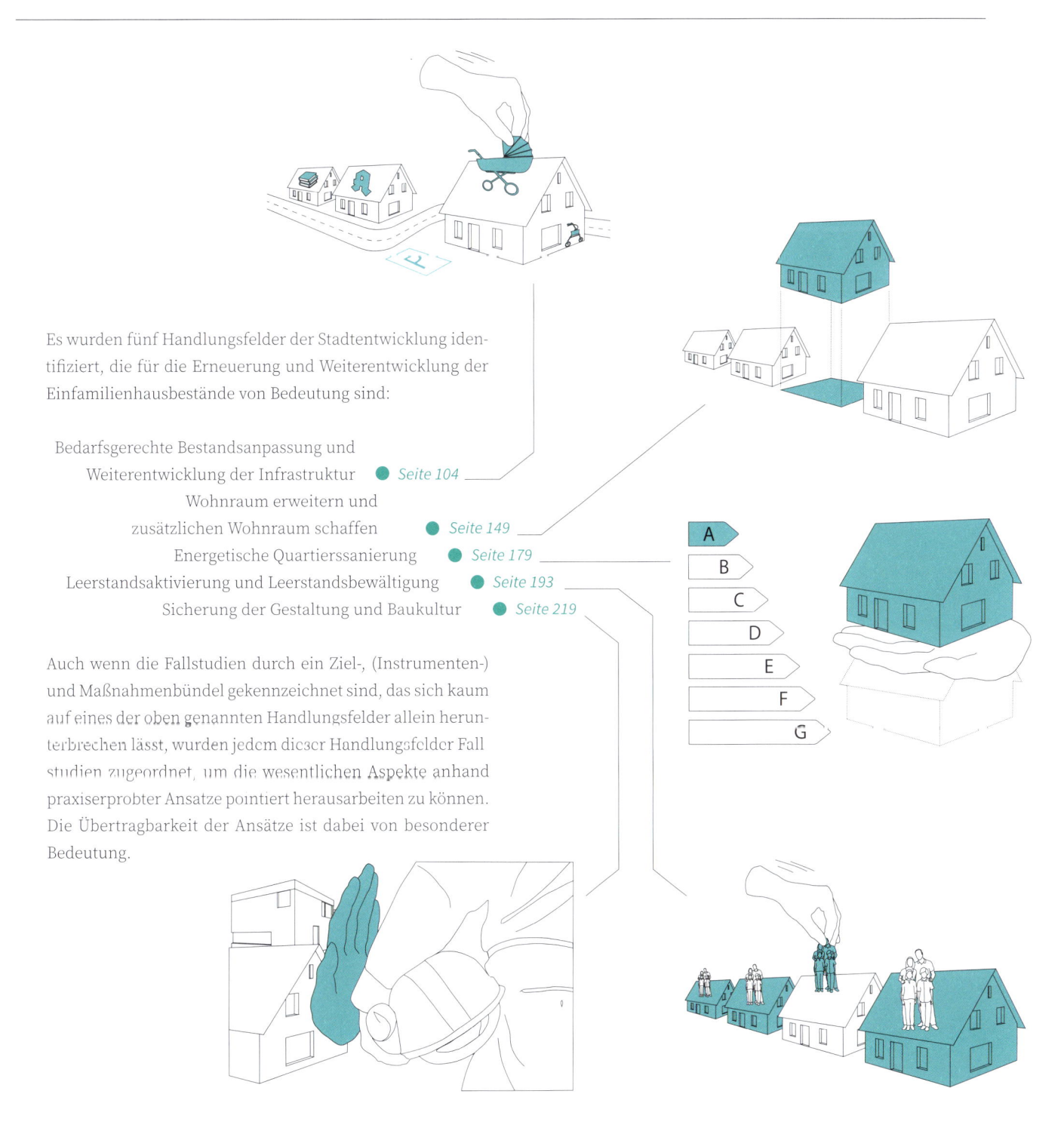

6 Handlungsfelder der Stadtentwicklung

Es wurden fünf Handlungsfelder der Stadtentwicklung identifiziert, die für die Erneuerung und Weiterentwicklung der Einfamilienhausbestände von Bedeutung sind:

Bedarfsgerechte Bestandsanpassung und
Weiterentwicklung der Infrastruktur ● Seite 104
Wohnraum erweitern und
zusätzlichen Wohnraum schaffen ● Seite 149
Energetische Quartierssanierung ● Seite 179
Leerstandsaktivierung und Leerstandsbewältigung ● Seite 193
Sicherung der Gestaltung und Baukultur ● Seite 219

Auch wenn die Fallstudien durch ein Ziel-, (Instrumenten-) und Maßnahmenbündel gekennzeichnet sind, das sich kaum auf eines der oben genannten Handlungsfelder allein herunterbrechen lässt, wurden jedem dieser Handlungsfelder Fallstudien zugeordnet, um die wesentlichen Aspekte anhand praxiserprobter Ansätze pointiert herausarbeiten zu können. Die Übertragbarkeit der Ansätze ist dabei von besonderer Bedeutung.

6.1 Bedarfsgerechte Bestandsanpassung und Weiterentwicklung der Infrastruktur

Im Handlungsfeld „Bedarfsgerechte Bestandsanpassung und Weiterentwicklung der Infrastruktur" geht es um ein breites Themenfeld von gebiets- und gebäudebezogenen Anpassungsoptionen. Im Gebäudebestand ist die Anpassung an veränderte Wohnwüsche von Bedeutung. Dabei geht es gleichermaßen um die Bedürfnisse der älter werdenden (Erst-)Bewohner als auch um Wohnwünsche, die sich durch einen Generationenwechsel ergeben. Die Bestandsanpassung für das Wohnen im Alter umfasst das klassische Spektrum: Barrierefreiheit, rollstuhlgerechte Anpassung des Grundrisses und der Funktionsräume. Gebietsbezogen sind die Ergänzung alternativer Wohnformen, Serviceangebote, beispielsweise über die Caritas, sowie erreichbare und attraktive Infrastruktureinrichtungen von Bedeutung.

Die Weiterentwicklung und Aufwertung der in die Jahre gekommenen, oft nicht kontinuierlich ertüchtigten und daher nicht mehr zeitgemäßen technischen (grauen) Infrastruktur in den Gebieten der 1950er- bis 1970er-Jahre ist ein Aufgabenfeld der Stadtentwicklung, das in den kommenden Jahren viele Ressourcen binden wird. Gebäude ohne Breitbandanschluss sind heute vielfach ein Vermarktungsrisiko.

Die Straßenräume sind oftmals unattraktiv, bisweilen überdimensioniert, durch ruhenden Verkehr dominiert oder auch durch Barrieren geprägt. Die grüne Infrastruktur ist meist in die Jahre gekommen, wenig gepflegt und unattraktiv. Auch die soziale Infrastruktur muss aufgrund veränderter demografischer Bedingungen neuen Anforderungen angepasst werden. Hinzu kommt ein wegbrechendes Einzelhandels- und Dienstleistungsangebot. Infrastrukturplanungen sind ein (zunehmend) wichtiges Handlungs- und Steuerungsinstrument der Kommunen.

Drei Fallstudien zeigen interessante, übertragbare Ansätze zu diesem Themenfeld auf: Die Stadt Dorsten legt im Siedlungsgebiet Wulfen-Barkenberg, einer Idealstadtplanung der 1960er-/1970er-Jahre mit einem hohen Anteil von Einfamilienhäusern, einen methodisch vielfältigen Ansatz zu Grunde. Die Stadt Osterholz-Scharmbeck setzt durch einen ambitionierten Bildungscampus neue Impulse. Die Alte Siedlung in Karlstadt soll durch die Ertüchtigung der Infrastruktur, ergänzt durch ein Quartiersmanagement, neuen Anforderungen angepasst werden.

Dorsten
Wulfen-Barkenberg

Basisdaten

Kommune	Dorsten	Bevölkerungsentwicklung	
Bundesland	Nordrhein-Westfalen	1990 | **78.035**	
		2000 | **81.063**	
Landkreis	Recklinghausen	2010 | **76.775**	
Einwohner	75.439 (2014), (2015: 76.253, Quelle: Stadt Dorsten)	Bevölkerungsprognose	sinkend
		Durchschnittsalter der Bevölkerung	k.A.
Fläche	**171,2 km²** (Gebiet 12,4 ha)	Zentralörtliche Funktion	Mittelzentrum
Bevölkerungsdichte	441 Einwohner/km²	Siedlungsstruktureller Gemeindetyp	Mittelstadt

Untersuchungsgebiet	Dorsten Wulfen-Barkenberg, Einfamilienhausbereiche
Gebietstyp	Teil einer Großsiedlung, Demonstrativbauvorhaben
Aufsiedlungszeitraum	ab 1963
Größe des Untersuchungsgebiets	ca. 12,4 ha
Einwohner im Untersuchungsgebiet	304 (2013)
	(8.419 in Barkenberg nach Stadt Dorsten) (2015)
Haustypen	Atriumhäuser im Kernbereich, freistehende Einfamilienhäuser, Doppel- und Reihenhäuser
Haushalte	132
Programm	**Regionale 2016, Ideenwettbewerb Europan 12**
Beteiligte	Stadtverwaltung, Bewohner/Eigentümer, Planungs- und Kommunikationsbüros, StadtBauKultur NRW, Kooperationspartner anderer teilnehmender Städte, Landesinitiative
Finanzierung	(Bund), Land + Eigenanteil der Kommune

Beispielhaftigkeit des Ansatzes

„Die neue Stadt Wulfen" (heute Dorsten Wulfen-Barkenberg) war eine Idealstadtplanung mit klar formuliertem städtebaulichem Anspruch und einem hohen Anteil an Einfamilienhäusern. Sie wurde als Demonstrativbauvorhaben nach den städtebaulichen Leitbildern der 1960er-Jahre geplant. Der Bau der Einfamilienhäuser folgte einer einheitlichen Gesamtplanung; in Gruppen angeordnet, bilden sie kleine städtebauliche Einheiten mit einem jeweils einheitlichen Erscheinungsbild. Wesentliches Merkmal der Gesamtplanung war die konsequente Trennung der Verkehrsarten, die den Charakter des Siedlungsbereiches bis heute prägt. Sowohl die historische Entwicklung als auch die Bebauungsstrukturen stehen idealtypisch für die Großsiedlungsplanungen der 1960er- und 1970er-Jahre mit einem sehr hohen Anteil an Einfamilienhäusern.

Heute ist Barkenberg durch demografische Veränderungen, partielle Leerstände, ein problematisches Außenimage, eine veraltete technische Infrastruktur, städtebauliche Probleme, einen hohen Anteil älterer Menschen in den Einfamilienhäusern und einen schleppenden Generationenwechsel gekennzeichnet. Die Stadt Dorsten verfolgt eine sehr engagierte Stadtentwicklungspolitik, auch wenn sie aufgrund der gegenwärtigen Haushaltssicherung wenig finanzielle Spielräume hat. Barkenberg zeichnet sich durch ein ausgeprägtes bürgerschaftliches Engagement aus. Nur so konnte beispielsweise der Betrieb des öffentlichen Hallenbades aufrechterhalten werden. Durch die in diesem Zuge gegründete „Wulfen Konferenz" wird die Weiterentwicklung des Stadtgebietes bürgerschaftlich mitgetragen.

Die Stadt beteiligte sich mit exemplarischen Einfamilienhausarealen in Barkenberg am Programmschwerpunkt „Innenleben – Neue Qualitäten entwickeln!" der Regionale 2016 und am europaweit offenen Ideenwettbewerb für junge Planer und Architekten Europan 12. Die 2015 durchgeführte Initiative HausAufgaben der Regionale 2016 in Kooperation mit der StadtBauKultur Nordrhein-Westfalen setzte insbesondere auf innovative Beteiligungsformate. Die gezielte Ansprache der Bewohner und die Bewusstseinsbildung standen im Vordergrund. Hierfür wurde ein methodisch vielfältiges, auf den Ort angepasstes Konzept ausgearbeitet. Im Rahmen der zehntägigen Werkstatt zur Zukunft des Quartiers wurden neue Ideen für die Gemeinschaft entwickelt sowie konkrete Praxisbeispiele und Lösungsansätze für die einzelne Immobilie aufgezeigt. Ziel war es, unter den gegebenen Bedingungen die Potenziale und nicht die Defizite herauszuarbeiten. Die Initiativen haben nachhaltig zur Bewusstseinsbildung beigetragen.

Lage im Raum
Dorsten

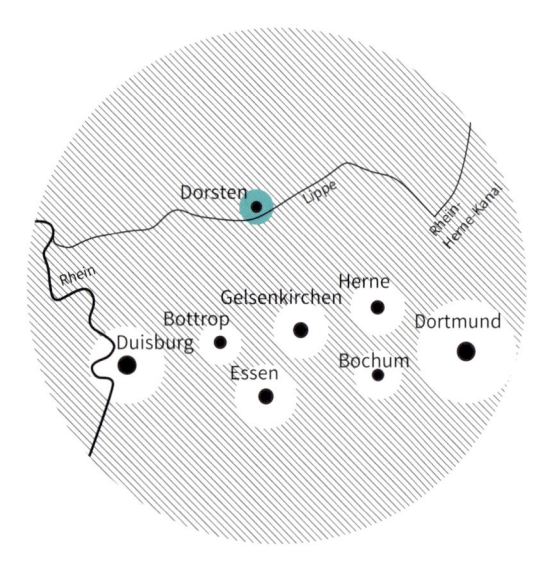

Lage des Untersuchungsgebiets
Wulfen-Barkenberg

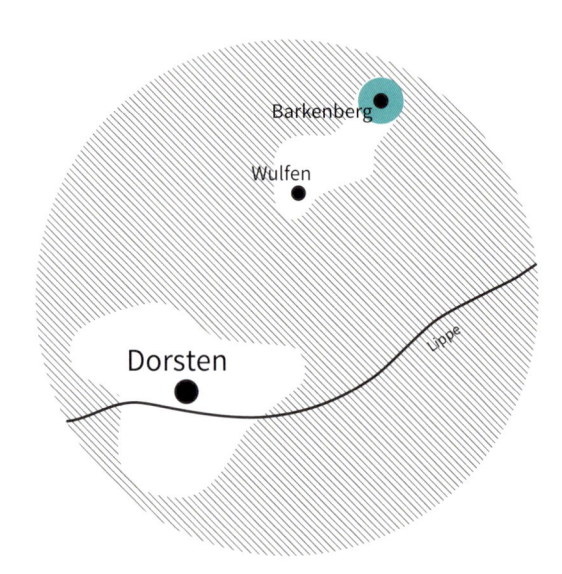

Lage im Raum

Die Stadt Dorsten liegt in Nordrhein-Westfalen im Norden des Ruhrgebiets und zählt zum Kreis Recklinghausen. Die Lippe durchfließt die rund 171 km² große Stadtfläche; Dorsten liegt etwa 24 Kilometer von der Rheinmündung entfernt. Die Bundesstraßen B 224 und B 225 durchqueren das Stadtgebiet, westlich und östlich der Stadt liegen die Bundesautobahnen A 31 und A 52. Dorsten gliedert sich in elf Stadtteile. Knapp zehn Kilometer nordöstlich der Dorstener Innenstadt liegt der Stadtteil Wulfen mit Altwulfen und Barkenberg. Eine Bus- und Bahnanbindung verbindet Wulfen mit der Dorstener Innenstadt.

Entstehungsgeschichte

Dorsten Wulfen-Barkenberg ist eine Modellstadtplanung der 1960er-Jahre mit europäischer Bedeutung (damals „Neue Stadt Wulfen"). Die Nordwanderung des Bergbaus Ende der 1950er-Jahre brachte einen hohen Bedarf an neuem Wohnraum mit sich, dem durch die Planung einer neuen „Idealstadt" begegnet werden sollte. Wulfen sollte den Beginn einer zukunftsweisenden Siedlungspolitik markieren und ein Gegenbild zu den chaotisch gewachsenen Ruhrgebietsstädten mit ihren meist schlechten Umweltbedingungen darstellen.

1960 wurde die Entwicklungsgesellschaft Wulfen mbH gegründet. 1961 lobte sie einen internationalen städtebaulichen Ideenwettbewerb aus. Als Sieger ging das Team um den Berliner Professor Fritz Eggeling hervor. Bis 1963 wurde der sogenannte „Gesamtaufbauplan" erarbeitet. 1963 erfolgten die ersten Tiefbauarbeiten. Allerdings verlor die Basis der Planung, der geplante enorme Ausbau des Bergbaus, rasch an Boden. Es zeichnete sich ab, dass es weder durch den Bergbau genügend Arbeitsplätze geben sollte, noch dass andere Unternehmen Wulfen als Standort wählen würden. Der Pioniergeist der Planung stand bald einer anderen Realität gegenüber. Mitte der 1960er-Jahre wurde deutlich, dass der Bevölkerungszuwachs weit hinter den Erwartungen zurückblieb. Das Entwicklungsziel wurde bald auf 30.000, später sogar auf nur 18.000 Einwohner korrigiert. Dennoch wurde weitgehend an dem ursprünglichen Konzept von Fritz Eggeling festgehalten. Fördertatbestände der Wohnungsbauförderung führten jedoch auch zu Änderungen der Planung, zum Beispiel wurden deutlich größere Wohnblöcke gebaut.

Gesamtaufbauplan Neue Stadt Wulfen
Hauptbauzeit 1962-1977

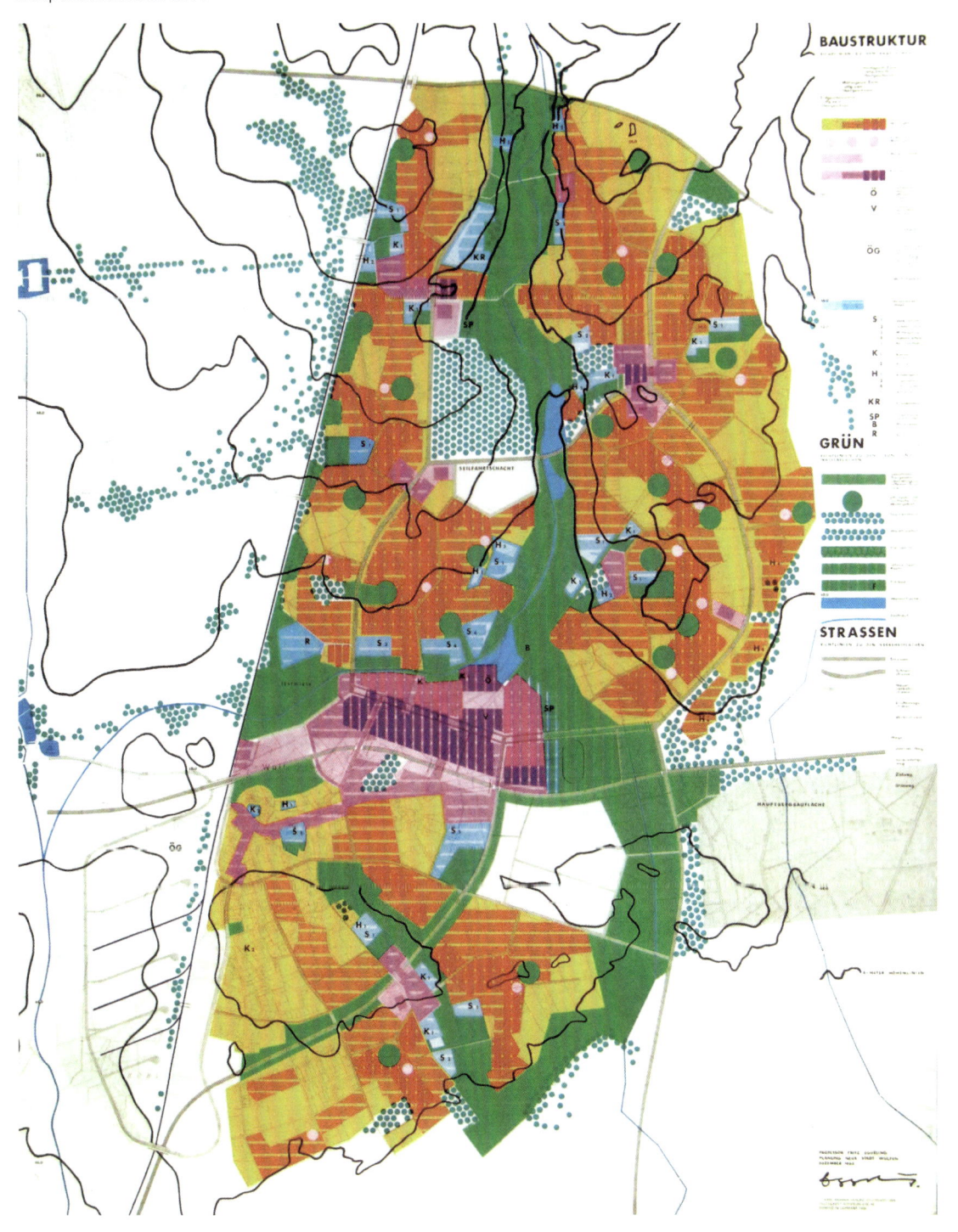

Bebauungsstruktur
Wulfen-Barkenberg

Das Konzept für die Neue Stadt Wulfen galt als zukunftsweisend. Geplant wurden auch vielbeachtete Wohnexperimente wie die „Metastadt Wulfen" (1973, Prototyp eines industriell gefertigten Montagebausystems, Architekt: Richard Dietrich, München) oder der „Habiflex". Bauten, die für ein neues Wohnen und zukunftsweisende Wohnexperimente standen; beide scheiterten nicht zuletzt aufgrund ihrer großen Baumängel.

In den 1980er-Jahren keimten in Dorsten-Barkenberg soziale Probleme auf, die das Image des Siedlungsgebietes verschlechterten. Baumängel, fehlende Instandhaltung, Belegungsfehler und fehlende Integrationsbemühungen führten zu einem „Abwärtstrend". Die Bevölkerung nahm seither deutlich ab, es kam zu erheblichen Wohnungsleerständen. Im Stadtteilzentrum von Barkenberg, das aufgrund der nicht realisierten weiteren Bauabschnitte bis heute am Rande des Siedlungsbereiches liegt, wurden bis 1983 verschiedene Infrastruktureinrichtungen realisiert: eine Gesamtschule mit Bibliothek, eine Freizeit- und Begegnungsstätte mit Freizeitbad, ein Ärztehaus und eine Ladenpassage. 1987 übernahm die LEG NRW GmbH die Wohnungsbestände der Neuen Heimat NRW für nur eine D-Mark. Darunter befanden sich auch 511 Wohnungen in Wulfen-Barkenberg. Über subventionierte Mietpreise konnte ersten dramatischen Leerständen begegnet werden.

Ein Teil des Siedlungsgebietes im Bereich der höheren Geschosswohnungsbauten wurde 2004 in das Bund-Länder-Programm Stadtumbau West aufgenommen. Im Stadtumbau wurden zahlreiche Geschosswohnungen abgerissen, Gebäude rückgebaut, überdimensionierte Verkehrswege reduziert und die soziale Infrastruktur angepasst (vgl. Kirschenmann / Muschalek 1977: 152, Entwicklungsgesellschaft Wulfen 1980, Bornemann et al. 2009)

Bebauungsstruktur

Prägend für die Bebauungsstruktur sind zentral gelegene Bereiche mit Geschosswohnungsbauten unterschiedlicher Typologien und Höhen sowie vorwiegend am Siedlungsrand gelegene Bereiche mit Einfamilienhäusern als freistehende Häuser, Doppelhäuser, Reihenhäuser und eingeschossige Flachdachbungalows. Die Gebäude wurden in Gruppen angeordnet und bilden überschaubare, zusammenhängende Nachbarschaften. Viele Wohngebiete im Einfamilienhausbau sind nahezu autofrei. Garagenhöfe trennen die Baufelder von den Verkehrsachsen, sodass innerhalb der Gebiete nur eine fußläufige Erschließung möglich ist.

Handlungsfelder der Stadtentwicklung | 6

Ein gut durchdachtes, bis in die privaten Gärten detailliertes Freiraumkonzept ist bis heute weitgehend ablesbar und charakteristisch für Barkenberg. Vor allem in den privaten Gärten ist aber heute nur noch wenig Bezug zu den ursprünglichen gärtnerischen Ideen zu erkennen. Hohe Mauern und Hecken zeugen von einem zunehmenden Bedürfnis nach Privatheit. Die ursprünglichen Gestaltungsrichtlinien werden häufig nicht mehr eingehalten, oftmals überwiegen pflegeleichte, robuste Konzepte, sodass das Erscheinungsbild der Siedlung zunehmend heterogener wird (vgl. Bornemann et al. 2009).

Erschließung

Kennzeichnend ist die konsequente Trennung der Erschließungsarten. Eine breite, die Kernlagen des Gebietes umfahrende Ringstraße, der Wittenberger Damm, fungiert als Haupterschließungsstraße. Abgehende Straßen erschließen die unterschiedlichen Wohnbereiche. Unterstützt durch Städtebaufördermittel wurde der vierspurige Wittenberger Damm auf zwei Spuren zurückgebaut und die Randbereiche begrünt. Das engere Wohnumfeld ist verkehrsfrei gestaltet, die Einfamilienhäuser werden größtenteils durch Wohnwege erschlossen, die Parkierung erfolgt in Garagenhöfen.

Der Napoleonsweg durchzieht als geradlinige Fußgängerachse das gesamte Gebiet. Ein weit verzweigtes Fußwegenetz ermöglicht die fußläufige Erschließung weitgehend unabhängig vom motorisierten Verkehr. Nicht barrierefreie Fußgängerbrücken führen über den Wittenberger Damm. Im Bereich des Handwerkshofes wurde im Zuge des Stadtumbaus eine Brücke abgerissen und eine ebenerdige Querungsmöglichkeit geschaffen. Das Erschließungssystem bringt eine sehr schwere

Orientierung mit sich, nicht nur für Besucher im Gebiet. Es gibt keine klare Adressbildung. Um die Orientierung im Gebiet zu erleichtern, wurde ein Hausnummernplan erstellt.

Drei Buslinien verkehren im Stadtteil Barkenberg, darunter eine Schnellbuslinie, ein Linienbus und ein Nachtbus. Vor allem die Einfamilienhäuser im nördlichen Siedlungsbereich sind nicht gut an das Buslininennetz angebunden. Die Taktung ist an Feiertagen und Wochenenden sehr eingeschränkt. In Wulfen gibt es einen Bahnanschluss (vgl. Bornemann et al. 2009, Interviews Ortstermin 05.03.2015).

Infrastruktur

Ein umfangreiches Infrastrukturangebot, Schulen, Kindergärten, Dienstleistung- und Einkaufsangebote wurden von Beginn an mit geplant. Bedingt durch demografische Veränderungen, den Strukturwandel im Einzelhandel und Fehlplanungen (Einkaufspassage am Wulfener Markt) weist das Angebot heute strukturelle und räumliche Defizite auf. Eine Anpassung der sozialen Infrastruktur und die Aufwertung des Nebenzentrums am Handwerkshof waren wichtige Handlungsfelder des Programms Stadtumbau West. Im Nebenzentrum am Handwerkshof gibt es keinen Vollsortimenter oder Discounter mehr und auch das gastronomische Angebot ist stark rückläufig. Die technische Infrastruktur, insbesondere die Energieversorgung (Elektroheizung nahezu im gesamten Quartier), ist erneuerungsbedürftig. Auch die Grünräume innerhalb der Wohnquartiere befinden sich teilweise in einem schlechten Zustand (vgl. Interviews Ortstermin 05.03.2015).

Aktuelle Entwicklungen

Die Bevölkerung der Stadt Dorsten sinkt seit 2002 kontinuierlich. So sank die Einwohnerzahl zwischen 2001 (81.293) und 2014 (75.439) um knapp 5.900 Einwohner. Für die Zukunft wird eine Abnahme auf rund 67.800 im Jahr 2030 prognostiziert. Prägende Altersgruppen sind die 40- bis 65-Jährigen. Auch die Bevölkerung Wulfen-Barkenbergs schrumpft, und es zeichnen

Bevölkerungsprognose
Dorsten 2012 bis 2030

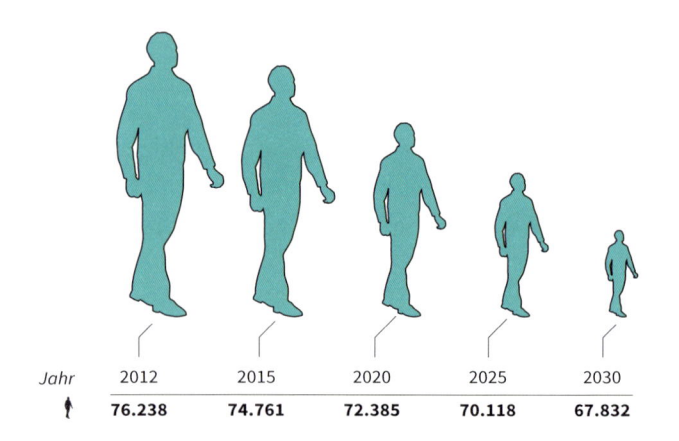

Jahr	2012	2015	2020	2025	2030
	76.238	**74.761**	**72.385**	**70.118**	**67.832**

Bevölkerungsentwicklung
Dorsten 1990 bis 2012

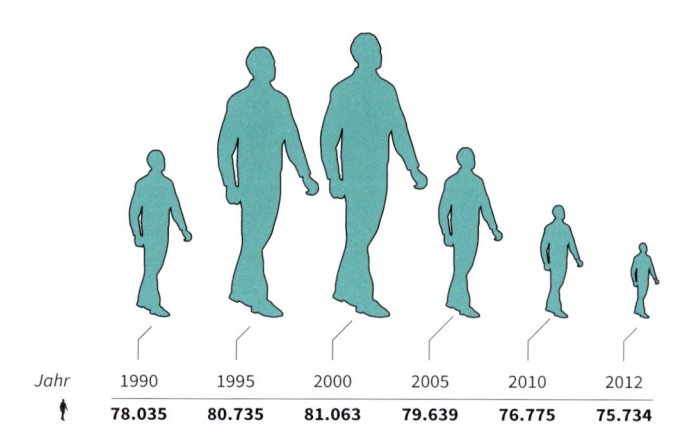

Jahr	1990	1995	2000	2005	2010	2012
	78.035	**80.735**	**81.063**	**79.639**	**76.775**	**75.734**

Altersstruktur
Dorsten (Stand 2013)

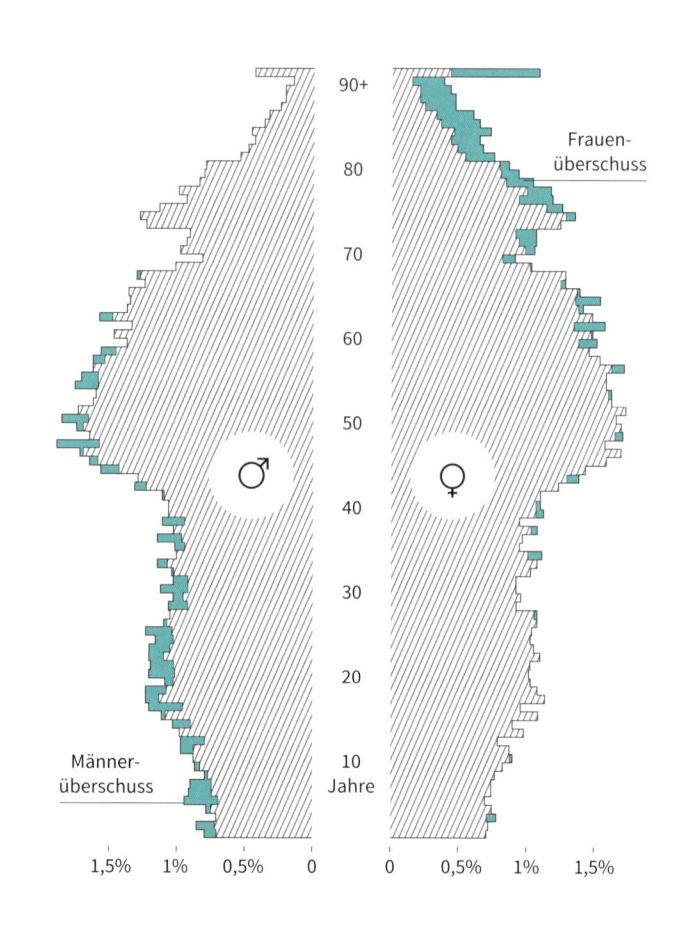

♂ ♀

Frauenüberschuss

Männerüberschuss

1,5% 1% 0,5% 0   0 0,5% 1% 1,5%

90+ 80 70 60 50 40 30 20 10 Jahre

Personen nach Gebäudetyp
Dorsten (Stand 2011)

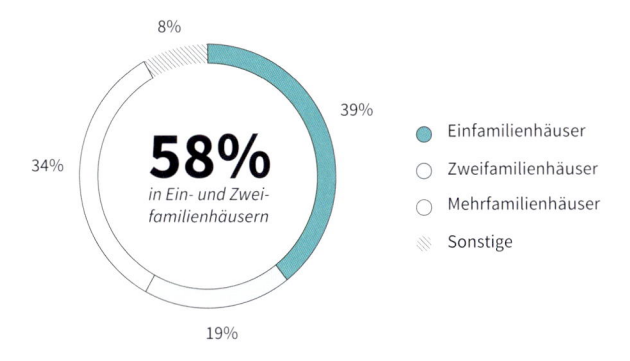

58% in Ein- und Zweifamilienhäusern

- 8%
- 39%
- 19%
- 34%

- ● Einfamilienhäuser
- ○ Zweifamilienhäuser
- ○ Mehrfamilienhäuser
- ▨ Sonstige

Wohngebäudebestand
Dorsten (Stand 2013)

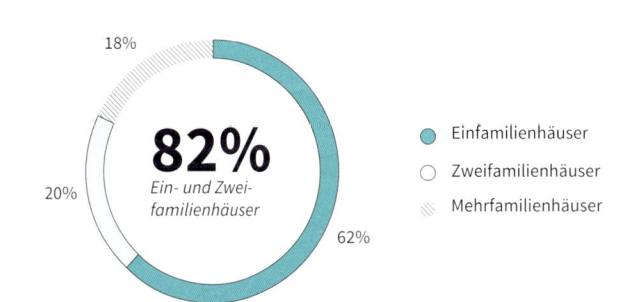

82% Ein- und Zweifamilienhäuser

- 18%
- 62%
- 20%

- ● Einfamilienhäuser
- ○ Zweifamilienhäuser
- ▨ Mehrfamilienhäuser

Eigentumsverhältnisse
Ein- und Zweifamilienhausbestand in Dorsten (Stand 2011)

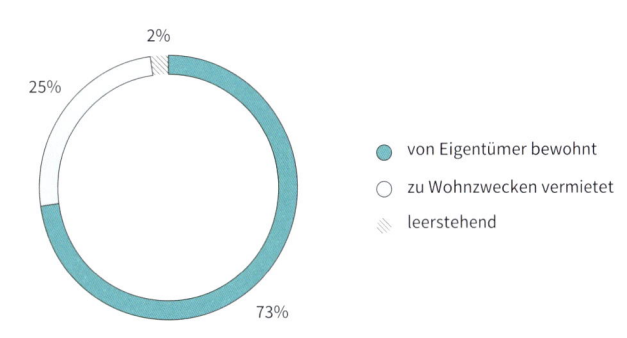

- 2%
- 25%
- 73%

- ● von Eigentümer bewohnt
- ○ zu Wohnzwecken vermietet
- ▨ leerstehend

sich Überalterungstendenzen ab. Der Anteil von Senioren wächst erheblich, Familien wandern aus Barkenberg ab. 1995 hatte Barkenberg rund 12.500 Einwohner, heute sind es nur noch rund 8.400 (Angaben der Stadt Dorsten 2015). Knapp 17 Prozent der Wulfener Bevölkerung (insgesamt 13.641 Einwohner) hat einen Migrationshintergrund (Angaben der Stadt Dorsten 2015). Im untersuchten Einfamilienhausgebiet leben zirka 304 Einwohner.

Die meisten Personen leben in Dorsten in einem Einfamilienhaus, dicht gefolgt von Mehrfamilienhäusern. Der Großteil des Wohngebäudebestandes besteht aus Einfamilienhäusern; insgesamt gibt es 11.302 Einfamilienhäuser, die zum Großteil von den Eigentümern bewohnt werden. Die Bautätigkeit im Ein- und Zweifamilienhaussegment verzeichnet seit 2011 wieder einen Zuwachs. Im Vergleich zu den Jahren 1990 bis 2002 werden jedoch deutlich weniger Wohngebäude fertiggestellt.

Die Preisentwicklung in Barkenberg ist leicht fallend. In der Gesamtstadt Dorsten gibt es aber auch Gebiete mit steigenden Preisen, insbesondere in Bereichen, die sich Richtung Essen erstrecken. Die Mietpreise (kalt) liegen derzeit bei ca. 3,50 Euro/m²; im Neubau bei 7,10 Euro/m². Barkenberg wird als mittlere Wohnlage eingeschätzt. Die Grundstücke in Barkenberg werden mit einem Abschlag vergeben, um den Zuzug zu fördern. Die Bestandsgebäude werden als marktfähig auch gegenüber Neubauten eingeschätzt. Als Standortfaktor spielt

Bautätigkeit / Baufertigstellungen
Wohngebäude 1990 bis 2013 in Dorsten

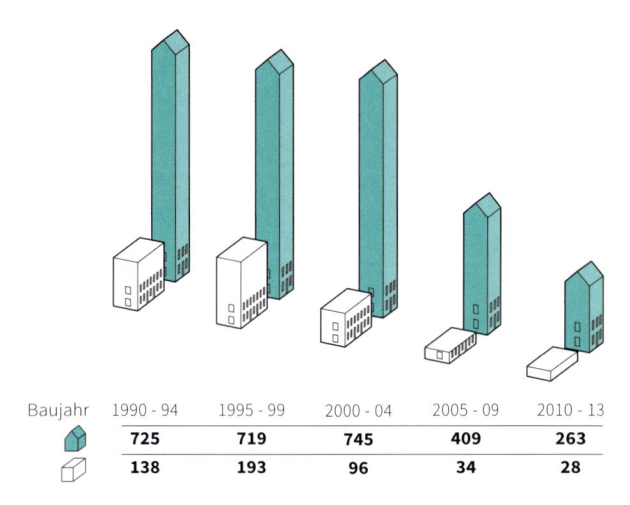

Baujahr	1990 - 94	1995 - 99	2000 - 04	2005 - 09	2010 - 13
Einfamilienhäuser	725	719	745	409	263
Mehrfamilienhäuser	138	193	96	34	28

Jahr	Gesamt	Ein- und Zweifamilienhäuser	Mehrfamilienhäuser
1990	168	148	20
1991	192	163	29
1992	157	128	29
1993	175	150	25
1994	171	136	35
1995	211	153	58
1996	168	140	28
1997	182	149	33
1998	172	134	38
1999	179	143	36
2000	184	151	33
2001	185	167	18
2002	207	193	14
2003	135	119	16
2004	130	115	15
2005	142	134	8
2006	99	92	7
2007	77	73	4
2008	68	58	10
2009	57	52	5
2010	32	28	4
2011	88	81	7
2012	105	99	6
2013	66	55	11

die Infrastruktur zunehmend eine Rolle. Das Freizeitangebot ist gut, die Gesamtschule Wulfen ist ein wichtiger Bildungsstandort.

Das Außenimage Barkenbergs ist relativ schlecht, auch aufgrund des hohen Leerstands in den Geschosswohnungsbauten von rund 40 Prozent. Ein mangelndes Sicherheitsgefühl ist insbesondere bei Zugezogenen zu erkennen. Die über Jahre gewachsenen Nachbarschaften sind hingegen intakt und die Wohnzufriedenheit ist hoch.

Aber auch infrastrukturelle Problemstellungen, wie beispielsweise eine veraltete Energieversorgung über Strom nahezu im gesamten Quartier, wegbrechende Nahversorgungseinrichtungen und Dienstleistungsangebote machen den Anpassungsbedarf deutlich. Es wurden bereits zwei Kindergärten und eine Grundschule, die „Blaue Schule" abgerissen (vgl. Interviews Ortstermin 05.03.2015).

Initiative/Projekt

Die Problemlagen im Siedlungsgebiet sind vielschichtig. In einigen Bereichen der Geschosswohnungsbauten haben sich soziale und bauliche Spannungsfelder entwickelt. Die erheblichen Bevölkerungsverluste und infrastrukturelle Probleme führen zu einem notwendigen Anpassungsbedarf. In den Einfamilienhäusern leben sehr viele ältere Menschen, meist in Ein- oder Zweipersonenhaushalten. Der Generationenwechsel verläuft vielfach nur schleppend. Die meisten Einfamilienhäuser sind nicht barrierefrei. Die Fluktuation in den Einfamilienhausbeständen ist gering. Geschätzt werden das ruhige, grüne Wohnumfeld, die Qualität der Häuser und die Nähe zur Natur. Vor allem die Bewohner der „Ersten Stunde" identifizieren sich stark mit ihrem Wohnort und es gibt ein ausgeprägtes bürgerschaftliches Engagement.

Es gibt bemerkenswerte selbstinitiierte Projekte der Bewohnerschaft, beispielsweise die Wulfen Konferenz, ein Zusammenschluss von Institutionen und Initiativen des Stadtteils zur Vernetzung und Kooperation in Wulfen. Sie findet rund dreimal im Jahr statt. Zum Erhalt des Schwimmbads und des Gemeinschaftshauses Wulfen hat sich eine Bürgerinitiative gegründet. Aus der Bürgerinitiative entstand der Förderverein „PRO GHW" mit aktuell zirka 200 Mitgliedern. Der Verein kümmert sich um den Erhalt des Schwimmbads und die Weiterentwicklung des kulturellen und sozialen Programms im Gemeinschaftshaus. Der 2005 gegründete Trägerverein Hallenbad ist seit 2013 Pächter des Hallenbadbetriebs. Der 1997 gegründete Bürgertreff Barkenberg e.V. hat zum Ziel, die Wohn- und Wohnumfeldverhältnisse zu verbessern sowie Begegnungen und Integration zu fördern. Er bietet Beratungsleistungen zu Miet- und Stromzahlungen sowie zur Wohnraumsicherung an. Ein weiteres nennenswertes Projekt ist das gemeinschaftliche Wohnen „Blaue Schule". Das innovative Wohnprojekt entstand auf dem Grundstück der „Blauen Schule", die im Rahmen des Programms Stadtumbau West abgerissen wurde. In dem Mehrgenerationenhaus gibt es ein ausdifferenziertes Wohnangebot für ältere Menschen aber auch für junge Familien. Eine Gemeinschaftswohnung im Erdgeschoss steht für Begegnungen, Feiern und Informationsveranstaltungen zur Verfügung.

Der Projektaufruf „Innen leben – Neue Qualitäten entwickeln!" im Rahmen der Regionale 2016 suchte nach Möglichkeiten, wie Einfamilienhausgebiete der 1960er- bis 1970er-Jahre beispielhaft weiterentwickelt werden können. Die Stadt Dorsten beteiligte sich an dem Projektaufruf mit dem Projekt „Quartiersanpassung Wulfen-Barkenberg". Als weitere Kommunen nahmen Ahaus, Nordkirchen und Billerbeck teil (vgl. Frans, E., 26.11.2014; Interviews Ortstermin 05.03.2015).

Die Regionale ist ein Strukturförderprogramm des Landes Nordrhein-Westfalen, das mit wechselnden Themenschwerpunkten alle zwei bis drei Jahre in unterschiedlichen Regionen des Bundeslandes stattfindet. Die Regionale 2016 „Westliches Münsterland" trägt das Motto „ZukunftsLAND". Zentraler Bestandteil des Programms sind projektorientierte regionale Kooperationen verschiedener Akteure aus Wirtschaft, Kultur und Politik. Gefördert werden Projekte aus den Bereichen Städtebau, Umwelt, Wirtschaft, Kultur, Bildung und Wissen. Das Strukturförderprogramm hat das Ziel, ein Bewusstsein für den regionalen Kontext herzustellen. Die ausgewählten Regionen, die sich unabhängig von administrativen Grenzen zusammenfinden können, sollen an Attraktivität gewinnen, dem Strukturwandel positiv begegnen und als Wirtschaftsräume wettbewerbsfähig werden. Die Mittel werden aus vorhandenen Förderprogrammen des Landes, des Bundes und der Europäischen Union gebündelt (vgl. Regionale 2016 Agentur GmbH, 26.11.2014).

Die Stadt Dorsten beteiligte sich mit Einfamilienhausbereichen aus Wulfen-Barkenberg am europaweiten Ideenwettbewerb Europan 12. Der in regelmäßigem Turnus ausgelobte Wettbewerb richtet sich an junge Architekten und Planer unter 40 Jahren. Es können kreative Ideen und strategische Ansätze zur Weiterentwicklung von Bestandsgebieten eingereicht werden. Kommunen stellen Areale zur Verfügung und profitieren von den kreativen Ideen. Dorsten suchte nach übertragbaren Ideen und Impulsen für die städtebauliche Weiterentwicklung von Einfamilienhausgebieten der 1950er- bis 1970er-Jahre. Aus dem Ideenwettbewerb gingen drei Preisträger hervor: Der städtebauliche Entwurf mit dem Titel „Kein Land für alte Männer" zeigt konkret verortete Lösungsvorschläge für die Neugestaltung des öffentlichen Raumes auf. Er zeigte Ideen zur Schaffung neuer öffentlicher Plätze als Orte der sozialen Interaktion sowie Ideen zum Umbau von Straßen auf. Ein anderes Konzept mit dem Titel „Mach es Dir gemütlich!" setzte auf die Schaffung kleinteilig strukturierter Orte zur sozialen Interaktion. Umgestaltete Vorgartenzonen, Wohnzimmer und vorhandene öffentliche Räume sollen neue Orte der sozialen Interaktion sein. Auch der Entwurfsansatz „Rising Stars" legte den Schwerpunkt auf die Neugestaltung des öffentlichen Raumes und der Gemeinschaftsflächen. Die Arbeit „Adaptable cooperative urban smile" zeigt Nachverdichtungspotenziale und die Möglichkeit einer Quartiersgenossenschaft auf. Anders als in bisherigen Europan-Wettbewerben, bei denen rein städtebauliche Lösungen im Vordergrund standen, stellten die Arbeiten zur Weiterentwicklung der älteren Einfamilienhausgebiete einen gemeinschaftlichen und partizipatorischen Ansatz in den Vordergrund (vgl. Europan Deutschland 2013/Regionale 2016 Agentur).

Gebaute Ergebnisse der Regionale 2016 liegen noch nicht vor. Vorgesehen ist die Weiterentwicklung des öffentlichen Raums und auch die energetische Erneuerung des gesamten Gebäudebestandes soll vorangetrieben werden (die Häuser

Europan 2012
Ausschnitt Wettbewerbsbeitrag „Kein Land für alte Männer"

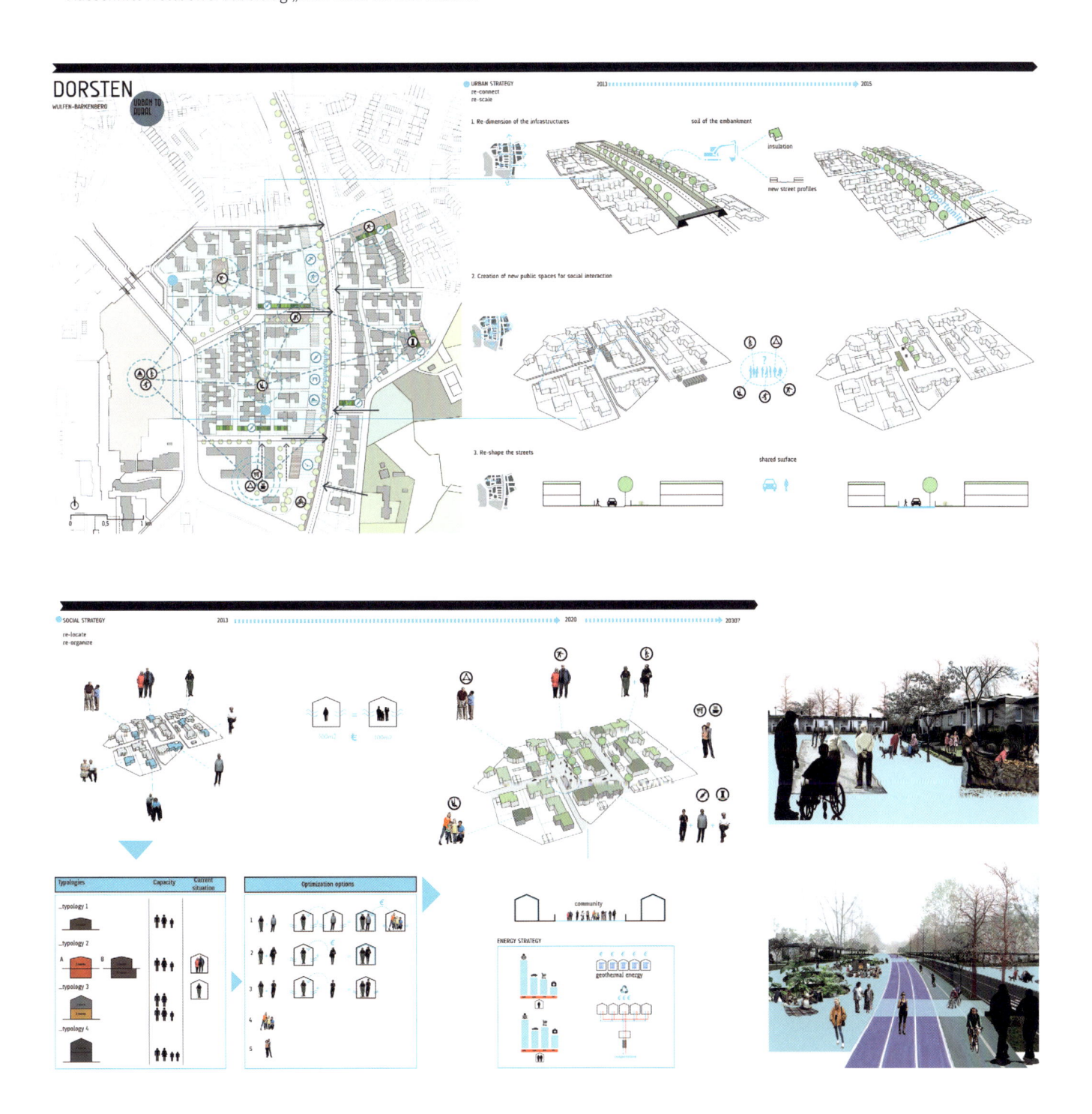

sind noch mit Nachtspeicheröfen ausgestattet). Des Weiteren soll der Frage nachgegangen werden, welche Gestaltungsspielräume für die Weiterentwicklung der Siedlung unter Berücksichtigung des baukulturellen und städtebaulichen Erbes bestehen. In diesem Zuge werden auch die Möglichkeiten der baurechtlichen Regelungen geprüft.

Neben den baulichen Vorschlägen aus dem Ideenwettbewerb stehen ein kommunikativer Austausch und Beratungsangebote im Vordergrund. Im Sommer 2015 wurde in Barkenberg das Kooperationsprojekt HausAufgaben (vgl. Stadt Dorsten, Regionale 2016, StadtBauKultur NRW) durchgeführt. Die zehntägige Werkstatt zur Zukunft des Quartiers hatte das Ziel, Bewohner und Interessierte mit niederschwelligen, motivierenden Workshops und einem reichhaltigen Abendprogramm mitzunehmen und zu aktivieren. Ideengeber der Werkstattreihe waren die Planungsbüros IMORDE Projekt- & Kulturberatung (Münster/Berlin) und modulorbeat (Münster). Die Umsetzung erfolgte in Kooperation mit der Landesinitiative StadtBauKultur NRW. Thematische Schwerpunkte der HausAufgaben waren die Qualitäten und die Wertschätzung des Quartiers. In unterschiedlichen Veranstaltungsformaten wurde auf Problemstellungen und kleinteilige Lösungsansätze aufmerksam gemacht. Es gab einen „Häusercheck" und „Häusertalk", die sich mit Einzelgebäuden auseinandersetzten und Potenziale zur Weiterentwicklung aufzeigten. Unter dem Titel „WIR ist MEHR" fand eine Aktionsbörse statt. Um die Nachbarschaft besser zu vernetzen, zogen Studenten auf der Suche nach Interessen und Angeboten sowie Wünschen durch das Quartier. Eine Sammlung aus Angeboten und Bedürfnissen machte eine Vielzahl an Austauschpotenzialen deutlich. Der Stadtspaziergang „Oh, wie schön ist Barkenberg" diente dazu, die Besonderheiten des Stadtteils zu identifizieren und in einen Dialog miteinander zu treten.

Schwerpunkt der HausAufgaben war es, einen Kommunikationsprozess anzustoßen. Die Bewohner sollten im gemeinsamen Austausch dazu angeregt werden, über die Zukunft der Einfamilienhausgebiete und ihrer Immobilien nachzudenken. Gemeinsam mit „Zukunftsdenkern", Planungs-, Gestaltungs- und Finanzierungsspezialisten sowie Studenten wurden die Besonderheiten Barkenbergs identifiziert. Es entstanden neue Ideen für die Gemeinschaft und es wurden für einzelne Immobilien konkrete Praxisbeispiele und Lösungsansätze aufgezeigt. Die HausAufgaben haben deutlich gemacht, dass es vielfältige Potenziale gibt und ganzheitliche, integrierte Lösungen für die Weiterentwicklung des Stadtteils notwendig sind (vgl. Interviews Ortstermin 05.03.2015).

Auswertung und Übertragbarkeit

Die Qualität der Einfamilienhausgebiete in Barkenberg ist nach wie vor als sehr hoch einzuschätzen. Das üppige Grün der öffentlichen Räume mit einem stadtbildprägenden Baumbestand, die Nähe zur umgebenden Natur, die Trennung der Verkehrsarten und ein damit einhergehendes nahezu autofreies Wohnumfeld sind dabei wichtige Aspekte. Die Einfamilienhäuser sind bautypologisch vielfältig und wurden in kleinen Gruppen, teilweise um beschauliche Gemeinschaftshöfe angeordnet. Sowohl die baukulturellen als auch die städtebaulichen Qualitäten sind bemerkenswert.

Der Bevölkerungsrückgang im gesamten Siedlungsgebiet und der sehr hohe Anteil älterer Menschen vor allem in den Einfamilienhäusern führen zu einer veränderten Nachfrage nach Infrastruktureinrichtungen. Eine Schule und zwei Kindergärten wurden bereits abgerissen. Auch die leitungsgebundene Infrastruktur ist nicht ausgelastet.

Die Stadt ist bemüht, die Weiterentwicklung und Stabilisierung des Stadtgebietes mit einem Bündel aus unterschiedlichen Instrumenten und Strategien voranzubringen. Das Bund-Länder-Programm Stadtumbau West konzentrierte sich auf die Geschosswohnungsbaubestände im zentralen Bereich und die Aufwertung des öffentlichen Raumes. Eine intensive Bürgerbeteiligung und Bürgermitwirkung begleitete die investiven und nicht investiven Maßnahmen.

Um sich den Problemlagen in den Einfamilienhausgebieten anzunähern, wählte die Stadt eine Kombination aus bewährten und ergebnisoffenen Instrumenten. Es zeigte sich, dass vor allem die Bewusstseinsbildung und intensive Bürgermitwirkung eine zentrale Rolle spielen. Mit dem Beteiligungsformat HausAufgaben wurde erfolgreich die Botschaft vermittelt, dass die Potenziale und Chancen im Mittelpunkt stehen und nicht die Suche nach den Defiziten.

Die Kombination aus den Instrumenten Regionale und Europan trug zur Bewusstseinsbildung bei und es wurden neue Ideen zum Umgang mit den in die Jahre gekommenen Einfamilienhausgebieten entwickelt. Die Europan-Ergebnisse lieferten wichtige Denkanstöße. Insgesamt konnten die Prozesse einen ersten Impuls für die Weiterentwicklung aufzeigen. Die Initiativen der Bewohner spielten dabei eine zentrale Rolle. Die Regionale setzt insbesondere auf die Verstetigung der partizipativ entwickelten Ergebnisse.

Als nächstes stellt sich die Frage, wie die Erkenntnisse oder Teile davon umgesetzt werden können. Die Wettbewerbsergebnisse zeigen, dass der Schwerpunkt auf gemeinschaftlichen Prozessen liegt, ganz anders als der auf Gestaltung basierende Wettbewerb ursprünglich erwarten ließ. Der Europan-Wettbewerb zeigte, dass der Kommunikationsaspekt eine tragende Rolle spielt. Der Dialog im Rahmen der HausAufgaben machte Problemlagen, Interessen und Wünsche deutlich. Alle Initiativen leisten einen Beitrag zur Identifikation der Bewohner mit dem Quartier.

Die Stadt Dorsten setzte durch ihre Beteiligung am Projektaufruf der Regionale und am Europan-Wettbewerb wichtige Impulse. Es gab eine Vielzahl an weiteren beteiligten Akteuren: Bewohner, Vertreter der Regionale 2016 und der StadtBauKultur NRW, Planungs- und Kommunikationsbüros sowie Studenten unterschiedlicher Fachrichtungen. Die Initiativen werden über kommunale Mittel, Bundes- und Landesmittel sowie Spenden finanziert. Da die Stadt Dorsten jedoch der Haushaltssicherung unterliegt, bleibt offen, welche Prozesse und Projekte weiter finanziert werden können.

Dorsten Barkenberg zeigt, wie mit einem hohen Grad an kommunalem Engagement, einer intensiven Beteiligung, kreativen Ideen und einem ausgeprägten Bürgerengagement Siedlungsgebiete der 1950er- bis 1970er-Jahre positiv weiterentwickelt werden können. Durch die Kooperation verschiedener Akteure entstand ein zielführender Dialog.

Karlstadt
Alte Siedlung

Basisdaten

Kommune	Karlstadt	**Bevölkerungsentwicklung**	
Bundesland	Bayern	1990 | **15.006**	
		2000 | **15.289**	
Landkreis	Main-Spessart	2010 | **14.863**	
Einwohner	**14.750** (2014)	**Bevölkerungsprognose**	sinkend
		Durchschnittsalter der Bevölkerung	44,14 Jahre
Fläche	**98,18 ha**	**Zentralörtliche Funktion**	Mittelzentrum
Bevölkerungsdichte	151 Einwohner/km^2	**Siedlungsstruktureller Gemeindetyp**	Kleinstadt

Untersuchungsgebiet	Alte Siedlung
Gebietstyp	sukzessive aufgesiedelt
Aufsiedlungszeitraum	1950-1970
Größe des Untersuchungsgebiets	ca. 25 ha, ca. 325 Wohneinheiten
Einwohner im Untersuchungsgebiet	1.094 (2012)
Haustypen	Ein- und Zweifamilienhäuser
Haushalte	rund 400
Programm	**„Revitalisierung von Einfamilienhausgebieten" Modellprojekt der Bayerischen Staatsministerien**
Beteiligte	vier Bayerische Staatsministerien (ressortübergreifend), Stadt Karlstadt, Akteure vor Ort, Planungsbüros
Finanzierung	Staatsministerien für Umwelt und Verbraucherschutz, des Inneren, für Bau und Verkehr, für Ernährung, Landwirtschaft und Forsten sowie für Arbeit und Sozialordnung, Familie und Frauen

Lage im Raum
Karlstadt

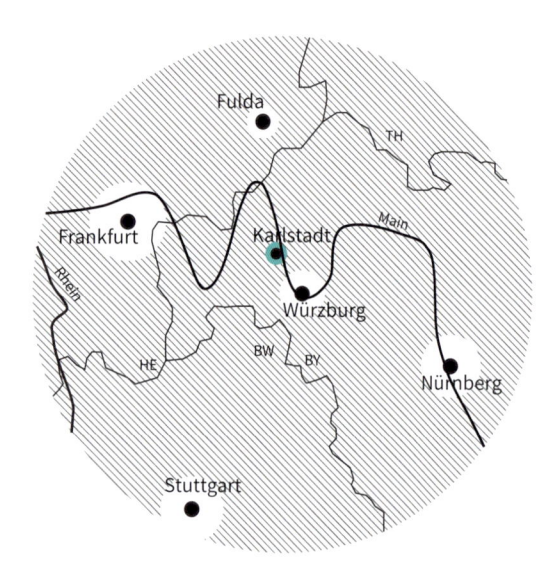

Lage der Alten Siedlung
Karlstadt

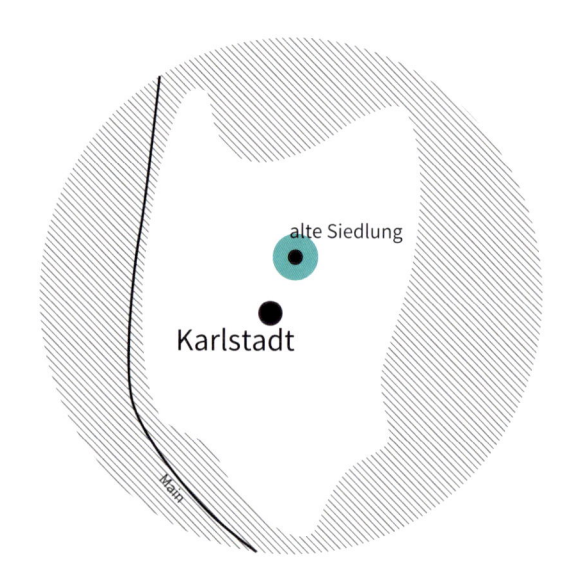

Beispielhaftigkeit des Ansatzes

Mit rund 14.800 Einwohnern ist Karlstadt die zweitkleinste Stadt unter den Fallstudien. Sie zeigt beispielhaft, welche Impulse integrierte Entwicklungskonzepte setzen können. Die Stadt wurde neben Marktrodach und Langenneufach als Modellkommune für das ressortübergreifende Projekt „Revitalisierung von Einfamilienhausgebieten" des Freistaates Bayern ausgewählt. Ziel war es, beispielhafte Ansätze für die Weiterentwicklung von älteren Einfamilienhausgebieten aufzuzeigen. Die Alte Siedlung ist durch freistehende Ein- und Zweifamilienhäuser geprägt. Durch Baulücken und große Gärten wirkt die Bebauung sehr aufgelockert. Breite Straßenzüge verstärken diesen Eindruck. Ein Mangel an öffentlichen Flächen, fehlender Einzelhandel und nicht barrierefreie Verkehrswege sind vorherrschende Problemfelder im Gebiet, das durch einen Anstieg des Durchschnittsalters geprägt ist. In einem partizipativen Prozess wurde ein integriertes Entwicklungskonzept erarbeitet. Ein Leitfaden fasst die wesentlichen Erkenntnisse zusammen und stellt Entwicklungsansätze vor, die auf andere Kommunen übertragbar sind. Die Ziele und Schlüsselprojekte verdeutlichen eine breite und integrierte Vorgehensweise.

Lage im Raum

Die Kleinstadt Karlstadt (14.800 Einwohner) liegt im Norden Bayerns im unterfränkischen Landkreis Main-Spessart, rund 30 Kilometer nördlich von Würzburg. Die Stadt gliedert sich in zehn Stadtteile. Die Alte Siedlung liegt relativ zentral nordöstlich des Stadtkerns. Die Bundesstraßen B 27 und B 26 umgeben das Gebiet. Die Alte Siedlung hat rund 1.100 Einwohner und erstreckt sich über eine Fläche von 25 Hektar.

Entstehungsgeschichte

Im Jahr 1225 erstmals urkundlich erwähnt, wurde die Stadt Karlstadt auf einem weitgehend rechteckigen Grundriss entwickelt, der heute noch deutlich ablesbar ist. Das Stadtbild wird durch die gut erhaltene und sanierte historische Altstadt geprägt. Nach dem Zweiten Weltkrieg erlebte die Stadt einen Wachstumsschub, auch durch Eingemeindungen in den 1970er-Jahren.

Nur einzelne Gebäude des Quartiers Alte Siedlung wurden bereits vor dem Zweiten Weltkrieg gebaut. Erst in der zweiten

Hälfte des 20. Jahrhunderts entwickelte sich die Gesamtstadt auch nördlich und östlich der Altstadt. Die Bevölkerung stieg durch den Zuzug von Flüchtlingen und Aussiedlern stark an. Das Gebiet entstand sukzessive durch individuelle Bauherren, die Bebauung ist dementsprechend weitgehend heterogen. Für die Bebauung, die in den 1950er-Jahren entstand, wurden in den 1960er- und 1970er Jahren nachträglich Bebauungspläne erstellt (vgl. Telefoninterview 28.05.2015).

Bebauungsstruktur

In der Alten Siedlung gibt es rund 325 Wohngebäude (vgl. Müller-Herbers, Skorka 2012: 2). Das Einfamilienhausgebiet entstand in den 1950er- bis 1970er-Jahren (vgl. Müller-Herbers, Skorka o.J.: 5). Im nördlichen Siedlungsbereich ist die Bebauungsstruktur durch Ein-, Zwei- aber auch Mehrfamilienhäuser geprägt. Die Bebauung ist aufgelockert und die Gärten sind groß. Im Gebiet gibt es zwölf Baulücken und neun Leerstände. Durch die Baulücken ergibt sich ein

Städtebauliche Struktur

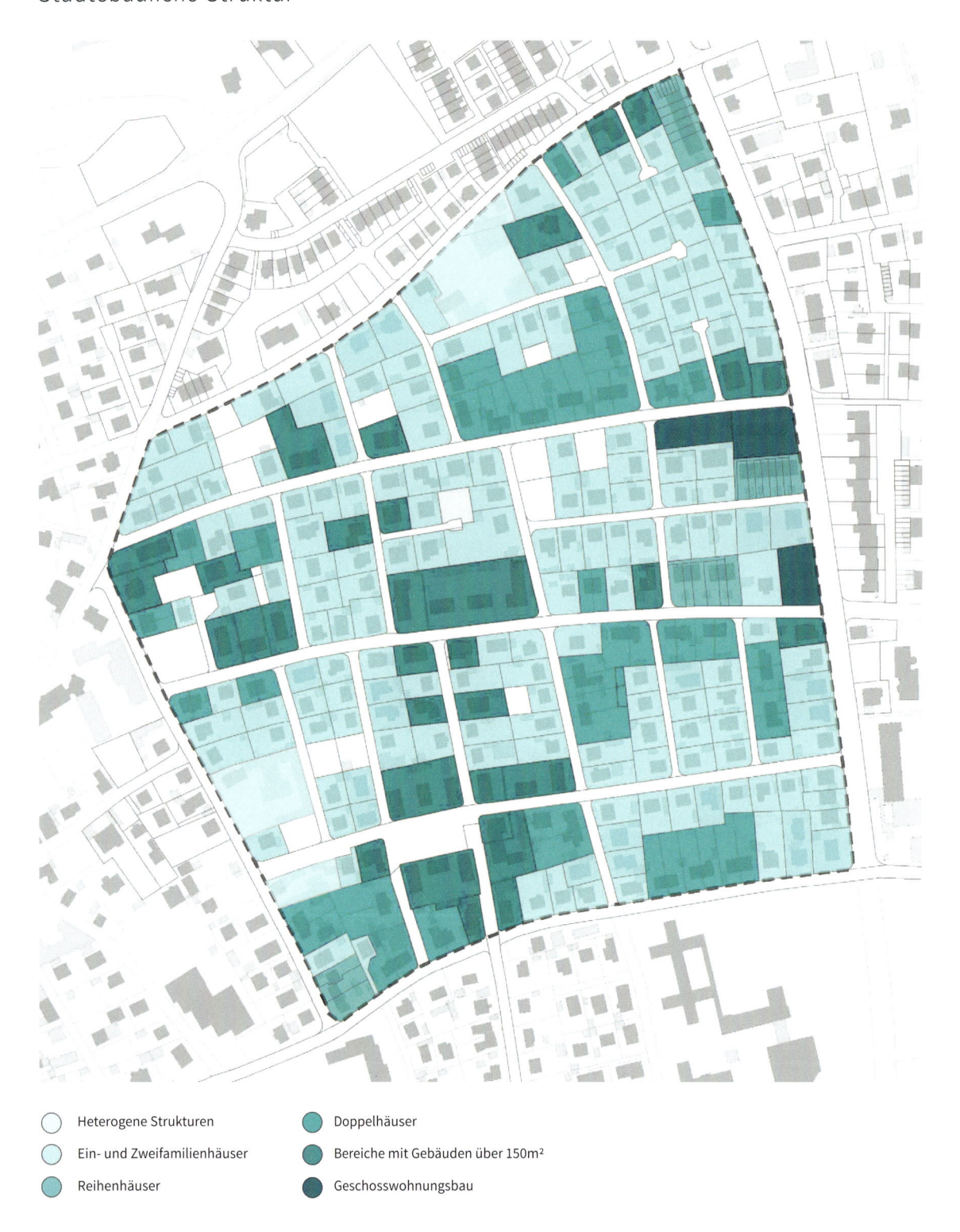

- ○ Heterogene Strukturen
- ○ Ein- und Zweifamilienhäuser
- ○ Reihenhäuser
- ● Doppelhäuser
- ● Bereiche mit Gebäuden über 150m²
- ● Geschosswohnungsbau

Bebauungsstruktur
Alte Siedlung

Innenentwicklungspotenzial von 7.330 m², durch Leerstand 5.120 m². Insgesamt bestehen somit Innenentwicklungspotenziale von 1,25 ha.

Erschließung

Das Gebiet ist nicht barrierefrei gestaltet. Eine Bahnunterführung verbindet die Alte Siedlung mit der Innenstadt. Aufgrund der steilen Rampe ist sie nicht für mobilitätseingeschränkte Personen geeignet. Große Straßen sind zu überqueren, Querungshilfen jedoch nur bedingt vorhanden. In einigen Häusern ist der Eingangsbereich nur über Treppen erreichbar. Die Bordsteine sind an vielen Stellen nicht abgesenkt und die Gehwege häufig sehr schmal, sodass sie für den Einsatz von Rollatoren ungünstig sind. Auf vielen Gehwegen wird zudem geparkt. Eine Anbindung an den öffentlichen Personennahverkehr besteht über eine Bahnlinie in unmittelbarer Nähe zum Gebiet. Sie verbindet Karlstadt mit Würzburg und Frankfurt. Eine Stadtbuslinie gibt es seit einigen Jahren nicht mehr, lediglich Schulbuslinien halten im Gebiet. Um dieses Angebot zu ergänzen, wurde ein Rufbus eingeführt, der die bisherigen Busstrecken abdeckt und auch im gleichen preislichen Rahmen liegt. Das Angebot wird bislang jedoch nur wenig genutzt. Eine Ehrenamtsbörse hat zudem einen Einkaufsbus ins Leben gerufen, der sich an Senioren richtet und einmal wöchentlich fährt (vgl. Interviews Ortstermin 24.02.2015).

Mobilität

Infrastruktur

Gemeinbedarfseinrichtungen, öffentliche Freiräume und Treffpunkte befinden sich in angrenzenden Quartieren. Schulstandorte, Kindergärten, ein Hallenbad und Kirchen sind fußläufig zu erreichen. Im Gebiet selbst gibt es lediglich einen Spielplatz und nur wenige Versorgungseinrichtungen. Fehlende Treffpunkte werden in der Alten Siedlung als Problem wahrgenommen. Es gibt einen Bäckerwagen, einen Friseur sowie eine Einrichtung für Wellness und Kosmetik. Östlich des Quartiers befinden sich ein Bäcker und ein Supermarkt. Drei Ärzte sind in angrenzenden Quartieren zu finden; sie gehen jedoch in den nächsten Jahren in den Ruhestand. Ambulante Pflegedienste spielen eine wichtige Rolle in der Alten Siedlung. Die Versorgungseinrichtungen konzentrieren sich auf die Altstadt. Die Sicherung der Nahversorgung wird in der Alten Siedlung als ein wichtiges Ziel wahrgenommen. Auch die technische Infrastruktur ist erneuerungsbedürftig (vgl. Interviews Ortstermin 24.02.2015).

Aktuelle Entwicklungen

Die Bevölkerung der Stadt ist in den letzten Jahren gesunken und wird auch in den nächsten Jahren weiter sinken. Es wird davon ausgegangen, dass die Zahl der Kinder und Jugendlichen abnehmen wird (vgl. Bayrisches Landesamt für Statistik und Datenverarbeitung, 2014; Zensus 2011, 13.01.2015). Die Zahl der Kinder und Jugendlichen (bis 18 Jahre) wird Daten der Bertelsmann Stiftung zufolge von 2013 bis 2030 von 16,9 auf 15,4 Prozent sinken, während die der über 65-Jährigen von 15,4 Prozent auf 21 Prozent steigt (vgl. Wegweiser Kommune, 11.03.2016).

| Handlungsfelder der Stadtentwicklung | 6 |

Gemeinbedarf

Täglicher Bedarf

Nahversorgung
- Lebensmittel / Supermarkt
- Bäcker
- Obst
- Getränke
- Apotheke
- Märkte / mobile Versorgung

Bevölkerungsentwicklung
Karlstadt 1990 bis 2012

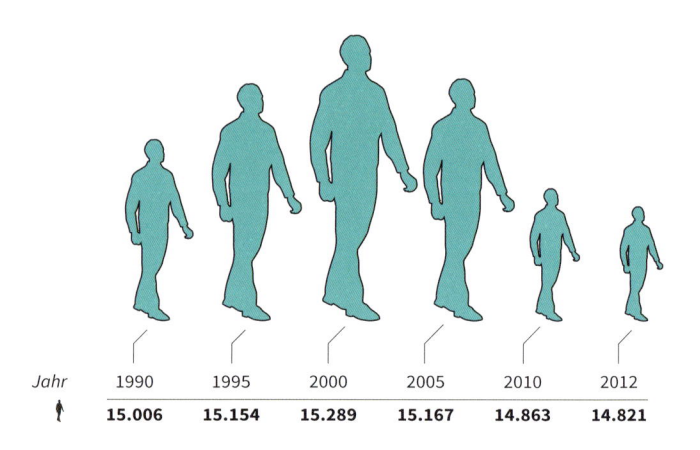

Jahr	1990	1995	2000	2005	2010	2012
	15.006	**15.154**	**15.289**	**15.167**	**14.863**	**14.821**

Bevölkerungsprognose
Karlstadt 2012 bis 2030

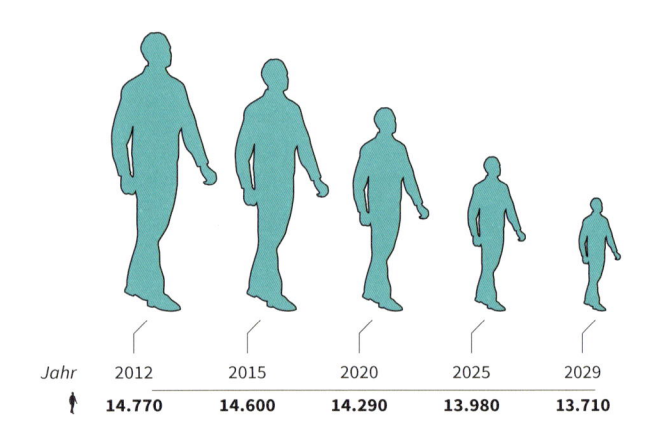

Jahr	2012	2015	2020	2025	2029
	14.770	**14.600**	**14.290**	**13.980**	**13.710**

Altersstruktur
Karlstadt (Stand 2011)

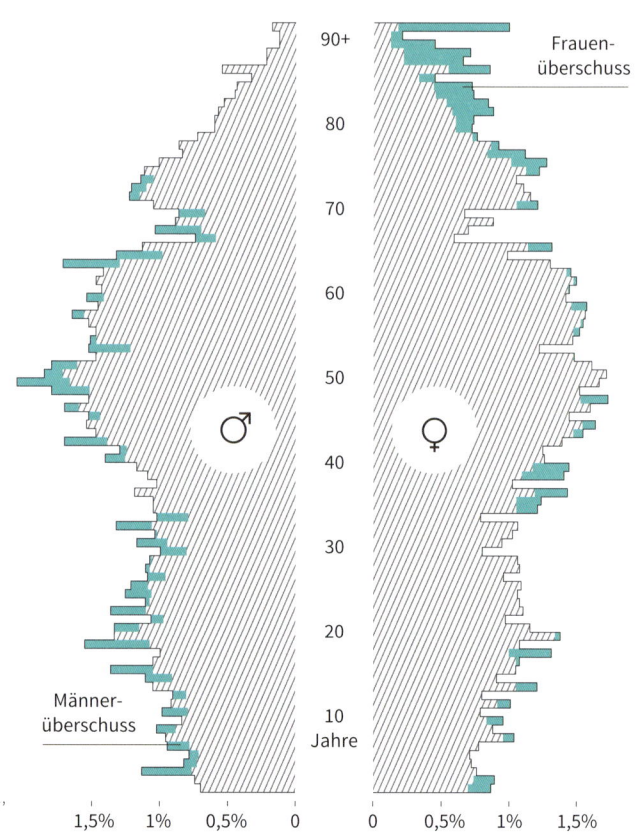

♂ Männerüberschuss

♀ Frauenüberschuss

Quelle: Zensus 2011, 13.01.2015

Personen nach Gebäudetyp
Karlstadt (Stand 2011)

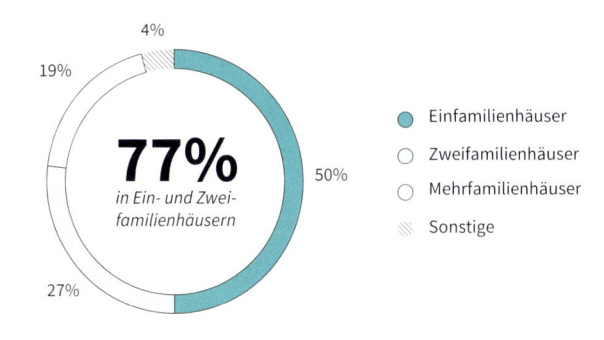

- 4% Sonstige
- 19% Mehrfamilienhäuser
- 27% Zweifamilienhäuser
- 50% Einfamilienhäuser

77% in Ein- und Zweifamilienhäusern

● Einfamilienhäuser
○ Zweifamilienhäuser
○ Mehrfamilienhäuser
▨ Sonstige

Wohngebäudebestand
Karlstadt (Stand 2013)

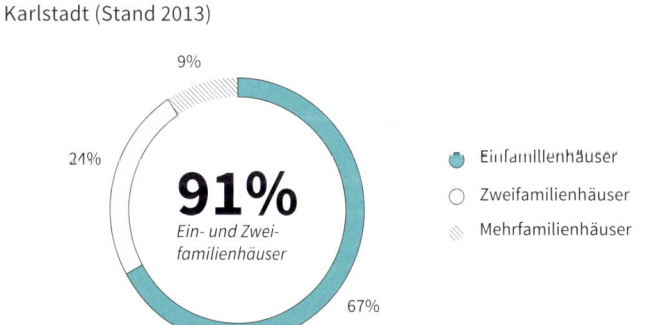

- 9% Mehrfamilienhäuser
- 24% Zweifamilienhäuser
- 67% Einfamilienhäuser

91% Ein- und Zweifamilienhäuser

● Einfamilienhäuser
○ Zweifamilienhäuser
▨ Mehrfamilienhäuser

Eigentumsverhältnisse
Ein- und Zweifamilienhausbestand in Karlstadt (Stand 2011)

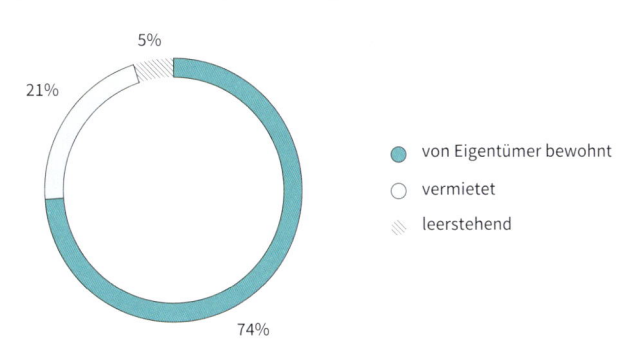

- 5% leerstehend
- 21% vermietet
- 74% von Eigentümer bewohnt

● von Eigentümer bewohnt
○ vermietet
▨ leerstehend

Die Bebauung in Karlstadt ist außerhalb der historischen Altstadt fast ausschließlich durch (freistehende) Ein- und Zweifamilienhäuser geprägt. In Karlstadt lebt die Hälfte aller Personen in Einfamilienhäusern, 27 Prozent leben in Zweifamilienhäusern. 67 Prozent aller Wohngebäude befinden sich in Einfamilienhäusern. Die Ein- und Zweifamilienhäuser werden zu einem Großteil von den Eigentümern bewohnt. Die durchschnittliche Wohnungsgröße in Karlstadt beträgt 114 m² (vgl. Bayerisches Landesamt für Statistik 2014). 29 Prozent der Haushalte sind Einpersonenhaushalte (vgl. Statistisches Bundesamt 2014; Zensus 2011, 13.01.2015). Die Baufertigstellungen sind 2013 wieder angestiegen, nachdem sie in den Jahren 2007 bis 2012 relativ konstant blieben, mit einer Ausnahme im Jahr 2012, in dem lediglich 14 Wohnhäuser gebaut wurden. Der Bodenrichtwert liegt in Karlstadt bei 150 Euro/m² (vgl. Interviews Ortstermin 24.02.2015).

Die Lage der Alten Siedlung in der Nähe der Altstadt und die Erreichbarkeit von Infrastruktureinrichtungen werden trotz des Mangels an Einrichtungen innerhalb des Gebiets als positiv eingeschätzt. Auch bestehen keine erheblichen Leerstände, das Gebiet ist aufgrund seiner Lage und der guten Verkehrsanbindung ein beliebter Wohnstandort. 38 der insgesamt 325 Grundstücke werden von Menschen bewohnt, die älter als 70 Jahre sind (vgl. Müller-Herbers, Skorka 2012: 27).

Bautätigkeit / Baufertigstellungen
Wohngebäude 1990 bis 2013 in Karlstadt

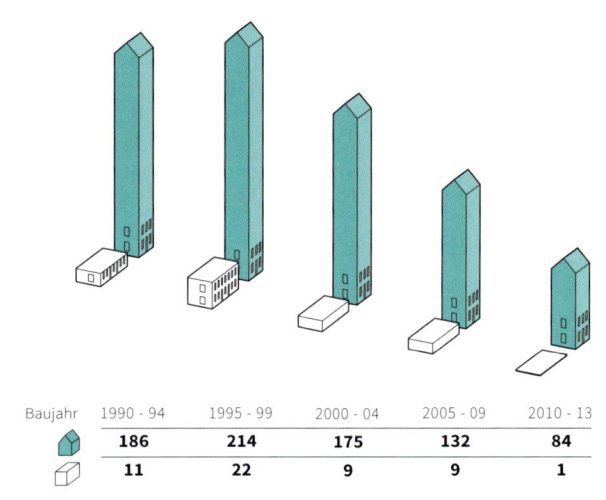

Baujahr	1990 - 94	1995 - 99	2000 - 04	2005 - 09	2010 - 13
🏠	186	214	175	132	84
▭	11	22	9	9	1

🏠 Einfamilienhäuser   ▭ Mehrfamilienhäuser

Jahr	Gesamt	Ein- und Zweifamilienhäuser	Mehrfamilienhäuser
1990	36	35	1
1991	37	33	4
1992	44	43	1
1993	42	40	2
1994	38	35	3
1995	49	43	6
1996	49	40	9
1997	73	70	3
1998	24	23	1
1999	41	38	3
2000	44	42	2
2001	42	41	1
2002	35	32	3
2003	29	28	1
2004	34	32	2
2005	35	30	5
2006	34	34	0
2007	24	22	2
2008	25	24	1
2009	23	22	1
2010	17	17	0
2011	22	21	1
2012	14	14	0
2013	32	32	0

In der Alten Siedlung gibt es seit fünfzig Jahren einen Siedlerverein. Das ursprüngliche Selbstverständnis des Siedlervereines, die Förderung des Gemeinschaftsgedankens, spielt heute nur noch eine sehr untergeordnete Rolle. Familien treten dem Siedlerverein in erster Linie bei, um finanzielle Vorteile wie einen vergünstigten Stromtarif wahrzunehmen. Jüngere Familien schätzen die Angebote, die sich gezielt an Familien mit Kindern richten. An den Wanderausflügen nehmen nur ältere Bewohner teil (vgl. Interviews Ortstermin 24.02.2015).

Initiative/Projekt

Karlstadt wurde als Modellkommune für das ressortübergreifende Modellprojekt „Revitalisierung von Einfamilienhausgebieten" ausgewählt. Verantwortlich für das Modellvorhaben (2012 bis 2014) waren vier Bayerische Staatsministerien: das Staatsministerium für Umwelt und Gesundheit, die Oberste Baubehörde im Bayerischen Staatsministerium des Innern, das Staatsministerium für Ernährung, Landwirtschaft und Forsten sowie das Staatsministerium für Arbeit und Sozialordnung, Familie und Frauen. Mit der Durchführung und Moderation des Prozesses wurde ein externes Büro beauftragt. Gegenstand des Modellvorhabens war die Weiterentwicklung von Einfamilienhausgebieten der 1950er- bis 1970er-Jahre unter besonderer Betrachtung der demografischen Veränderungen. Für die drei Modellkommunen wurden integrierte Entwicklungskonzepte erarbeitet. Außerdem wurden Handlungsansätze identifiziert, die auf andere Kommunen übertragbar sind.

Statistiken belegen, dass in den Einfamilienhäusern in Bayern hauptsächlich Dreipersonenhaushalte und in den Mehrfamilienhäusern vornehmlich Ein- und Zweipersonenhaushalte leben (2015). Das vorhandene Wohnraumangebot passt nicht mehr zu den gesellschaftlichen Entwicklungen (vgl. Müller-Herbers, Skorka 2012:6). Ein wichtiges Handlungsfeld der Orts- und Quartiersentwicklung ist die Anpassung des Infrastrukturangebotes und die Sicherstellung des Versorgungsangebotes. So werden in kleinen Kommunen und in Wohnquartieren größerer Gemeinden Versorgungsbausteine wie z.B. Läden, Poststellen, Banken, Apotheken o.Ä. gemeinsam mit Treffpunkten wie z.B. Cafés, Vereinsräumen o.Ä. kombiniert, um die Kundenfrequenz zu erhöhen. Die Kombination der

Einrichtungen ist häufig durch besondere Organisations- und Finanzierungsformen gekennzeichnet (vgl. Müller-Herbers, Skorka 2012: 15).

Für die Alte Siedlung in Karlstadt wurde unter Mitwirkung der Bürger ein Entwicklungskonzept erarbeitet. Die Bewohner wurden über eine Bewohnerversammlung informiert und eingebunden. Fachgespräche mit Schlüsselpersonen ergänzten die Bewohnerversammlung. Es ging dabei insbesondere auch um Ideen für Einzelmaßnahmen, die rasch umsetzbar sind. In den drei Modellkommunen wurden folgende Handlungsfelder untersucht: Innenentwicklung und Flächenmanagement, Wohnformen, Wohnungsmarkt, Bestandsentwicklung der Gebäude und energetischer Sanierungsstand, öffentlicher Raum und Ortsbild, Versorgungsstrukturen, gesellschaftliche Teilhabe, bürgerschaftliches Engagement und Netzwerke, Mobilität und technische Infrastruktur. Es wurde den Fragen nachgegangen, ob die Einfamilienhausgebiete der 1950er- bis 1970er-Jahre für junge Familien oder andere Lebensgemeinschaften attraktiv sind, wie Menschen im Quartier gut alt werden können, ob es bereits an das Alter angepasste Wohngebäude gibt und ob es Alternativen zum Eigenheim in der Nähe gibt. Es ging dabei auch um Fragen zur Versorgung im Quartier, zum öffentlichen Raum, Gemeinbedarf, zur Nachbarschaft, Mobilität und Erreichbarkeit, auch unter Betrachtung des gesamtstädtischen Kontextes. Die Handlungsansätze der Modellkommunen sollen auf andere Kommunen übertragbar sein. Den bayerischen Städten wurde unter dem Titel „Ältere Einfamilienhausgebiete – fit für die Zukunft" 2015 eine Broschüre mit Handlungsfeldern und Modellbausteinen zur Weiterentwicklung der Gebiete zur Verfügung gestellt. Die integrierten Quartierskonzepte bestehen jeweils aus einer Planzeichnung und einem Textteil, in dem konkrete Ziele benannt sind.

Für die Alte Siedlung werden Projekte aus verschiedenen Schwerpunktbereichen vorgeschlagen. Im Bereich „Wohnformen und Immobilienmarkt" werden ergänzende Wohnformen, wie ein Mehrgenerationenprojekt oder Bauherrengemeinschaften, angeregt. Es wird empfohlen, ein Frühwarnsystem aufzubauen, das die bauliche Entwicklung auf frei werdende Flächen im Quartier lenkt. Außerdem wurde beispielhaft für einen Teilbereich untersucht, welche Nachverdichtungsmöglichkeiten der geltende Bebauungsplan eröffnet. Die festgelegte Geschossflächenzahl bietet hierfür ausreichend Spielraum. Das Bauen in zweiter Reihe wird jedoch durch die geltenden Baufenster beschränkt. Eine Verdichtung bringt einen erhöhten Stellplatzbedarf mit sich, der auch im Hinblick auf das Siedlungsbild zu berücksichtigen ist (Zufahrten, Verkleinerung der Gartenflächen). Ein wichtiges Handlungsfeld ist das soziale Leben im Quartier. Es sollen ein Quartiersmanagement initiiert, in der Mitte der Alten Siedlung ein Quartierstreff eingerichtet und nachbarschaftliche Netzwerke aufgebaut werden. Ziel ist es auch, Aufenthalts- und Begegnungsflächen zu schaffen und die vorhandene Grünfläche mit dem Spielplatz umzubauen (Müller-Herbers, Skorka 2014a; Müller-Herbers, Skorka 2014b). Ein Verkehrskonzept wurde bereits erstellt (vgl. Stadt Karlstadt 2014). Darin wird beispielsweise vorgeschlagen, die Parkierung zu ordnen, der Veranstaltung nahmen rund 75 Personen teil. Einige der Beteiligten waren jedoch enttäuscht, da im Beteiligungsprozess keine konkreten Lösungswege aufgezeigt wurden. Die gemeinsame Entwicklung von Lösungswegen wurde nicht von allen Beteiligten als zielführend wahrgenommen. Die Bewohnerversammlung wurde über das städtische Mitteilungsblatt und Einladungen an alle Haushalte beworben. Relativ zeitgleich fand eine Beteiligung zum Verkehrskonzept statt. Um die Bewohner nicht zu überfordern, sollten im Modellvorhaben daher keine weiteren Beteiligungsformate angeboten werden.

Die im Rahmen des Entwicklungskonzeptes identifizierten Schlüsselprojekte entsprechen dem örtlichen Bedarf. Dies wurde auch aus den qualitativen Interviews deutlich. Die Bewohner nehmen die oben beschriebenen Defizite des Gebiets zwar wahr, die Wohnzufriedenheit ist aber dennoch hoch, geschätzt wird die innenstadtnahe Lage und die gute Verkehrsanbindung. Der Generationenwechsel verläuft derzeit noch weitgehend problemlos. Ein wichtiger Standortfaktor ist die Nähe zu Kindergärten und Schulen. Ein drängendes Handlungsfeld, das sich in vielen dieser Gebiete wiederfindet, ist die wegbrechende Nahversorgung und die fehlende Altersgerechtigkeit, vorwiegend im öffentlichen Raum. Für weniger mobile Bevölkerungsgruppen wird die Nahversorgung zu einem Problem.

die Straßen barrierefrei und entsprechend ihrer Klassifizierung unterschiedlich zu gestalten und dabei die Erneuerung der Kanalanlagen einzuschließen.

Mit der Umsetzung der konkreten Vorschläge wurde begonnen. Auf Grundlage eines Verkehrsgutachtens sollen sukzessive einzelne Straßenzüge einschließlich der Leitungen erneuert werden. Auch die Ideen zum sozialen Miteinander, wie die Gestaltung einer neuen Quartiersmitte und die Einführung eines Quartiersmanagements sollen umgesetzt werden. Hierzu gibt es jedoch noch keine konkreten Planungen. Die Stadt möchte die Umsetzung gemeinsam mit den Bewohnern gestalten (vgl. Interviews Ortstermin 24.02.2015; Telefoninterview 28.05.2015).

Auswertung und Übertragbarkeit

Das integrierte Entwicklungskonzept ist grundsätzlich positiv zu bewerten. Es ist jedoch nicht gelungen, die Bewohner umfassend in den Prozess miteinzubeziehen. Neben Fachgesprächen mit Schlüsselpersonen fand lediglich eine Bewohnerversammlung in Form eines Workshops statt. An

Die integrierte Herangehensweise mit vorgeschalteter Analyse unter Einbeziehung der Bewohner sowie weiterer interessierter Personen führt zu einem sehr umfassenden Ansatz mit ganz konkreten Projektvorschlägen. Die Schlüsselprojekte, die im Rahmen des geförderten Modellvorhabens entwickelt wurden, sollen je nach kommunaler Finanzlage sukzessive umgesetzt werden. Ziel ist es, das Gebiet sowohl für die deutlich zunehmende Zahl Älterer als auch für junge Familien attraktiv zu gestalten. Es hat sich gezeigt, dass eine aktive Rolle der Kommune und die Einbindung der Bewohner von zentraler Bedeutung sind. Die externe Moderation der Bewohnerversammlung wurde als positiv wahrgenommen. Es können jedoch nicht alle vorgeschlagenen Maßnahmen umgesetzt werden. Ausschlaggebend hierfür sind in erster Linie finanzielle Gründe. Erforderlich sind jedoch auch das Engagement und die Bereitschaft der Bewohner.

Osterholz-Scharmbeck

Basisdaten

Kommune	Osterholz-Scharmbeck	**Bevölkerungsentwicklung**	
Bundesland	Niedersachsen	1990 | **24.705**	
		2000 | **31.206**	
Landkreis	Osterholz	2010 | **30.198**	
Einwohner	**30.032** (2014)	**Bevölkerungsprognose**	sinkend
		Durchschnittsalter der Bevölkerung	44,3 Jahre
Fläche	**146,9 km²**	**Zentralörtliche Funktion**	Mittelzentrum
Bevölkerungsdichte	204 Einwohner/km²	**Siedlungsstruktureller Gemeindetyp**	Mittelstadt

Untersuchungsgebiet	Gesamtstadt
Gebietstyp	sukzessive aufgesiedelt
Aufsiedlungsprozess	überwiegend 1950er- bis 1970er-Jahre
Haustypen	überwiegend freistehende Einfamilienhäuser, Doppel- und Reihenhäuser
Haushalte	9.546
Ansatz	**Integriertes Entwicklungskonzept, Bildungs-Campus für lebenslanges Lernen, Musterhaus zum Wohnen mit Zukunft**
Beteiligte	Stadtverwaltung, Bewohner/Eigentümer, Landkreis, örtliche Handwerker und Architekten, örtliches Kreditinstitut
Finanzierung	EU, Kommune
	Bestandsaufnahme durch Stadtverwaltung, Errichtung / Entwicklung Campus und Musterhaus durch EU-Fördermittel, öffentliche Haushaltsmittel, Sponsoren

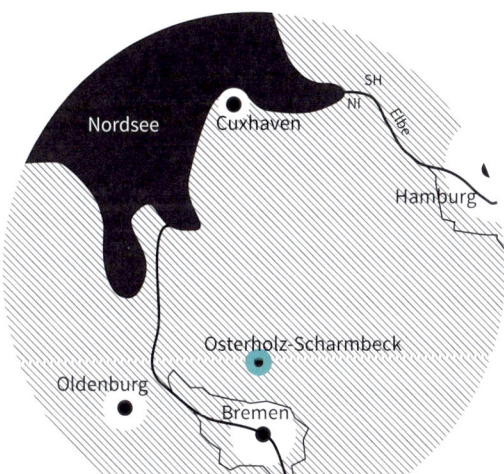

Lage der Stadt Osterholz-Scharmbeck im Raum

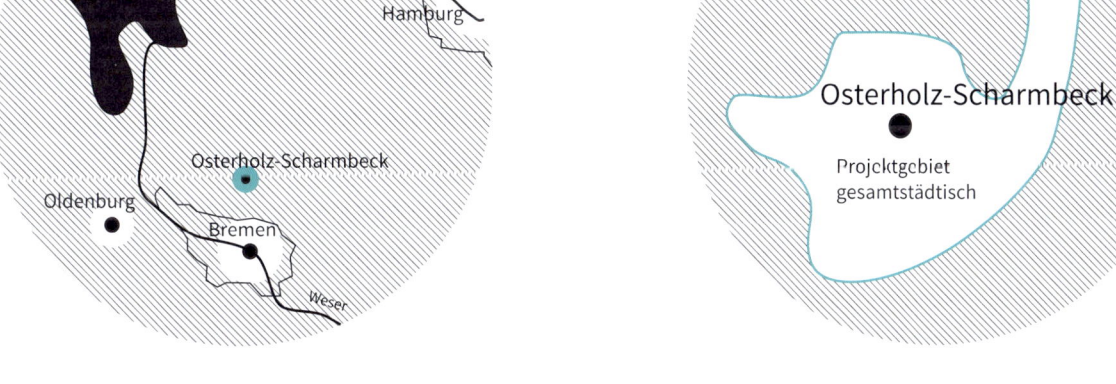

Beispielhaftigkeit des Ansatzes

Die Substanzpflege der 1950er- bis 1970er-Jahre-Wohnungsbestände ist ein wesentliches Ziel der Stadtentwicklung in Osterholz-Scharmbeck. Dies wurde auch im Stadtentwicklungskonzept festgehalten. Ein Schwerpunkt liegt dabei auf der Weiterentwicklung der Ein- und Zweifamilienhausgebiete, die einen Großteil des Siedlungsbestandes in der Stadt ausmachen. Dabei wird der Infrastruktur, den Orten der Bildung und Freizeit, eine besonders wichtige Bedeutung beigemessen. Die Stadt konzentriert sich auf die Innenentwicklung. Es gibt nur sehr wenige Neuausweisungen am Stadtrand (2015: zwölf Bauplätze für Einfamilienhäuser).

Die Stadt zeigt beispielhaft, wie die Attraktivität in die Jahre gekommener Bestandsgebiete, eingebunden in eine gesamtstädtische Stadtentwicklungsstrategie, erhalten werden kann. Dabei war die Schulentwicklungsplanung verknüpft mit der Aufwertung des öffentlichen Raums ein zentrales Handlungsfeld. Als Leuchtturmprojekt wurde der Campus für lebenslanges Lernen realisiert. Kombiniert werden die Maßnahmen zur Stadtentwicklung mit niedrigschwelligen Informations- und Beratungsangeboten zum Wohnen im Alter. Hierfür wurde unter Beteiligung vielfältiger Akteure ein beispielhaftes Projekt realisiert: Ein Musterhaus zum Wohnen mit Zukunft.

Lage im Raum

Osterholz-Scharmbeck ist eine Kreisstadt in Niedersachsen mit knapp 30.000 Einwohnern. Die Stadt liegt rund 25 Kilometer nördlich von Bremen und rund 70 Kilometer östlich von Oldenburg. Sie wird über die Bundesstraße B 74 erschlossen. Durch den Osterholzer-Hafenkanal ist die Stadt mit der Hamme verbunden. Diese Verbindung war früher auch mit der Elbe verknüpft und schiffbar. Zusätzlich zur Kernstadt Osterholz-Scharmbeck gibt es neun Ortsteile mit administrativer Unterstruktur und 24 weitere Ortsteile.

Entstehungsgeschichte

Im Jahr 1927 erfolgte die Vereinigung der beiden Ortschaften Osterholz und Scharmbeck durch den Bezirk Stade des Landes Preußen. Zwei Jahre später erhielt Osterholz-Scharmbeck das Stadtrecht. 1936 und 1974 wurden weitere Gemeinden eingegliedert. Im Krieg kaum zerstört, erlebte die Stadt in den 1950er- bis 1970er-Jahren einen enormen Wachstumsschub, insbesondere durch den Bau von Einfamilienhäusern. Osterholz-Scharmbeck weist mit seiner lockeren Bebauungsstruktur und den zahlreichen Ortsteilen in vielen Siedlungsbereichen die Merkmale einer „Zwischenstadt" auf.

Im Jahr 1978 wurde eine amerikanische Brigade mit rund 7.500 Soldaten in Osterholz-Scharmbeck stationiert. Ein Jahr zuvor war mit dem Bau der Lucius D. Clay-Kaserne begonnen worden. Die Stationierung zog den Bau von Wohnungen und Infrastruktur nach sich. Im August 1993 verließen die letzten US-Truppen die Stadt. Dies stellte einen deutlichen Wendepunkt in der Stadtentwicklung dar. Die Stadt erwarb die frei gewordenen amerikanischen Wohnungen, darunter auch Schlichtwohnungen. Hier fanden mehrere tausend Menschen ein neues zu Hause. Die ehemalige US-Kaserne wird heute als Truppenschule der Bundeswehr genutzt.

Die Geschosswohnungsbereiche mit den Schlichtwohnungen entwickelten sich zu sozialen Brennpunkten und es kam zu Leerständen. In Osterholz-Scharmbeck wurden bisher rund 200 Wohneinheiten abgerissen und durch Einfamilienhäuser ersetzt. Die Stadt weist trotz ihrer überschaubaren Größe viele Problemlagen einer Großstadt auf. Sie wird als „Labor aller Probleme einer Großstadt" verstanden (vgl. Interviews Ortstermin 27.7.2015, Fenelli-Falcke). Im Bereich Kriminalprävention betreibt die Stadt Präventionsarbeit mit der Polizei. Es gibt ein Forum Ziviler Friedensdienst (Kommunale Konfliktberatung Osterholz-Scharmbeck).

Nur wenige große Unternehmen haben ihren Sitz in Osterholz-Scharmbeck. Ziel der Stadt ist es, gute Standortbedingungen für die Betriebe zur Verfügung zu stellen und Ideengeber an die Stadt zu binden. Es gibt einen Kommunalverbund (Landkreis Osterholz), über den ein gemeinsamer Regionalplan erstellt wurde. Es findet eine interkommunale Abstimmung statt, insbesondere im Bereich Einzelhandel. Insgesamt fehlt vielen Kommunen jedoch ein langfristiges Kostenbewusstsein in Bezug auf Baulandausweisungen (Folgekosten, Infrastruktur etc.) (vgl. Interviews Ortstermin 28.07.2015).

In den Jahren 2007 bis 2008 erarbeitete die Stadt ein Stadtentwicklungskonzept. Bürgerbeteiligung fand in diesem Zusammenhang nur punktuell statt, z.B. bei einer Spielplatz- und Straßenerneuerung. Die Stadt schätzt Kommunikationsprozesse als sehr wichtig ein, Bürgerbeteiligung müsse jedoch „fassbar" bleiben und verlässlichen Regeln folgen. Als Herausforderung für die Stadtentwicklung wurde die zentrale Frage formuliert: „Wollen wir Stadt oder Dorf sein?" Die Stadt konzentriert sich auf die Innenentwicklung. Einfamilienhäuser haben einen hohen Stellenwert für die Stadtentwicklung, da sie einen Großteil des Wohngebäudebestandes ausmachen. Ein wichtiges Thema der Stadtentwicklung ist die Stabilisierung der Innenstadt. Ihre Abgrenzung wurde „verkleinert", zwischen Bahnhof und Innenstadt gibt es einen Bereich, der langfristig nicht mit Einzelhandel gefüllt werden kann. Die Einzelhandelsentwicklung soll sich auf den zentralen Stadtkern konzentrieren und so stabilisiert und qualifiziert werden.

Bebauungsstruktur

Das Untersuchungsgebiet befindet sich südlich der Kernstadt. In dem 55 Hektar großen Gebiet leben rund 2.200 Einwohner in 800 Wohngebäuden. Die Bebauung ist geprägt durch Einzel- und Doppelhäuser sowie vereinzelte Reihenhäuser. Das Gebiet entwickelte sich sukzessive durch private Bauherren. Die Straßenräume sind breit und die Bebauung durch großzügige Grundstücke geprägt. Von 2004 bis 2014 sank die Bevölkerung um zirka acht Prozent.

Für das Gebiet wurde bereits in den 1980er-Jahren ein Nachverdichtungskonzept erstellt, das in den 1990er-Jahren jedoch ins Stocken geriet. Die Bewohner konnten sich nicht mit den Planungen identifizieren. Aufbauend auf dem Stadtentwicklungskonzept erfolgte in den Jahren 2009 bis 2013 eine neue Bestandsuntersuchung. Ziel der Stadt ist, die Einfamilienhausgebiete der 1950er- bis 1970er-Jahre zu verdichten. Es ist jedoch nicht geplant, neue Bebauungspläne aufzulegen oder Gestaltungsrichtlinien zu definieren.

Erschließung

Die Einfamilienhausgebiete werden über Wohn- und Stichstraßen erschlossen. Die Parkierung erfolgt auf den Grundstücken und teilweise im Straßenraum. Der Scharmbecker Bach durchfließt das Gebiet in Nord-Süd-Richtung. Entlang des Bachlaufes gibt es eine Fußwegverbindung. Die Innenstadt und der Bahnhof sind in ein bis zwei Kilometern zu erreichen; es gibt eine Busverbindung in die Innenstadt.

Bebauungsstruktur
Osterholz-Scharmbeck

140

Infrastruktur

Die Infrastrukturausstattung ist als gut zu bewerten. Der sozialen und technischen Infrastruktur wird eine hohe Bedeutung beigemessen. Die Stadt engagiert sich beispielsweise auch im Bereich T-City, Breitband (Innovators Club, Deutscher Städte- und Gemeindebund). Osterholz-Scharmbeck verfügt über zahlreiche Bildungsangebote. Es gibt 18 Kindertagesstätten, neun Grundschulen, weiterführende Schulen der Stadt und des Landkreises sowie zwei Förderschulen des Landkreises. Derzeit und perspektivisch gehen die Schülerzahlen in Osterholz-Scharmbeck zurück. Die Nachfrage nach Kindergartenplätzen steigt derzeit noch. Es gibt ein Jugendhaus, ein Stadtteilhaus/Haus der Kulturen, eine Volkshochschule, eine Stadtbibliothek, eine Musikschule sowie weitere Angebote und viele aktive Vereine in der Stadt. Der Campus für lebenslanges Lernen versteht sich als „lernendes Netzwerk". Die Stadt setzt sich intensiv mit Fragen der Bildung auseinander. Ein Thema ist beispielsweise der Übergang vom Kindergarten in die Schule. Brüche in der Bildungsbiografie sollen vermieden werden. „Bildung ist der Weg, Frieden in der Gesellschaft zu schaffen" (vgl. Ortstermin 27.7.2015, Fenelli-Falcke).

Aktuelle Entwicklungen

Die Stadt galt in der Innen- und Außenwahrnehmung lange Jahre als „sozialer Brennpunkt" und wenig attraktiver Wohnstandort. Obwohl das Image Defizite aufweist, sind die Menschen im Allgemeinen mit ihrer Wohnsituation in Osterholz-Scharmbeck zufrieden. Geschätzt werden die Natur und die Landschaft. In den letzten Jahren hat sich das Image jedoch verbessert, insbesondere aufgrund der Aufwertung als attraktiver Bildungs- (Campus-Projekt) und Freizeitstandort. Die Identifikation mit der Stadt ist bei den Bewohnern deutlich gewachsen und auch in den örtlichen Medien werden die positiven Entwicklungen gewürdigt (vgl. Ortstermin 27.07.2015, Fenelli-Falcke).

Die Bevölkerung ist in Osterholz-Scharmbeck in den letzten Jahren nur marginal gesunken. Für die Zukunft wird jedoch eine deutlichere Abnahme prognostiziert. So soll die Bevölkerung bis 2030 auf 28.283 Einwohner sinken. Ausgehend vom Jahr 2012 (29.989 Einwohner) ist dies eine Abnahme um rund 1.700 Einwohner. Die Altersgruppen ab 45 bis 55 Jahren sind derzeit besonders stark vertreten.

61 Prozent aller Einwohner Osterholz-Scharmbecks leben in einem Einfamilienhaus. So machen die Einfamilienhäuser mit 79 Prozent auch den höchsten Anteil am gesamten Wohngebäudebestand aus. 79 Prozent aller Ein- und Zweifamilienhäuser werden vom Eigentümer bewohnt. Die Baufertigstellungen sind seit 2007 auf einem niedrigen Niveau, 2012 und 2013 waren sie mit je knapp 20 Fertigstellungen im Ein- und Zweifamilienhaussegment so niedrig wie seit 1990 nicht mehr.

Einfamilienhäuser – oder auch die Grundstücke – aus den 1950er- bis 1970er-Jahren werden als wettbewerbsfähig eingeschätzt, nicht zuletzt aufgrund ihrer oft guten, innenstadtnahen Lage und der konsequenten Innenentwicklungsstrategie der Stadt Osterholz-Scharmbeck. Ein Quadratmeter erschlossenes Bauland kostet in Osterholz-Scharmbeck im Durchschnitt 105 Euro (2015). Für ein Bestandhaus müssen derzeit rund 70.000 bis 100.000 Euro aufgewendet werden.

Bisher gibt es nur wenige Leerstände in der Stadt. Vor allem an großen Straßen sind jedoch zunehmende Vermarktungsprobleme zu beobachten und Leerstände zu befürchten. Es ist aber auch zu beobachten, dass in solche Bestände Menschen mit geringerem Einkommen ziehen und sich die Sozialstruktur der Gebiete verändert.

In den Einfamilienhausgebieten erfolgt derzeit ein Generationenwechsel. Weder die Bausubstanz noch die technische

Bevölkerungsentwicklung
Osterholz-Scharmbeck 1990 bis 2012

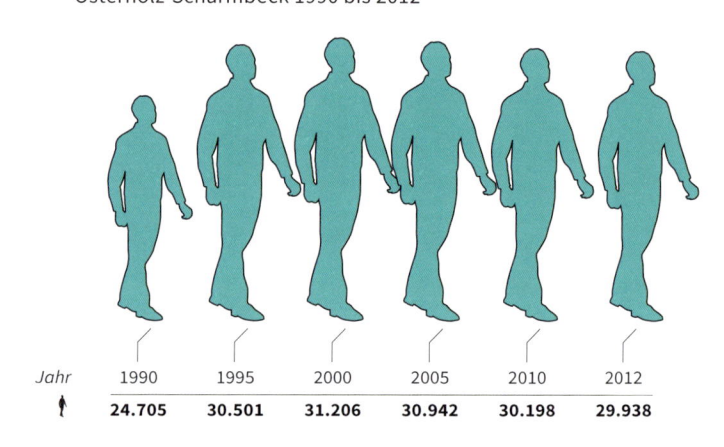

Jahr	1990	1995	2000	2005	2010	2012
	24.705	30.501	31.206	30.942	30.198	29.938

Bevölkerungsprognose
Osterholz-Scharmbeck 2012 bis 2030

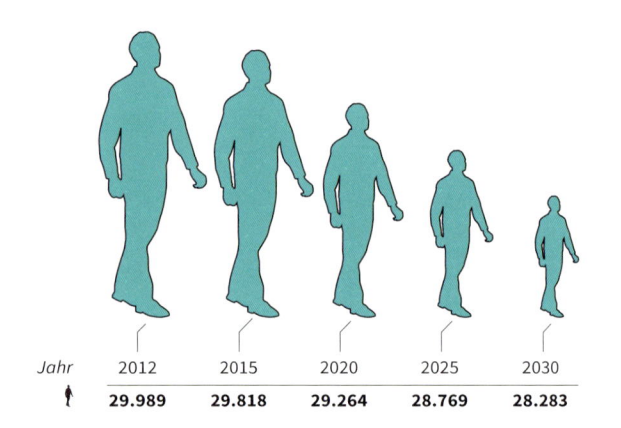

Jahr	2012	2015	2020	2025	2030
	29.989	29.818	29.264	28.769	28.283

Altersstruktur
Osterholz-Scharmbeck (Stand 2011)

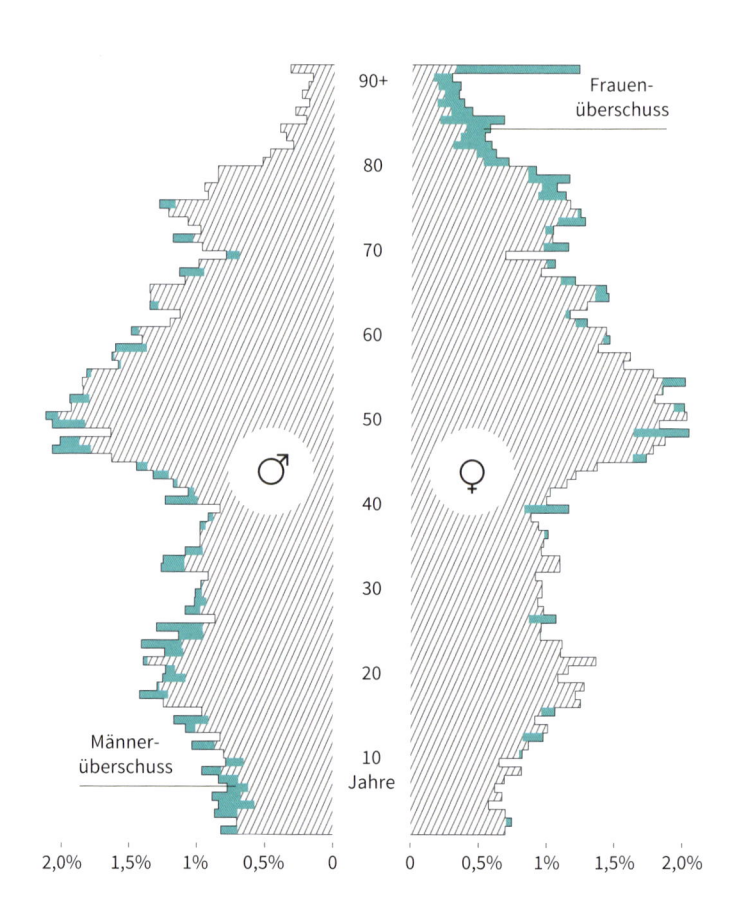

♂ Männerüberschuss

♀ Frauenüberschuss

Personen nach Gebäudetyp
Osterholz-Scharmbeck (Stand 2011)

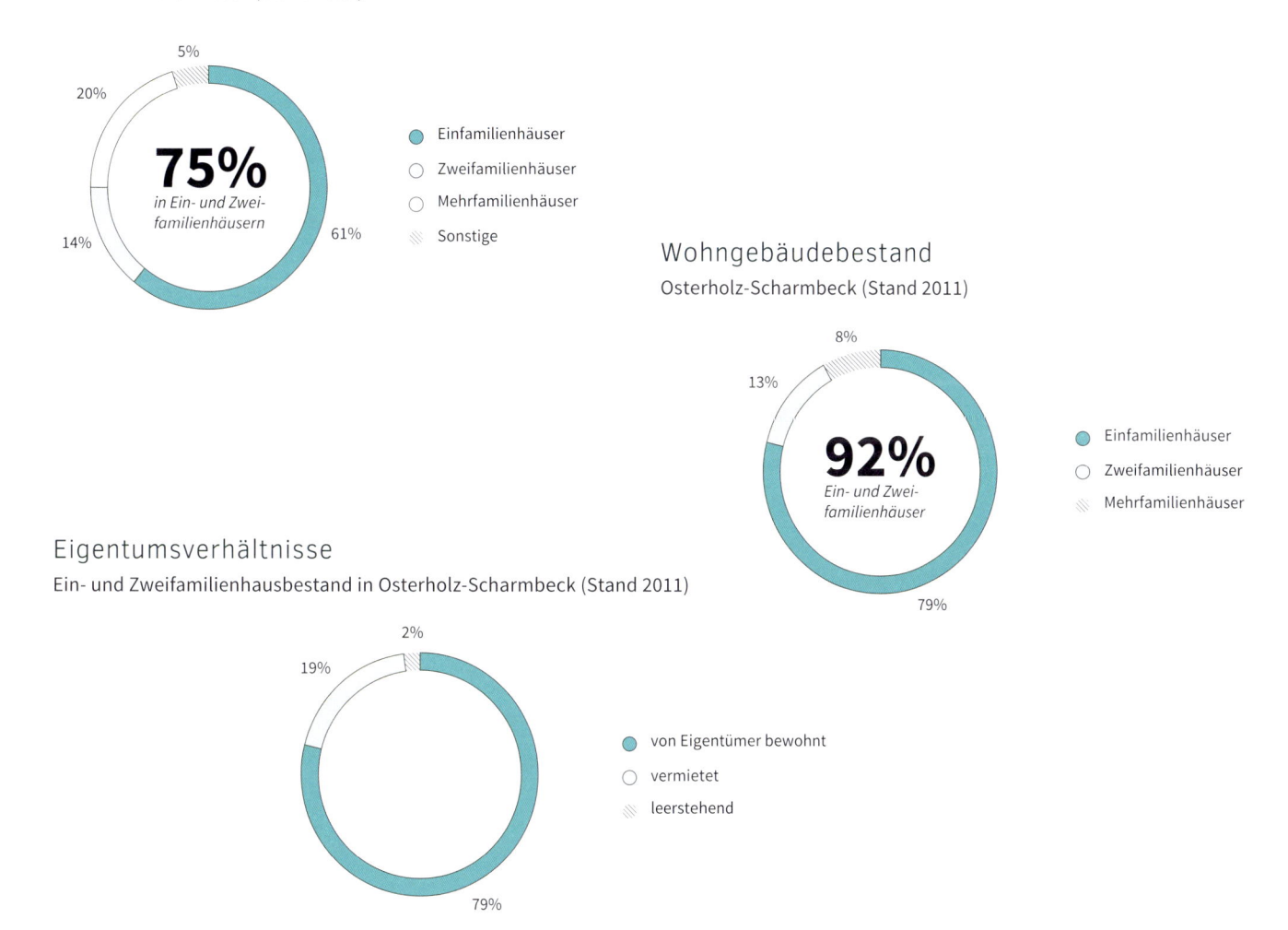

75% in Ein- und Zweifamilienhäusern

- 5%
- 20%
- 14%
- 61%

- ● Einfamilienhäuser
- ○ Zweifamilienhäuser
- ○ Mehrfamilienhäuser
- ▨ Sonstige

Wohngebäudebestand
Osterholz-Scharmbeck (Stand 2011)

92% Ein- und Zweifamilienhäuser

- 8%
- 13%
- 79%

- ● Einfamilienhäuser
- ○ Zweifamilienhäuser
- ▨ Mehrfamilienhäuser

Eigentumsverhältnisse
Ein- und Zweifamilienhausbestand in Osterholz-Scharmbeck (Stand 2011)

- 2%
- 19%
- 79%

- ● von Eigentümer bewohnt
- ○ vermietet
- ▨ leerstehend

Ausstattung der Wohngebäude aus den 1950er- und 1960er-Jahren erfüllen jedoch die heutigen Wohnansprüche. Es gibt einen hohen Modernisierungsbedarf und es ist eine Tendenz zu Abbruch und Neubau zu beobachten. Die Altersstruktur im Gebiet ist gemischt; es gibt viele ältere Bewohner, aber auch junge Familien. Die Nachfrage nach energieeffizienten Umbaumaßnahmen ist bisher noch relativ gering. Um für das Thema der energetischen Sanierung zu sensibilisieren, hat die Stadt eine Broschüre „Erfolgreich sanieren in Osterholz-Scharmbeck" herausgegeben. Das Interesse an barrierefreien Umbaumaßnahmen steigt. Es wird beobachtet, dass die Bewohner jedoch meist zu spät über diese Themen nachdenken; die Hemmschwelle ist groß. Es gibt bisher nur einzelne Maßnahmen zur barrierearmen Umgestaltung des Quartiers; am Rande des Gebietes wurde eine Straße erneuert. Es gibt immer wieder Ideen und Initiativen, die öffentlichen Spielplätze zu privatisieren und in Baugrundstücke umzuwidmen. Dies hält die Stadt nicht für richtig. Sie will diese Orte als öffentliche Orte aufrechterhalten – bis zum Generationenwechsel als „Enkelspielplätze".

Die Altersstruktur in den Gebieten ist durch einen Trend zur Verjüngung gekennzeichnet. Bisher funktioniert der Generationenwechsel noch gut. Durch den demografischen Wandel werden in Zukunft jedoch deutlich mehr Einfamilienhäuser aus den 1950er- bis 1970er-Jahren auf den Markt kommen. Ob es eine ausreichende Nachfrage für alle Häuser geben wird, ist fraglich.

Bautätigkeit / Baufertigstellungen
Wohngebäude 1990 bis 2013 in Osterholz-Scharmbeck

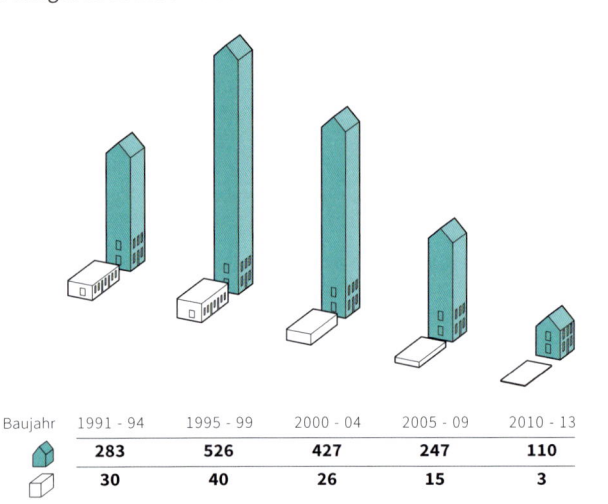

Baujahr	1991 - 94	1995 - 99	2000 - 04	2005 - 09	2010 - 13
Einfamilienhäuser	283	526	427	247	110
Mehrfamilienhäuser	30	40	26	15	3

Jahr	Gesamt	Ein- und Zweifamilienhäuser	Mehrfamilienhäuser
1990	Daten liegen nicht vor		
1991	42	37	5
1992	125	113	12
1993	51	46	5
1994	95	87	8
1995	84	79	5
1996	174	158	16
1997	111	103	8
1998	106	99	7
1999	91	87	4
2000	94	93	1
2001	121	112	9
2002	82	76	6
2003	83	78	5
2004	73	68	5
2005	83	78	5
2006	66	61	5
2007	37	35	2
2008	39	38	1
2009	37	35	2
2010	30	30	0
2011	35	35	0
2012	25	24	1
2013	23	21	2

Es gibt so gut wie keine Bebauungspläne im Bereich der älteren Einfamilienhausgebiete. Durch Neubau- und Umbaumaßnahmen droht der einheitliche Charakter der Gebiete verloren zu gehen. Der gestalterischen Einheit der Bestandsgebiete misst die Stadt jedoch auch keine prioritäre Bedeutung bei. Baukulturelle und gestalterische Aspekte wurden weder im Entwicklungskonzept noch bei den einzelnen Umbaumaßnahmen explizit berücksichtigt. Das Bewusstsein hierfür ist bei den Bauherren wenig ausgeprägt. Bauanträge werden in der Regel von Handwerksmeistern oder Bauingenieuren gestellt, Architekten sind selten an den Umbaumaßnahmen beteiligt.

Initiative/Projekt

Im Jahr 2007 begann die Stadt ein integriertes Stadtentwicklungskonzept zu erarbeiten (integriertes städtisches Entwicklungs- und Wachstumskonzept). Da der Gebäudebestand in Osterholz-Scharmbeck größtenteils durch Einfamilienhäuser aus den Nachkriegsjahrzehnten geprägt ist, wurde die Weiterentwicklung dieser Gebiete als ein Handlungsschwerpunkt der Stadtentwicklung ausgewiesen. In den Einfamilienhausgebieten steht der Generationenwechsel an, es gibt erhöhte energetische Anforderungen, demografische Veränderungen und sich wandelnde Wohnwünsche.

Analysen ergaben, dass die städtebauliche und sozialstrukturelle Situation in den Bestandseinfamilienhausgebieten weitestgehend stabil ist. Die Altersstruktur entwickelt sich nicht signifikant nach oben. Die Nachfrage nach Bestandsimmobilien ist relativ gut; die Sanierungstätigkeit für energetische Sanierungsmaßnahmen jedoch noch gering. Die Stadt beobachtet die Situation in den Bestandswohngebieten kontinuierlich und möchte durch städtisch finanzierte Maßnahmen, beispielsweise die Gestaltung des öffentlichen Raums, private Investitionen anregen. Um speziell jüngere Nachfragegruppen zu erreichen, soll die Stadt als Wohn- und Bildungsstandort ausgebaut werden. Dabei wird stets die gesamtstädtische Entwicklung betrachtet.

Es wurden zwei bemerkenswerte Projekte realisiert, die beispielhaft für den strategischen Ansatz der Stadt sind: Der Bildungscampus für lebenslanges Lernen und das Musterhaus zum Wohnen mit Zukunft. Wesentliche Akteure der Initiativen sind die Stadt, der Landkreis Osterholz und weitere lokale Akteure (Handwerker, Architekten u.a.). Die Stadt finanzierte die Bestandsaufnahmen. Die Errichtung/Entwicklung des Campus und des Musterhauses wurde durch EU-Fördermittel und öffentliche Haushaltsmittel finanziert.

Bildungscampus

Der Campus für lebenslanges Lernen grenzt direkt nördlich an das Untersuchungsgebiet an. Bestandteil des Campus sind die Oberschule „Lernhaus im Campus", das Medienhaus mit Mensa, Kreis- und Stadtbibliothek, das Kreismedienzentrum und das Stadtarchiv, das Allwetterbad, das Gymnasium und das Bildungshaus. In die Ideen für den Campus sind Erfahrungen aus dem Soziale Stadt Gebiet in Osterholz-Scharmbeck eingeflossen. Wesentlicher Gedanke des Campus-Konzeptes ist, die unterschiedlichen Bildungsangebote und soziokulturellen Einrichtungen besser zu vernetzen (Schulen, Jugendarbeit, Vereine, Kultureinrichtungen etc.). Zunächst war es schwierig, den Stadtrat von dem innovativen Konzept zu überzeugen.

Ein regelmäßig erscheinender Flyer informiert über die Angebote auf dem Bildungscampus. Der überwiegende Teil der Veranstaltungen ist kostenfrei. Der Campus für lebenslanges Lernen in Osterholz-Scharmbeck bietet Bildungs- und Begegnungsangebote für alle Generationen (vgl. Campus-Flyer 28.01.2016). In den Jahren 2010 bis 2015 wurden, finanziert durch den Europäischen Fonds für regionale Entwicklung (3,81 Millionen Euro) sowie Eigenmittel der Stadt und des Landkreises (zusammen knapp 20 Millionen Euro), zwei Neubauten errichtet: ein Medienhaus mit Kreis- und Stadtbibliothek, Kreismedienzentrum, Kreisarchiv, Mensa, Aula und Medienproduktionsräumen und die Oberschule „Lernhaus im Campus". Ein Bestandsgebäude wurde zum Bildungshaus mit Volkshochschule, Begegnungs- und Beratungsangeboten (z.B. Familienservicebüro, Seniorenberatungsstelle) umgebaut sowie der Campusplatz mit Parkplätzen neu angelegt. Die Gesamtkosten betrugen 23,8 Millionen Euro.

Die Oberschule (5. bis 10. Klasse) wurde als viergeschossiges Lernhaus am Standort der alten Realschule errichtet und hat rund 600 Schüler zwischen zehn und 15 Jahren. Eine Schule

146

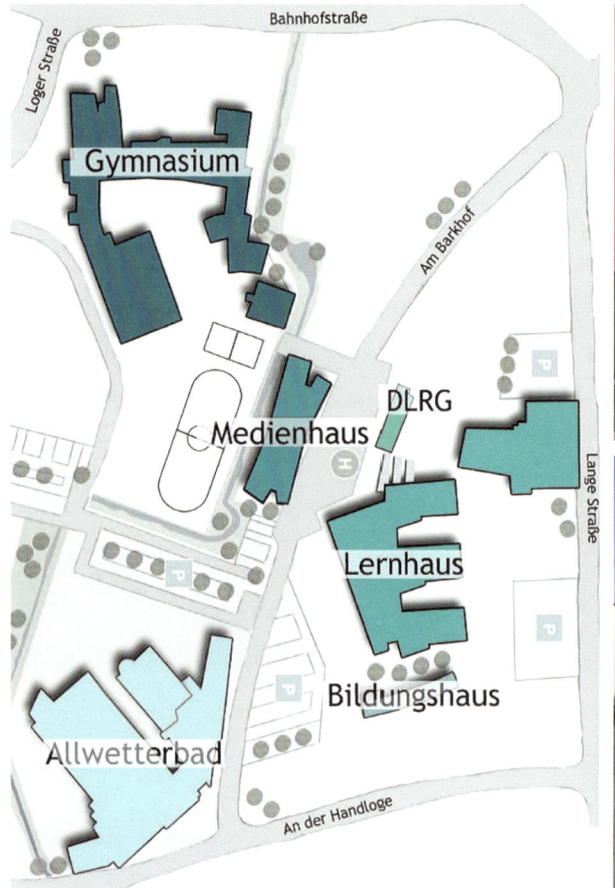

mit einem neuen pädagogischen Konzept wurde konzipiert, um bessere Bildungserfolge sicherzustellen. Sie ist als Ganztagsschule konzipiert und ermöglicht einen Haupt- oder Realschulabschluss. Gemeinsames Lernen und die individuelle Förderung stehen im Vordergrund des pädagogischen Konzeptes. Es gibt keine Klassenräume im herkömmlichen Sinne: jeder Schüler hat seinen eigenen Arbeitsplatz. Lehrkräfte verstehen sich als Mentoren und Lernbegleiter. Sie arbeiten in Jahrgangsteams. Unterricht findet in den Lernlandschaften und in den Input-Räumen und Fachräumen statt. Projektunterricht ist ein wichtiger Bestandteil der Pädagogik.

Die Oberschule ist keine Modellschule, das Konzept bewegt sich im Rahmen der gesetzlichen Vorgaben des Landes. Inklusion ist ein wichtiger Gedanke, der auf dem Campus gelebt wird. Im Bereich soziale Infrastruktur und Bildung stehen der Mensch und der inklusive Ansatz im Vordergrund (UN-Behindertenrechtskonvention). Im Rahmen des mit ESF-Mitteln geförderten LINES-Projektes sollen Bildungschancen erleichtert werden. Ältere Menschen werden als Lernpaten eingesetzt. Hierfür gibt es angesichts der wachsenden Zahl Älterer ein großes Potenzial in der Gesellschaft. Das Medienhaus bietet Möglichkeiten zum Erwerb von Medienkompetenz und regt zum selbstständigen Lernen an. Im Haus der Volkshochschule gibt es einen offenen Treff. Weiterbildungsangebote werden mit niedrigschwelligen Beratungs- und Begegnungsangeboten kombiniert. Das Schwimmbad am Rande des Campus wird privatwirtschaftlich geführt.

Die Nutzung des Campus ist gut angelaufen, auch wenn das Bewusstsein bei vielen Menschen für zukunftsfähige Bildungsthemen noch nicht so sehr verankert ist. Eine Managerin steuert und koordiniert seit September 2014 das Netzwerk aus unterschiedlichen Partnern auf dem Bildungscampus. Es ist nicht immer einfach, alle Institutionen auf dem Campus, ihre Angebote und spezifischen Bedürfnisse zu koordinieren. Die multifunktionale Nutzung der Räume ist nicht konfliktfrei. Die Schule nutzt die Aula beispielsweise als Mensa. Weitere Bildungseinrichtungen in der Stadt und Region werden eingebunden, um das Bildungsangebot zu erweitern. Es gibt eine Kooperation mit einer benachbarten Grundschule, der Beethovenschule. Auch zu überregionalen Partnern der Wissenschaft und Wirtschaft werden Kontakte aufgebaut und Drittmittel eingeworben.

Musterhaus zum Wohnen mit Zukunft

Um den altersgerechten Umbau von Bestandsimmobilen zu forcieren, wurde ein Musterhaus zum Wohnen mit Zukunft als anschauliches Projekt errichtet. Das Musterhaus wurde im Juli 2013 eröffnet und ist ein gemeinsames Projekt des Landkreises Osterholz, der Kreissparkasse Osterholz und der Kreishandwerkerschaft Bremervörde-Osterholz-Verden (vgl. Musterhaus zum Wohnen mit Zukunft Landkreis Osterholz, 28.01.2016). Die Initiative wurde von der Presse sehr aktiv begleitet. Das Haus aus den 1960er-Jahren befindet sich im Eigentum der Kreissparkasse. Sie stellte die Immobilie mit rund 83 m² Wohnfläche kostenfrei für zehn Jahre zur Verfügung. Vor dem Umbau entsprach das Haus nicht den Anforderungen an ein seniorengerechtes Wohnen. Die Materialkosten für den Umbau betrugen 80.000 Euro. Die Finanzierung erfolgte über eine Förderung des Bundesministeriums für Familie, Senioren, Frauen und Jugend (50.000 Euro) sowie der Kreissparkasse (20.000 Euro) und der Landesbausparkasse LBS (10.000 Euro). Die Projektkoordination übernimmt eine Mitarbeiterin der Initiative „ProArbeit" (Landkreis-Tochter), unterstützt durch die Kreisverwaltung.

Das Umbaukonzept entstanden im Sommer 2011 unter ehrenamtlicher Mitwirkung von 17 Handwerksbetrieben sowie vier Architekten/Planern. Seit der Eröffnung des Musterhauses 2013 informierten sich über 2.100 Interessierte über Umbaumöglichkeiten (Stand Sommer 2015). Regelmäßig geöffnet ist das Haus für zwei Stunden pro Woche; darüber hinaus können individuelle Termine vereinbart werden. Ziel ist es, ein niederschwelliges Beratungsangebot zur Verfügung zu stellen.

Das dauerhaft eingerichtete Musterhaus zum Wohnen mit Zukunft ist bisher einzigartig. Im „Musterhaus zum Ausprobieren" werden anschaulich und verständlich Umbaumöglichkeiten, „Ideen zum Anfassen" und verschiedene Alternativen aufgezeigt, die auf unterschiedliche Lebenslagen reagieren und die ein ansprechendes Ambiente vermitteln („keine Krankenhausatmosphäre"). Es wird gezeigt, wie Teilbereiche des Hauses umgebaut werden können, es wird bewusst kein „perfektes" (und damit vielleicht unbezahlbares) Idealkonzept präsentiert. Es soll vermittelt werden, wie mit vertretbarem Aufwand ein möglichst selbstbestimmtes Leben im Alter möglich ist. Ziel ist es, die Menschen für das Thema „Wohnen im Alter" zu sensibilisieren sowie umfassend und individuell zu informieren. In Gesprächen wird über Umbaumöglichkeiten informiert, es finden Vortragsveranstaltungen und informelle Treffen statt; zugleich ist es das Ziel, die Kompetenzen des regionalen Handwerks zu stärken. Absicht ist es nicht nur, die Bewohner zu sensibilisieren, sondern auch die örtlichen Handwerker und Architekten.

Auswertung und Übertragbarkeit

Das integrierte Stadtentwicklungskonzept legte einen Schwerpunkt auf die Innenentwicklung, die bedarfsgerechte Bestandsanpassung der Wohngebiete der 1950er- bis 1970er-Jahre sowie auf die Qualifizierung der Stadt als Bildungsstandort.

Das Musterhaus wird rege besucht, die Veranstaltungen und Beratungsangebote werden gut nachgefragt. Es hat sich als Erfolg erwiesen, die Umbauoptionen am konkreten Objekt zu präsentieren. Die Weiterqualifizierung örtlicher Handwerker im Bereich „altersgerecht Umbauen" ist bisher jedoch noch nicht sehr erfolgreich, da die Betriebe ausgelastet sind. Als zentral für das Konzept und eine mögliche Übertragbarkeit wird die Niederschwelligkeit des Angebotes betrachtet. Sehr wichtig für den Erfolg sind neutrale Beratungsangebote und eine gute Koordination unterschiedlicher Angebote. Derzeit werden auch ehrenamtliche Wohnberater (NBank, KfW) eingesetzt, die aufsuchend tätig sind, aber noch zurückhaltend nachgefragt werden.

Die Stadt war der Initiator des Bildungscampus. Motivation war, in Bildung zu investieren und Bildung einen höheren Stellenwert als (kurzfristig angelegte) ökonomische Effizienz zu geben. Die Stadt wird als gesamter Bildungsstandort begriffen. Das Ziel der Stadt, ein Bildungsangebot für alle Generationen bereitzustellen, ist erfolgreich. Als Schlüsselprojekt wurde der Campus für lebenslanges Lernen realisiert. In der Stadt, die lange Zeit nicht als bevorzugter Wohnstandort galt, soll jedes Kind sowie jeder Jugendliche seinen individuellen Bildungsweg finden. Durch die Vernetzung der Bildungsangebote und neue pädagogische Konzepte werden bessere Bildungserfolge sichergestellt. Der Campus für lebenslanges Lernen ist ein Motor der Stadtentwicklung mit überregionaler Bedeutung. Die Erneuerung der Infrastruktur und die Realisierung des Bildungscampus haben wichtige Impulse gesetzt. Die Gebiete der 1950er- bis 1970er-Jahre erneuern sich „von innen heraus". Eine Übertragbarkeit dieser Stadtentwicklungsstrategie ist sehr gut gegeben.

6.2 Wohnraum erweitern und zusätzlichen Wohnraum schaffen

Die Grundrisszuschnitte und Wohnungsgrößen der Einfamilienhäuser entsprechen in vielen Fällen nicht mehr heutigen Wohnwünschen. Wenn der Generationenwechsel einsetzt, werden die Gebäude nicht nur energetisch saniert, sondern auch den individuellen Wohnbedürfnissen angepasst. Es wird angebaut, umgebaut oder aufgestockt.

Vor allem in verdichteten Einfamilienhausgebieten sind die Optionen für Wohnraumerweiterungen jedoch eingeschränkt; auch können Baumaßnahmen zu Konflikten in der Nachbarschaft führen. Bauliche Veränderungen im gewünschten Umfang sind meist nur mit Zustimmung der Nachbarn umsetzbar. Anbauten und Erweiterungen, die in der Nachbarschaft aufeinander abgestimmt werden, sind sehr selten. Die individuellen Bedürfnisse, Lebenssituationen und finanziellen Möglichkeiten sind zu unterschiedlich.

In Reihenhausgebieten können Wohnraumerweiterungen die Gartennutzung stark einschränken und die Belichtung der Nachbargrundstücke beeinträchtigen, wenn die Gärten sehr klein sind. In Gebieten mit einer wenig dichten Bauweise ist es möglich, zusätzlichen Wohnraum durch den Bau neuer Gebäude – z.B. im rückwärtigen Grundstücksbereich – zu schaffen. Bebauungspläne zur Nachverdichtung scheitern jedoch oft aufgrund von Einsprüchen aus der Nachbarschaft. Die Aufrechterhaltung einer gebietsverträglichen Dichte ist oft eine Gradwanderung. In einheitlich aufgesiedelten Einfamilienhausgebieten können individuelle Erweiterungen und Aufstockungen zudem das homogene Siedlungsbild gefährden, das in vielen dieser Gebiete eine Qualität darstellt und identitätsstiftend wirkt.

Je nach Bebauungsstruktur und geltendem Baurecht können die Spielräume für Wohnraumerweiterungen sehr unterschiedlich sein. Vielfach gibt es keinen Bebauungsplan, sodass Bauanfragen nach § 34 BauGB beurteilt werden. Eine verlässliche gesetzliche Grundlage ist in vielen Einfamilienhausgebieten der 1950er- bis 1970er- Jahre nicht gegeben. Die rechtliche Beurteilung von Erweiterungswünschen kann von den Bewohnern als Ermessenssache der Verwaltung wahrgenommen werden; fehlende verlässliche Grundlagen können Investitionen in den Bestand erschweren.

Um die Konkurrenzfähigkeit von Einfamilienhäusern der 1950er- bis 1970er-Jahre gegenüber Neubauten zu gewährleisten, müssen bauliche Veränderungen und Anpassungen möglich sein. Das Fallbeispiel Aalen Triumphstadt zeigt, wie der Wunsch nach Wohnraumerweiterung mit formellen und informellen Instrumenten geregelt werden kann. In Bocholt wird in Einfamilienhausgebieten mit geringer Dichte ein Bauen in zweiter Reihe ermöglicht. Es wird deutlich, welche Chancen aber auch Konflikte sich aus dieser Stadtentwicklungsstrategie ergeben können. Fehlt die Akzeptanz, bleiben die Pläne Papier.

Aalen
Triumphstadt

Basisdaten

Kommune	Aalen	Bevölkerungsentwicklung	
Bundesland	Baden-Württemberg	1990	**64.781**
		2000	**66.373**
Landkreis	Ostalbkreis	2010	**66.113**
Einwohner	**66.813** (2014)	Bevölkerungsprognose	sinkend
		Durchschnittsalter der Bevölkerung	43,7 (2013)
Fläche	**146,63 km²** (Gebiet 16,7 ha)	Zentralörtliche Funktion	Mittelzentrum
Bevölkerungsdichte	456 Einwohner/km²	Siedlungsstruktureller Gemeindetyp	Mittelstadt

Untersuchungsgebiet	Triumphstadt (Werksiedlung der Firma Triumph Miederwaren)
Gebietstyp	einheitlich aufgesiedelt, Demonstrativbauvorhaben
Aufsiedlungszeitraum	1958-1964
Größe des Untersuchungsgebiets	ca. 16,7 ha
Einwohner im Untersuchungsgebiet	ca. 1.383 (2014)
Haustypen	freistehende Einfamilienhäuser, Doppelhäuser, Reihenhäuser
Haushalte	580 Wohneinheiten, davon: Einfamilienhäuser 65 WE, Reihenhäuser 115 WE, Doppelhäuser 21 WE, Geschossbauten 79 WE; Privateigentum 530 WE, Mietwohnungen 50 WE
Programm	Gestaltungsplan und planungsrechtliche Sicherung über Bebauungsplan
Beteiligte	Stadtverwaltung, Bewohner/Eigentümer, Architekten, Eigenheimgemeinschaft (Diskussionsprozesse)
Finanzierung	Kommune (Planung), Privat (Baumaßnahmen)

Lage im Raum
Aalen

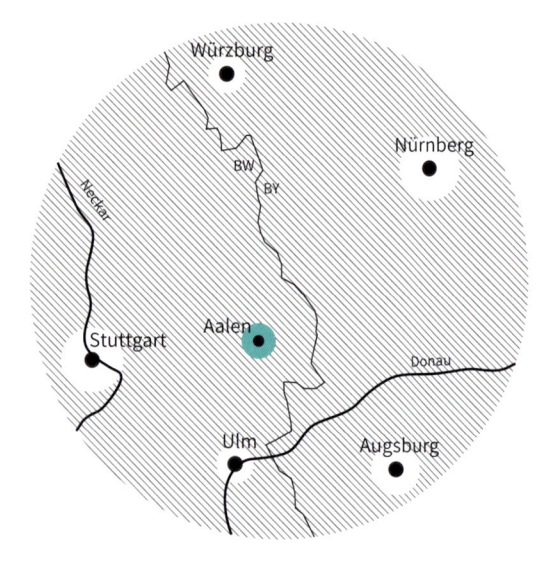

Lage der Triumphstadt
Aalen

Beispielhaftigkeit des Ansatzes

Die Werksiedlung Triumphstadt der Firma Spießhofer' & Braun, Heubach wurde zwischen 1958 und 1964 als Demonstrativbauvorhaben gebaut. Ein einheitliches Gestaltbild mit sechs unterschiedlichen Gebäudetypen und einer streng hierarchisch gegliederten Erschließung sind prägend für das Gebiet. Heute leben noch viele Erstbewohner in den Häusern. Es ist aber ein stetiger Generationenwechsel zu beobachten. Die Hanglage und fehlende Nahversorgung erschweren den Alltag für ältere und weniger mobile Bewohner in der Triumphstadt. Dennoch ist die Siedlung aufgrund ihrer Nähe zur Innenstadt ein beliebter Wohnstandort. Die knapp bemessenen Grundrisse werden den Wohnwünschen junger Familien meist jedoch nicht gerecht. Änderungen der Grundstrukturen können dabei schnell zu einer Überformung des einheitlichen Gestaltbildes führen. Um den Erhalt des Siedlungscharakters zu unterstützen, hat die Stadt Aalen bereits 1995 einen Gestaltungsplan erarbeitet, der Wohnerweiterungsoptionen darlegt. Dieser informelle Plan wurde mit einer Änderung des Bebauungsplanes 2008 rechtlich gesichert. Zwischen 1995 und 2008 wurde der Gestaltungsplan bei Baugesuchen als Orientierung genutzt. Die Inhalte des Gestaltungsplanes flossen in die Ausgestaltung des Bebauungsplanes ein. Die Eigenheimgemeinschaft der Triumphstadt wirkte bei dem Prozess mit. Umgesetzte Wohnraumerweiterungen zeigen, wie sich die Dachlandschaft perspektivisch verändern wird. Die Herangehensweise der Stadt Aalen ist in Bezug auf die gewählten Instrumente – Gestaltungsplan und Bebauungsplan – von Bedeutung.

Lage im Raum

Die Mittelstadt Aalen liegt im Osten Baden-Württembergs im Ostalbkreis. Sie ist Kreisstadt und die größte Stadt des Kreises und der Region. Über die Autobahn A 7 und die Bundesstraßen B 19 und B 29 ist sie an den überörtlichen Verkehr angeschlossen. Die naturräumlichen Gegebenheiten setzen der Siedlungsentwicklung enge Grenzen. Die rund 16 Hektar große Triumphstadt liegt an einem Nordhang rund zwei Kilometer südlich der Kernstadt an der Bundesstraße B 19 Richtung Unterkochen. Über die Langertstraße ist die Triumphstadt erreichbar (vgl. Stadt Aalen, Stadtplanungsamt, 2006: 1).

Entstehungsgeschichte

Die Triumphstadt wurde zwischen 1958 und 1964 als Demonstrativbauvorhaben errichtet, Bauherr war die Triumph-Wohnungsbau GmbH. Die damals führende Miederwarenfabrik der Firma Spießhofer' & Braun, Heubach errichtete rund 500 Wohnhäuser für Heimatvertriebene, die in der Firma arbeiteten. Sie sollten in einer modernen „Gartenstadt" ein neues Zuhause finden. Dem Bau wurde ein einheitliches Bebauungskonzept mit Musterbaugesuchen zugrunde gelegt. Das städtebauliche Konzept wurde auf der Grundlage eines strengen Siedlungs- und Gestaltungsrasters entwickelt. Die Planung und Durchführung des Vorhabens übernahm der Berliner Architekt G. Höritz. Das Baugelände stellte eine in sich geschlossene Einheit dar und gewährte einen Ausblick in die Täler der Ostalb. Geplant war die Triumphstadt – gemäß den Grundsätzen der Demonstrativbauvorhaben – als ein Stadtteil mit modernsten technischen und städtebaulichen Erkenntnissen. Die Verkehrsgestaltung erfolgt nach dem Vorbild des Radburne-Systems: eine Ringerschließung ohne Kreuzungen. Den Mittelpunkt der Siedlung bildete ein Ladenzentrum mit Gemeinschaftshaus, Spielplätzen, Kindergärten, Lichtspieltheater, Ledigenwohnheim, Geschäftshäusern und den notwendigen öffentlichen Einrichtungen. Als Demonstrativbauvorhaben zählte die Triumphstadt zu den erstrangigen Wohnungsbauvorhaben der Bundesregierung (vgl. Die Zeit 07.03.1957).

Bebauungsstruktur

Die in Aalen verbreitete Wohnform ist das Einfamilienhaus. Dies spiegelt sich auch in der Triumphstadt wider. Das Gebiet liegt an einem Nordhang. Die Bebauungsstruktur wird durch sechs verschiedene Haustypen überwiegend in verdichteter Reihenhausbebauung mit Satteldächern geprägt. Die Grundstückszuschnitte sind schmal und tief. Die Erschließung erfolgt über die Ringstraße, Querverbindungen und einzelne Stichstraßen. Die Gebäude sind entlang der Stichstraßen parallel zum Hang und entlang der Querverbindungen senkrecht zum Hang ausgerichtet. Sie sind streng nach Süden oder Westen orientiert. Die Straßenbreiten sind hierarchisch gegliedert, die Stichstraßen sind sehr schmal, die Ringstraße ist dagegen großzügig dimensioniert.

Insgesamt gibt es in der Triumphstadt 580 Wohneinheiten. Darunter 65 freistehende Einfamilienhäuser, 415 schmale, tiefe Reihenhäuser, 21 Doppelhäuser und 79 Geschosswohnungen. 530 Wohneinheiten befinden sich in Privateigentum; 50 Wohneinheiten sind Mietwohnungen (vgl. ARGE Forschungsgruppe Stadt + Umwelt et al. 2005: 5-47ff). Die Einzel- und Doppelhäuser befinden sich im Norden und Osten des Gebietes, im Kern ist eine verdichtete Reihenhausbebauung prägend. Im Norden und Süden wird die Triumphstadt durch Waldflächen umrahmt. Im Tal und am gegenüberliegenden Hang befinden sich Industrie- und Gewerbeflächen. Ein Bildungszentrum

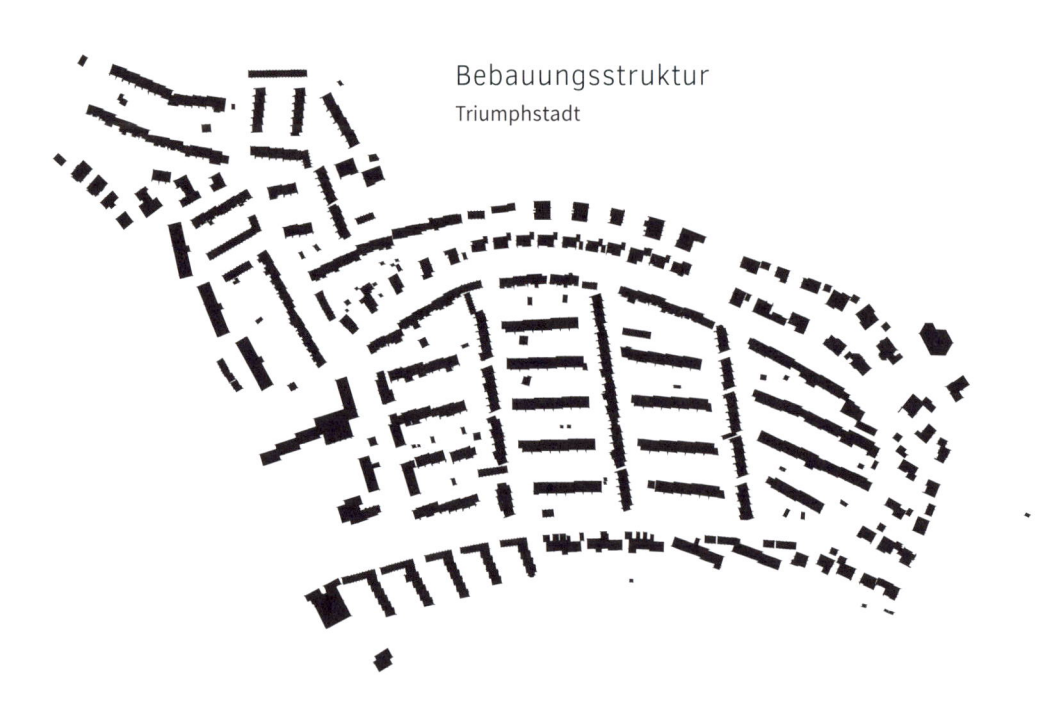

Bebauungsstruktur
Triumphstadt

154

grenzt westlich an das Gebiet an, östlich der Triumphstadt gibt es Wiesen- und Ackerflächen (vgl. Stadt Aalen, Stadtplanungsamt, 2006 a: 1ff). Prägend für die Bebauung ist die verdichtete Bebauungsstruktur. Die Nordhanglage schränkt die Besonnung ein. Es gibt bis auf einen Spielplatz im Nordwesten der Siedlung keine öffentlichen Grünflächen.

Die Grundflächen der Häuser liegen je nach Gebäudetyp bei 57 bis 116 m². In ihrer Kubatur wurden die Gebäude bis heute nur wenig verändert. Einige Gebäude wurden aufgestockt oder erweitert. Viele Vorgartenzonen haben ihren ursprünglichen Charakter verloren; sie dienen heute vorwiegend der Parkierung.

Die Gestaltung der Häuser ist sehr unterschiedlich. Die ursprünglich relativ einheitlichen Fassaden und Farbgebungen wurden vielfach durch neue Fassadengestaltungen, neue Türen, Fenster, Rollläden und Vordächer überformt (vgl. Interviews Ortstermin 13.01.2015).

Erschließung

Die Langertstraße verbindet das Gebiet mit der Innenstadt und der Bundesstraße B 19. Ein hierarchisches Straßensystem durchzieht das Gebiet. Sehr schmale Stichstraßen und Grundstücke bringen eingeschränkte Parkmöglichkeiten mit sich.

Es gibt eine Busverbindung in die Innenstadt. Die Taktung des Busses ist jedoch insbesondere an den Wochenenden eingeschränkt. Entlang der Ringstraße gibt es drei Bushaltestellen. Die exponierte Hanglage und die nördlich verlaufende Bundesstraße bringen eine deutlich wahrnehmbare Lärmbelastung mit sich.

Infrastruktur

Die Nahversorgung ist nicht mehr gewährleistet und die Ausstattung mit Infrastruktur nicht befriedigend (vgl. Interviews Ortstermin 13.01.2015). Die ehemalige Ladenzeile ist heute nur sehr eingeschränkt funktionsfähig. Eine Gaststätte und ein Kiosk können nur einen kleinen Teilbereich der Nachfrage abdecken. Es gibt bis auf einen kleinen Spielplatz im Nordwesten des Gebietes keine Grünflächen oder öffentliche Treffpunkte im Gebiet. In der Triumphstadt gibt es eine Verwaltungsschule, in angrenzenden Gebieten befinden sich eine Grundschule, zwei Kindergärten und eine Kirche.

Aktuelle Entwicklungen

Die Einwohnerzahlen der Stadt Aalen schwanken, seit 2010 ist wieder ein Anstieg der Bevölkerung zu verzeichnen. Für die Zukunft wird bis 2030 ein Rückgang der Einwohnerzahl auf 65.130 Einwohner prognostiziert (vgl. Statistisches Landesamt Baden-Württemberg). Die Altersstrukturdaten zeigen, dass im Vergleich zu den Vorjahren die älteren Einwohner ab 45 bis 55 Jahren zugenommen haben. Es ist allerdings bislang ein kontinuierliches und stabiles Bevölkerungs- und Haushaltswachstum festzustellen. Um der Wohnungsnachfrage gerecht zu werden, weist die Stadt neue Baugebiete aus.

Der Anteil der Einfamilienhäuser am gesamten Wohngebäudebestand ist mit 60 Prozent vergleichsweise hoch. Der überwiegende Teil der Ein- und Zweifamilienhäuser wird von den Eigentümern bewohnt. Die Wohnbaufertigstellungen im Einfamilienhausbereich schwanken stark.

In der Triumphstadt lebten zur Zeit der Aufsiedlung, um 1961, zunächst 967 Personen, 1979 waren es bereits 1.861. Bis zum

Bevölkerungsentwicklung
Aalen 1990 bis 2012

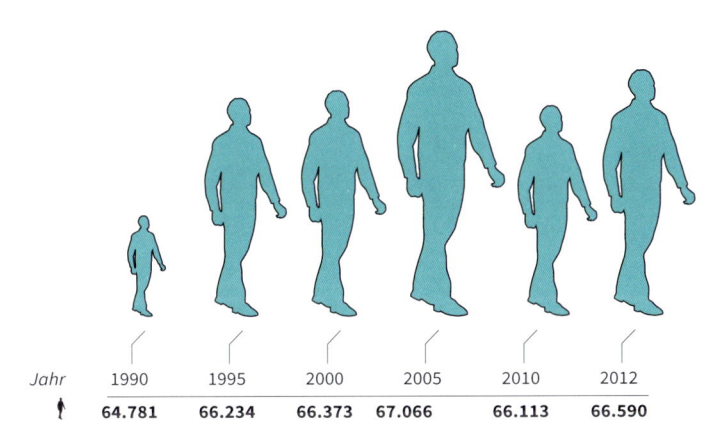

Jahr	1990	1995	2000	2005	2010	2012
	64.781	66.234	66.373	67.066	66.113	66.590

Bevölkerungsprognose
Aalen 2012 bis 2030

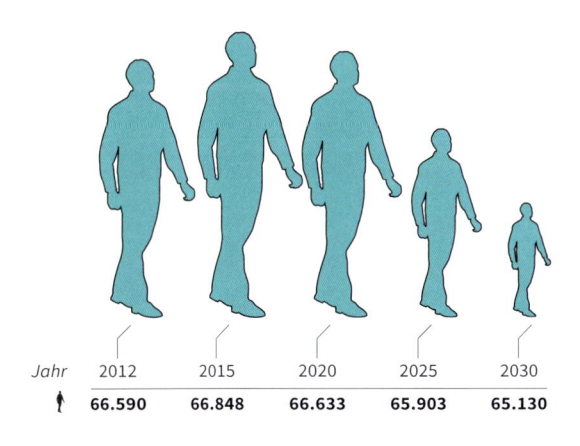

Jahr	2012	2015	2020	2025	2030
	66.590	66.848	66.633	65.903	65.130

Altersstruktur
Aalen (Stand 2013)

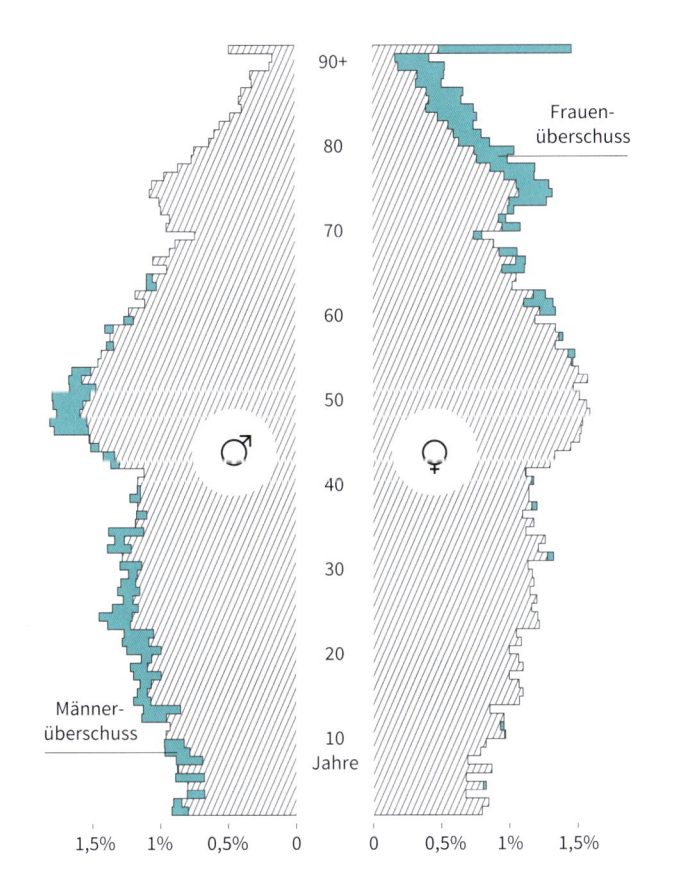

♂ Männerüberschuss

♀ Frauenüberschuss

Handlungsfelder der Stadtentwicklung — 6

Personen nach Gebäudetyp
Aalen (Stand 2011)

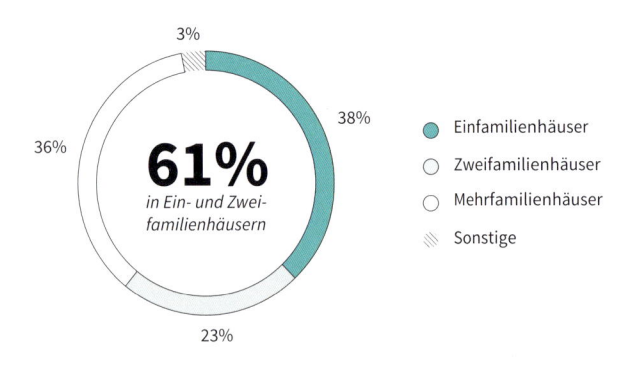

3%
38%
36%
61%
in Ein- und Zwei-
familienhäusern
23%

- Einfamilienhäuser
- Zweifamilienhäuser
- Mehrfamilienhäuser
- Sonstige

Wohngebäudebestand
Aalen (Stand 2013)

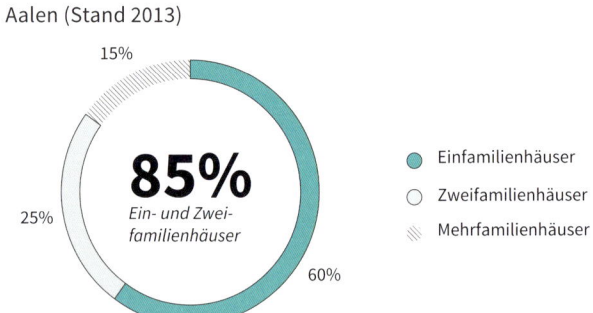

15%
25%
85%
Ein- und Zwei-
familienhäuser
60%

- Einfamilienhäuser
- Zweifamilienhäuser
- Mehrfamilienhäuser

Eigentumsverhältnisse
Ein- und Zweifamilienhausbestand in Aalen (Stand 2011)

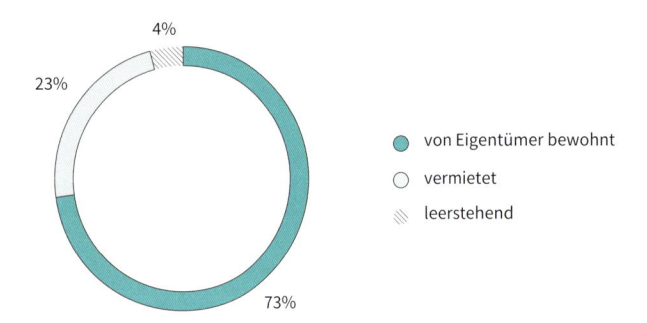

4%
23%
73%

- von Eigentümer bewohnt
- vermietet
- leerstehend

Jahr 2004 sank die Bewohnerzahl um 26 Prozent auf 1.368 Personen. Dieser Verlust ist insbesondere auf die Altersstruktur und den damit verbundenen Generationenwechsel zurückzuführen. Im Jahr 2004 betrug der Anteil der über 60-Jährigen in der Triumphstadt 33 Prozent. Es gibt derzeit jedoch keine Planungen für den Bau von seniorengerechten Wohnangeboten in der Triumphstadt. Die Nachfrage nach Wohnraum in der Siedlung ist hoch.

36 Prozent des Wohnungsbestandes befindet sich in Gebäuden aus den 1950er- bis 1960er-Jahren (vgl. ARGE Forschungsgruppe Stadt + Umwelt et al. 2005: 5-49). Die Baualtersklasse hat demnach für die Wohnungsversorgung eine wichtige Bedeutung. In der Triumphstadt gibt es kaum Leerstände und keine Baulücken (Stand Januar 2015, drei Leerstände).

Die Eigenheimgemeinschaft hatte in ihrer Blütezeit 150 Mitglieder, heute sind es nur noch knapp 100. Das Interesse der Eigenheimgemeinschaft beizutreten, ist heute gering. Einige der ursprünglichen Aufgaben der Gemeinschaft haben bis heute Bestand, so gibt es zum Beispiel nach wie vor gemeinschaftlich nutzbare Gartengeräte. Die Eigenheimgemeinschaft ist auch gemeinnützig tätig. Es wird Altpapier gesammelt und eine Grüncontainerleerung durchgeführt. Mitglieder der Gemeinschaft werden bei der Gartenarbeit unterstützt. Das jährliche Stadtteilfest findet auch bei den jüngeren Bewohnern Anklang (vgl. Interviews Ortstermin 13.01.2015).

Initiative/Projekt

Das ursprünglich durch ein einheitliches Gestaltbild geprägte Gebiet ist seit einigen Jahren in einem Umbruch. Der Generationenwechsel bringt eine Veränderung des Siedlungsbildes mit sich. Es wird um- und angebaut und es werden auch Baumaßnahmen realisiert, um Barrieren zu reduzieren. Doch auch kleinere Sanierungs- und Modernisierungsmaßnahmen verändern die Einheitlichkeit des Siedlungsbildes.

Es war der Stadt wichtig, Bauanfragen auf einer verlässlichen, für alle transparenten Grundlage beurteilen zu können. Um die Überformung des Gebietes aufzuhalten wurde 1995 ein Gestaltungsplan erarbeitet, der im Rahmen einer Bebauungsplanänderung 2008 planungsrechtlich festgesetzt wurde. Der Gestaltungsplan floss in die Bebauungsplanänderung ein. Bis zur planungsrechtlichen Sicherung diente der Gestaltungsplan als informelles Instrument. Die gestalterischen Leitlinien und Optionen für Gebäudeerweiterungen wurden mit der Eigenheimgemeinschaft abgestimmt.

Bautätigkeit / Baufertigstellungen
Wohngebäude 1990 bis 2013 in Aalen

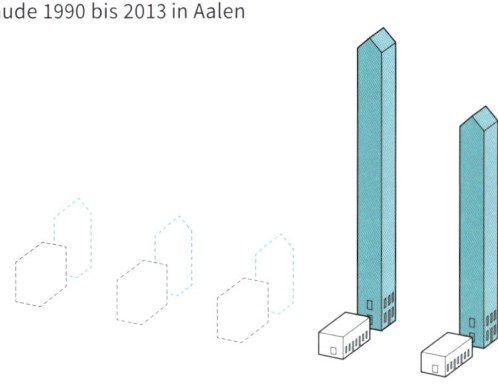

Baujahr	1990 - 94	1995 - 99	2000 - 04	2005 - 09	2010 - 13
Einfamilienhäuser	Daten liegen nicht vor			367	294
Mehrfamilienhäuser	Daten liegen nicht vor			27	24

Jahr	Gesamt	Ein- und Zweifamilienhäuser	Mehrfamilienhäuser
1991	140		
1992	166		
1993	147		
1994	140		
1995	122		
1996	83		
1997	130	Daten liegen nicht vor	
1998	152		
1999	123		
2000	179		
2001	132		
2002	114		
2003	138		
2004	114		
2005	93	92	1
2006	90	85	4
2007	73	62	11
2008	60	57	3
2009	79	71	8
2010	71	66	5
2011	95	86	7
2012	110	98	10
2013	56	54	2

(Geringfügige Abweichungen aufgrund verschiedener Datenquellen.)

Das zuvor geltende Planungsrecht in der Triumphstadt wurde häufig unterschiedlich interpretiert. Es kam zu Unterschieden in der Genehmigungspraxis und rechtlichen Schwierigkeiten. Nachdem ein Eigentümer eine Baugenehmigung eingeklagt hatte, gab es die Befürchtung, dass der Bebauungsplan aufgrund eines Ausfertigungsfehlers unwirksam sei. Der Bebauungsplan fand zunächst keine Anwendung mehr, Baugesuche wurden entsprechend § 34 BauGB beurteilt. Nach einer Revision wurde das Gerichtsurteil jedoch ungültig. Verbindliche Regelungen für eine Wohnraumerweiterung fehlten.

Der Gestaltungsplan zeigt Möglichkeiten für Erweiterungen und Aufstockungen auf. Für die verschiedenen Gebäudetypen gibt es unterschiedliche Optionen, wie Dachaufbauten unter Beibehaltung der straßenseitigen Traufhöhe und unter Beibehaltung der Firstlinie.

Um die im Gestaltungskonzept aufgezeigten Erweiterungsoptionen rechtlich zu verankern, wurde der Bebauungsplan geändert. Die überbaubare Grundstücksfläche und die Höhe der baulichen Anlagen wurden neu geregelt. Zugelassen sind neben den im Gestaltungsplan dargestellten Aufstockungen auch eingeschossige Wintergartenanbauten innerhalb der Baufenster sowie Eingangsvorbauten. Auch die Parkierung, die ein Problem darstellte, wird nun über den Bebauungsplan festgelegt. In der Bebauungsplanänderung wurde das Gebiet als „Allgemeines Wohngebiet" festgelegt. Die Stadt Aalen beabsichtigt jedoch nicht, durchmischte Strukturen zu forcieren. Alle Festsetzungen orientieren sich am Bestand und streben eine Einheitlichkeit der Entwicklungsmöglichkeiten an (vgl. Stadt Aalen, Stadtplanungsamt, 2006 a: 2 f; Stadt Aalen, Stadtplanungsamt, 2005).

Mit dem Gestaltungsplan und dem Bebauungsplan liegt nun eine Grundlage für die Erweiterungen (einheitliches Baukonzept, Musterbaugesuche) vor. Wohnraumerweiterungen durch Aufstockungen, Anbauten und Wintergärten können durchgeführt sowie Garagen errichtet werden. Es gibt jedoch bisher nur vereinzelte Baumaßnahmen, die auf der Grundlage des geänderten Bebauungsplanes umgesetzt wurden.

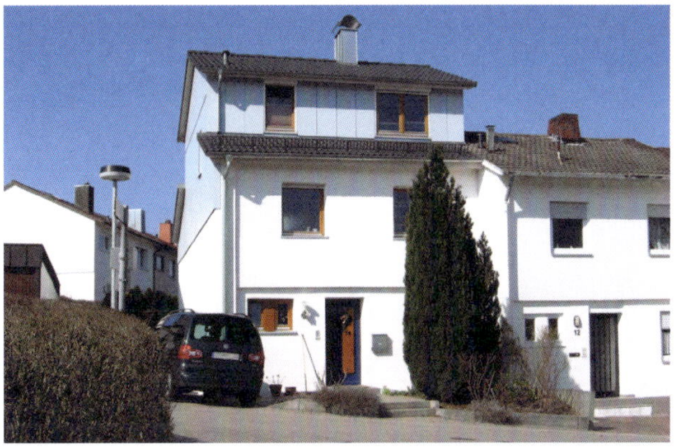
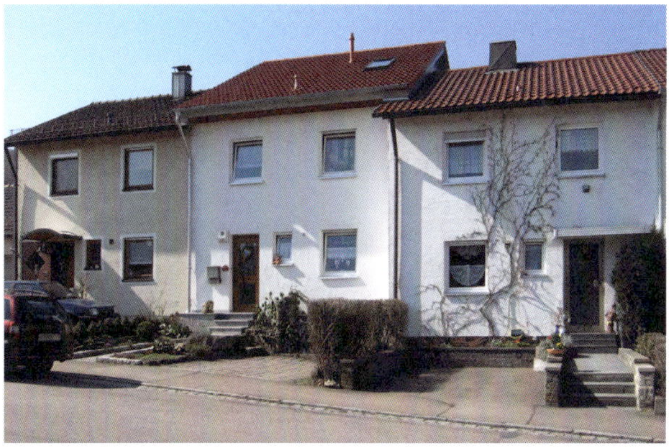
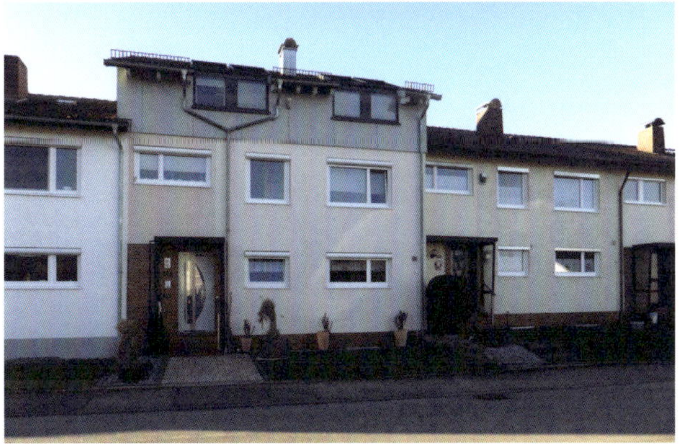
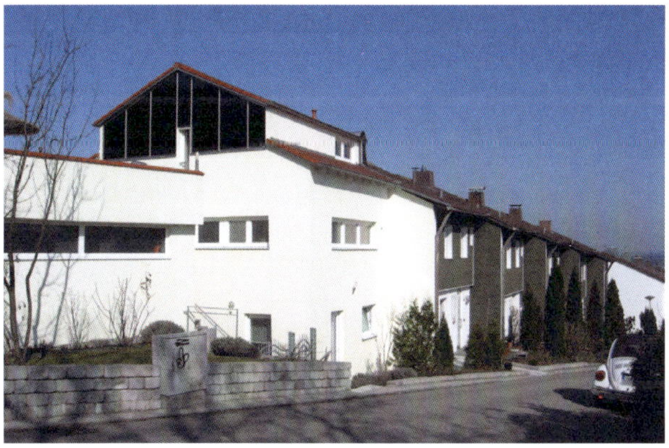
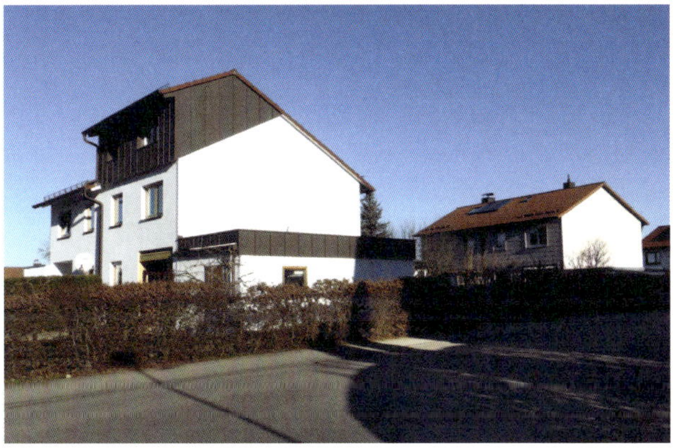
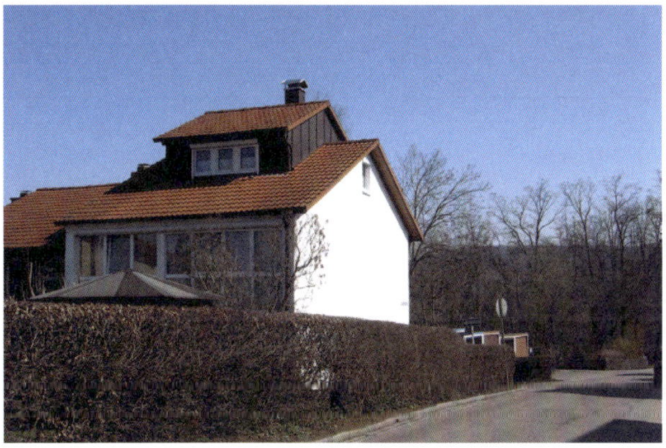
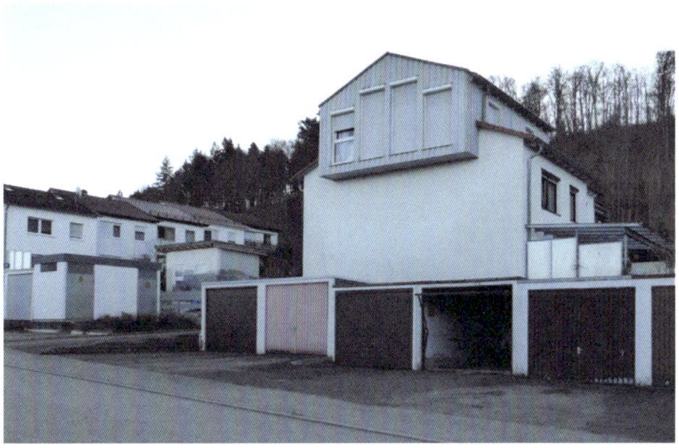
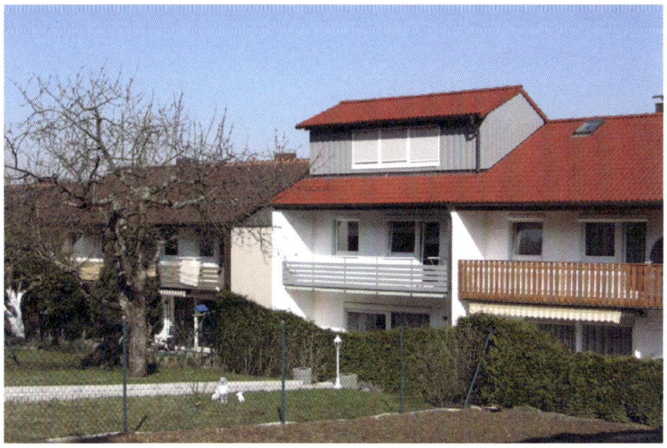

Auswertung und Übertragbarkeit

Der Gestaltungsplan und der Bebauungsplan können dazu beitragen, die Spielräume für Anbauten und Aufstockungen verbindlich zu regeln. Die Festlegungen lassen jedoch wesentliche gestaltprägende Merkmale, wie die Fassadengestaltung außer Acht. Zur Entstehungszeit gab es gemäß den Grundsätzen für Demonstrativbauvorhaben strenge Vorgaben zur Farbgebung, zur Art der Zäune, Heckenart und -höhe. Auch wurde eine unerwünschte Nutzung des Gartens eingeschränkt: am Wochenende war es untersagt Wäsche im Freien zu trocknen (vgl. Interviews Ortstermin 13.01.2015).

Die innenstadtnahe Lage der Triumphstadt ist für Familien, die ein Haus in Aalen suchen, attraktiv. Aufgrund ihrer Lage sind die Einfamilienhäuser aus den 1950er- bis 1970er-Jahren wettbewerbsfähig.

Das ehemals homogene Siedlungsbild hat sich verändert. Die individuelle Gestaltung des Eigenheims, die sich selbstbewusst nach außen darstellt, ist deutlich ablesbar. Dem Gestaltungsplan gelingt es, die städtebauliche Grundstruktur zu sichern, es ist jedoch zu erwarten, dass sich das Erscheinungsbild der Siedlung weiter verändern wird. Seit den 1980er-Jahren hat eine schleichende Überformung stattgefunden. Zahlreiche Baumaßnahmen wurden vor der Änderung des Bebauungsplanes umgesetzt. Die planungsrechtliche Sicherung mit verlässlicher Grundlage sollte daher immer frühzeitig erfolgen.

Der Ansatz wird von Seiten der Stadtverwaltung als beispielgebend bewertet, insbesondere die Kombination der beiden Instrumente Gestaltungsplan (informell) und Bebauungsplan (formell). Die Aufstellung des Bebauungsplanes erfolgt ohne grundlegende Einwände. Der Gestaltungsplan ist eine übersichtliche und leichtverständliche Anleitung für die Eigentümer. Die Festlegungen des Bebauungsplans sind hingegen häufig zu abstrakt. Genehmigungen erfolgen auf einer verlässlichen rechtlichen Grundlage. Bislang wurde jedoch nur wenig Gebrauch von den festgelegten möglichen Erweiterungen gemacht.

Die Wahl der Instrumente – Gestaltungsplan und Bebauungsplan – kann gut auf andere Einfamilienhausgebiete mit ähnlichen Problemstellungen übertragen werden. Die im Gestaltungsplan für die Triumphstadt vorgeschlagenen Maßnahmen werden jedoch, insbesondere die Dachlandschaft, perspektivisch stark verändern. Ursprünglich waren die Kubaturen sehr einheitlich. Auch kann die gewählte Strategie der Stadt zur Weiterentwicklung des Gebiets nicht alle Problemstellungen abfangen. Die Infrastruktur bricht weg, das Nahversorgungsangebot schwindet, es gibt einen Mangel an öffentlichen Grünflächen und Treffpunkten. Bisher liegt kein integriertes Entwicklungskonzept vor.

Bocholt

Basisdaten

Kommune	Bocholt	**Bevölkerungsentwicklung**	
Bundesland	Nordrhein-Westfalen	1990 | **68.936**	
		2000 | **72.138**	
Landkreis	Borken	2010 | **73.170**	
Einwohner	**70.837** (2014)	**Bevölkerungsprognose**	sinkend
		Durchschnittsalter der Bevölkerung	43,4
Fläche	119,4 km²	**Zentralörtliche Funktion**	Mittelzentrum
Bevölkerungsdichte	593 Einwohner/km²	**Siedlungsstruktureller Gemeindetyp**	Mittelstadt

Untersuchungsgebiete	Dr. Elisabeth-Selbert-Straße	Auf dem Dannenkamp
Gebietstyp	sukzessive aufgesiedelt	sukzessive aufgesiedelt
Aufsiedlungszeitraum	1950er- bis 1970er-Jahre	1950er- bis 1970er-Jahre
Größe des Untersuchungsgebiets	ca. 3,1 ha	ca. 4,4 ha
Einwohner im Untersuchungsgebiet	k.A.	ca. 160
Haustypen	Einfamilien- und Doppelhäuser	Einfamilien- und Doppelhäuser
Haushalte	k.A.	ca. 80 WE
Programm	Nachverdichtung durch B-Plan-Änderung	Nachverdichtung nach § 13 a BauGB
Beteiligte	Stadtverwaltung, Eigentümer	Stadtverwaltung, Eigentümer
Finanzierung	Kommune	Kommune

Lage im Raum
Bocholt

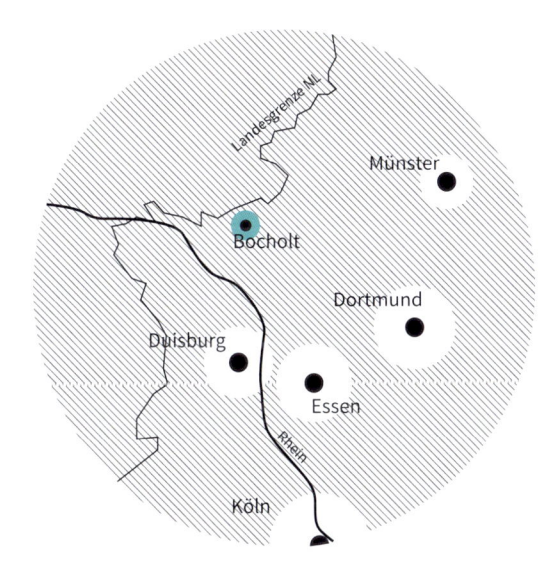

Lage der Untersuchungsgebiete
Bocholt

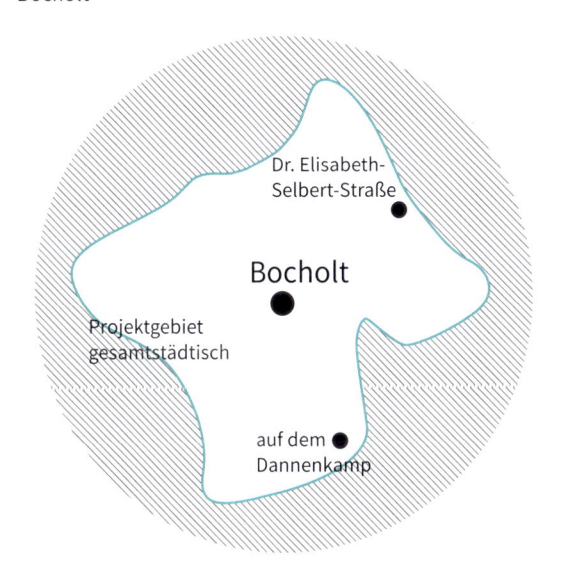

Beispielhaftigkeit des Ansatzes

Trotz der anhaltenden Nachfrage nach freistehenden Einfamilienhäusern gibt die Stadt Bocholt der Innenentwicklung Vorrang und versucht den Bedarf in den Bestand zu lenken. Es gibt in Bocholt sehr viele Ein- und Zweifamilienhäuser aus den 1950er- bis 1970er-Jahren. Die meisten Gebäude wurden auf sehr großen, tiefen Grundstücken gebaut, die Potenziale für zusätzlichen Wohnraum bieten. Die Stadtentwicklung setzt sich daher mit dem Thema Nachverdichtung in Einfamilienhausgebieten auseinander.

Über Bebauungspläne wird Baurecht für die Weiterentwicklung bestehender Gebiete geschaffen. Es werden sowohl Bebauungspläne neu aufgestellt als auch geändert. Es ist der Stadt auf diese Weise gelungen, verschiedene Gebiete der 1950er- bis 1970er-Jahre zu verdichten. Doch nicht immer verläuft ein solcher Prozess problemlos. In einigen Quartieren scheiterte die Schaffung neuen Baurechts am Widerspruch der Bewohner. Die Stadtverwaltung verfolgt dennoch weiterhin den Weg der Nachverdichtung über Bebauungspläne. Zudem wurde ein Förderprogramm für die energetische Optimierung von Altbauten aufgelegt. Die Stadtentwicklungsstrategie der Stadt Bocholt und das Förderprogramm tragen dazu bei, die Einfamilienhausgebiete der 1950er- bis1970er-Jahre nachhaltig weiterzuentwickeln und den Bestand somit zu sichern.

Lage im Raum

Die Stadt Bocholt liegt im Münsterland und zählt landschaftlich bereits zum Niederrheinischen Tiefland. Südlich grenzt das Ruhrgebiet an, nördlich in nur sechs Kilometer Entfernung die niederländische Grenze. Bocholt ist mit fast 71.000 Einwohnern die größte Stadt des Kreises Borken. Die Bevölkerung schrumpft leicht. Rund um Bocholt gibt es keine größere Stadt. Das Infrastruktur- und Arbeitsplatzangebot ist gut ausgebaut, der Schwerpunkt liegt im produzierenden Gewerbe. Die Stadt gliedert sich in sieben Stadtbezirke (vgl. Stadt Bocholt, 2007: 5-10).

Entstehungsgeschichte

Im Jahr 1222 erhielt das heutige Bocholt, damals „Buchenholz", das Stadtrecht. Das Wachstum der Stadt im Mittelalter fand zu Beginn der Neuzeit ein Ende. Die Textilindustrie prägte das Bild der Stadt, mit der Entwicklung der Dampfmaschine kamen zur Textilindustrie auch metallverarbeitende Betriebe hinzu. Die Bahnlinie Bocholt-Wesel wurde 1978 fertiggestellt.

Im Zweiten Weltkrieg wurde die Stadt zu 84 Prozent zerstört. Ein Großteil des historisch wertvollen Bestandes lag in Schutt und Asche. Bereits Anfang der 1950er-Jahre wurde die Innenstadt auf dem historischen Grundriss wieder aufgebaut. 1975 verlor Bocholt die Kreisfreiheit, allerdings wurden im selben Jahr zehn bislang eigenständige Gemeinden eingemeindet. 1983 siedelte sich das erste Unternehmen im heute größten Industriepark Nordrhein-Westfalens an. Bis heute ist die Textilindustrie prägend. Bocholt feierte 1997 sein 775-jähriges Bestehen. Drei Jahre später wurde die Innenstadtsanierung abgeschlossen und zwei große Einkaufscenter eröffnet. Bocholt präsentiert sich heute als fahrradfreundliche Wohn- und Einkaufsstadt in der Region (vgl. Webseite Stadt Bocholt 13.04.2015).

Bebauungsstruktur

Der Wiederaufbau erfolgte rasant nach dem Leitbild der kompakten Stadt. Um den Stadtkern gliedern sich Wohnbaugebiete mit einem sehr hohen Anteil von Ein- und Zweifamilienhäusern. Zwei Drittel der Wohnungen liegen in Ein- und Zweifamilienhäusern. 80 Prozent der Gebäude wurden nach 1945 gebaut; ein Großteil davon in den 1950er- bis1970er-Jahren.

Bei den beiden Untersuchungsgebieten handelt es sich um kleine, sukzessiv aufgesiedelte Ein- und Zweifamilienhausgebiete, die jeweils einen Straßenzug umfassen. Beide Gebiete waren ursprünglich durch sehr große Parzellen und üppige

Bebauungsstruktur
Auf dem Dannenkamp (links) und Dr. Elisabeth-Selbert-Straße (rechts)

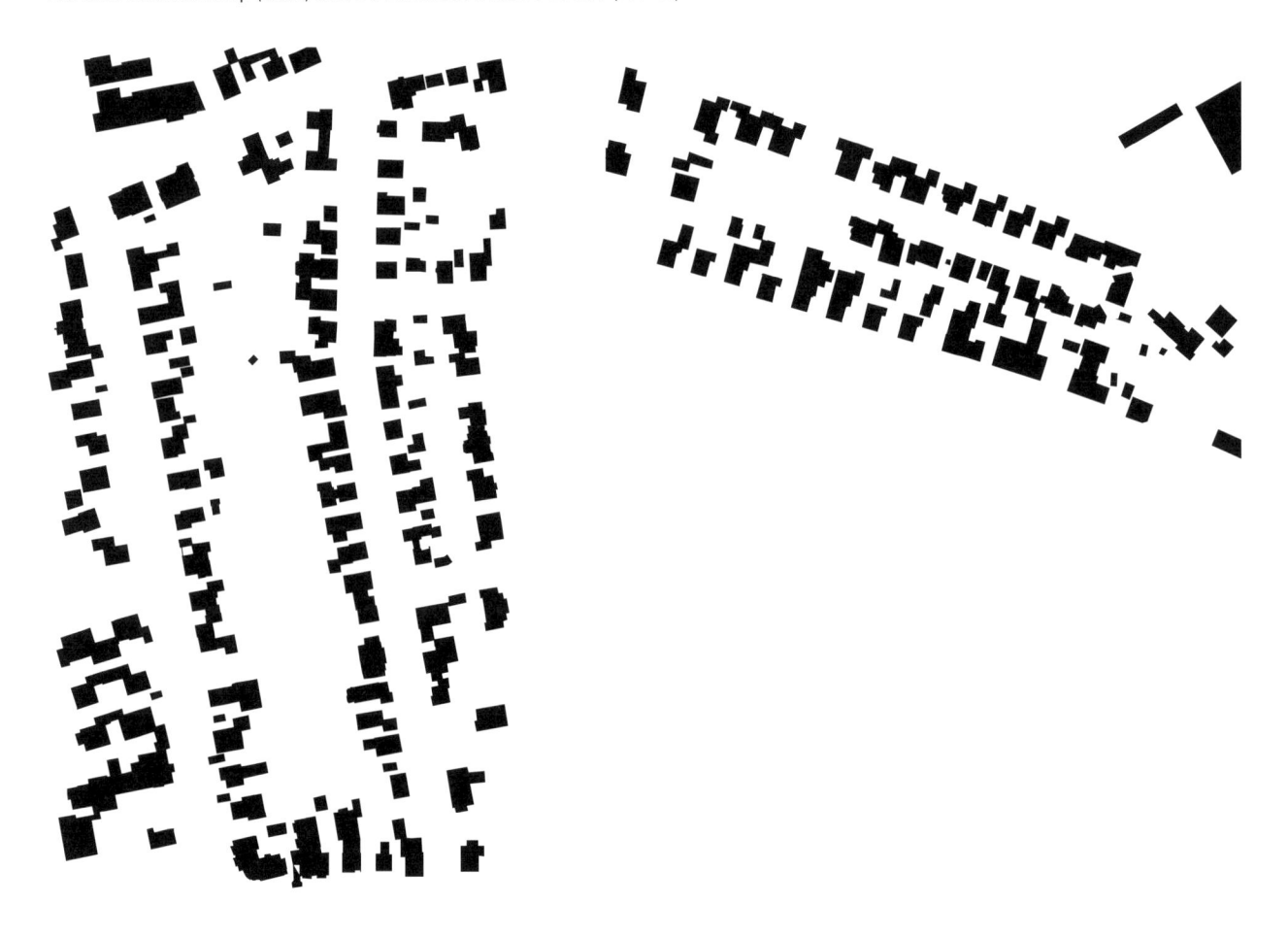

Handlungsfelder der Stadtentwicklung | 6

167

rückwärtige Gartenflächen gekennzeichnet. Teilweise wurden Grundstücksflächen im Zuge von Nachverdichtungen verkleinert.

Erschließung

Bocholt ist über die Bundesstraße B 67 an den überörtlichen Verkehr angeschlossen. Zudem gibt es einen Bahnanschluss. Da die Topografie der Stadt sehr flach ist und die Wege kurz sind, liegt der Fokus der städtischen Mobilität auf dem Radfahren. Die Bocholter Innenstadt ist nahezu autofrei, sie wird von einer Ringstraße umgeben, von der Straßen in die umgebenden Wohn- und Gewerbegebiete führen. Es gibt eine hohe Anzahl an Einpendlern, (rund 5.000) insbesondere aufgrund des Industrieparks (vgl. Paßlick, 2012: 19).

Infrastruktur

Als große Mittelstadt verfügt Bocholt über eine funktionierende Innenstadt. Der Einzelhandel stellt zwar noch die Leitfunktion der Innenstadt dar, der Strukturwandel im Einzelhandel, ein verändertes Einkaufsverhalten und die Konkurrenz des Onlinemarktes führen jedoch auch zu Leerständen (vgl. Interviews Ortstermin 04.03.2015). Inmitten der Stadt liegt eine leerstehende Karstadt-Immobilie (Stand Frühjahr 2015). Insgesamt ist die Ausstattung mit Infrastruktur gut.

Aktuelle Entwicklungen

Die Bevölkerungsentwicklung der Stadt sinkt seit 2005 leicht. Bis 2030 wird ein Bevölkerungsrückgang auf 67.387 Einwohner prognostiziert (vgl. Landesdatenbank NRW, 10.03.2016; Information und Technik 2014). Es gibt heute rund ein Drittel weniger Kinder als in den 1970er-Jahren (vgl. Interviews Ortstermin 04.03.2015).

Die Stadt führt eine Wohnraumbeobachtung durch, die laufend fortgeschrieben wird. Die Grundstücke sind im Schnitt zirka 500 m² groß. Über 50 Prozent der Gebäude entstanden zwischen 1946 und 1970 (vgl. Interviews Ortstermin 04.03.2015). Drei Viertel des Wohngebäudebestands befindet sich in Einfamilienhäusern. So leben auch über die Hälfte der Einwohner Bocholts in Einfamilienhäusern, überwiegend handelt es sich dabei um Eigenheime (vgl. Landesdatenbank NRW, 10.03.2016; Information und Technik 2014; Zensus 2011, 13.01.2015). Die Eigentumsquote ist überdurchschnittlich hoch (vgl. Paßlick, 2012: 16; Interviews Ortstermin 04.03.2015). Im Münsterland liegt sie derzeit bei rund 50 Prozent. Der Trend liegt nach wie vor auf dem Ein- und Zweifamilienhaussektor. So steigt auch die Wohngebäudeentwicklung seit 1990 kontinuierlich an. Baufertigstellungen sind seit 2008 auf einem geringeren Niveau (vgl. Landesdatenbank NRW, 10.03.2016; Information und Technik 2014).

Da intensiv Innenentwicklung betrieben wird, erfolgen keine neuen Gebietsausweisungen. In den letzten 35 Jahren konnten 50 Prozent des Bedarfes durch Innenentwicklung gedeckt werden.

Die Marktfähigkeit der Bestandsgebäude hängt von deren Lage und Ausstattung ab, dabei spielt auch die Infrastruktur eine Rolle, zudem nimmt die Bedeutung von Energieaspekten zu. Die stichtagsbezogene Leerstandsquote des Zensus beträgt 1,9 Prozent.

Im Rahmen der Wohnungsmarktbeobachtung wurde das Forschungsinstitut Empirica mit einer Untersuchung des Stadtteils Mussum beauftragt. Im Zuge der Studie wurden

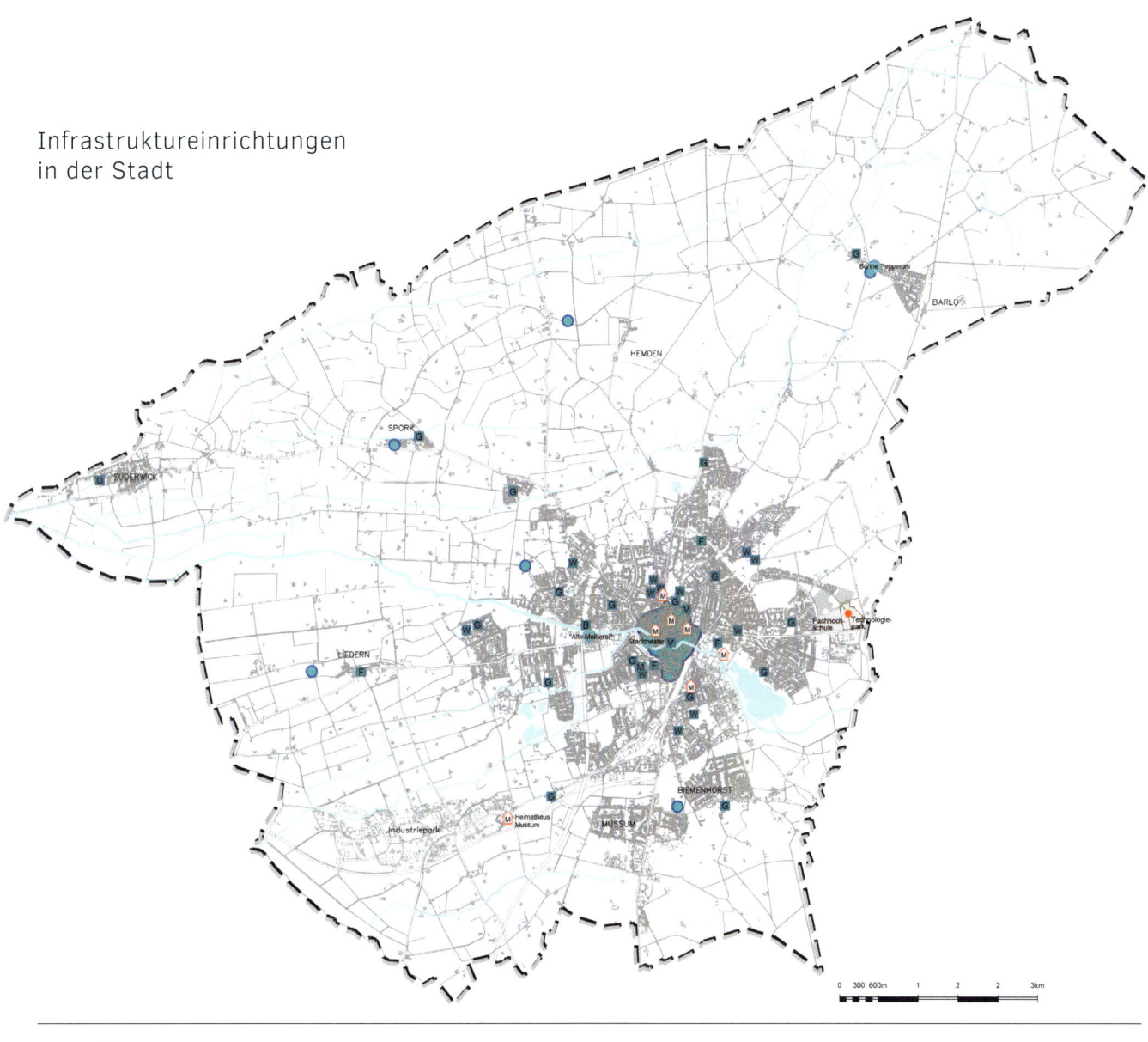

| Handlungsfelder der Stadtentwicklung | 6 |

Infrastruktureinrichtungen in der Stadt

Bocholter Kulturorte
Konzept für Wissenschaft, Bildung und Kultur

Wissenschaft
- Entwicklung Technologiepark mit Technologiezentrum "Innocent"
- Fachhochschule
- Reserveflächen für Fachhochschule und Technologiepark

Bildung
- G Grundschule
- W Weiterführende Schule
- F Förderschule
- B Berufsbildende Schule
- M Musikschule
- V Volkshochschule / Familienbildungsstätte

Museum
- Museum: - Kunsthaus und Stadtmuseum
  - Heimathaus Mussum
  - Handwerker Museum
  - Textilmuseum
  -> Erweiterung Textilmuseum
  - Schatzkammer St.-Georg
  - Schulmuseum
  - Turmuhrenmuseum

Theater / Konzerte
- Theater: - Stadttheater
  - freier Kulturort "Alte Molkerei"
  - Bühne Pepperoni

Musik - Kneipen - Scene
- Musik-Kneipen - Innenstadtbereich
  - dörflichen Bereich: Säle mit Traditionsverein

Bocholt im März 2006
FB Stadtplanung und Bauordnung

Kartengrundlage Stadtgrundkarte

Bevölkerungsentwicklung
Bocholt 1990 bis 2012

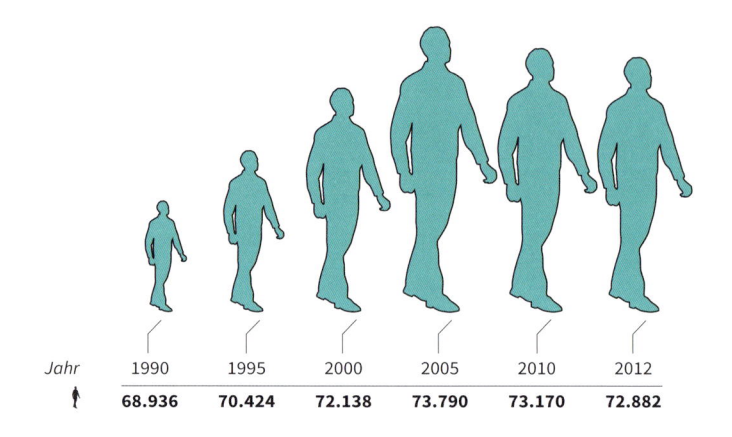

Jahr	1990	1995	2000	2005	2010	2012
	68.936	**70.424**	**72.138**	**73.790**	**73.170**	**72.882**

Bevölkerungsprognose
Bocholt 2012 bis 2030

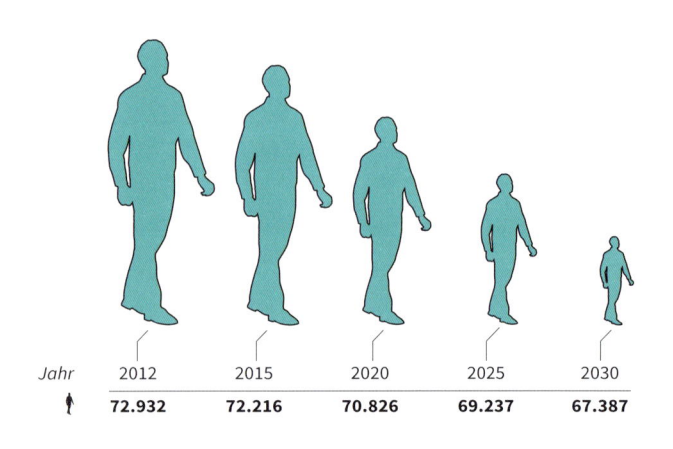

Jahr	2012	2015	2020	2025	2030
	72.932	**72.216**	**70.826**	**69.237**	**67.387**

Altersstruktur
Bocholt (Stand 2013)

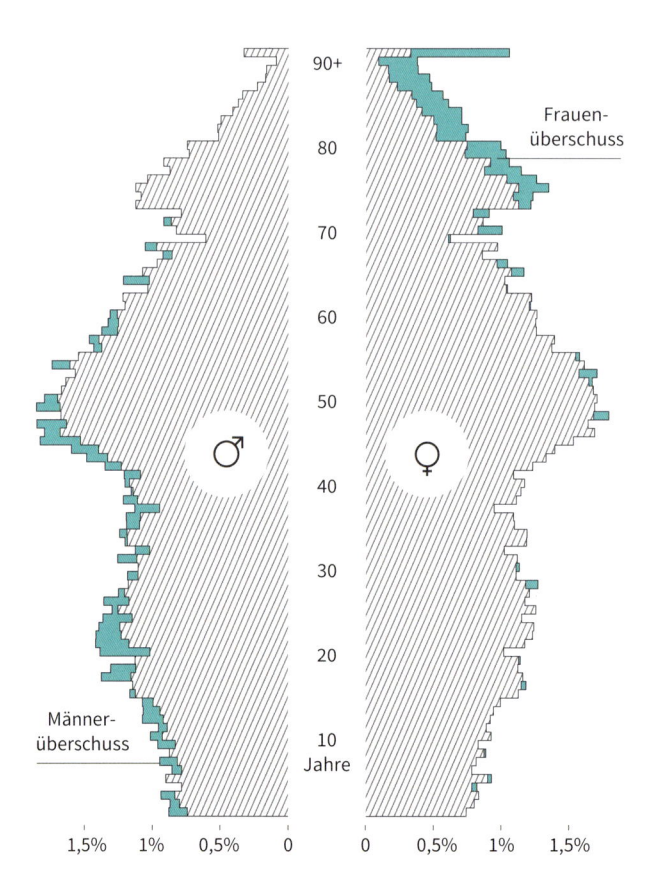

♂ Männerüberschuss

♀ Frauenüberschuss

1,5% 1% 0,5% 0   0 0,5% 1% 1,5%

10 Jahre — 90+

Personen nach Gebäudetyp
Bocholt (Stand 2011)

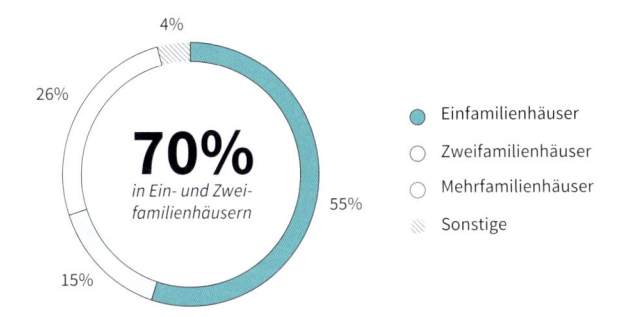

70% in Ein- und Zweifamilienhäusern

- 55% Einfamilienhäuser
- 15% Zweifamilienhäuser
- 26% Mehrfamilienhäuser
- 4% Sonstige

Wohngebäudebestand
Bocholt (Stand 2013)

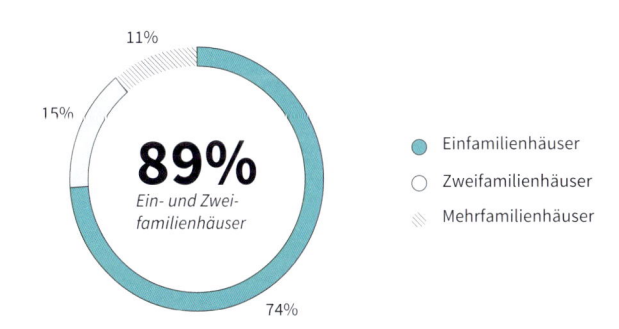

89% Ein- und Zweifamilienhäuser

- 74% Einfamilienhäuser
- 15% Zweifamilienhäuser
- 11% Mehrfamilienhäuser

Eigentumsverhältnisse
Ein- und Zweifamilienhausbestand in Bocholt (Stand 2011)

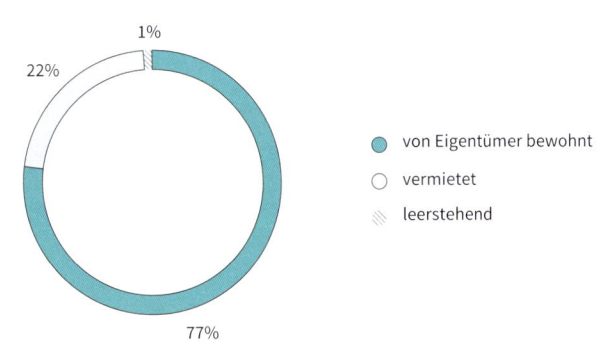

- 77% von Eigentümer bewohnt
- 22% vermietet
- 1% leerstehend

Analyseparameter entwickelt, mit denen sich die Entwicklung der Gebiete im Sinne eines Monitorings beobachten lässt. Die Nachfrage nach Wohnraum ist der Studie zufolge hoch, präferiert wird das Einfamilienhaus. In der Studie werden Indikatoren zur Nachfrage-, Angebots- und Preisentwicklung von Immobilien benannt. Sie sollen dazu beitragen, die Wohnungsmarktbeobachtung zu optimieren (vgl. Empirica 2015).

Die Nachfrage nach städtischen Grundstücken für Einfamilienhäuser ist nach wie vor hoch, jedoch steigt auch die Nachfrage nach Studentenwohnungen, geförderten Mietwohnungen und innerstädtischen oder innenstadtnahen Wohnungen. Außerdem gewinnen Seniorenwohnprojekte an Bedeutung (vgl. Interviews Ortstermin 04.03.2015).

Die Förderschwerpunkte der Bocholter Stadtentwicklung liegen aktuell neben dem Klimaschutz und der Klimaanpassung auf der Anpassung des Altbaubestandes und dem weiteren Ausbau des Radverkehrs. Einer Umfrage des Stadtmarketings zufolge wird die Lebensqualität in Bocholt von den Bewohnern als gut bewertet (vgl. Interviews Ortstermin 04.03.2015).

Initiative/Projekt

Der im Münsterland ungebrochene Trend zum Ein- und Zweifamilienhaus und ein Pendlerüberschuss führen in Bocholt zu einer anhaltenden Nachfrage nach Wohnraum. Seit 2006 wird in Bocholt zusätzlich zum Grundsatz der Innenentwicklung verstärkt die Nachverdichtung von Einfamilienhausgebieten

Bautätigkeit / Baufertigstellungen
Wohngebäude 1990 bis 2013 in Bocholt

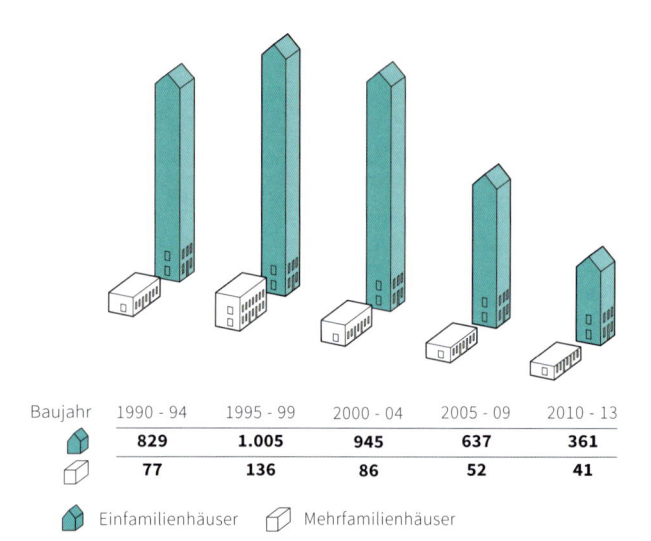

Baujahr	1990 - 94	1995 - 99	2000 - 04	2005 - 09	2010 - 13
Einfamilienhäuser	829	1.005	945	637	361
Mehrfamilienhäuser	77	136	86	52	41

Jahr	Gesamt	Ein- und Zweifamilienhäuser	Mehrfamilienhäuser
1990	184	174	10
1991	139	133	6
1992	132	115	17
1993	202	187	15
1994	249	220	29
1995	193	163	30
1996	167	146	21
1997	262	233	29
1998	281	248	33
1999	238	215	23
2000	191	160	31
2001	231	214	17
2002	268	246	22
2003	156	145	11
2004	185	180	5
2005	194	181	13
2006	163	150	13
2007	188	182	6
2008	86	72	14
2009	58	52	6
2010	116	108	8
2011	111	107	4
2012	97	79	18
2013	78	67	11

thematisiert. Dies wurde auch im Stadtentwicklungskonzept 2006 festgehalten. Es wurden folgende Leitprojekte zum Wohnungsbau definiert: die Fortsetzung bedarfs- und nachfrageorientierter Projektentwicklungen im Wohnungsbau (seit 2001 durch die Treuhänderische Entwicklungsgesellschaft Bocholt, TEB), die Erhöhung der Eigentumsquote, die Revitalisierung und Umnutzung innenstadtnaher Brach- und Industrieflächen zu funktionsgemischten Quartieren, die Nachverdichtung von Wohngebieten und Baublöcken, die Attraktivierung des Bestandsangebotes, die „Überarbeitung" insbesondere der Wohngebiete aus den 1950er- und 1960er-Jahren, Wohnprojekte für Senioren, die Erhöhung der Gestaltqualität sowie hohe Energieeffizienz im Neubau und bei der Altbausanierung.

Nachverdichtungen sollen dazu beitragen, den Bestand weiterzuentwickeln und seine Attraktivität zu steigern. Über Bebauungspläne oder Bebauungsplanänderungen wird Baurecht für Nachverdichtungen geschaffen. Dies ist nur im Dialog mit der Bürgerschaft möglich. Je nach Größe der Flächen kann auf Kompensationsflächen bei einem Bebauungsplan der Innenentwicklung verzichtet werden. Es sollen unterschiedliche Arten der Nachverdichtung ermöglicht werden: Aufstockungen, Anbauten oder Ergänzungsgebäude im Garten. Neben der Nachverdichtung werden auch neue Wohnbauflächen in integrierten Lagen erschlossen oder Gewerbeflächen umgenutzt. Durch Nachverdichtungen soll nicht nur zusätzlicher Wohnraum geschaffen, sondern auch die Ausnutzung der Infrastruktur verbessert und der Generationswechsel in den Gebieten unterstützt werden. Es kommt zu einer Durchmischung der Altersstufen in den Wohnquartieren und zudem gibt es keine Flächenanrechnung bei der Fortschreibung des Regionalplanes. Auch für die Grundstückseigentümer kann die Nachverdichtung Vorteile haben. Zu große Gärten, deren Pflege sehr aufwändig ist, werden verkleinert. Durch neues Baurecht kann der Grundstückswert gesteigert und Teile des Grundstückes können an Interessenten verkauft werden. Für die Kinder kann ein Bauplatz auf dem Grundstück geschaffen oder ein barrierefreier Neubau für das Wohnen im Alter realisiert werden.

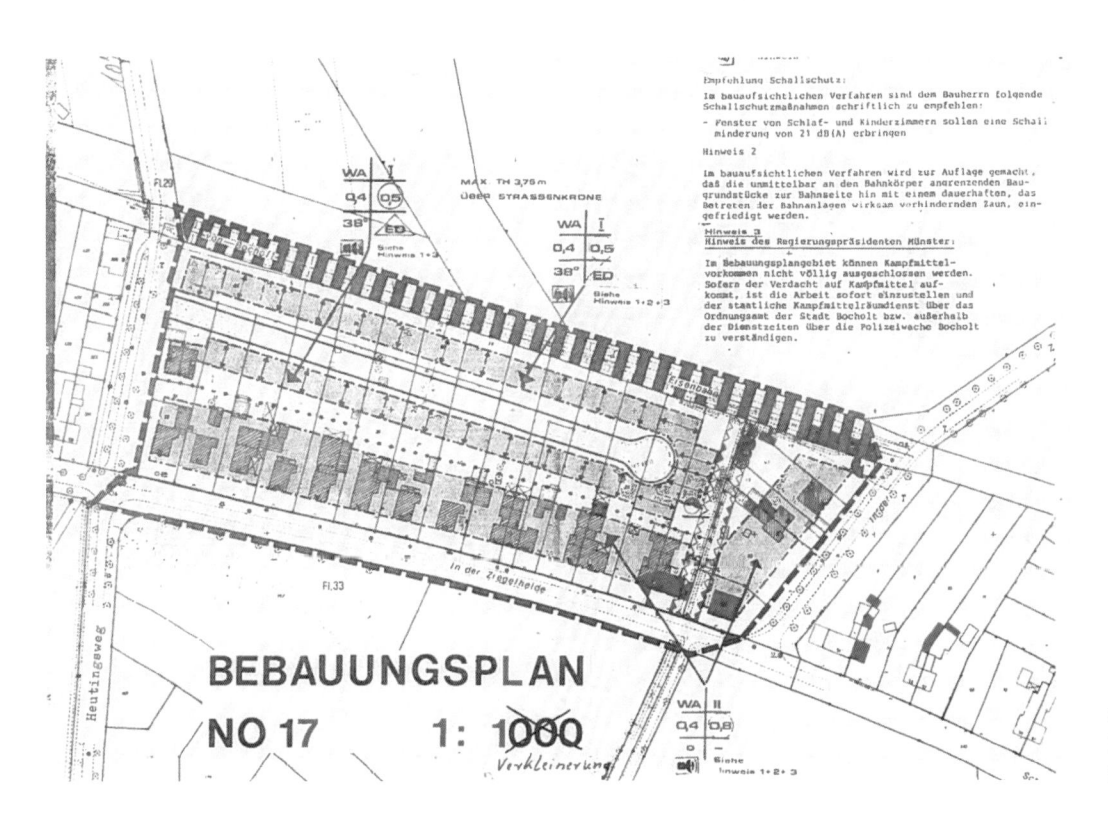

*Bebauungsplanausschnitt 1
Dr. Elisabeth-Selbert-Straße
(NO17)*

Das Bodenmanagement der Stadt hat einen großen Einfluss auf die Innenentwicklung. Das Instrument hat dazu beigetragen, die Anzahl der Baulücken zu halbieren. Nach lange ansteigendem Bodenpreisindex wurde das Bodenmanagement 1995 eingeführt. Die Stadt kaufte Flächen auf, entwickelte diese und verkaufte die Flächen dann günstiger. Dadurch ermöglichte sie breiten Schichten der Bevölkerung, ein Grundstück zu kaufen. Mittlerweile steigt der Bodenpreisindex allerdings wieder auf das Ausgangsniveau an.

Ein weiteres Instrument zur nachhaltigen Weiterentwicklung der Einfamilienhausbestände ist das Förderprogramm Altbauoptimal. Das Programm fördert beispielsweise die Dämmung der Kellerdecke und der Außenhaut, den Einbau neuer Fenster und die Begrünung von Dächern. Zu Beginn muss verpflichtend eine Beratung vor Ort für 100 Euro wahrgenommen werden, die zunächst selbst aufzubringen sind. Sofern dann tatsächlich eine Sanierungsmaßnahme erfolgt, wird der Betrag beglichen. Die Fördersumme beträgt max. 2.500 Euro. Von 2011 bis 2015 wurden bereits 240 Objekte gefördert, 2012 wurden 76 Objekte gefördert, 2014 jedoch nur 33 (die Zahlen für 2015 liegen noch nicht vollständig vor).

Die Nachverdichtung erfolgt über Leitlinien zur Innenentwicklung und Nachverdichtung im unbeplanten und beplanten Innenbereich, die auch zur Schaffung von zusätzlichen Baumöglichkeiten auf privaten Grundstücken dienen. Die schematisch dargestellten Leitlinien geben verschiedene Varianten zur Nachverdichtung vor, dabei richten sich die Varianten nach dem bestehenden Baurecht, den Bau- bzw. Grundstücksformen und den Erschließungsoptionen (vgl. Interviews Ortstermin 04.03.2015).

In verschiedenen Gebieten wurde bereits über Nachverdichtungsoptionen durch einen Bebauungsplan diskutiert, Einwände der Bewohner brachten einige Prozesse allerdings zum Scheitern. Im weiteren werden beispielhaft zwei Gebiete aufgeführt, bei denen die Nachverdichtung über den Bebauungsplan geregelt wurde bzw. werden sollte. Für das Gebiet Dr. Elisabeth-Selbert-Straße erstellte die Stadt einen Bebauungsplan mit Möglichkeiten zur Nachverdichtung. Dem Wunsch mehrerer Anlieger folgend, wurden die bebauten Grundstücke auf ein heute gewünschtes Maß reduziert, somit können die restlichen Flächen für Neubauten und eine dafür notwendige zusätzliche Erschließung genutzt werden.

Dr. Elisabeth-Selbert-Straße

Gebietsgröße	3,1 ha	**Wohneinheiten im Gebiet**	zusätzlich 30 WE
Einwohner im Gebiet	k.A.	**Gebietslage in der Stadt**	nordöstlicher Stadtrand
Baustruktur	freistehende Einfamilien- und Doppelhäuser		
Problemlagen	sehr große, tiefe Grundstücke am Ortsrand		
Programm/Projekt	Nachverdichtung durch B-Plan-Änderung		

Handlungsfelder der Stadtentwicklung | 6

Ansatz	Nachverdichtung mit neuer Erschließung	**Beteiligte/Akteure**	Stadtverwaltung und Eigentümer
Maßnahmen	B-Plan und Umlegung	**Finanzierung**	kommunal
Ziel	Nachverdichtung Einfamilienhausgebiet durch den Bau neuer Einfamilienhäuser	**Zeitraum**	B-Plan 1986 bis 1990, Umlegung Oktober 1994 abgeschlossen
Ergebnisse	B-Plan rechtskräftig und Umlegung abgeschlossen, Realisierung		

Auf dem Dannenkamp

Gebietsgröße	4,4 ha	**Wohneinheiten im Gebiet**	ca. 80 WE
Einwohner im Gebiet	ca. 160	**Gebietslage in der Stadt**	südlicher Ortsteil an der Grenze zum Freiraum
Baustruktur	überwiegend freistehende Einfamilien- und Doppelhäuser		
Problemlagen	große, baulich nicht genutzte Gärten		
Programm/Projekt	Nachverdichtung nach § 13 a BauGB		

Im Gebiet Auf dem Dannenkamp wurden in den letzten Jahren über § 34 BauGB vermehrt Nachverdichtungsmaßnahmen umgesetzt. Nachdem jedoch die Nachfrage nach zusätzlichen freistehenden Gebäuden in den hinteren Bereichen der Grundstücke zunahm, die nach § 34 BauGB nicht zugelassen waren, wurde mit der Erstellung eines Bebauungsplans begonnen. Die Beteiligung der Anlieger zeigte, dass 50 Prozent eine Nachverdichtung befürworten, 50 Prozent sie jedoch ablehnen. Es wurde daher lediglich ein Bebauungsplan der Innenentwicklung (§13 a BauGB) erlassen, um das Gebiet baurechtlich zu sichern. Es bestehen nun keine Möglichkeiten für zusätzliche Wohngebäude auf den Grundstücken. Nachverdichtungen im Sinne von Anbauten und Aufstockungen können jedoch erfolgen (vgl. Bebauungspläne; Interviews Ortstermin 04.03.2015).

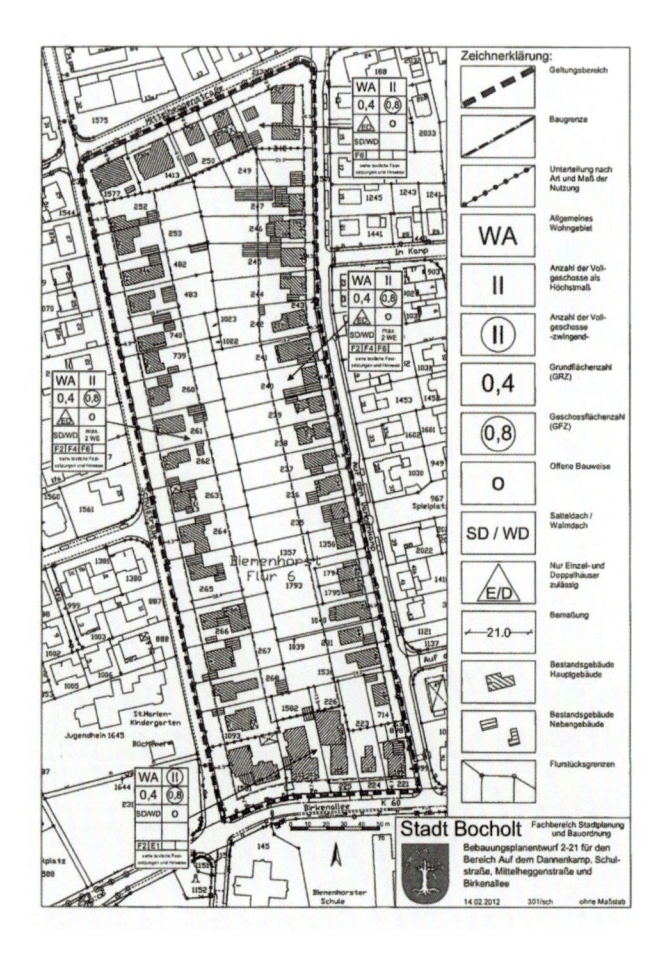

Bebauungsplanausschnitt 2 (2-21)

Ansatz	Nachverdichtungskonzept mit zweiter separater Erschließung	**Ergebnisse**	B-Plan-Aufstellung mit Festsetzung des Bestandes nach § 34 BauGB
Maßnahmen	B-Plan-Aufstellung mit Nachverdichtungsmöglichkeiten	**Beteiligte/Akteure**	Stadtverwaltung und Eigentümer
		Finanzierung	kommunal
Ziel	Nachverdichtung Einfamilienhausgebiet in den hinteren Bereichen der sehr tiefen Grundstücke	**Zeitraum**	seit 2012, bis heute

Auswertung und Übertragbarkeit

Bocholt verfolgt im Umgang mit den älteren Einfamilienhausgebieten verschiedene Ansätze. Die Innenentwicklung und somit auch die Nachverdichtung sind als Schwerpunkte der Stadtentwicklung festgehalten. Seit Jahren betreibt die Stadt Bodenmanagement, 2011 wurde das Förderprogramm Altbauoptimal aufgelegt, was rege in Anspruch genommen wird. Bebauungspläne sollen Möglichkeiten zur Nachverdichtung schaffen. So gibt es in Quartieren der 1950er- bis 1970er-Jahre bereits rund 23 Bebauungspläne, die Nachverdichtungen ermöglichen. Allerdings ist die Erstellung der Bebauungspläne mit einem hohem Aufwand verbunden und die Anzahl der tatsächlich geschaffenen Nachverdichtungen demgegenüber verhältnismäßig gering. Die Stadtverwaltung beurteilt die Erfahrungen mit Nachverdichtungen daher ambivalent. Integrierte Quartiersentwicklungskonzepte wurden bisher noch nicht erarbeitet.

Die Hälfte der Nachverdichtungsplanungen konnte nicht realisiert werden, da die Bewohner einen Bebauungsplan zur Nachverdichtung ablehnten. Argumentationen gegen Nachverdichtungen sind vielfältig. Die Bewohner befürchten eine zu hohe Dichte, eine Veränderung des Wohnumfeldes und Siedlungscharakters. Nachverdichtungen haben insgesamt ein schlechtes Image und werden nicht selten als Angriff auf das Eigentum verstanden. Es wird aber auch mit ökologischen Aspekten dagegen argumentiert. Ein großes Gartengrundstück sei ökologisch wertvoller, als ein außerhalb liegendes Feld. In gewachsenen, harmonischen Nachbarschaften ist die Zustimmung zu Nachverdichtungen meist größer. Wenn die Nachverdichtungen ganz konkret für Verwandte vorgesehen ist, wird dies von Seiten der Bewohner deutlich positiver aufgefasst, als wenn ein Investor im Gebiet bauen will.

6.3 Energetische Quartierssanierung

Der energetische Gebäudezustand der Einfamilienhäuser aus den 1950er- bis 1970er-Jahren entspricht nicht mehr den heutigen Standards. Sanierungsmaßnahmen erfolgen jedoch meist nur in geringem Umfang, es werden kleinere „Schönheitsreparaturen" durchgeführt, Fassaden neu gestrichen, die Fenster oder das Heizsystem ausgetauscht. Nur selten werden die Häuser umfassend energetisch optimiert oder erneuerbare Energien eingesetzt. In der Regel erfolgen solche Maßnahmen nur bei einem Generationenwechsel. Vielfach stellt sich die Frage, inwiefern eine Sanierung lohnenswert ist. So kann sich der Kauf eines (schlüsselfertigen) Neubaus als günstiger und verlässlicher planbar erweisen als eine umfassende Sanierung und Modernisierung mit vielen Unwägbarkeiten. Günstige Energiepreise, ein wenig ausgeprägtes Bewusstsein und fehlende finanzielle Mittel lassen die Notwendigkeit energetischer Sanierungen in den Hintergrund rücken. In Eigenheimgebieten können quartiersbezogene Ansätze durch staatliche Programme unterstützt werden.

Energetische Quartierskonzepte können eine erste Grundlage für gebäudeübergreifende Sanierungsüberlegungen sein. Ein quartiersweiter Ansatz zur Erneuerung ist auch aufgrund der oft veralteten technischen Infrastruktur sinnvoll. Die leitungsgebundene Infrastruktur, beispielsweise die Heizsysteme aus den 1950er- bis 1970er-Jahren müssen erneuert werden. Sind Leitungen veraltet, betrifft dies nicht nur ein einzelnes Gebäude. Eine Bestandsaufnahme ist stets die Grundlage für parzellenübergreifende Umsetzungsvorschläge im energetischen Quartierskonzept. Für die Eigentümer kann das Konzept eine verlässliche Grundlage für nähere Überlegungen zu einer Sanierung sein, da darin häufig konkrete Maßnahmen vorgeschlagen werden. Wichtig ist, dass die Eigentümer in alle Arbeitsschritte des Quartierskonzeptes einbezogen werden. Nur mit einer breit angelegten Öffentlichkeitsarbeit kann es gelingen, auf die Notwendigkeit der energetischen Sanierung aufmerksam zu machen.

Die KfW-Bank fördert neben kleineren Einzelmaßnahmen am Gebäude auch die „Energetische Quartierssanierung". Gefördert werden ein energetisches Quartierskonzept und ein Sanierungsmanager für drei bis maximal fünf Jahre. Das Quartierskonzept umfasst die Analyse der Ausgangslage, konkrete Maßnahmen, Angaben zu Kosten und zur Wirtschaftlichkeit, zur Erfolgskontrolle und zu einem Zeitplan, Prioritäten, zur Mobilisierung der Akteure und zur Information, Beratung und Öffentlichkeitsarbeit. Der Sanierungsmanager ist zentraler Ansprechpartner für Fragen zur Finanzierung und Förderung. Er plant die Umsetzung des Konzeptes, er aktiviert die Akteure und vernetzt sie miteinander, er koordiniert und kontrolliert die einzelnen Maßnahmen. Das Programm stellt keine Mittel bereit, um einzelne Maßnahmen aus dem Quartierskonzept umzusetzen. Es geht ausschließlich um Bewusstseinsbildung und Beratung. Welche konkreten Umsetzungen sich ergeben, bleibt offen.

Um die energetische Sanierung in einem Wohngebiet der 1950er- bis 1970er-Jahre zu forcieren, beteiligte sich die Stadt Stade als Modellkommune am KfW Programm 432 „Energetische Stadtsanierung". Für den Stadtteil Hahle wurde ein energetisches Quartierskonzept erarbeitet, ein Sanierungsmanager eingestellt und es werden Pilotmaßnahmen umgesetzt.

Stade
Hahle

Basisdaten

Kommune	Stade	Bevölkerungsentwicklung	
Bundesland	Niedersachsen	1990 | **45.991**	
Landkreis	Stade	2000 | **45.727**	
Einwohner	**45.772** (2014)	2010 | **46.159**	
		Bevölkerungsprognose	sinkend
		Durchschnittsalter der Bevölkerung	k. A.
Fläche	**110,3 km²**	Zentralörtliche Funktion	Mittelzentrum
Bevölkerungsdichte	412 Einwohner/km²	Siedlungsstruktureller Gemeindetyp	Mittelstadt

Untersuchungsgebiet	Hahle
Gebietstyp	einheitlich aufgesiedelt
Aufsiedlungszeitraum	1950er- bis 1970er-Jahre
Größe des Untersuchungsgebiets	ca. 0,5 km²
Einwohner im Untersuchungsgebiet	3.100
Haustypen	Reihenhäuser, freistehende Einfamilienhäuser, Geschosswohnungsbau (48 EFH, 455 RH, 128 MFH)
Haushalte	1.500 Wohneinheiten, überwiegend 1-2 Personenhaushalte
Programm	**Pilotprojekt KfW 432, energetische Stadtsanierung, Modellvorhaben im ExWoSt Forschungsfeld „EQ– Anforderungen an energieeffiziente und klimaneutrale Quartiere", Begleitforschung des KfW-Programms „Energetische Stadtsanierung", BMVBS**
Beteiligte	Stadtverwaltung, Eigentümer/Bewohner, „Hahler Runde" (Eigentümer, Bewohner, Geschäftsleute, Vertreter sozialer Einrichtungen, Verwaltung), Wohnungswirtschaft, Kreditinstitut
Finanzierung	Bund, KfW-Bank

Lage im Raum
Stade

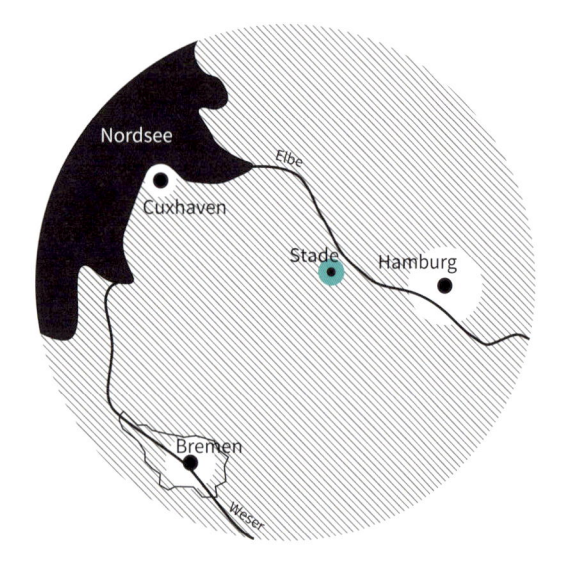

Lage des Gebiets Hahle
Stade

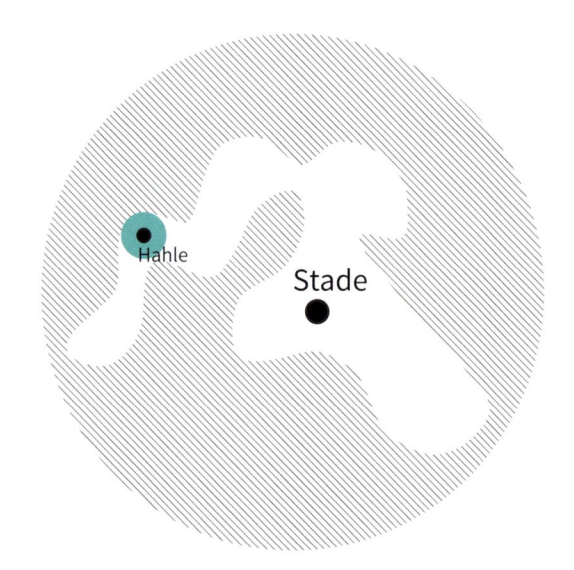

Beispielhaftigkeit des Ansatzes

Stade wurde 2012 mit dem Stadtteil Hahle als Pilotprojekt in das KfW-Programm 432 „Energetische Stadtsanierung" aufgenommen. Die Stadt erarbeitete ein integriertes energetisches Quartierskonzept für den Stadtteil, der zu großen Teilen aus Einfamilienhäusern besteht. Anlass war der schlechte energetische Zustand der Gebäude aus den 1950er- bis 1960er-Jahren, eine negative Bevölkerungsentwicklung und eine beschleunigte Fluktuation. Im Vordergrund der Initiative stehen Bewusstseinsbildung, Information und Beratung, um eine qualitätsvolle Sanierung zu fördern. Ziele sind die Steigerung der Energieeffizienz der Gebäude und der Infrastruktur im gesamten Stadtteil sowie CO^2-Einsparung. Die Bestandsaufnahme, Bestandsanalyse, Potenzialermittlung und der Maßnahmenkatalog wurden 2013 fertiggestellt. Seit 2014 werden bauliche Maßnahmen umgesetzt. Wichtige Pilotmaßnahmen der Kommune sind die „Gläserne Baustelle" und der Klima-Erlebnispfad im Begegnungspark Hahle (2015/2016).

Lage im Raum

Die Mittelstadt Stade hat rund 45.000 Einwohner. Die Bevölkerungsentwicklung ist weitgehend stabil. Stade liegt im Norden Niedersachsens, im Landkreis Stade am südwestlichen Ufer der Unterelbe, zirka 51 km westlich von Hamburg. Stade zählt zur Metropolregion Hamburg. Der historische Stadtkern liegt auf einer Insel, die von der Schwinge umflossen wird. Die Landschaft ist geprägt durch flaches Marschland. Die Stadt gliedert sich in fünf Ortschaften, die über Bundes- und Landstraßen und über eine Bahn miteinander verbunden sind. Der Stadtteil Hahle liegt zirka drei Kilometer westlich der Innenstadt.

Entstehungsgeschichte

1209 bekam Stade Stadtrecht. Stade hatte bis in das 13. Jahrhundert den wichtigsten natürlichen Hafen zwischen Hamburg und Cuxhaven. Um 1645 wurde Stade zunehmend zu einer Garnisions- und Verwaltungsstadt. Stade wurde im Zweiten Weltkrieg nicht zerstört. Nach dem Zweiten Weltkrieg verdoppelte sich die Einwohnerzahl in wenigen Jahren von 20.000 auf 40.000 Einwohner aufgrund der Zuwanderung von Flüchtlingen.

Der Stadtteil Hahle entstand im Westen der Kernstadt in drei Entwicklungsstufen: Nach dem Zweiten Weltkrieg wurde eine Notbehausung errichtet, die später abgebrochen wurde. Später wurden zunächst die Geschossbauten und in einem weiteren Schritt die Einfamilienhäuser gebaut (vgl. Interviews Ortstermin 16.06.2015).

In den 1970er- und 1980er-Jahren siedelten sich industrielle Großbetriebe in Stade an, was zu einer wirtschaftlich positiven Entwicklung führte. Die Sicherung der Stadt als Industriestandort ist ein wichtiges Ziel der Stadtentwicklung. 2003 wurde das Atomkraftwerk Stade abgeschaltet, derzeit ist ein modernes Kohlekraftwerk im Bau.

Es gibt im Bereich der räumlichen Planung keine Kooperation mit den Umlandgemeinden. Die Steuerung der Flächenentwicklung erfolgt über die Metropolregion Hamburg. Die Entwicklung der Stadt erfolgt angebotsorientiert. Ziel ist es, neue Einwohner zu gewinnen. Gleichzeitig soll die Innenentwicklung weiter vorangetrieben werden (vgl. Interviews Ortstermin 16.06.2015).

Die Stadt hat auf der Grundlage der Voruntersuchungen des Sanierungsträgers BauBeCon 2008 ein Stadtentwicklungskonzept aufgestellt. Im Ergebnis entstand mit intensiver Bürgerbeteiligung das Arbeitsprogramm und Zielepapier der Stadtentwicklung „Stade 2020". Es wurde eine Klimapräventionsstudie erarbeitet, in deren Ergebnis Hahle als „schwieriger Stadtteil" ausgewiesen wurde. Stade wurde als Pilotkommune in Niedersachsen für die Energetische Stadtsanierung ausgewählt. 2011 wurde das Klimaschutzkonzept vorgelegt und die Stadt 2012 im Rahmen der Klimaschutzinitiative des Bundesministeriums gefördert (vgl. Hansestadt Stade 2014; Danner/Kirci 2014).

Bebauungsstruktur

Der Stadtteil Hahle erstreckt sich insgesamt über eine Fläche von 0,5 km² und liegt rund drei Kilometer westlich der Innenstadt. Bestimmend für die Bebauung sind der Städtebau und die Architektur der 1950er- bis 1960er-Jahre. Neben freistehenden Einfamilienhäusern im östlichen Bereich ist die Bebauung im Wesentlichen durch schmale Reihenhäuser, drei- bis viergeschossige Zeilenbauten und Punkthäuser mit bis zu sieben Geschossen geprägt. Im Energetischen Quartierskonzept werden zehn Reihenhaustypen, vier Typen freistehender Einfamilienhäuser und zehn Mehrfamilienhaus-Typen unterschieden.

In Hahle leben rund 3.100 Einwohner in 1.500 Wohneinheiten. Es gibt 48 freistehende Einfamilienhäuser, 455 Reihenhäuser und 128 Mehrfamilienhäuser. Ein Großteil der Geschosswohnungsbauten befindet sich im Besitz der Wohnungsbaugenossenschaft Wohnstätte Stade. Die Bevölkerungsentwicklung in Hahle ist leicht negativ. In direkter Umgebung des Gebietes befinden sich großflächige Bebauungsstrukturen.

Bebauungsstruktur
Hahle

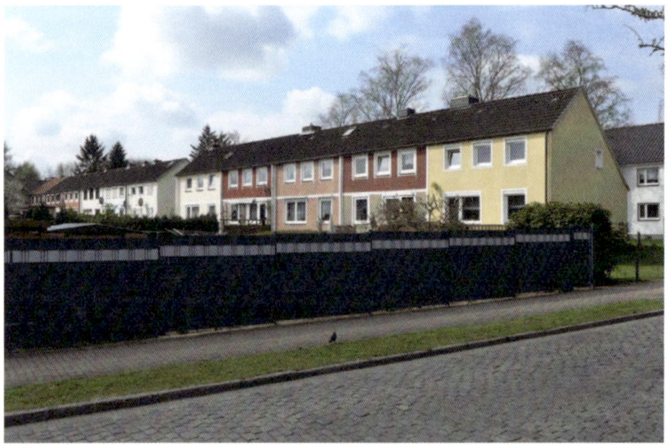
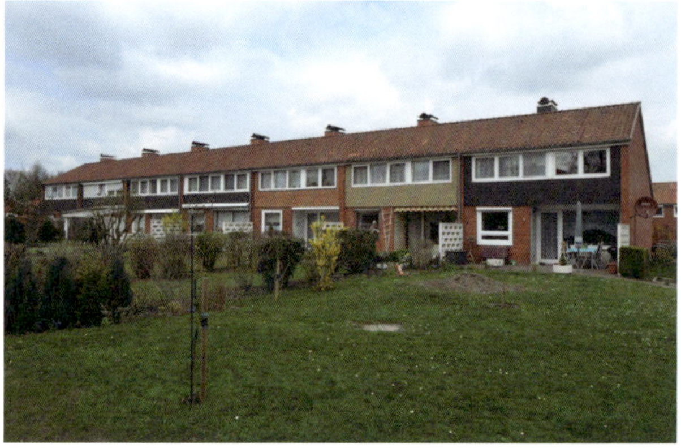
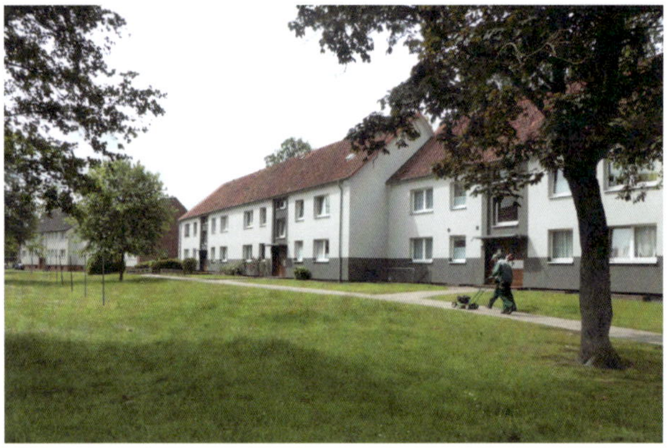
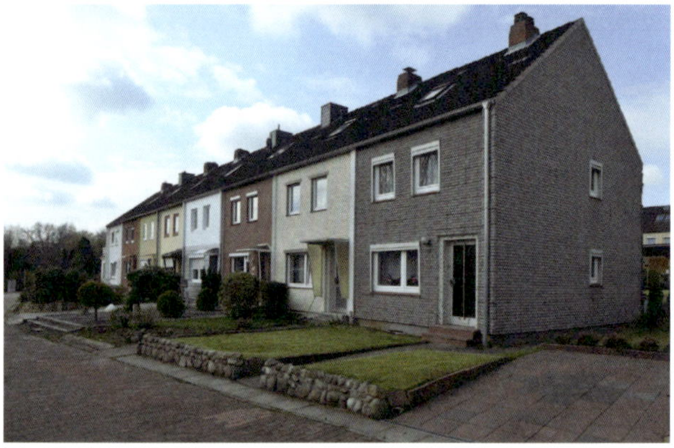
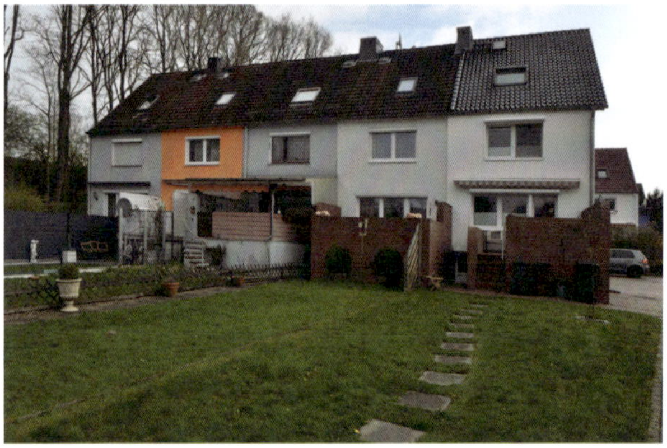
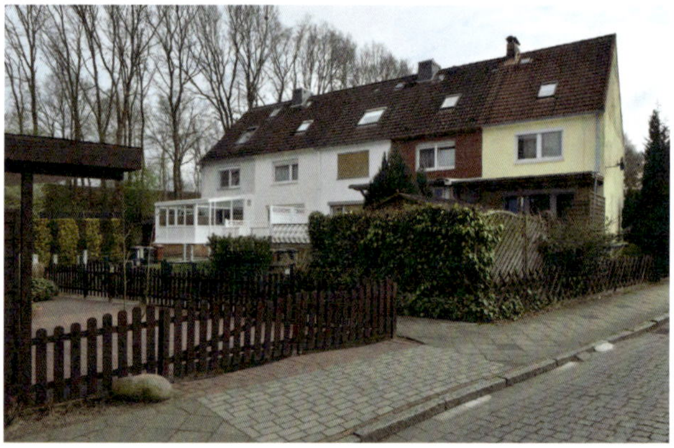
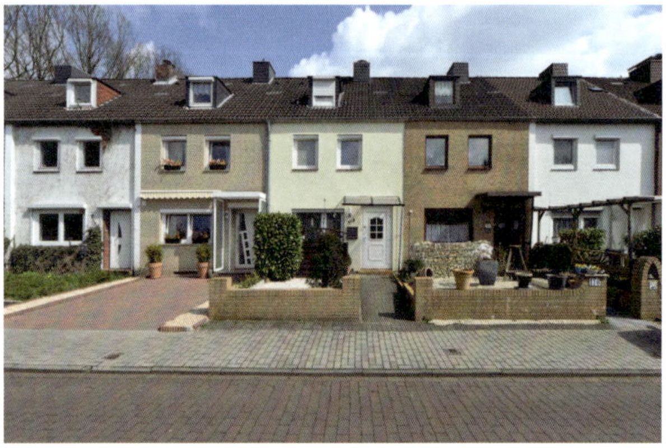
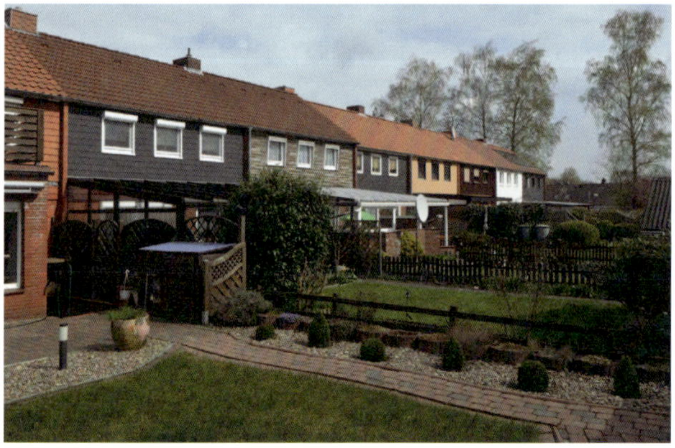

Erschließung

Im Süden des Gebietes liegt die Bundesstraße B 73, nördlich grenzt eine Bahnlinie an. Die östliche Grenze bildet die Bremervörder Straße. Die Erschließung der Wohngebäude erfolgt über Wohnstraßen oder Wohnwege. In einem 15-20 Minuten-Takt verkehren Busse in die Innenstadt. Mit öffentlichen Verkehrsmitteln ist die Innenstadt in rund 20 Minuten zu erreichen. Geparkt wird auf den Grundstücken, in Garagen, Sammelparkierungen und im Straßenraum.

Infrastruktur

Im Süden und Westen des Gebietes befinden sich großflächige Einzelhandelseinrichtungen, die an der Bundesstraße den Stadteingang markieren. In Hahle gibt es ein kleines Versorgungszentrum, eine Kirche und zwei Kindertagesstätten. Im Zentrum des Stadtteils liegt eine Grundschule. In der Stadt wurde bisher eine Hauptschule geschlossen. Im Grundschulbereich verfolgt die Stadt das Konzept der Stadtteilschulen („kurze Beine, kurze Wege"). Unmittelbar östlich angrenzend liegt das Elbe Klinikum Stade. Die Energieversorgung erfolgt überwiegend über Erdgas. Die Einfamilienhäuser werden zu 40 Prozent mit Öl beheizt.

Bevölkerungsprognose
Stade 2012 bis 2030

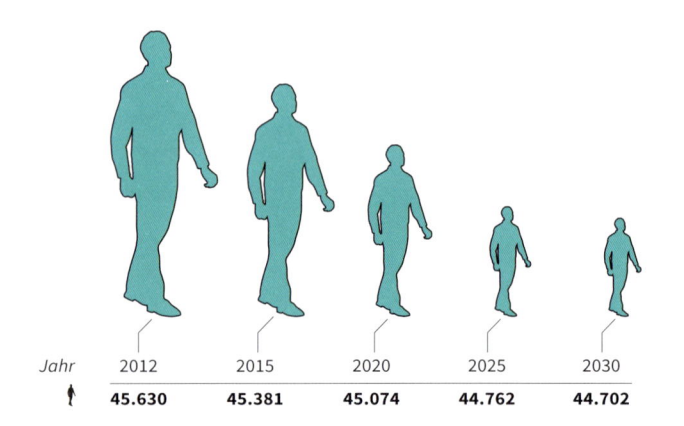

Jahr	2012	2015	2020	2025	2030
	45.630	**45.381**	**45.074**	**44.762**	**44.702**

Bevölkerungsentwicklung
Stade 1990 bis 2012

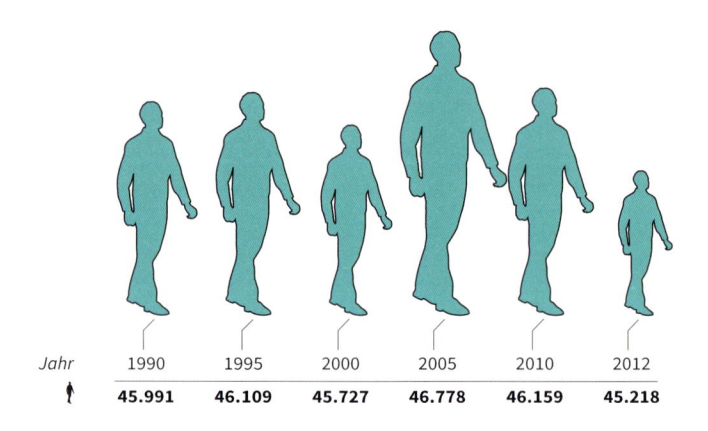

Jahr	1990	1995	2000	2005	2010	2012
	45.991	**46.109**	**45.727**	**46.778**	**46.159**	**45.218**

Altersstruktur
Stade (Stand 2013)

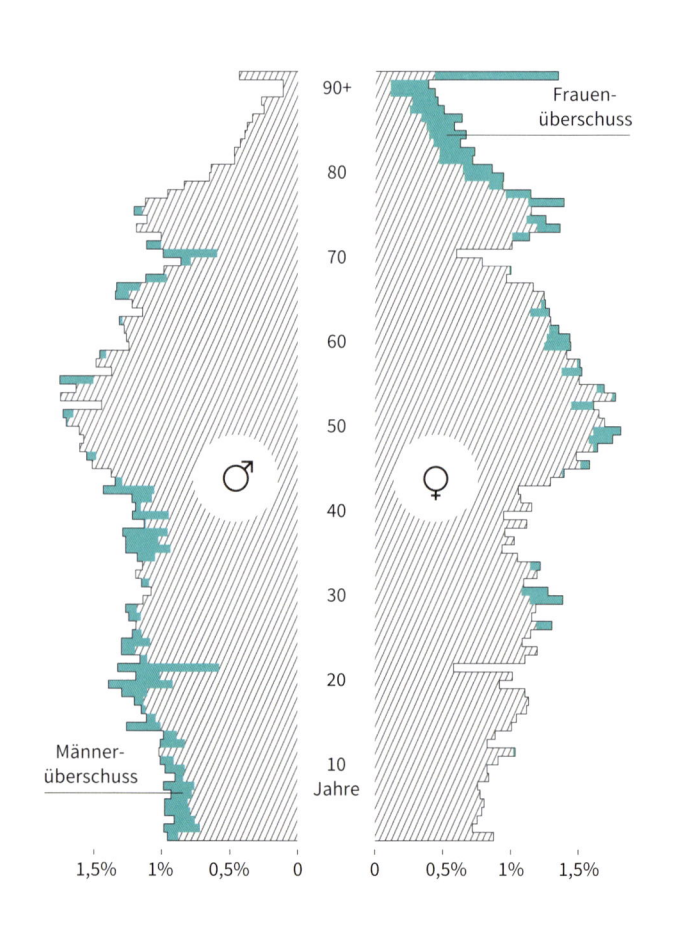

♂ Männerüberschuss

♀ Frauenüberschuss

Personen nach Gebäudetyp
Stade (Stand 2011)

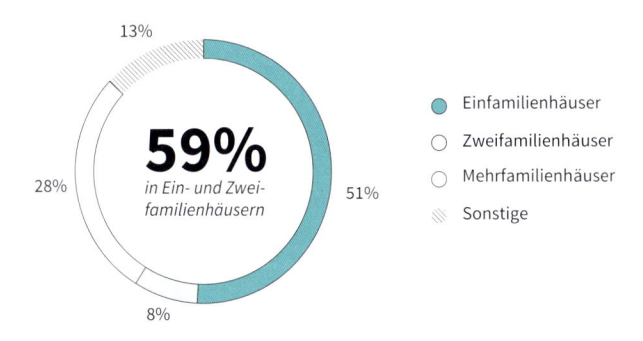

59%
in Ein- und Zweifamilienhäusern

13%
28%
51%
8%

- Einfamilienhäuser
- Zweifamilienhäuser
- Mehrfamilienhäuser
- Sonstige

Wohngebäudebestand
Stade (Stand 2011)

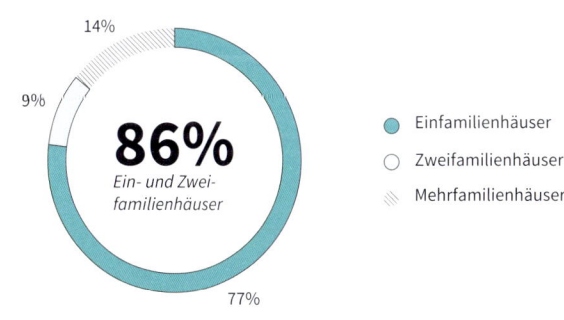

86%
Ein- und Zweifamilienhäuser

14%
9%
77%

- Einfamilienhäuser
- Zweifamilienhäuser
- Mehrfamilienhäuser

Eigentumsverhältnisse
Ein- und Zweifamilienhausbestand in Stade (Stand 2011)

2%
25%
73%

- von Eigentümer bewohnt
- zu Wohnzwecken vermietet
- leerstehend

Aktuelle Entwicklungen

Die Bevölkerungsentwicklung verläuft seit vielen Jahren stark schwankend, zuletzt wieder sinkend. Bis 2030 wird eine Abnahme der Einwohner prognostiziert. Der Altersdurchschnitt der Bevölkerung ist insgesamt steigend.

Die Hälfte der Einwohner Stades lebt im Einfamilienhaus. Dies macht einen Anteil von mehr als Dreiviertel am gesamten Wohngebäudebestand aus. Die Ein- und Zweifamilienhäuser werden überwiegend von Eigentümern bewohnt. Die Baufertigstellungen sind im Ein- und Zweifamilienhaussegment seit 2011 wieder leicht angestiegen. Der Wohnungsmarkt in Stade ist durch zwei parallele Entwicklungen geprägt: das freistehende Einfamilienhaus ist die am meisten nachgefragte Wohnform, auf der anderen Seite steigt bei den „Best-Agern" die Nachfrage nach barrierefreien oder barrierearmen Wohnungen und Bungalows. Das Einfamilienhaus ist in Stade die beliebteste Wohnform. Es gibt zwei Zielgruppen: Erwerber von Bestandsgebäuden und Erwerber von Neubauten. Ein neu gebautes freistehendes Einfamilienhaus kostet rund 300.000 Euro in Stade, unsanierte Reihenhäuser werden für rund 80.000 bis 90.000 Euro verkauft (2015). Aufgrund des guten Preis-Leistungs-Verhältnisses werden Einfamilienhäuser der 1950er- bis 1970er-Jahre als wettbewerbsfähig eingeschätzt. Der Wohnungsmarkt ist insgesamt ausgeglichen. Die

Bautätigkeit / Baufertigstellungen
Wohngebäude 1990 bis 2013 in Stade

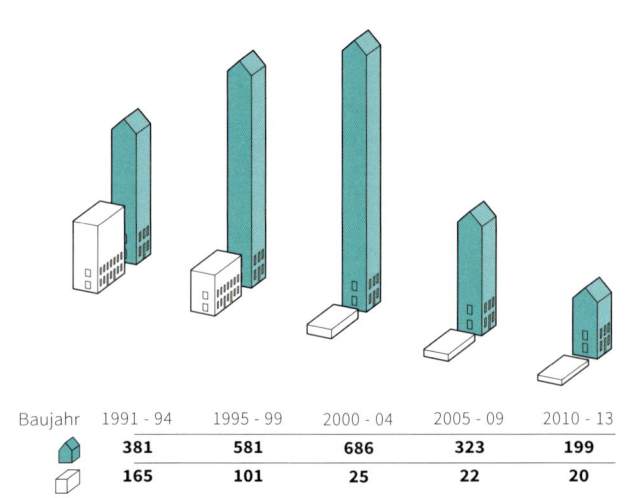

Baujahr	1991 - 94	1995 - 99	2000 - 04	2005 - 09	2010 - 13
Einfamilienhäuser	381	581	686	323	199
Mehrfamilienhäuser	165	101	25	22	20

Jahr	Gesamt	Ein- und Zweifamilienhäuser	Mehrfamilienhäuser
1990	Daten liegen nicht vor		
1991	111	83	28
1992	130	93	37
1993	145	93	52
1994	160	112	48
1995	159	110	49
1996	156	133	23
1997	162	153	9
1998	51	47	4
1999	154	138	16
2000	231	222	9
2001	113	110	3
2002	108	106	2
2003	115	110	5
2004	144	138	6
2005	78	76	2
2006	108	106	2
2007	55	52	3
2008	53	47	6
2009	51	42	9
2010	38	34	4
2011	53	48	5
2012	74	68	6
2013	54	49	5

Mietpreise liegen derzeit bei 6,50 Euro kalt (Bestand), 8,50 bis 11 Euro (Neubau). Das Mieteinfamilienhaus spielt eine untergeordnete Rolle; die Wohnstätte besitzt eine begrenzte Zahl von Doppelhäusern, deren Vermietung gut läuft.

In Stade wird zur Steuerung der Einwohnerentwicklung eine Bodenbevorratungspolitik betrieben. Erst kürzlich wurde in Stade ein neues Baugebiet mit 150 Bauplätzen erschlossen. Der Grundstückspreis liegt bei rund 100 Euro; innerhalb von drei Monaten waren alle Grundstücke verkauft. Es ist geplant, das Neubaugebiet um weitere 150 bis 200 Bauplätze zu erweitern. Auch in den Ortsteilen werden weitere Neubaugebiete ausgewiesen. Die Haushaltslage der Stadt ist derzeit gut (Steuereinnahmen). Ziel ist es, Schulden abzubauen.

Mehr als 30 Prozent der Bewohner in Hahle sind über 65 Jahre alt. Eine soziale Milieuanalyse von 2002 verortet die Bewohner des Stadtteils im bürgerlichen, konsumorientierten Milieu. Das Außenimage des Stadtteils ist durch unterschiedliche Merkmale und Entwicklungen geprägt. Er gilt als kleinbürgerlich und „in die Jahre gekommen", negativ wahrgenommen wird Alkoholkonsum im öffentlichen Raum. Der Stadtteil hat eine gute Lage. Das Zentrum des Stadtteils weist städtebauliche Defizite und Mängel im öffentlichen Raum auf, die im Zuge der Stadterneuerung behoben werden sollen.

Es gibt in Hahle wenige Räume für den sozialen Austausch und keine ausgeprägte Vereinsstruktur. Die Bewohner selbst fühlen sich mit ihrem Stadtteil aber sehr verbunden („Bekenntnis zu Hahle"). Es gibt kaum Leerstände und bisher ist kein Preisverfall zu beobachten. In den Mehrfamilienhäusern hat der Generationenwechsel eingesetzt, hier leben auch jüngere Bewohner. Die Bereitschaft zu größeren Investitionen in die Sanierung von Gebäuden ist eher gering (vgl. Interviews Ortstermin 16.06.2015).

Derzeit entstehen Neubauten der Wohnstätte. Bauvorhaben werden auf Grundlage von § 34 BauGB genehmigt. Bestandsgebäude wurden abgebrochen und durch Neubauten ersetzt. Sie sind an ein Nahwärmenetz mit Hackschnitzelanlage angeschlossen. Es besteht im Quartier eine starke Nachfrage nach barrierearmen Wohnungen. Die Wohnstätte hat bereits

2011/2012 ein Projekt zum gemeinschaftlichen Wohnen im Alter realisiert. Das Projekt „Ganz Anders Gemeinsam Altern" (GAGA) ist ein erfolgreiches Wohnmodell im Quartier (Fertigstellung 2012).

Initiative/Projekt

Der Stadtteil Hahle wurde von der niedersächsischen Landesregierung als eines von acht Pilotprojekten für das KfW-Förderprogramm 432 „Energetische Stadtsanierung – Zuschüsse für Integrierte Quartierskonzepte und Sanierungsmanager" ausgewählt. 2013 wurde ein integriertes energetisches Quartierskonzept für den Stadtteil erstellt (vgl. BBSR 2015).

Viele Gebäude befanden sich weitgehend im Originalzustand, der energetische Standard entsprach nicht mehr heutigen Anforderungen. Die Bevölkerungsentwicklung war negativ und die Fluktuation beschleunigte sich. Die Stadtverwaltung nahm diese Entwicklungen zum Anlass, mit der „Hahler Runde" einen integrierten Quartiersentwicklungsprozess zu starten. Die „Hahler Runde" (ehemals „Hahlener Forum") setzt sich aus Bewohnern, Eigentümern, Unternehmern sowie Vertretern von sozialen Einrichtungen, Bildungseinrichtungen, der Kirche und der Stadtverwaltung zusammen. Es wurden Schwerpunktthemen der Stadtteilentwicklung herausgearbeitet. Die Wohnungsgenossenschaft und die Sparkasse sowie Vertreter der Stadt wurden in die Lenkungsrunde zum Quartierskonzept eingebunden. Begleitend fanden zwei Bürgerversammlungen statt. Eine Fragebogenaktion brachte einen Rücklauf von 29 Prozent (vgl. Interviews Ortstermin 16.06.2015).

Das Quartierskonzept besteht aus einer Analyse und Szenarien für die weitere Entwicklung. Die Bestandsaufnahme umfasste auch eine straßenbezogene Energie-Verbrauchsanalyse. Für die Szenarien wurden ein Zeithorizont für die Umsetzung und mögliche Einspareffekte abgeschätzt. Ein Solarkataster zeigt auf, welche Potenziale sich für die Nutzung der Solarenergie ergeben.

Das energetische Quartierskonzept wurde gebäudescharf erarbeitet und ein Maßnahmenkatalog zusammengestellt. Es war der Stadt wichtig, konkrete Maßnahmen zur Umsetzung

Der „Laden ohne Namen"

festzuhalten: neben der Beratung und einer Stromsparkampagne wurden zwei Pilotprojekte initiiert: eine gläserne Baustelle im Hahler Weg und ein Klima-Erlebnispfad im Begegnungspark Hahle. Langfristiges Ziel der Stadt ist, in Hahle die Nahwärmenutzung zu stärken

Die Stärkung der Bewusstseinsbildung ist ein wichtiges Handlungsfeld. Zudem geht es darum, das Stadtteilleben, beispielsweise durch Stadtteilfeste zu fördern und die Lebensqualität von älteren Menschen in Hahle zu verbessern. Städtebaulich steht die Aufwertung der öffentlichen Räume, Wege und Freiflächen im Fokus. Eine öffentliche Freifläche bei der Schule wurde bereits mit wenigen finanziellen Mitteln aufgewertet. Im „Laden ohne Namen" im Stadtteilzentrum wurde im Februar/März 2015 eine Ausstellung zum Thema Energie gezeigt. Der „Laden ohne Namen" diente als Treffpunkt, Secondhandladen und Ausstellungsraum. Auf Plakaten wurden energetische Sanierungsmaßnahmen vorgestellt und Exponate gaben einen Einblick in die Baumaterialien. Die Ausstellung wurde von der Presse begleitet, es gab eine Auftakt- und eine Abschlussveranstaltung.

Das Sanierungsmanagement bietet gemeinsam mit der Verbraucherzentrale des Beratungszentrums Stade kostenlose und unabhängige Energieberatungen für Hausbesitzer in Hahle an (75 Prozent KfW-Förderung). Ziel ist es, die Bewohner von der Wichtigkeit energetischer Sanierungsmaßnahmen zu überzeugen und sie bei der Beantragung von Fördermitteln zu unterstützen. Es besteht Beratungsbedarf im Hinblick auf Grundrissanpassungen und den Abbau von Barrieren, Aufstockungen sind hingegen kein Thema. Im Vorfeld wurde eine Informationsbroschüre an die Haushalte verteilt (vgl. Hansestadt Stade 2013, 2014).

Es wurde eine erste Beratungsinitiative gestartet. An Samstagen war das Beratungsbüro von 10:00 bis 15:00 Uhr besetzt. Es waren Vertreter der Handwerkskammer, der Sparkasse und auch der Seniorenbeauftragte anwesend. Insgesamt wurden in dieser ersten Initiative rund 30 Beratungen durchgeführt. Der Stadt schwebt eine Sanierungsquote von zwei Prozent in Hahle vor. Dies entspricht neun Häusern.

Als Leuchtturmprojekt hat die Stadt eine „Gläserne Baustelle" initiiert: 2015 erwarb die Stadt ein Reihenmittelhaus. Das Gebäude wurde in den 1960er-Jahren gebaut und hat eine Wohnfläche von rund 85 Quadratmetern. Die Stadt saniert und modernisiert das Gebäude in einem modellhaften Prozess. Die Baustelle wird als „Gläserne Baustelle" betrieben, alle Arbeitsschritte werden in einem Bautagebuch und vier Filmen dokumentiert, die im Internet zur Verfügung stehen. Es entsteht ein Effizienzhaus 55 mit einer Pelletheizung. Nach der Sanierung und Modernisierung wird das Gebäude einer Wohnnutzung zugeführt. Für die Sanierung und Modernisierung des Gebäudes wurden Kosten in Höhe von rund 80.000 Euro veranschlagt, davon sind 15.000 Euro Fördermittel. Die energetische Sanierung bringt eine Reduzierung der Heizkosten auf weniger als 500 Euro pro Jahr mit sich.

Ein weiteres Leuchtturmprojekt ist der Klimapfad. Die Planung hierfür übernahm das Sanierungsmanagement, finanziert wird der Pfad über die Stadt und die KfW. Die Gesamtwahrnehmung des Klimaquartiers Stade-Hahle ist in der Stadt insgesamt positiv. Es gibt ein Energiecontracting mit einem Zehn-Jahresvertrag über die Stadtwerke.

Das Quartier wurde 2016 außerdem im Städtebauförderprogramm „Aktive Stadt- und Ortsteilzentren" aufgenommen. Es geht um die Aufwertung des Versorgungsbereichs um den Roten Platz, die Aufwertung der Ladenzeile und die Qualifizierung des öffentlichen Raumes. Es entsteht auch ein Ersatzbau für den Penny-Markt. Die Sicherung und Aufwertung der Infrastruktur soll als Motor der Quartiersentwicklung eingesetzt werden. Die Stadt ist bemüht, das Image des Stadtteils weiter zu verbessern.

Auswertung und Übertragbarkeit

Der Ansatz ist gut auf andere Einfamilienhausgebiete übertragbar. Aus Sicht der Stadt könnte es sinnvoll sein, das Programm energetische Quartierssanierung im Stadtteil Klein Thun oder im Siedlungsbereich Sachsenstraße/Schwedenviertel anzuwenden. Auch wenn in den Stadtteilen der 1950er- bis 1970er-Jahre bisher keine auffälligen Entwicklungen zu beobachten sind, ist es das Ziel der Stadt, die Bewohner zu beraten und zu unterstützen, wie sie mit den Häusern umgehen können. Es gibt ein hohes Investitionspotenzial in den Gebieten. Der Beratungsbedarf war bisher eher verhalten, was auf die niedrigen Energiepreise zurückgeführt wird. Der Leidensdruck sei zu gering, so die Stadt, mit steigenden Energiepreisen sei eine stärkere Nachfrage nach Beratung zu erwarten.

Es hat sich gezeigt, dass jüngere Menschen sich mehr für die Beratungsangebote interessieren als Ältere. Im Nachhinein könnte sich die Stadt vorstellen schon während der Konzepterstellung in die Beratung einzusteigen. Die Eigentümer sind in erster Linie an kostengünstigen Maßnahmen interessiert. Die energetische Sanierung eines Reihenmittelhauses wird aufgrund der begrenzten Außenwandflächen von vielen Bewohnern als wenig erstrebenswert und effektiv eingestuft.

Handlungsfelder der Stadtentwicklung | 6

Gläserne Baustelle

191

Die Kommune sieht sich in neuen Rollen: Beratung und Moderation werden zu wichtigen Bestandteilen des Aufgaben- und Selbstverständnisses. Präventivem Handeln wird eine wichtige Bedeutung beigemessen. Das KfW-Programm 432 konzentriert sich auf die Beratung. Die Förderprogramme des Bundes sollten jedoch durch einen breiter angelegten Förderansatz attraktiver gestaltet werden. Das Fördersystem wird als technokratisch eingeschätzt. Das Kreditprogramm ist derzeit aufgrund der niedrigen Zinsen nicht wirklich attraktiv. Das Ziel der KfW-Programme durch Beratung eine hochwertige Sanierung zu fördern, tritt oftmals nicht ein. Obwohl in den Beratungen für Qualität geworben wird, gibt es so gut wie keine Beispiele, bei denen mit Architekten umgebaut wird. Architektenleistungen werden bewusst eingespart, um die Kosten so gering wie möglich zu halten. Es wird ein Trend zur „Standard-Teilsanierung" beobachtet (z.B. nur Austausch der Fenster). Es gibt in Hahle viele Interessenbekundungen für energetische Sanierungen, es liegen jedoch noch keine belastbaren Zahlen zu Umsetzungen vor. Der Beratungsaufwand wird als sehr hoch eingeschätzt. Aus Sicht der Stadt sind die Instrumente zum Umgang mit den Quartieren noch nicht treffsicher. Chancen werden auch darin gesehen, verstärkt geringinvestive Maßnahmen anzustoßen oder finanzielle Unterstützungen besonderer Art zu leisten: Die Stadt finanziert die Materialien, der Eigentümer muss lediglich die Kosten für den (Ein)Bau übernehmen. Es ist der Stadt Stade gelungen, stadtweit eine Sanierungsquote von zwei Prozent zu erreichen (Bundesdurchschnitt 0,5 Prozent). Die Stadt hofft, dass die energetische Sanierung unterstützt durch die „Gläserne Baustelle" und weitere gebaute Beispiele zum Selbstläufer wird.

6.4 Leerstandsaktivierung und Leerstandsbewältigung

Seit 2007 ist das Gebot der Innenentwicklung vor Außenentwicklung im Baugesetzbuch verankert (§ 1 (5) S. 3 und § 1a (2) BauGB). Potenziale im Inneren sind demnach vorrangig gegenüber Neuausweisungen von Gebieten. Leerstände sollen aktiviert und Brachflächen/Baulücken wieder nutzbar gemacht werden. Der demografische Wandel, veränderte Wohnansprüche und der Trend zur Urbanisierung führen besonders in peripheren Lagen oder schrumpfenden Regionen zu Leerstanden auch im Ein- und Zweifamilienhaussektor. Wohnungsleerstände sind nicht mehr nur ein Thema im Geschosswohnungsbau. Die Aktivierung des Wohnungsmarktsegmentes der älteren Ein- und Zweifamilienhäuser ist zu einem Thema der Stadtentwicklung geworden.

Für viele Menschen, die in einem Einfamilienhaus leben möchten, ist der Erwerb eines (schlüsselfertigen) Neubaus auf den ersten Blick attraktiver als der Erwerb eines Bestandsgebäudes. Ein älteres Haus kann Ungewissheiten mit sich bringen. Der Zustand und die Qualität des Bestandes lassen sich schwer einschätzen und die Sanierungs-/Modernisierungskosten sind nicht immer verlässlich planbar. Die Erneuerung des Bestandes kann sich als „Fass ohne Boden" erweisen, wenn ungeahnte Probleme auftreten und nicht von Beginn an Fachleute hinzugezogen werden.

Werden weiterhin Neubaugebiete am Rand der Städte und Gemeinden ausgewiesen und der Gebäudebestand aus den 1950er- bis 1970er-Jahren nicht nachhaltig genutzt, drohen Leerstände und eine Unterauslastung der Infrastruktur in den gewachsenen Quartieren. Diese Entwicklung ist in Gebieten mit (deutlich) sinkender Nachfrage bereits ablesbar. Dem Neubau auf der grünen Wiese stehen Lagekriterien von älteren Bestandsgebäuden gegenüber, die sich zumeist in gewachsenen Nachbarschaften mit Infrastruktureinrichtungen befinden. Wahrnehmbare Leerstände können Trading Down Effekte nach sich ziehen und das Infrastrukturangebot gefährden. Ein häufiges Phänomen in Einfamilienhausgebieten sind die „inneren Leerstände". In vielen Gebieten wird ein großer Teil der Gebäude nur noch von einer Person bewohnt. Die Kinder sind längst ausgezogen und der Lebenspartner verstorben.

Kommt es zu Leerständen, sind diese nicht zwangsläufig marktrelevant, Grundstücke werden vorgehalten, um den Kindern oder Enkelkindern die Möglichkeit zum Bauen zu geben, auch wenn diese sich räumlich längst anders orientiert haben. Leerstände und Teilleerstände können in einem Leerstandskataster registriert werden. Aber nur durch die Bereitschaft der Eigentümer können Leerstände aktiviert werden.

Um dem zunehmenden Leerstand entgegenzuwirken, wird in Hiddenhausen und Cuxhaven die Nachfrage gezielt in den Bestand gelenkt. Die Stadt Hiddenhausen hat hierzu ein eigenes Förderprogramm entwickelt. Die 2009 gegründete Projektgemeinschaft „Cuxhavener Wohnlotsen" stellt ein Beratungs- und Informationsangebot bereit, um das Marktsegment der alten Einfamilienhäuser zu aktivieren.

Cuxhaven

Basisdaten

Kommune	Cuxhaven	Bevölkerungsentwicklung	
Bundesland	Niedersachsen	1990	**56.090**
		2000	**53.391**
Landkreis	Cuxhaven	2010	**50.492**
Einwohner	**48.221** (2014)	Bevölkerungsprognose	sinkend
		Durchschnittsalter der Bevölkerung	47,7 (2011)
Fläche	161.91 km²	Zentralörtliche Funktion	Mittelzentrum
Bevölkerungsdichte	298 Einwohner/km²	Siedlungsstruktureller Gemeindetyp	Mittelstadt

Untersuchungsgebiet	Gesamtstadt
Gebietstyp	sukzessive aufgesiedelt
Aufsiedlungszeitraum	überwiegend 1950er- bis 1970er-Jahre
Haustypen	freistehende Einfamilienhäuser, Doppelhäuser
Haushalte	24.819 (Stand 2011)
Programm	**Cuxhavener Wohnlotsen**
Beteiligte	Stadtverwaltung, Kreditinstitute, Wohnungswirtschaft, Wirtschaft und Handwerk, Architekten, Makler sowie Landkreis Cuxhaven
Finanzierung	Bund (BMVBS mit dem ExWoSt-Programm „Kommunale Konzepte: Wohnen"), Wohnlotsen-Partner (im Juni 2010 haben sich die Wohnlotsen-Akteure dauerhaft zu einer Partnerschaft mit Projektstruktur zusammengeschlossen)

Lage der Stadt Cuxhaven im Raum

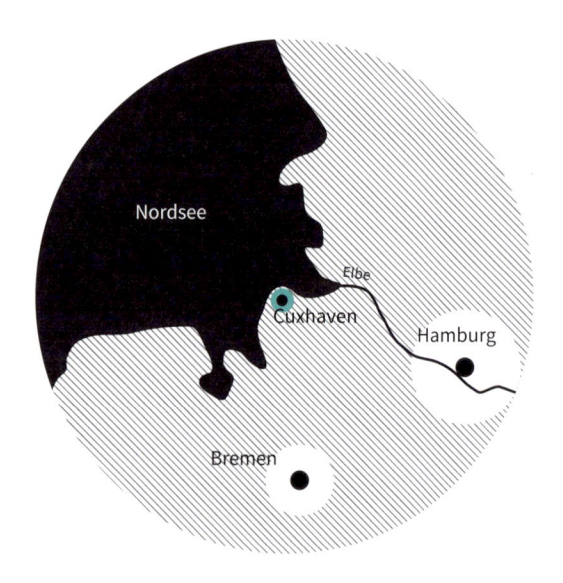

Beispielhaftigkeit des Ansatzes

Die schrumpfende Mittelstadt Cuxhaven verfolgt mit den „Cuxhavener Wohnlotsen" einen gesamtstädtischen Ansatz zur Weiterentwicklung ihrer Bestandsgebiete. Die demografische Entwicklung der Stadt ist seit Jahren negativ, sodass ein überwiegend flächendeckend verteilter Wohnungsüberhang vorliegt. Die Wohnlotsen-Initiative trägt dazu bei, diesen Wohnungsbestand, der größtenteils aus Ein- und Zweifamilienhäusern der 1950er- bis 1980er-Jahre besteht, wieder zu aktivieren. Ziel ist es, den Bedarf mit der breit angelegten, akteursübergreifenden Initiative flächendeckend in den Bestand zu lenken. Ein Serviceangebot bietet Beratungsmöglichkeiten und eine niedrigschwellige Erstberatung. Über eine Internetplattform können gezielte Anfragen rund um die Altbauimmobilie gestellt werden. Die Wohnlotsen sind eine Anlaufstelle für Personen, die nach Wohnraum suchen und Personen, die Wohnraum aufgeben oder an- und umbauen wollen. Der Cuxhavener Weg zur Bestandsaktivierung ist beispielhaft für andere Städte und wurde bereits rezipiert.

Lage im Raum

Cuxhaven liegt im Norden Niedersachsens, rund 100 Kilometer nordwestlich von Hamburg und 100 Kilometer nördlich von Bremen, direkt an der Elbe-Mündung in die Nordsee. Cuxhaven ist die drittgrößte Stadt an der niedersächsischen Nordseeküste. An zwei Seiten wird die Stadt vom Meer umflossen. Diese landschaftlich reizvolle Randlage ist einerseits mit einer hohen touristischen Attraktivität verbunden, beeinflusst aber andererseits die wirtschaftliche Entwicklung der Stadt. Die Bundesstraße 73 verbindet Cuxhaven mit Hamburg, die Autobahn A 27 führt nach Bremen. Die Stadt ist Mittelzentrum und gehört zu den beiden Metropolregionen Hamburg und Bremen/Oldenburg.

Entstehungsgeschichte

Cuxhaven ist eine junge Stadt, erst 1907 erhielt sie das Stadtrecht. 1872 entstand die „Landgemeinde Cuxhaven" durch den Zusammenschluss des Dorfes Ritzebüttel mit der Hafensiedlung Cuxhaven. Im Rahmen des „Groß-Hamburg-Gesetztes" von 1937 fiel die Landgemeinde Cuxhaven, die bis dahin zu

Cuxhaven 1960 (Wißmannstraße)

Hamburg gehörte, an Preußen. Durch Eingemeindungen wuchs die Stadt bis in die 1970er-Jahre. Seit 1977 ist Cuxhaven Kreisstadt des neu gebildeten Landkreises Cuxhaven.

Die Hafen- und Fischwirtschaft sowie der Fremdenverkehr sind die prägenden Wirtschaftszweige in Cuxhaven. Mit rund drei Millionen Übernachtungen im Jahr steht die Stadt an der Spitze der Kurorte in Deutschland. Neben Bremerhaven ist Cuxhaven der bedeutendste Fischereistandort Deutschlands. In den neunziger Jahren setzte ein schleichender Schrumpfungsprozess ein. In der Folge hat sich ein Wohnungsüberhang ausgebildet, der in der gesamten Stadt zu beobachten ist (vgl. Interviews Ortstermin 28.07.2015).

Bebauungsstruktur

Die Stadt Cuxhaven besteht aus der Kernstadt und verstreuten Ortsteilen mit dörflichem Charakter. Die Stadt ist, ebenso wie die gesamte Region, ländlich geprägt. Rund 53 Prozent der Siedlungsfläche entstand in den 1950er- bis 1970er-Jahren. Ein großer Teil des Wohnungsbestandes befindet sich in Ein- und Zweifamilienhäusern, 54 Prozent der besiedelten Fläche sind Einfamilienhausgebiete. Es gibt überwiegend freistehende Einfamilienhäuser auf großen Parzellen. Die tiefen Grundstücke bieten sehr gute Erweiterungsmöglichkeiten im rückwärtigen Bereich, ohne Störung des einheitlichen Siedlungsbildes.

Bebauungsstruktur
Cuxhaven

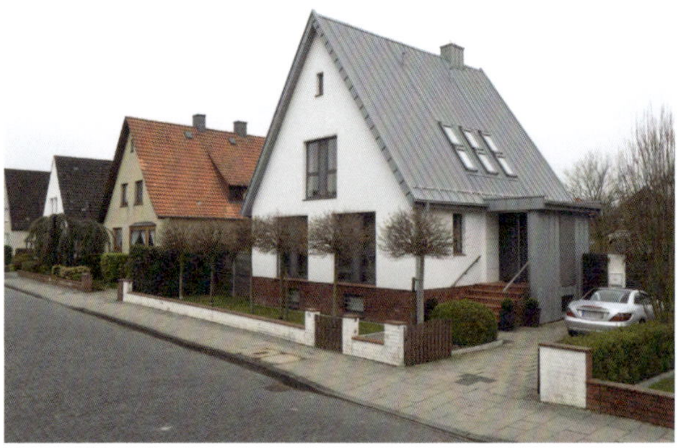
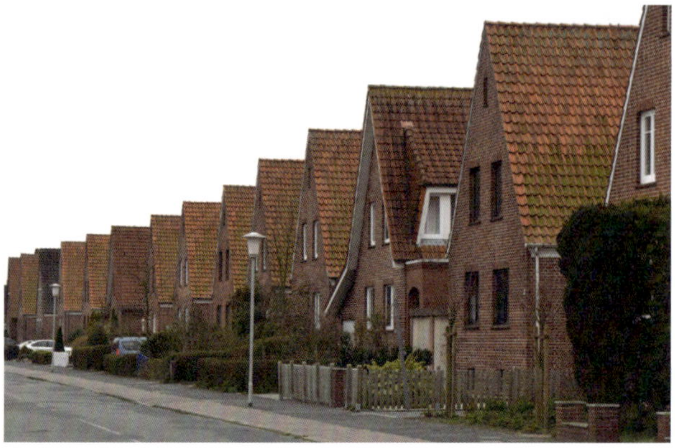
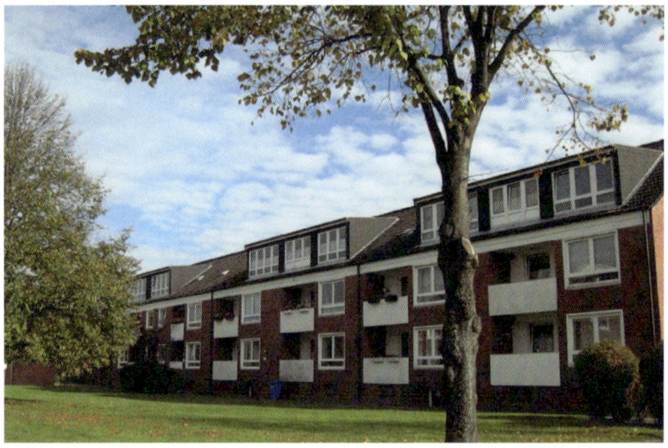
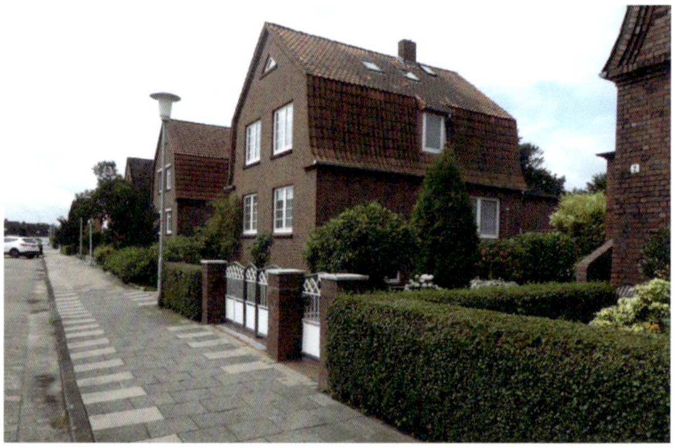
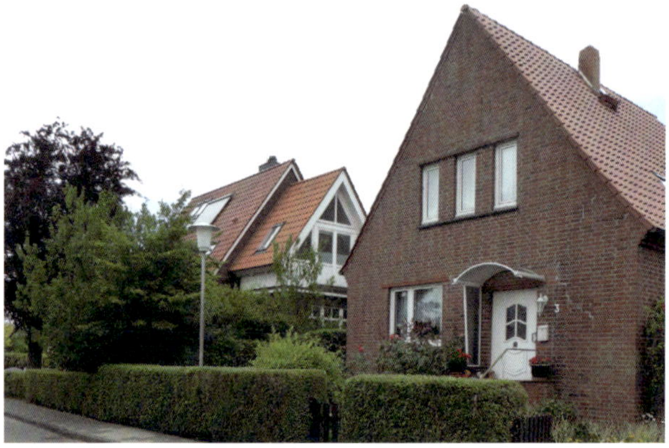
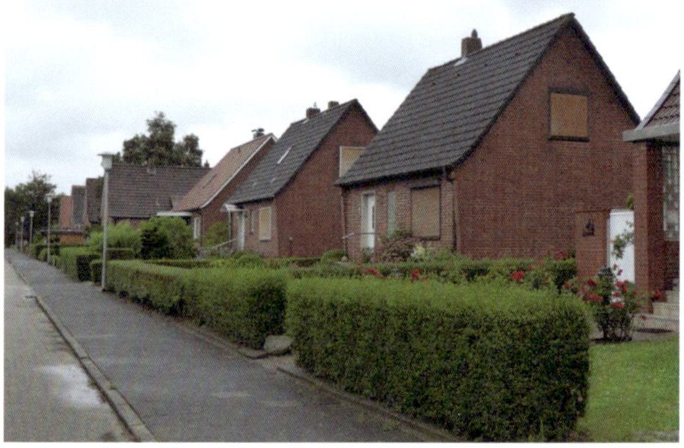
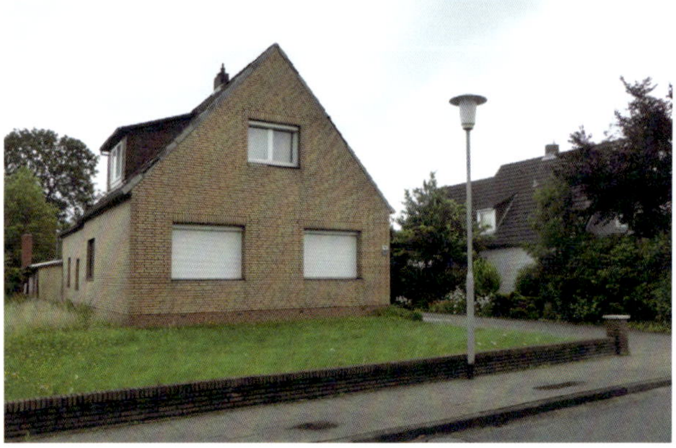
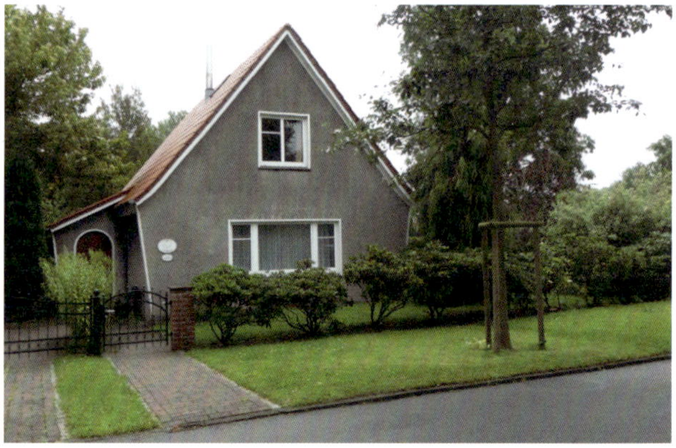

Die Gebäude weisen eine große gestalterische Einheit auf, prägend sind eine Fassade aus Backsteinen oder helle Putzfassaden und (steile) Satteldächer. Die Gebäude reihen sich trauf- oder giebelständig entlang der Straße auf. Es gibt einige Alleen, die durch ihren alten Baumbestand eine besondere Qualität entfalten. Durch die kleinteilige Siedlungsstruktur gibt es viele attraktive Randlagen im unmittelbaren Übergang zum Landschaftsraum.

Erschließung

Die Erreichbarkeit der Stadt wird stark durch ihre Randlage geprägt. Die Verkehrsanbindung über die Autobahn und Bundesstraße ist gut. Die B 73 umfährt von Osten herkommend einen Teil der Innenstadt und verbindet sie mit der A 27. Stündlich verkehren Regionalzüge nach Hamburg (Fahrzeit eine Stunde und 45 Minuten) und Bremen (Fahrzeit eine Stunde und 30 Minuten). Es gibt ein Busliniennetz, das die Ortsteile mit der Kernstadt verbindet.

Die Wohngebiete werden mit Wohnstraßen erschlossen, die als Netz oder Stichstraßen ausgebildet sind. Die Straßenräume sind großzügig und oft geradlinig. Geparkt wird überwiegend auf den Grundstücken in einer zurückversetzten Garage mit davorliegendem Stellplatz.

Infrastruktur

Die Stadt ist gut mit Infrastruktur ausgestattet. Die Innenstadt verfügt über ein breites Angebot, in den Ortsteilen droht die Nahversorgung jedoch wegzubrechen. Es gibt ein breites Schulangebot, die Schülerzahlen gehen allerdings deutlich zurück, in den letzten beiden Jahrzehnten um 50 Prozent auf heute 5.000. Bisher wurden keine Schulen geschlossen, Schließungen werden aber in Zukunft thematisiert werden müssen.

Bevölkerungsprognose
Cuxhaven 2012 bis 2030

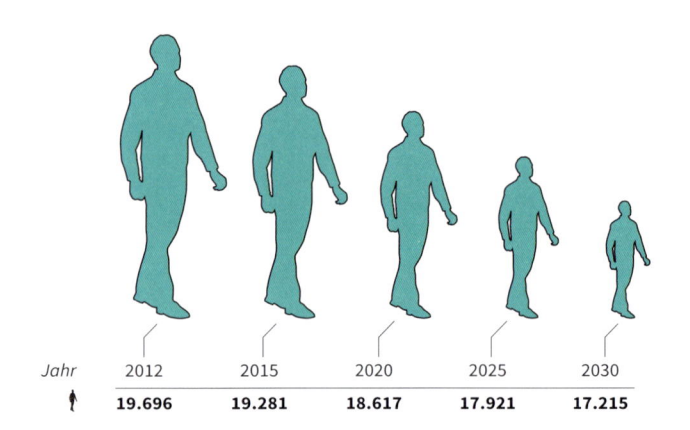

Jahr	2012	2015	2020	2025	2030
	19.696	**19.281**	**18.617**	**17.921**	**17.215**

Bevölkerungsentwicklung
Cuxhaven 1990 bis 2012

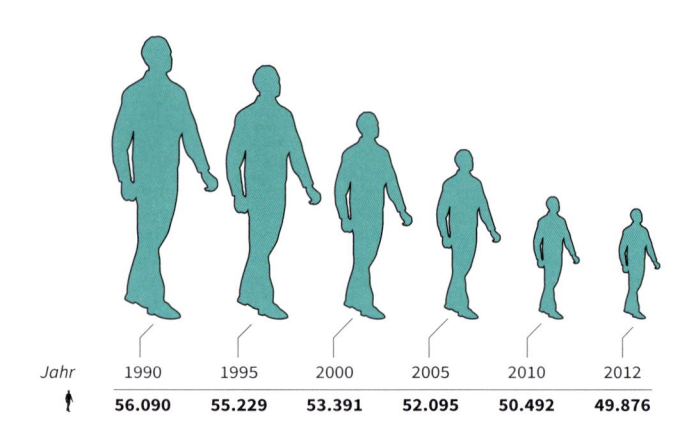

Jahr	1990	1995	2000	2005	2010	2012
	56.090	**55.229**	**53.391**	**52.095**	**50.492**	**49.876**

Altersstruktur
Cuxhaven (Stand 2013)

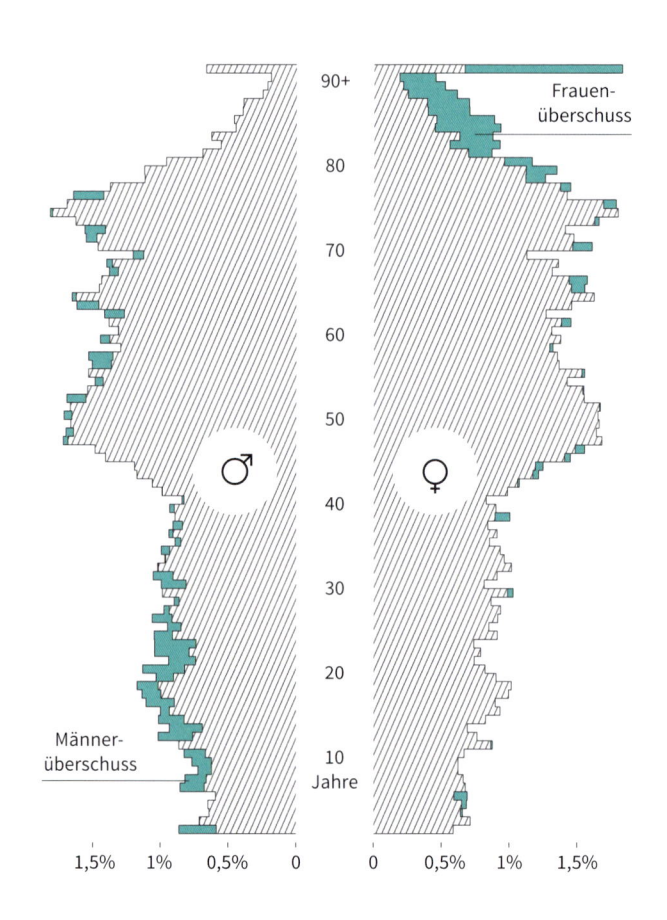

Frauenüberschuss

Männerüberschuss

♂ ♀

90+ / 80 / 70 / 60 / 50 / 40 / 30 / 20 / 10 Jahre

1,5%   1%   0,5%   0   0   0,5%   1%   1,5%

Personen nach Gebäudetyp
Cuxhaven (Stand 2011)

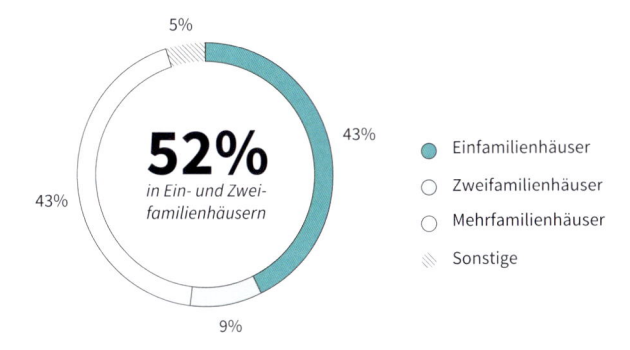

52% in Ein- und Zweifamilienhäusern

- 5%
- 43%
- 43%
- 9%

- ● Einfamilienhäuser
- ○ Zweifamilienhäuser
- ○ Mehrfamilienhäuser
- ▨ Sonstige

Wohngebäudebestand
Cuxhaven (Stand 2011)

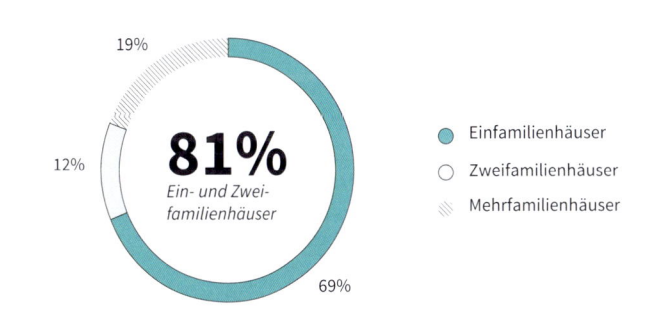

81% Ein- und Zweifamilienhäuser

- 19%
- 12%
- 69%

- ● Einfamilienhäuser
- ○ Zweifamilienhäuser
- ▨ Mehrfamilienhäuser

Eigentumsverhältnisse
Ein- und Zweifamilienhausbestand in Cuxhaven (Stand 2011)

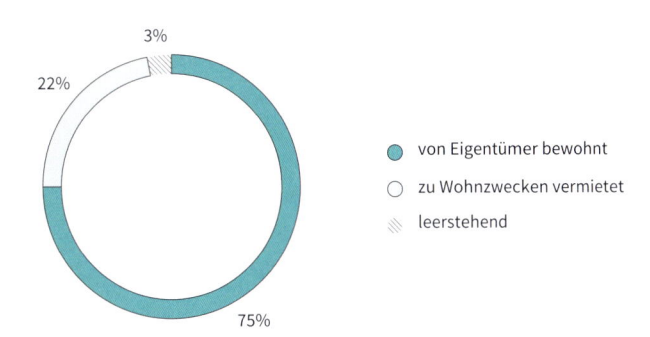

- 3%
- 22%
- 75%

- ● von Eigentümer bewohnt
- ○ zu Wohnzwecken vermietet
- ▨ leerstehend

Aktuelle Entwicklungen

Die Bevölkerung der Stadt Cuxhaven sinkt seit 1993 kontinuierlich. Für die Zukunft wird eine Abnahme auf rund 43.010 Einwohner im Jahr 2030 prognostiziert. Im Jahr 1990 lebten noch 56.090 Einwohner in Cuxhaven. Prägende Altersgruppen sind die 45- bis 75-Jährigen.

Gut die Hälfte der Cuxhavener Einwohner lebt in Ein- und Zweifamilienhäusern. Mit 69 Prozent machen die Einfamilienhäuser den größten Anteil am gesamten Wohngebäudebestand der Stadt aus. Dreiviertel der Ein- und Zweifamilienhäuser werden von den Eigentümern bewohnt. Die Bautätigkeit ist seit 2007 auf einem relativ geringen Niveau. Zwischen 2000 und 2004 gab es eine hohe Anzahl an Baufertigstellungen im Ein-und Zweifamilienhaussegment.

Im Zeitraum von 2010 bis 2015 stiegen die Preise für Immobilien um fünf Prozent. Seither sind sie stabil. Die Grundstückspreise liegen zwischen 40 Euro/m² und 200 Euro/m² in guten Lagen. Pro Jahr werden rund 300 Wohneinheiten in Cuxhaven veräußert. Darunter befinden sich viele Ferienwohnungen. Der Bedarf nach Ferienwohnungen ist sehr groß. Es werden viele Nutzungsänderungen zu Ferienwohnungen beantragt. Derzeit werden 20 Prozent der Wohnungen nicht von Dauerbewohnern bewohnt (Vgl. Interviews Ortstermin 28.07.2015).

Bautätigkeit / Baufertigstellungen
Wohngebäude 1990 bis 2013 in Cuxhaven

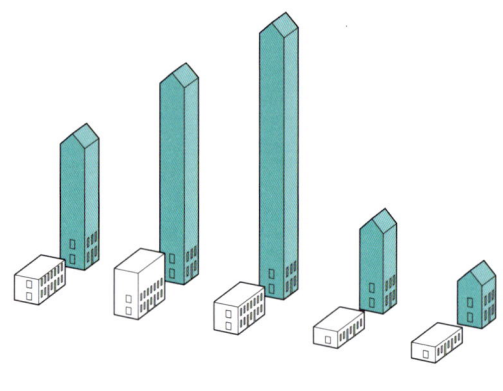

Baujahr	1991 - 94	1995 - 99	2000 - 04	2005 - 09	2010 - 13
Einfamilienhäuser	272	411	532	195	126
Mehrfamilienhäuser	46	85	51	30	29

Jahr	Gesamt	Ein- und Zweifamilienhäuser	Mehrfamilienhäuser
1990	Daten liegen nicht vor		
1991	71	61	10
1992	80	70	10
1993	69	58	11
1994	98	83	15
1995	89	73	16
1996	89	76	13
1997	99	85	14
1998	99	84	15
1999	120	93	27
2000	173	163	10
2001	114	101	13
2002	104	89	15
2003	110	108	2
2004	82	71	11
2005	42	31	11
2006	72	66	6
2007	44	36	8
2008	37	36	1
2009	30	26	4
2010	30	26	4
2011	20	16	4
2012	57	42	15
2013	48	42	6

Die Leerstandsquote beträgt in Cuxhaven derzeit fünf Prozent, dieser Wert ist seit einiger Zeit konstant. Die Stadt setzt sich intensiv mit dem Bestand auseinander, nicht zuletzt aufgrund der verstärkten Wahrnehmung von Leerstand und Vermarktungsproblemen von Bestandsimmobilien. Perspektivisch gesehen wird jedes dritte Einfamilienhaus künftig keine Bewohner mehr haben. Es wird prognostiziert, dass bis 2030 rund 6.000 Eigenheime auf den Markt kommen werden (vgl. Stadt Cuxhaven, Kleinräumige Bevölkerungsprognose 2030, Sitzungsvorlage 262/2009).

Nach dem politischen Beschluss zur Aufstellung eines Leitbildes 2001 erarbeiteten 100 Interessierte aus der Bürgerschaft, Verwaltung und Politik 2002 ein erstes Stadtleitbild, das 2003 vom Stadtrat beschlossen wurde (vgl. Stadt Cuxhaven 2011). Sukzessive fortgeschrieben wurde das Leitbild im Jahr 2011 in einer Broschüre veröffentlicht. „Willkommen am Wasser" ist das Leitmotiv der Stadt. Dabei ist die Ausrichtung der Stadtentwicklung an den Gegebenheiten des demografischen Wandels ein wichtiges Themenfeld.

Der Beschluss zur Aufstellung eines Stadtentwicklungskonzeptes ist auf die Erkenntnis „wir schrumpfen" zurückzuführen. Gleichzeitig fehlten Prognosen und Ideen für Schrumpfungsmodelle. Erst 2009 wurde eine kleinräumige Bevölkerungsprognose durchgeführt und mit GIS simuliert. Die Alterung der Bevölkerung ist ein flächendeckendes Phänomen.

Die intensive Auseinandersetzung mit dem demografischen Wandel wurde von der Politik initiiert. Sowohl in der Politik als auch in der Bürgerschaft ist die Erkenntnis, dass Cuxhaven schrumpft, angekommen. „Es gibt zu viel Fläche, zu viel Stadt für zu wenige Menschen." Eine schrumpfende Stadt hat, so wird es wahrgenommen, nach wie vor ein negatives Image. Die Identifikation mit der Stadt ist jedoch hoch (vgl. Interviews Ortstermin 28.07.2016). Im Zuge der Stadtentwicklung sollen identitätsstiftende Merkmale gefördert werden. Darüber was identitätsstiftend ist, gab es bisher jedoch keine intensive Auseinandersetzung. Die Stadt möchte hierzu eine öffentliche Diskussion anregen.

Es gibt einen Grundsatzbeschluss Innen- vor Außenentwicklung. Als eines der wichtigsten Themenfelder wurde im Stadtentwicklungskonzept die Auseinandersetzung mit dem Wohnen definiert. Mit einer Lenkung der Eigentumsbildung in den Wohnungsbestand sollen die anhaltenden Suburbanisierungstendenzen gedämpft werden und die identitätsbestimmenden Stadtbereiche vital erhalten werden. Dennoch weist die Stadt in geringem Maß Neubauflächen aus, um den demografischen Wandel aufzuhalten. Es wurde ein Stufenkonzept zur Wohnraumentwicklung erarbeitet und die zuvor 62 ausgewiesenen Flächen auf die Hälfte reduziert. Die Außenentwicklung findet in Kombination mit besonderen Themen statt, z.B. „Wohnen mit Pferd". Angegliedert an bestehende Strukturen werden maximal 15 Grundstücke an einem Ort ausgewiesen. Der Aufsiedlungszeitraum dauert aktuell bis zu 14 Jahre. Jährlich werden nicht mehr als 50 Einfamilienhausneubauten fertig gestellt (2013: 42).

Im Juni 2015 wurde ein Wohnraumversorgungskonzept beschlossen. Bereits 2005 wurden Geschosswohnungsbauquartiere untersucht und Cuxhaven Lehfeld in das Programm Soziale Stadt aufgenommen. Auch die seniorengerechte Stadt ist ein wichtiges Handlungsfeld. Die Stadtsparkasse Cuxhaven initiierte das Projekt „CuxViTA- Häuser für´s ganze Leben", ein Modellvorhaben im KfW-Programm „Altersgerecht umbauen", dessen Ziel es ist, Lösungen für ein möglichst langes selbstbestimmtes Leben in den eigenen vier Wänden zu ermöglichen. Die Stadt beobachtet den Trend, dass ältere Menschen in der Stadt wohnen möchten, ihr Haus aber nicht verkaufen können. Gute Absatzmöglichkeiten für Einfamilienhaus-Altimmobilien könnten die Chancen für Projekte des altersgerechten Wohnens und den nutzungs- und wohnbedürfnisorientierten Zyklus des Immobilienmarktes verbessern (vgl. Lasius 23.10.2013). Für seniorengerechtes Wohnen gibt es einen sehr großen Bedarf. Nur zehn Prozent des Bestandes sind altersgerecht. Für die künftige Stadtentwicklung gibt es unterschiedliche Szenarien, darunter die Idee, den Zuzug von älteren Menschen dem Modell „Sunset City" zu fördern.

Die Stadt Cuxhaven ist hoch verschuldet, bereits seit 1993 kann sie keinen ausgeglichenen Haushalt vorweisen (vgl. Wein 2014: 12). Die Arbeitslosenquote liegt bei 6,2 Prozent und damit im niedersächsischen Durchschnitt.

Initiative/Projekt

Aus dem wachsenden Wohnungsüberhang in Cuxhaven entstand die Idee der „Cuxhavener Wohnlotsen". Die Stadt reichte die Projektidee erfolgreich im ExWoSt-Programm „Kommunale Konzepte: Wohnen" ein. Die Fördergeber erkannten die Auseinandersetzung mit alternden Einfamilienhausgebieten und die strategische Bestandsaktivierung als innovative Themen der Zukunft und nahmen die Cuxhavener Idee in die Förderung des Experimentellen Wohnungs- und Städtebaus auf.

Ziel der Cuxhavener Wohnlotsen ist es, Kaufinteressenten in den Bestand zu lenken. Das Hauptaugenmerk liegt dabei auf den Einfamilienhausgebieten der 1950er- bis 1970er-Jahre. Wichtigstes Handlungsfeld ist die Image- und Überzeugungsarbeit sowie die Sensibilisierung aller Beteiligten. Die Cuxhavener Wohnlotsen entstanden aus der Idee heraus, alle Akteure zu beteiligen und aus dem Bestand Wertschöpfung zu generieren. In schrumpfenden Regionen sind fach- und akteursübergreifende Konzepte von besonderer Bedeutung. Die Wohnlotsen wollen keine Stadtpolitik machen.

Bedingt durch den demografischen Wandel hat sich die Nachfrage nach Wohnraum in Cuxhaven verändert. Sowohl im Geschosswohnungsbau als auch im Einfamilienhausbau gibt es Angebotsüberhänge. Die Stadt hat sich zum Ziel gesetzt, den Bedarf in den Bestand zu lenken und der Abwanderung entgegenzuwirken. Dies zu unterstützen, ist das Ziel der Cuxhavener Wohnlotsen. Entwicklungspotenziale sollen erkannt und genutzt werden, um die Eigentumsbildung im Bestand zu fördern. Die Wohnlotsen bündeln Leistungen rund um die Altimmobilie und vermitteln sie nach außen. Sie unterstützen bei der kritischen Prüfung des Bestandes und der Auslotung von Sanierungs-, Modernisierungs- und Umbaupotenzialen.

Motiv für das Wohnen im Bestand kann die gewachsene Nachbarschaft sein; auch das homogene Erscheinungsbild der Häuser wird geschätzt. Die Gestaltung wird als identitätsstiftend eingestuft, gegen Gestaltungssatzungen hat die Stadt jedoch Vorbehalte: „Gestaltungssatzungen enteignen" (vgl. Interviews Ortstermin 28.07.2016). Eine wichtige Bedeutung misst die Stadt der Qualität der öffentlichen Räume zu. Viele Häuser aus den 1950er- bis 1970er-Jahren haben gute Lagequalitäten.

Im ExWoSt-Projekt wurden folgende Akteure an der Idee der Wohnlotsen beteiligt:
- Die Stadt Cuxhaven (Initiierung, Daten/Analyse, Stadtentwicklungsziele)
- die Architektenkammer Niedersachsen (überörtliche Information und Beratung)
- Architekten/Energieberater (Umbauplanungen, (energetische) Sanierung)
- Kreditwirtschaft (Finanzierungs- und Fördermittelberatung, Immobilienangebote)
- Immobilienwirtschaft (Immobilienangebote, Kenntnisse über Marktgeschehen)
- Wohnungswirtschaft (Wohnraumangebote, Erfahrungswissen z.B. zu Sanierungsfragen)
- Haus-, Wohnungs- und Grundeigentümerverein (Rechtsberatung, aktuelle Informationen für Eigentümer, Öffentlichkeitsarbeit)
- Volkshochschule (Weiterbildungsangebote)
- Energieversorger (Energieberatung, Serviceleistungen)
- Handwerkskammer (Um- und Altbauerfahrungen, Kostenübersichten)
- Verbraucherzentrale (Energie- und Finanzierungsberatung)
- Umweltverbände (Informationen zum Wohnen in integrierten Lagen)
- Lokales Bündnis für Familie (Projektinitiativen, Information, Vernetzung)
- Presse/Medien (Öffentlichkeitsarbeit)

Am 11. März 2009 fand im Rathaus in Cuxhaven die Auftaktveranstaltung „Cuxhavener Wohnlotsen" statt. Die Veranstaltung diente dem informativen Austausch „rund um das Bestandseinfamilienhaus". Die Wohnlotsen stellten dabei folgende Potenziale im Bestand heraus: Die Bausubstanz ist meist sehr gut erneuerbar und anpassbar an die eigenen Wünsche, zudem ist der Umbau des Bestandes häufig kostengünstiger als ein Neubau. Viele Häuser befinden sich in zentraler Lage, eingebunden in bestehende Strukturen, sie haben Charme und eine eigene Identität.

Bei der Auftaktveranstaltung 2009 wurden unter dem Motto „BestandsINITIATIVE ergreifen" viele Ideen vorgestellt, um die Ziele der Wohnlotsen umzusetzen, z.B.: Öffentlichkeitsarbeit „Pro Bestandsimmobilie", Bustouren zu guten Beispielen, Internetplattform „Immobilien in Cuxhaven", Bauherrenstammtisch, Service aus eigener Hand (Dienstleister kooperieren), Anlaufstelle Wohnlotsen, Probewohnen für Ansiedlungswillige.

Der Auftaktveranstaltung im Rathaus folgte ein Findungstreffen der Interessierten am 26. März 2009 (vgl. Stadt Cuxhaven 2009, Wohltmann 2009). Die Wohnlotsen wurden zunächst als Arbeitsgruppe mit eigener Geschäftsordnung gebildet. 2010 beschloss der Stadtrat, dass die Stadt Cuxhaven aktives Mitglied in der Projektgemeinschaft Cuxhavener Wohnlotsen wird. Seit Juni 2010 sind die Wohnlotsen-Akteure eine dauerhafte Partnerschaft mit Projektstruktur und Geschäftsordnung. Die Wohnlosten sind privatwirtschaftlich organisiert und ein eingetragener Verein. Diese Trägerform hat sich erst nach drei Jahren so herauskristallisiert; der Prozess war rechtlich schwierig. Es ist der Stadt z.B. untersagt, Objekte zu vermakeln und im privatwirtschaftlichen Bereich aktiv zu werden. Die juristische Prüfung hätte das Projekt beinahe zu Fall gebracht, dabei ging es auch um Fragen des Impressums und wer für was verantwortlich ist. Es gibt einen Vorstand und Mitgliedertreffen. Der Verein Wohnlotsen hat 13 Mitglieder. Die Mitglieder sehen sich als Projektgemeinschaft, nicht als „herkömmlicher Verein". Die Arbeit erfolgt ehrenamtlich. Über Sponsoring werden Gelder eingeworben. Beteiligte Akteure sind neben der Stadt Cuxhaven mit dem Fachbereich Bauleitplanung und Stadtentwicklung, Vertreter aus der Kredit- und Wohnungswirtschaft, Wirtschaft und Handwerk, Architekten, Makler sowie der Landkreis Cuxhaven. Die Wohnlotsen organisieren sich selbstständig.

Sehr wichtig ist die Internetpräsenz, die dank Sponsoring aufgebaut werden konnte. Die Homepage verzeichnet zirka 200 bis 250 Besucher/Monat. Über das Internet können Serviceangebote und niedrigschwellige Erstberatungen angefordert werden. Die Plattform ist ein Anlaufpunkt für Personen, die nach Wohnraum suchen, Wohnraum aufgeben oder an- und umbauen wollen. Die Internetpräsenz soll weiter ausgebaut, mit aktuellen, guten Beispielen aus dem Stadtgebiet unterlegt und es sollen auch Vorträge angeboten werden. Denkbar wäre auch ein „Tag des offenen Wohnlotsen", an dem fertig gestellte Umbauten besichtigt werden können. Geplant war außerdem eine breit angelegte Presseserie zum Thema „Umbaubeispiele", die jedoch scheiterte.

Auswertung und Übertragbarkeit

Die Wohnlotsen tragen zur Aktivierung des Bestandes bei, frei werdende Objekte werden an neue Interessentenkreise vermittelt, Information und Erstberatung zu Förderungen angeboten sowie Modernisierung und altersgerechter Umbau forciert. Die Wohnlotsen tragen zur Bewusstseinsbildung für die Folgen des demografischen Wandels bei und sensibilisieren für notwendige Anpassungsmaßnahmen (z.B. Infrastrukturanpassung).

Vor allem in den ersten Jahren zeigten viele Städte Interesse an dem Instrument Wohnlotsen, in ähnlicher Form wird es heute beispielsweise in Flensburg angewendet. Aus Sicht der Stadt Cuxhaven ist es schwierig, alle Beteiligten immer wieder zu motivieren und am Ball zu halten. „Es ist ein langer, zäher Prozess" (Interviews Ortstermin 28.7.2015), der für eine Verwaltung mit dünner Personaldecke kaum zu stemmen ist. Nur durch kontinuierliches Engagement aller Beteiligten können die Wohnlotsen erfolgreich sein. Es ist jedoch geplant, das Angebot wieder stärker in der Stadt zu verankern, die Verknüpfung zur Stadt wiederzubeleben und auch ein städtisches Förderprogramm aufzulegen. Wünschenswert wären Zuschüsse bis zu einer Höhe von 10.000 Euro. Die Stadt hat erkannt, dass sich Investitionen in den Bestand langfristig rechnen und möchte dies auf breiter Ebene in der Stadtgesellschaft verankern. Aber noch nicht alle Entscheidungsträger und Hauptprotagonisten haben erkannt, dass die Zukunft im Bestand liegt (vgl. Interviews Ortstermin 28.07.2015).

Die Imagearbeit soll verstärkt werden. Ziel ist es, mit guten Beispielen zu werben. Auch wenn die Neubaufertigstellungen zurückgehen und der Bestandserwerb deutlich zunimmt (um 46 Prozent zwischen 2012 und 2013), hat das Umdenken hin zum Bestand und weg vom Neubau noch nicht auf breiter Basis Fuß gefasst. Vielfach verhindern auch die derzeit sehr geringen Zinsen den Verkauf; es wird in „Betongold" investiert, bzw. die Häuser im Besitz gelassen. Das Problem des demografisch bedingten Wohnungsüberhanges ist heute noch nicht stadtbildprägend. Die Zahl der Haushalte sinkt jedoch weiter und entfacht eine neue Dimension der Schrumpfung im Bestandsimmobilienmarkt. Die künftigen demografischen Entwicklungen werden die Arbeit der Wohnlotsen weiter herausfordern.

Es ist perspektivisch geplant, die Wohnlotsen noch breiter aufzustellen und auch mit Versorgern zu vernetzen (beispielsweise bzgl. Internetanschluss). Auch die ortsansässigen Handwerksbetriebe sollen eingebunden werden. Die Wohnlotsen wollen ihr Ziel weiterverfolgen eine umfassende, qualifizierte und unabhängige Beratung anzubieten.

Hiddenhausen

© Geobasisdaten: Kreis Herford, Kataster v. Vermessung 2016

Basisdaten

Kommune	Hiddenhausen
Bundesland	Nordrhein-Westfalen
Landkreis	Herford
Einwohner	**19.591** (2014)

Bevölkerungsentwicklung	
1990	**19.945**
2000	**21.039**
2010	**19.846**
Bevölkerungsprognose	sinkend
Durchschnittsalter der Bevölkerung	k.A.

Fläche	23,87 km²
Bevölkerungsdichte	822 Einwohner/km²

Zentralörtliche Funktion	Unterzentrum
Siedlungsstruktureller Gemeindetyp	Kleinstadt

Untersuchungsgebiet	Gesamtstadt
Gebietstyp	sukzessive aufgesiedelt
Aufsiedlungszeitraum	zu einem großen Teil in den 1950er- bis 1970er-Jahren
Haustypen	Einfamilienhäuser
Haushalte	8.391 (Stand 2011)

Programm	„Jung kauft Alt"

Beteiligte	Gemeindeverwaltung, Architekten, Planer, Immobilienmakler, Baufinanzierer
Finanzierung	Kommune

Lage der Gemeinde Hiddenhausen im Raum

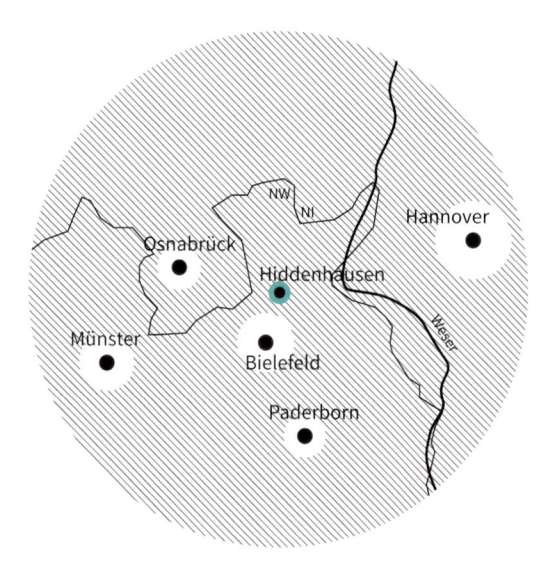

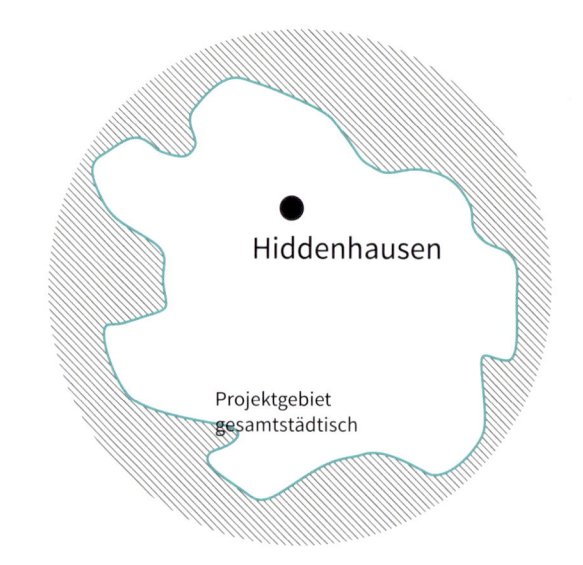

Beispielhaftigkeit des Ansatzes

Die Gemeinde Hiddenhausen zeichnet sich durch einen hohen Altersdurchschnitt, eine Zunahme an Einpersonenhaushalten und daraus resultierendem drohenden Leerstand aus. Die kleinstädtische Stadtstruktur besteht überwiegend aus Einfamilienhäusern. Um den Zuzug insbesondere jüngerer Familien zu fördern und zugleich die Nachfrage in den Bestand zu lenken, hat die Gemeinde 2007 ein eigenfinanziertes Förderprogramm initiiert. Trotz des nicht ausgeglichenen Haushalts fördert die Gemeinde gesamtstädtisch den Erwerb von bestehenden Einfamilienhäusern. Die Fördersätze richten sich dabei nach der Anzahl der Kinder in den Familien. Zudem werden Altbaugutachten gefördert. Der Ansatz ist gesamtstädtisch und bezieht somit alle sechs Ortsteile ein. Knapp zehn Jahre nach Programmstart sind Erfolge gut abzulesen.

Lage im Raum

Hiddenhausen liegt im Osten Nordrhein-Westfalens, im Kreis Herford, rund 20 Kilometer nördlich von Bielefeld. In der Kleinstadt, die aus sechs Ortsteilen besteht, leben rund 19.600 Menschen auf einer Fläche von 23 km² (2014). Die Gemeinde wird durch die A 30 und die Bundesstraßen B 239 und B 61 an den überörtlichen Verkehr angeschlossen.

Entstehungsgeschichte

Die Gemeinde Hiddenhausen entstand 1969 im Zuge der kommunalen Neugliederung. Sechs ehemals selbstständige Ortsteile zählen seither zu Hiddenhausen. In der zunächst vorwiegend durch Landwirtschaft geprägten Gemeinde entstanden im Zuge der Industrialisierung eine Zigarrenindustrie, 1878 eine Brauerei und 1894 ein Margarinewerk. Nach 1900 entwickelten sich aus mehreren kleinen Möbeltischlereien größere Möbelfabriken. Hiddenhausen unterhält gemeinsam mit der Nachbargemeinde Kirchlengern ein interkommunales Gewerbe- und Industriegebiet in Oberbehme (vgl. Grube 2015).

Bebauungsstruktur
Hiddenhausen

© Geobasisdaten: Kreis Herford,
Kataster v. Vermessung 2016

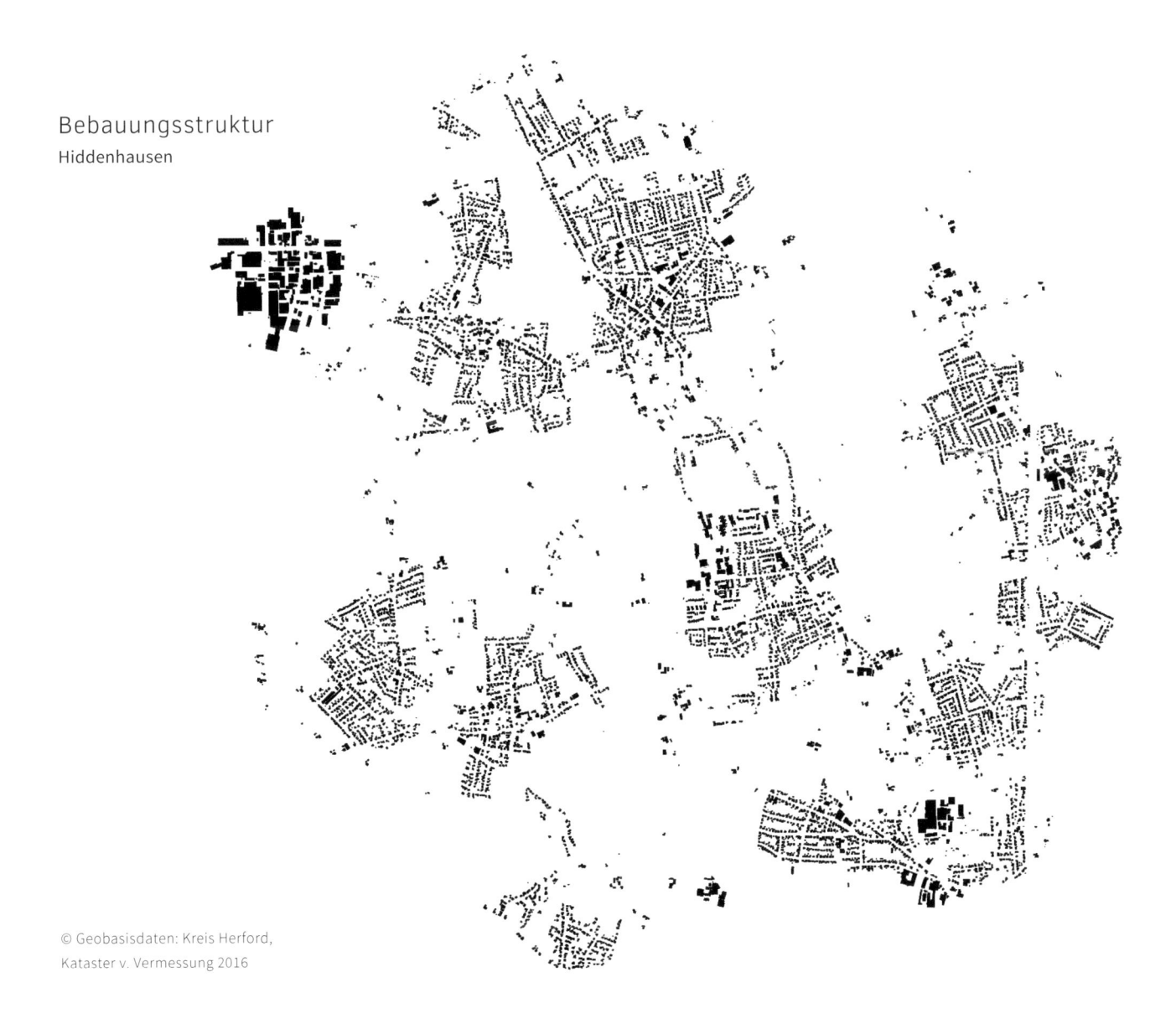

Bebauungsstruktur

Hiddenhausen ist stark zersiedelt und gliedert sich in sechs dörflich geprägte Ortsteile: Eilshausen, Hiddenhausen, Lippinghausen, Oetinghausen, Schweicheln-Bermbeck und Sundern. Schweicheln-Bermbeck verzeichnet mit 5.329 die höchste Einwohnerzahl, gefolgt von Eilshausen und Oetinghausen. Lippinghausen bildet mit dem Schulstandort, der Sonderschule, dem Rathaus und dem Alten- und Pflegeheim das Funktionszentrum. Hiddenhausen ist auf die Fläche bezogen die kleinste Gemeinde im Kreis Herford. Zwischen den Ortsteilen befinden sich überwiegend landwirtschaftlich genutzte Flächen.

Ein Großteil der Wohngebäude in Hiddenhausen entstand in den 1950er- bis 1960er-Jahren. Der vorherrschende Gebäudetyp ist das freistehende Ein- und Zweifamilienhaus. Unter den rund 5.000 Gebäuden gibt es lediglich zirka acht bis zwölf mehrgeschossige Gebäude.

Erschließung

Durch die Nähe zu Herford besteht ein guter Verkehrsanschluss über die Bundesstraßen B 239 und B 61. Die Bünder Straße, die die Ortsteile Sundern, Lippinghausen und Eilshausen verbindet, führt zur Autobahn A 30. Buslinien erreichen jeden Ortsteil, die Taktung ist jedoch vielfach sehr gering (teilweise nur stündlich und nicht mehr in den späten Abendstunden). Schweicheln verfügt über einen Bahnanschluss an die Bahnstrecke Bassum-Herford. Die Regionalbahnen verkehren im Stundentakt.

Infrastruktur

Jeder Ortsteil verfügt über einen oder zwei Kindergärten, eine Grundschule und ein Dorfgemeinschaftshaus. Mit der „Olof-Palme-Gesamtschule" hat Hiddenhausen eine weiterführende Schule vor Ort und zudem eine Förderschule des Kirchenkreises Herford. Es gibt verschiedene Bildungs- und Veranstaltungseinrichtungen, wie das Biologiezentrum Bustedt, ein Erlebnismuseum auf der Hofanlage des Guts Hiddenhausen und ein Café in der Alten Werkstatt (vgl. Grube 2015; Interviews Ortstermin 21.04.2015). Ergänzend zum Alten- und Pflegeheim soll voraussichtlich eine Seniorenresidenz gebaut werden. Die Diakonie bietet Hilfeleistungen an, der Verein „Gemeinsam statt einsam" stellt ehrenamtliche Hilfen für Senioren bereit (vgl. Interviews Ortstermin 21.04.2015).

Handlungsfelder der Stadtentwicklung | 6

Bevölkerungsentwicklung
Hiddenhausen 1990 bis 2012

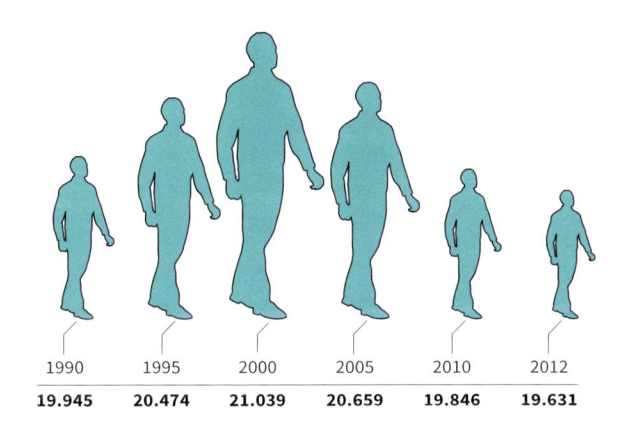

Jahr	1990	1995	2000	2005	2010	2012
	19.945	**20.474**	**21.039**	**20.659**	**19.846**	**19.631**

Bevölkerungsprognose
Hiddenhausen 2012 bis 2030

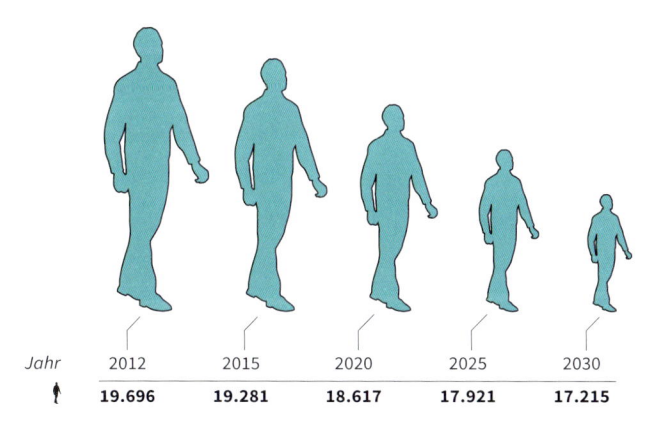

Jahr	2012	2015	2020	2025	2030
	19.696	**19.281**	**18.617**	**17.921**	**17.215**

Altersstruktur
Hiddenhausen (Stand 2013)

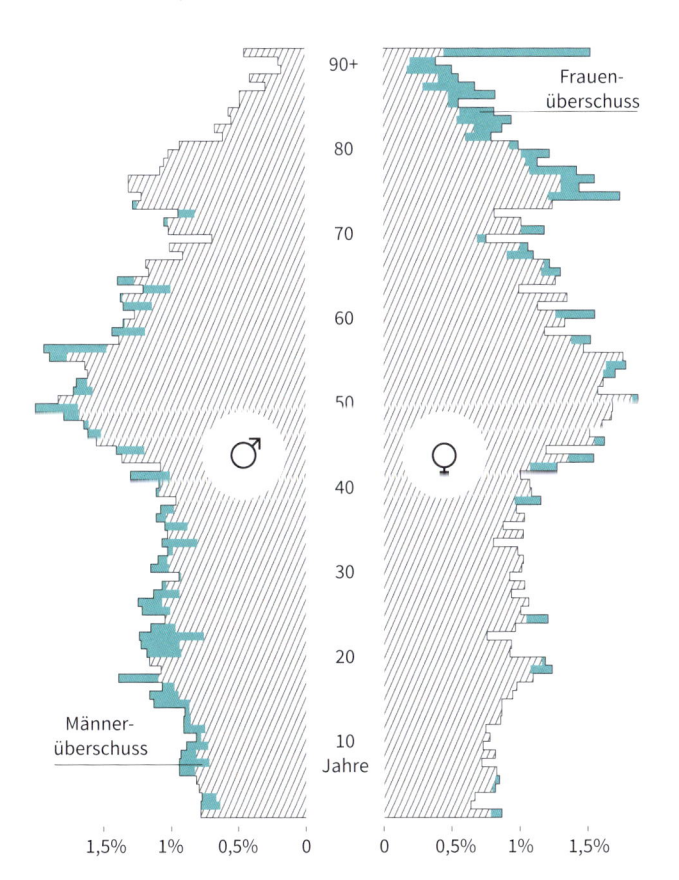

♂ Männerüberschuss

♀ Frauenüberschuss

10 Jahre – 90+

1,5%   1%   0,5%   0   0   0,5%   1%   1,5%

211

Personen nach Gebäudetyp
Hiddenhausen (Stand 2011)

78% in Ein- und Zweifamilienhäusern

- Einfamilienhäuser (41%)
- Zweifamilienhäuser (37%)
- Mehrfamilienhäuser (19%)
- Sonstige (3%)

Wohngebäudebestand
Hiddenhausen (Stand 2011)

91% Ein- und Zweifamilienhäuser

- Einfamilienhäuser (56%)
- Zweifamilienhäuser (35%)
- Mehrfamilienhäuser (9%)

Eigentumsverhältnisse
Ein- und Zweifamilienhausbestand in Hiddenhausen (Stand 2011)

- von Eigentümer bewohnt (70%)
- zu Wohnzwecken vermietet (26%)
- leerstehend (4%)

Aktuelle Entwicklungen

Die Bevölkerung stieg zwischen 1990 und 2001 an, in den folgenden Jahren sank sie und seit kurzen ist ein Anstieg zu beobachten. Bis 2030 wird jedoch eine Abnahme der Einwohner prognostiziert. Der Altersdurchschnitt der Bevölkerung ist insgesamt steigend.

Mehr als dreiviertel der Einwohner leben in Ein- und Zweifamilienhäusern. Der Wohngebäudebestand der Stadt ist demnach überwiegend durch Ein- und Zweifamilienhäuser geprägt, die in der Regel von den Eigentümern bewohnt werden. Die Baufertigstellungen verlaufen schwankend. In allen Ortsteilen Hiddenhausens gibt es zahlreiche Leerstände. Seit 2007 führt die Stadt ein Leerstandsmonitoring durch. Die Zahl der Leerstände ist von rund 100 im Jahr 2007 auf 143 im Jahr 2015 – und damit um rund 50 Prozent – gestiegen. Die Leerstände wurden über die Wasserverbräuche ermittelt, zudem wurden die Gebäude erhoben, deren Bewohner über 70 Jahre alt sind; 2007 waren dies 600 Gebäude, 2015 bereits 743.

Die Marktlage für Immobilien ist in Hiddenhausen derzeit gut. Nachgefragt werden vor allem Einfamilienhäuser. Die Grundstückpreise liegen derzeit bei 100 bis 120 Euro/m². Einfamilienhäuser aus den 1950er- bis 1970er-Jahren sind in Hiddenhausen marktfähig, sofern eine wirtschaftliche Sanierung möglich ist. Immobilien aus der Vorkriegszeit werden hingegen kaum nachgefragt. Bei den Bauträgern ist eine Tendenz zum Bau von Mehrfamilienhäusern erkennbar. Es werden vermehrt Einfamilienhäuser abgerissen und die Grundstücke durch Mehrfamilienhäuser bebaut.

Das Thema des altengerechten Wohnens rückt zunehmend in den Fokus. Die Stadt plant den Bau von kleineren, dezentralen Unterbringungsmöglichkeiten für ältere und pflegebedürftige Menschen. Es wird beobachtet, dass ältere Menschen sich mit einem Umzug in eine altengerechte Wohnung auseinandersetzen. Die Erlöse aus dem Verkauf des eigenen Hauses reichen jedoch meist nicht für den Erwerb einer Neubauwohnung aus. Vielfach wird der Wert der eigenen Immobilie deutlich überschätzt (vgl. Interviews Ortstermin 21.04.2015).

Die Stadt plant die Aufstellung eines interkommunal abgestimmten Entwicklungskonzeptes. Die Forcierung der Innenentwicklung ist ein wichtiges Ziel der Stadtentwicklung. 2015 wurden in allen sechs Ortsteilen Dorfwerkstätten durchgeführt, an denen sich die Bewohner beteiligen konnten. Im Mittelpunkt standen Fragen der Dorfentwicklung und des Verkehrs. Es ging darum, zukünftige Entwicklungsziele zu formulieren. Ergänzend wurde eine gemeinsame Werkstatt aller Ortsteile durchgeführt. Alle Werkstätten wurden durch einen externen Fachmann begleitet.

Initiative / Projekt

Ein hoher Altersdurchschnitt, eine schrumpfende Bevölkerung, eine Abnahme an Familien und eine zunehmend hohe Anzahl an Leerständen haben die Stadt veranlasst, das kommunale Förderprogramm „Jung kauft Alt" ins Leben zu rufen. Vertreter der Gemeindeverwaltung und der Sparkasse, Architekten, Stadtplaner, Landschaftsplaner und Immobilienmakler entwickelten in einem „Runden Tisch" die Eckdaten des Programms. 2007 wurde das Programm dem Gemeinderat vorgestellt, überzeugend wurde die hohe Zahl der Leerstände vor Augen geführt. Im Stadtbild waren sie deutlich ablesbar. Der Gemeinderat stimmte dem Programm zu, nicht zuletzt aufgrund eigener Betroffenheit. Auch wenn die Notwendigkeit deutlich sichtbar war, wurden die Erfolgsaussichten des Programms zunächst noch mit Skepsis betrachtet. Die Stadt entschloss sich zunächst für den Zeitraum der bestehenden

Bautätigkeit / Baufertigstellungen
Wohngebäude 1990 bis 2013 in Hiddenhausen

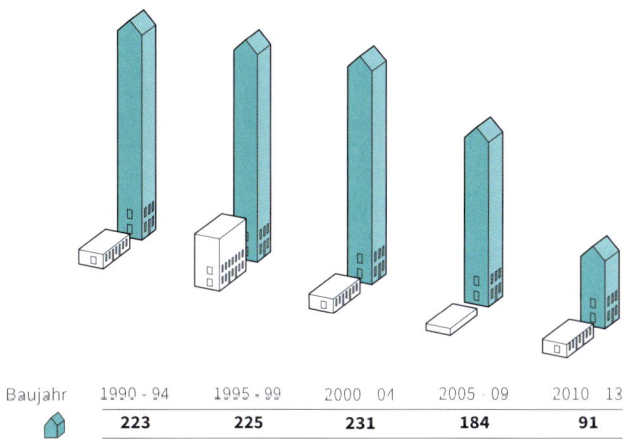

Baujahr	1990 - 94	1995 - 99	2000 - 04	2005 - 09	2010 - 13
Einfamilienhäuser	223	225	231	184	91
Mehrfamilienhäuser	14	50	14	7	13

Jahr	Gesamt	Ein- und Zweifamilienhäuser	Mehrfamilienhäuser
1990	59	59	0
1991	33	32	1
1992	30	26	4
1993	45	44	1
1994	70	62	8
1995	86	72	14
1996	16	11	5
1997	75	61	14
1998	30	25	5
1999	68	56	12
2000	78	72	6
2001	35	30	5
2002	27	25	2
2003	51	50	1
2004	54	54	0
2005	40	40	0
2006	49	48	1
2007	47	45	2
2008	36	32	4
2009	19	19	0
2010	19	14	5
2011	34	32	2
2012	22	19	3
2013	29	26	3

Jung kauft Alt

HIDDENHAUSEN

Wahlperiode eine Testphase durchzuführen. Dem neuen Gemeinderat sollten keine wichtigen Entscheidungen vorweggenommen werden. 2007 wurde mit einer Fördersumme von 40.000 Euro begonnen. Die Nachfrage stieg rasch, heute beträgt die Förderung jährlich 270.000 Euro.

Die Stadt finanziert Neubürgern, jungen Paaren und Familien ein Altbaugutachten, das von einem Sachverständigen erstellt werden muss. Ein Altbau muss mindestens 25 Jahre alt sein. Je nach Anzahl der Kinder in einem Haushalt erhöht sich die Fördersumme. So erhält der Zuwendungsempfänger beim Altbaugutachten einen Grundbetrag von 600 Euro, für jedes Kind unter 18 Jahren werden weitere 300 Euro gewährt.

Der Förderhöchstbetrag für das Gutachten liegt bei maximal 1.500 Euro.

Der Erwerb eines Altbaus wird ebenfalls mit 600 Euro als Grundbetrag und 300 Euro je Kind unter 18 Jahren gefördert. Der Höchstbetrag liegt jährlich bei maximal 1.500 Euro bei einer Laufzeit von sechs Jahren. Es besteht zu den gleichen Förderkonditionen auch die Möglichkeit, einen Altbau zu erwerben und einen Ersatzneubau auf dem Grundstück zu errichten. Diese Förderoption wird jedoch sehr untergeordnet wahrgenommen, da die Bausubstanz der Bestandsgebäude meist sehr gut ist (vgl. Hiddenhausen, 01.04.2016).

Das Förderprogramm ist ein Instrument der Innenentwicklung. Die Vermarktung von Bestandsimmobilien trägt dazu bei, die Außenentwicklung einzudämmen. Die meisten Förderobjekte sind Ein- und Zweifamilienhäuser aus den 1950er- bis 1970er-Jahren.

Die Öffentlichkeitsarbeit für das Förderprogramm erfolgt im Wesentlichen über Mund-zu-Mund-Propaganda. Die Stadt wirbt zudem mit Flyern, und es gibt einen Link auf der Homepage. Die Akteure des Runden Tisches fungieren als Multiplikatoren. Die örtliche Sparkasse informiert über die Fördermöglichkeiten des Programms sowie über staatliche Fördermöglichkeiten (KfW) und bietet Finanzierungsberatungen

Handlungsfelder der Stadtentwicklung | 6

Baualter des baulichen Bestands und Förderobjekte in Hiddenhausen

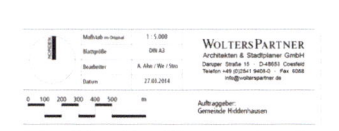

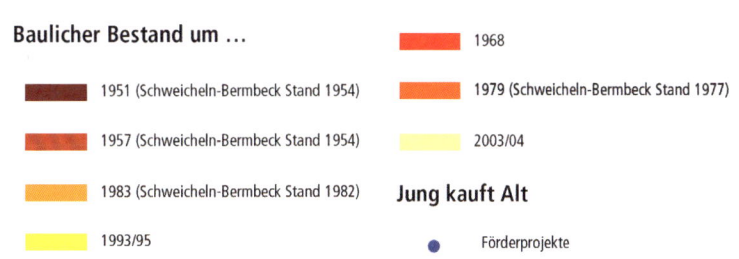

**Jung kauft Alt
Gemeinde Hiddenhausen**

Baulicher Bestand um ...

- 1951 (Schweicheln-Bermbeck Stand 1954)
- 1957 (Schweicheln-Bermbeck Stand 1954)
- 1983 (Schweicheln-Bermbeck Stand 1982)
- 1993/95
- 1968
- 1979 (Schweicheln-Bermbeck Stand 1977)
- 2003/04

Jung kauft Alt

• Förderprojekte

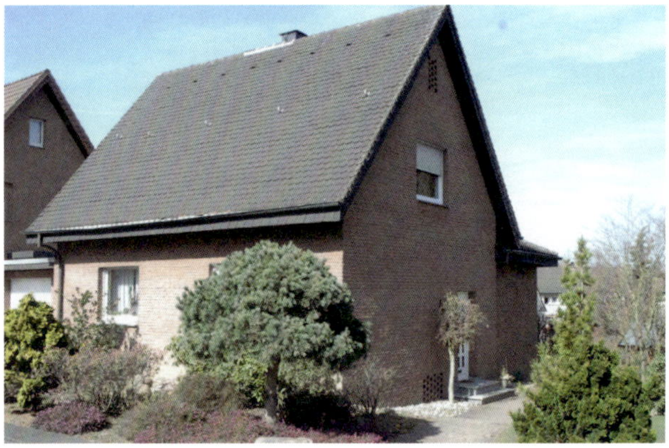
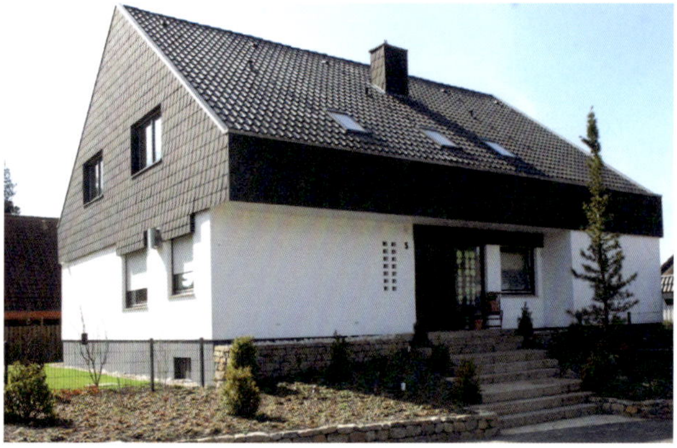
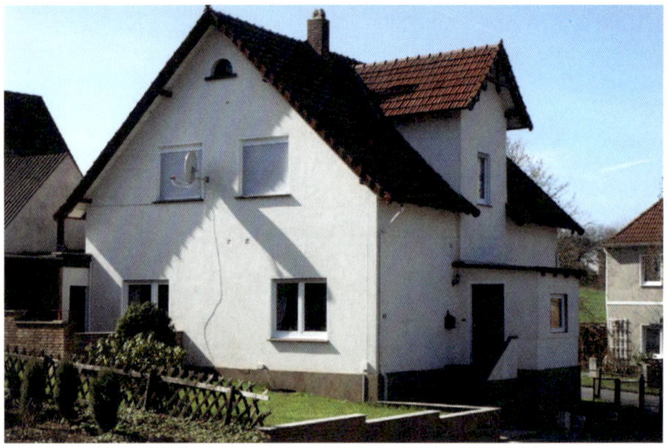
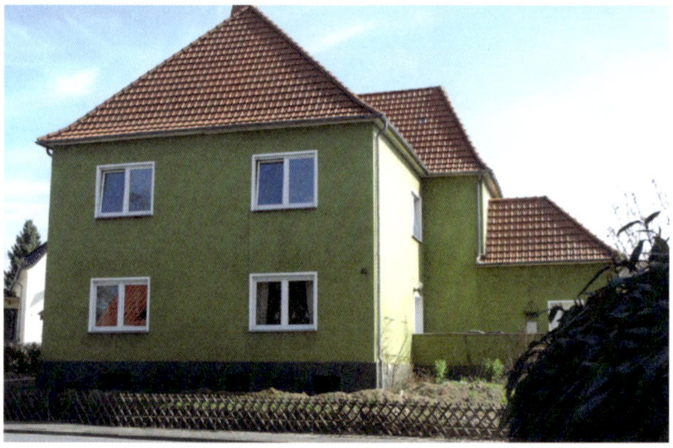
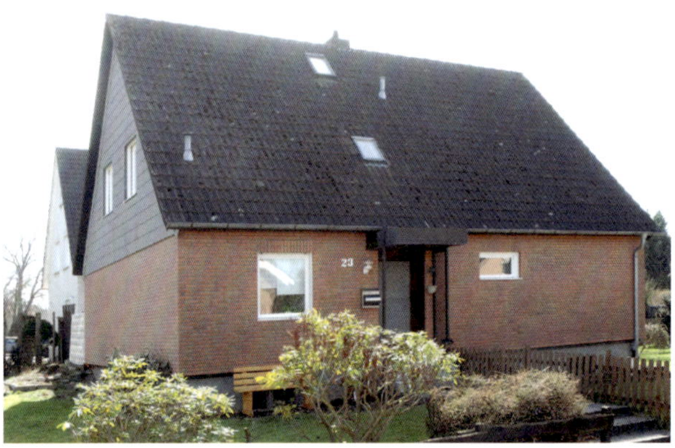
23
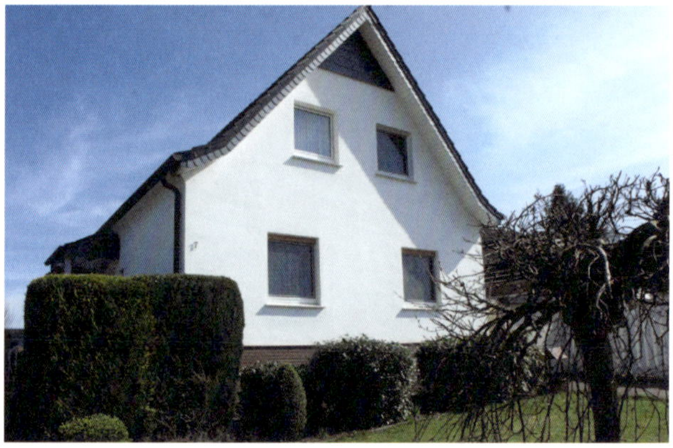
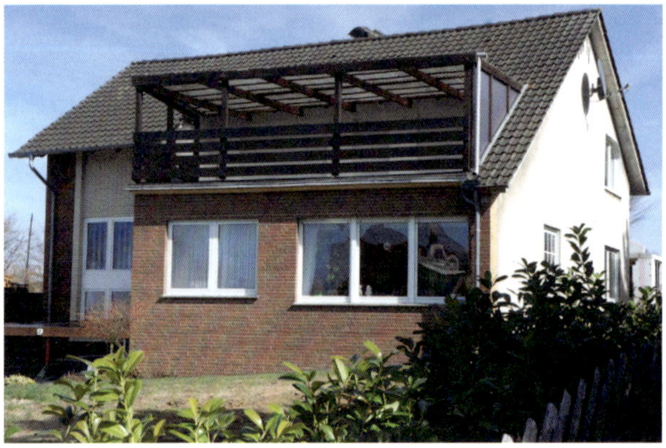
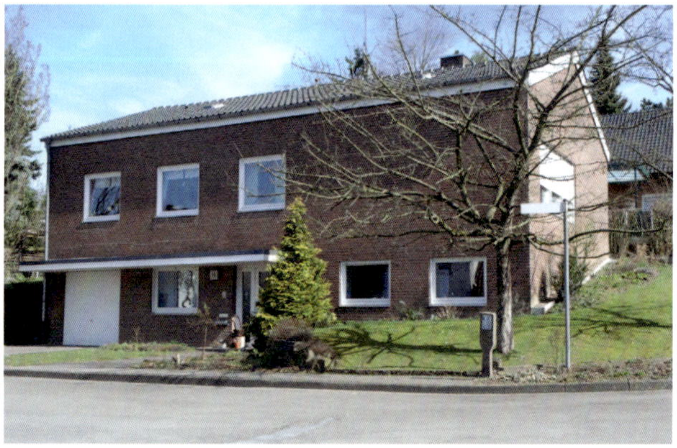

an. Sie vermittelt darüber hinaus Anbieter und Interessenten. In der Bewohnerschaft ist das Programm mittlerweile bekannt. Es findet Akzeptanz, auch durch die sichtbaren praktischen Erfolge (vgl. Interviews Ortstermin 21.04.2015; Homburg 2011; Homburg o.J.).

Auswertung und Übertragbarkeit

Die Stadt entwickelte das Programm aus eigener Initiative, ohne staatliche Unterstützung. Der personelle Aufwand ist überschaubar, drei Mitarbeiter der Stadt sind (unter anderem) mit der Abwicklung des Programms beschäftigt. Insgesamt wurden bisher über 397 Objekte gefördert, davon 127 Objekte aus den Jahren bis 1940, 96 aus den Jahren 1941 bis 1960, 156 aus den Jahren 1961 bis 1980 und 18 aus den Jahren nach 1980 (Stand 06.04.2016). Es kann davon ausgegangen werden, dass das Programm die demografische Entwicklung beeinflusst: Die Zahl der Wegzüge ist zwischen 2007 (-203) und 2009 (-93) zurückgegangen, seither sind steigende Zuzüge zu verzeichnen. 2010 gab es knapp 120 Zuzüge, 2015 bereits 291. Die Zahl der drei- bis fünfjährigen Kinder ist von 426 (2007) auf 458 (2015) gestiegen.

Die Stadt wird das Programm auch in Zukunft fortführen. Es soll dazu beitragen, die Siedlungserweiterung zu verhindern, den Bestand nachhaltig zu nutzen und die vorhandene Infrastruktur auszulasten und damit deren wirtschaftlichen Betrieb zu sichern. In allen sechs Ortsteilen gibt es noch eine Grundschule. Die Stadt Hiddenhausen weist keine Neubauflächen mehr aus, die Folgekosten von Neuausweisungen werden somit vermieden.

In Hiddenhausen hat sich eine erste „Testphase" des Förderprogramms als zielführend erwiesen. Im Gegensatz zu vielen anderen Förderprogrammen sind die Ziele und Richtlinien knapp und verständlich formuliert. Das Förderprogramm wurde bisher nicht umfassend evaluiert. Der Erfolg wird anhand von Zahlen dargestellt: Jährlich werden rund 50 Anträge gestellt. Es wurden 34 Altbaugutachten gefördert. In den 397 zwischen 2007 und 2016 geförderten Altbauten leben 740 Erwachsene und 452 Kinder (Stand April 2016).

Das Programm konnte wichtige Impulse setzen. Es ist gelungen, bestehende Strukturen zu stabilisieren, Immobilienwerte zu erhalten, Wohnquartiere zu verjüngen, die Infrastrukturauslastung zu verbessern und die nachhaltige Siedlungsentwicklung als Ziel der Stadtentwicklung zu sichern. Das mediale Interesse am Programm „Jung kauft Alt" ist groß. Der ambitionierte Ansatz wurde bereits mit mehreren Auszeichnungen gewürdigt.

Etliche Kommunen (laut Internetrecherche rund 50) haben den Ansatz übernommen, zum Teil mit leicht variierten Förderrichtlinien (siehe Halle „Jung kauft Alt", Villingen-Schwenningen „Jung kauft Alt"). Das Programm „Jung kauft Alt" ist jedoch kein Patentrezept zur Sicherung gefährdeter Bestände.

Neben der Lage des Bestandes ist die vorhandene Infrastruktur von großer Bedeutung. Eine nicht bedarfsgerechte, wegbrechende Infrastruktur kann den Zuzug junger Familien verhindern. Das Programm kann dazu beitragen, die Ziele der nachhaltigen, bestandsorientierten Stadtentwicklung zu unterstützen. Der allgemeine Trend der Bevölkerungsentwicklung, die zunehmende Alterung der Gesellschaft und die Konkurrenz der Kommunen um Einwohner können jedoch nicht aufgehalten werden.

SPIEGEL ONLINE POLITIK

Politik Wirtschaft Panorama Sport Kultur Netzwelt Wissenschaft Gesundheit einestages Karriere Uni Reise Auto Stil

Nachrichten > Politik > Deutschland > Immobilien > Projekt "Jung kauft Alt": Hiddenhausen fördert junge Hauskäufer

Kampf dem demografischen Wandel: Downtown Hiddenhausen

Von *Katherine Rydlink*, Hiddenhausen

Altbau statt Neubau: In einem alten Haus in Hiddenhausen wohnt jetzt eine junge Familie

Die ostwestfälische Gemeinde Hiddenhausen will sich nicht mit dem demografischen Wandel abfinden: Sie kämpft erfolgreich gegen leer stehende Häuser und für junge Menschen.

6.5 Sicherung der Gestaltung und Baukultur

Viele Einfamilienhäuser, die in den 1950er- bis 1970er-Jahren entstanden, waren in eine stadträumliche Gesamtidee eingebunden. Als Alternativen zum freistehenden Einfamilienhaus wurden ambitionierte Ideen für neue Wohnformen realisiert, nach den „Grundsätzen der Demonstrativbauvorhaben" ausschließlich in verdichteter Form. Der architektonische Anspruch war trotz rationalisiertem Bauen hoch, maßgeblich dabei waren die Ideen des neuen Bauens, klare, schlichte Formen und eine bewusst eingesetzte, sparsame Materialwahl.

Viele dieser Einfamilienhäuser entstanden zwischen 1949 und 1956 als Versuchs- und Vergleichsbauvorhaben und zwischen 1956 und 1977 im Rahmen von Demonstrativbauvorhaben des Bundes (z.B. Aalen Triumphstadt). Ziel der Demonstrativbauvorhaben war der Bau von geschlossenen, städtebaulich hochwertigen Siedlungen mit eigenem Kern. Die städtebaulichen Leitbilder wurden idealtypisch umgesetzt (z.B. Radburne-Erschließungssystem in den 1950er- und 1960er-Jahren) und die neuesten Erkenntnisse der Bau- und Stadtforschung systematisch angewandt. Der Bau der Siedlungen beruhte immer auf städtebaulichen Wettbewerben.

Es kamen Bautypen zur Anwendung, die nicht das herkömmliche Bild des Einfamilienhauses widerspiegelten, darunter unterschiedliche Formen des Gartenhofhauses als eingeschossige, verdichtete und introvertierte Flachbauten mit einheitlicher Gestaltung, sie erlebten in den 1960er-Jahren einen Höhepunkt.

Nach dem Bau der Siedlungen gab es Führungen, Vorträge und Veröffentlichungen, die die Demonstrativbauvorhaben einer breiten Öffentlichkeit publik machten. Vor allem diese einheitlich aufgesiedelten Einfamilienhausgebiete mit klar formulierten städtebaulichen Zielsetzungen, die als gebaute Ideen zum neuen Wohnen bis heute Bestand haben, sind von hoher Qualität und erfordern einen sorgsamen Umgang mit baulichen Veränderungen.

Die erhaltenswerten baulichen Qualitäten müssen mit heutigen Wohnwünschen und energetischen Anforderungen in Einklang gebracht werden. Es besteht vielfach der Wunsch nach Wohnraumerweiterungen und energetischen Sanierungen; gleichzeitig steigt damit die Gefahr der Überformung der wertvollen Bausubstanz. Das einheitliche Siedlungsbild geht verloren und damit ein identitätsstiftendes Merkmal der Siedlungen. Insbesondere einzelne (gebiets-)prägende Elemente müssen berücksichtigt werden.

Das Bewusstsein für die Baukultur der Nachkriegsmoderne ist vielfach nicht vorhanden, sodass ein behutsamer Umgang mit den Bauten nicht für notwendig erachtet wird. Zur Sicherung der Baukultur und Gestaltqualität stehen verschiedene Instrumente zur Verfügung (z.B. Gestaltungsleitfaden etc., vgl. Kapitel 4).

Das Fallbeispiel Wolfsburg Detmerode zeigt, wie erfolgreich zur Bewusstseinsbildung beigetragen werden kann, welche Rolle Partizipation dabei spielt und welche Instrumente zur Sicherung der Gestaltqualität angewendet werden können. Um die Qualitäten der Architektur in der „Stadt der Moderne" bewusst zu machen, gründete die Stadt das „Forum Architektur", eine kommunale Einrichtung, die zur Architekturvermittlung und -kommunikation beitragen soll. Der Wolfsburger Ansatz ist beispielgebend für den Umgang mit dem städtebaulich und architektonisch wertvollen, aber nicht denkmalgeschützten Wohnungsbauerbe der Nachkriegsmoderne.

Wolfsburg
Detmerode

Basisdaten

Kommune	Wolfsburg
Bundesland	Niedersachsen
Landkreis	kreisfrei
Einwohner	**123.027** (2014)
Fläche	**204,02 km²** (Gebiet 492 ha)
Bevölkerungsdichte	600 Einwohner/km²

Bevölkerungsentwicklung	
1990	**128.510**
2000	**121.261**
2010	**121.237**
Bevölkerungsprognose	sinkend (Zensus), (wachsend nach NBank/CIMA 2013)
Durchschnittsalter der Bevölkerung	44,1 (2012)
Zentralörtliche Funktion	Oberzentrum
Siedlungsstruktureller Gemeindetyp	Großstadt

Untersuchungsgebiet	Detmerode
Gebietstyp	Teil einer Großsiedlung, Demonstrativbauvorhaben
Aufsiedlungszeitraum	1961 bis 1969
Größe des Untersuchungsgebiets	4,92 km²
Einwohner im Untersuchungsgebiet	7.684
Haustypen	Einfamilienhaus-Bungalows, Reihen-, Gartenhof- und Kettenhäuser
Haushalte	4.250
Programm	„Detmerode - Städtebauliche Qualitäten gemeinsam sichern", ExWoSt-Forschungsfeld „Baukultur in der Praxis"
Beteiligte	Stadtverwaltung, Eigentümer/Bewohner, Untere Denkmalschutzbehörde, Wolfsburger Energieagentur, Lokale Agenda 21, Forum Architektur
Finanzierung	Bund (BMVBS Forschungsfeld: Baukultur in der Praxis), Kommune

Beispielhaftigkeit des Ansatzes

Wolfsburg Detmerode wurde in den 1960er-Jahren als Trabantenstadt nach dem Leitbild der gegliederten und aufgelockerten Stadt gebaut. Das Demonstrativbauvorhaben spiegelt geradezu idealtypisch die Vorstellungen des modernen Städtebaus nach der Charta von Athen wider. Identitätsstiftendes Merkmal ist die Trennung der Verkehrsarten und die Anordnung unterschiedlicher Haustypen in Gruppen, eingebettet in großzügige Grünstrukturen. Die verdichteten Einfamilienhäuser sollten modellhaft Alternativen zum freistehenden Eigenheim aufzeigen; sie sind von hoher städtebaulicher Qualität. Der Charakter der Siedlung ist bis heute weitestgehend erhalten geblieben. Doch der mittlerweile in die Jahre gekommene Baubestand erfüllt vielfach nicht mehr die heutigen Wohnansprüche. Die Generation der Erstbezieher wird von nachkommenden Generationen abgelöst; Wohnraumerweiterungen und energetische Sanierungsmaßnahmen gefährden das einheitliche Siedlungsbild. Es droht eine Überformung der Originalsubstanz.

Um anstehende Wohnraumveränderungen besser steuern zu können, beteiligte sich die Stadt Wolfsburg mit dem Modellvorhaben „Detmerode - Städtebauliche Qualitäten gemeinsam sichern" am ExWoSt-Programm „Baukultur in der Praxis". Im Zuge des Projektes wurde ein Gestaltungsleitfaden für die Erweiterung und Sanierung der Einfamilienhäuser entwickelt. Er zeigt für die unterschiedlichen Einfamilienhausquartiere beispielhafte Entwicklungsmöglichkeiten auf. Die Erarbeitung des Leitfadens wurde durch eine breit angelegte Kommunikationsstrategie begleitet. Beteiligungsmaßnahmen wie Workshops spielten dabei eine zentrale Rolle. Die Bewohner konnten somit an der Umsetzung des Leitfadens partizipieren und eigene Vorschläge in die Konzeption einbringen, aber auch für die Qualitäten der Baukultur der späten Moderne sensibilisiert werden. Das Forum Architektur leistet einen wichtigen Beitrag zur Bewusstseinsbildung für die Qualitäten der Architektur und des Städtebaus der 1960er-Jahre in Wolfsburg (vgl. Interviews Ortstermin 22.04.2015).

Als Weiterentwicklung des Ansatzes wird der Stadtteil seit 2014 auch über das KfW-Förderprogramm 432 „energetische Stadtsanierung" gefördert. Im Rahmen dieses Programms wurde bis Sommer 2015 ein Quartierskonzept erstellt und ein Sanierungsmanager eingestellt, der vor allem beratend tätig ist (vgl. Stadt Wolfsburg 2013, Stadt Wolfsburg 2012).

Lage im Raum

Die Großstadt Wolfsburg (rund 123.000 Einwohner) liegt im Osten von Niedersachsen und zählt zur Metropolregion Hannover-Braunschweig-Göttingen-Wolfsburg. Der Stadtteil Detmerode (rund 7.700 Einwohner) befindet sich ca. 5,5 Kilometer südwestlich der Innenstadt und ist über die Autobahn A 39 an den überörtlichen Verkehr angeschlossen.

Entstehungsgeschichte

Die Stadt Wolfsburg ist eine der wenigen Neustadtgründungen des 20. Jahrhunderts ohne Anlehnung an einen historischen Siedlungskern. Anlass für die Entwicklung einer neuen Stadt war der Bau eines großen Automobilwerkes. Als „Stadt des KdW-Wagens" nach Plänen des Architekten Peter Koller 1938 gegründet, entwickelte sich Wolfsburg im Wesentlichen in den 1950er- bis 1970er-Jahren. Die Nachkriegsmoderne, das städtebauliche Leitbild der gegliederten und aufgelockerten Stadt und das Leitbild der autogerechten Stadt haben daher eine starke Bedeutung in Wolfsburg. Seit den 1950er-Jahren prägen Architekturikonen (welt)bekannter Architekten die Stadt. Zunächst lebten 15.000 Einwohner in Wolfsburg, in den 1950er-Jahren waren es bereits 50.000 und in den 1970er-Jahren 100.000 Einwohner. Heute hat die Stadt rund 123.000 Einwohner. Bis heute prägt der VW-Konzern die Stadtentwicklung der Arbeiterstadt der Nachkriegsmoderne stark.

Handlungsfelder der Stadtentwicklung | 6

Lage im Raum
Wolfsburg

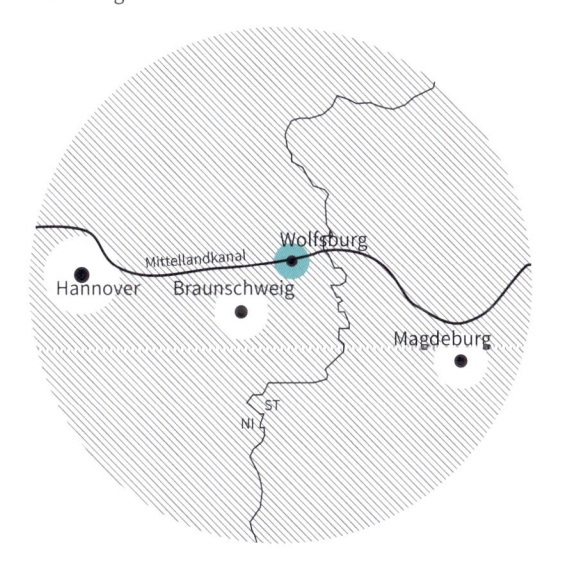

Lage des Stadtteils Detmerode
Wolfsburg

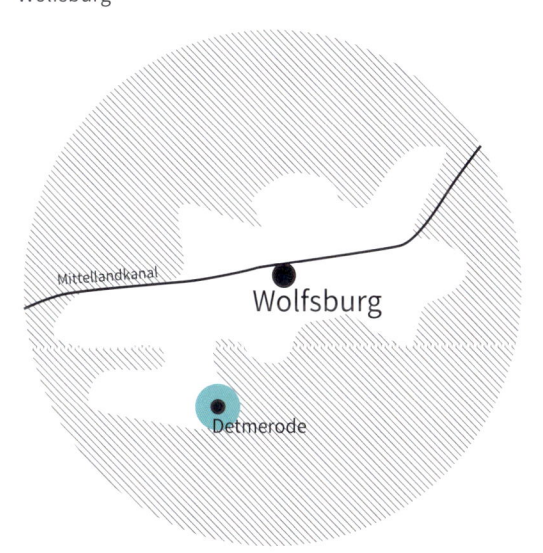

Modell Detmerode, Januar 1965

223

OSTANSICHT

WESTANSICHT

Ansichten Gartenhofhaus

Neuland Burg in Detmerode im Bau, 1968

Handlungsfelder der Stadtentwicklung | 6

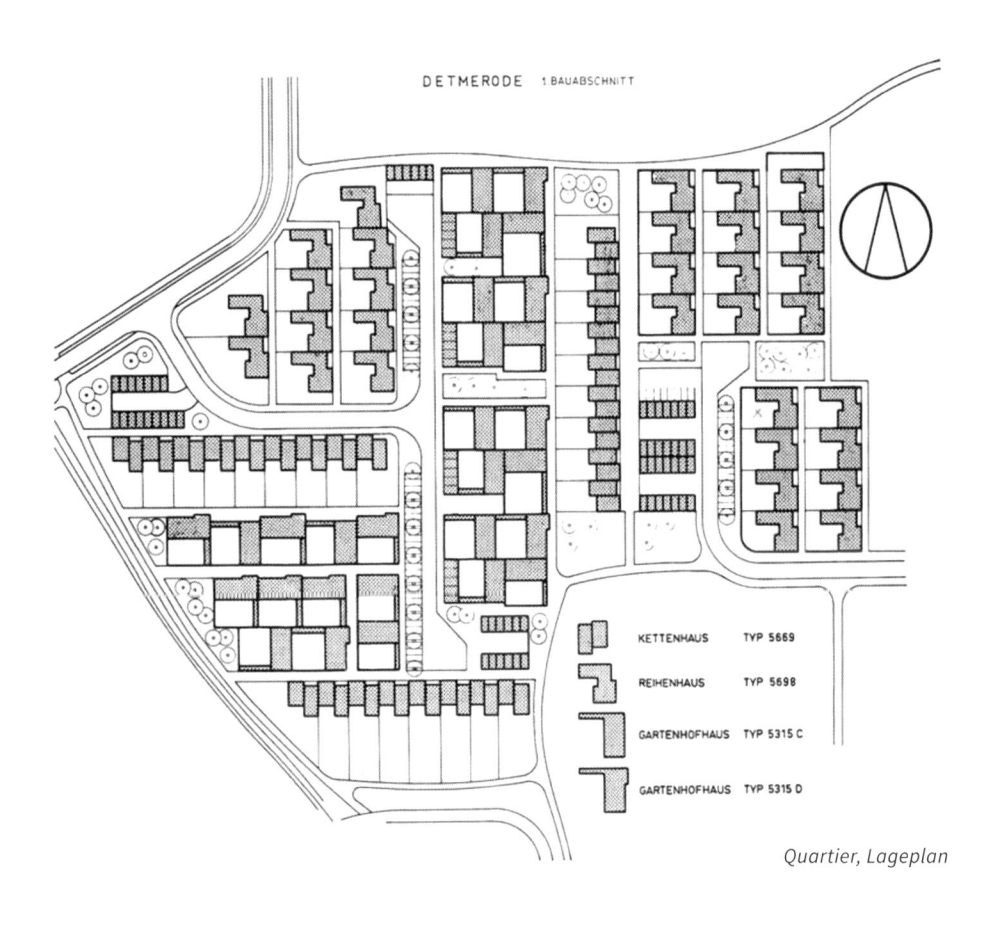

Quartier, Lageplan

Detmerode

225

Bebauungsstruktur
Detmerode

Ab 1960 entstand südwestlich des Stadtzentrums auf einer Fläche von 4,92 km² die Trabantenstadt Detmerode. Der Stadtteil wurde als Demonstrativbauvorhaben für 15.000 Einwohner geplant und innerhalb von nur zehn Jahren fertiggestellt. Er entstand als Prototyp der späten Moderne (vgl. Braun 2011). Vielfältige Wohnformen sollten zu einer sozialen Mischung der Bewohner führen und eine hohe Verdichtung sowie vielfältige Infrastrukturangebote Urbanität generieren. Die Eigentümerstruktur ist durch Einzeleigentümer (vorwiegend im Einfamilienhausbereich) sowie im Geschosswohnungsbau durch zwei Wohnungsgesellschaften geprägt (Neuland und Volkswagen Immobilien) (vgl. Herlyn et al. 2012; Stadt Wolfsburg 2013a).

Bebauungsstruktur

Detmerode spiegelt die städtebaulichen Leitbilder seiner Entstehungszeit idealtypisch wieder. Die unterschiedlichen Haustypen wurden in Gruppen angeordnet und eingebunden in üppige Grünstrukturen: verdichtete Einfamilienhäuser, Punkthäuser, Ketten-, Stufen- und Zeilenhochhäuser. Kennzeichnend ist eine erhöhte Randbebauung, die das Gebiet städtebaulich einfasst und ihm einen Rahmen gibt. Entgegen der klassischen Stadtvorstellung nimmt die bauliche Verdichtung zur Mitte hin nicht zu. Detmerode steht für eine besonders hohe Gestaltqualität, die sich räumlich differenziert widerspiegelt.

Im Demonstrativbauvorhaben Detmerode sollten neue Wege des Eigenheimbaus aufgezeigt werden. In einer Architektenmesse wurden verdichtete Einfamilienhaustypen als „Eigenheim nach Maß" ausgestellt und Interessierten präsentiert (vgl. Bauwelt 1968: 1350). Zwei Drittel der Großsiedlung bestehen aus Einfamilienhäusern. Sie liegen räumlich getrennt von den Haupterschließungsstraßen und zeichnen sich durch eine ausgeprägte Privatheit aus. In den Einfamilienhäusern leben rund 7.684 Einwohner in 820 Gebäuden. Gemäß den Zielen der Demonstrativbauvorhaben wurden verdichtete Einfamilienhäuser in unterschiedlichen Haustypen errichtet.

Die Einfamilienhausquartiere sind in ihrer Gestaltung einfach gehalten. Orthogonale Strukturen, Flachdachbauten und eine verdichtete, introvertierte Bauweise sind Kernelemente der unterschiedlichen Quartiere. Die Einfamilienhausgruppen wurden in Grünbereiche eingebettet. Im Bereich der Hofhäuser wird die Trennung zwischen privaten und öffentlichen Flächen durch hohe Mauern unterstrichen. Innerhalb der Wohnwege beschränken sich die Grünflächen auf kleine Vorgartenbereiche. Die Gestaltung der Einfamilienhäuser ist durch die Entstehungszeit geprägt. Wenige Türen-, Fenster, Wandelemente, ein begrenztes Farbspektrum und wenige

Materialien spiegeln eine rationale Bauweise wider und sichern ein einheitliches Siedlungsbild. Dieser Charakter ist bis heute im Wesentlichen erhalten geblieben (vgl. Stadt Wolfsburg 2013a; Hotze, B., 01.07.2014).

Erschließung

Die Erschließungsplanung war ein zentrales Element des Modellstadtteils Detmerode. Als Kontrast zu den rechtwinkligen Bebauungsstrukturen verlaufen die Haupterschließung und zentrale Fußwege in geschwungenen Formen. Der Stadtteil Detmerode ist gut an die Wolfsburger Kernstadt und den überörtlichen Verkehr angeschlossen. Zwei Buslinien verbinden Detmerode mit der Innenstadt im Zehn-Minuten-Takt. Die Autobahn A 39 ist sehr gut zu erreichen. Prägend für die Erschließung im Stadtteil ist die strikte Trennung der Verkehrsarten. Es gibt keinen Durchgangsverkehr; nahezu alle Straßen im Gebiet wurden als Sackgassen ausgebildet, die von der ringförmig angelegten Haupterschließung abzweigen. Einige Wohnbereiche sind nur über Wohnwege erschlossen. Die Parkierung ist weitgehend in Garagenhöfen oder auf größeren Parkierungsflächen untergebracht. Das Gebiet wird als sehr fahrradfreundlich beschrieben (vgl. Interviews Ortstermin 22.04.2015; Stadt Wolfsburg 2013a).

Infrastruktur

Im Zentrum des Stadtteils gibt es vielfältige Einkaufsmöglichkeiten und Dienstleistungsangebote (Lebensmittel, Apotheke, Bekleidung, Ärzte u.a.). Sechs Kindergärten/Krippen, eine Grundschule, eine weiterführende Schule und eine berufsbildende Schule sind im Gebiet vorhanden. Es gibt fünf Seniorentreffs, zwei Jugendtreffs und zwölf Spiel- und Bolzplätze. Neben den Spielplätzen gibt es jedoch nur wenige öffentliche Treffpunkte. Kurze Wege sorgen für eine gute Erreichbarkeit der Einrichtungen. Großzügige Grünflächen bieten gute Naherholungsmöglichkeiten. Die Freiräume sind stadtbildprägend, jedoch in vielen Bereichen in die Jahre gekommen. Wurzelwerke größerer Bäume führen zu Unebenheiten, sodass Barrieren auf Gehwegen entstehen. Die Energieversorgung erfolgt – wie im gesamten Stadtgebiet Wolfsburg – über Fernwärme (vgl. Interviews Ortstermin 22.04.2015).

228

Handlungsfelder der Stadtentwicklung | 6

Bevölkerungsentwicklung
Wolfsburg 1990 bis 2012

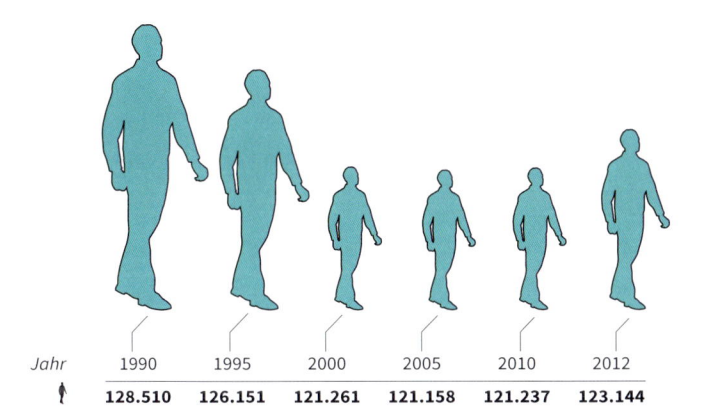

Jahr	1990	1995	2000	2005	2010	2012
	128.510	**126.151**	**121.261**	**121.158**	**121.237**	**123.144**

Bevölkerungsprognose
Wolfsburg 2012 bis 2030

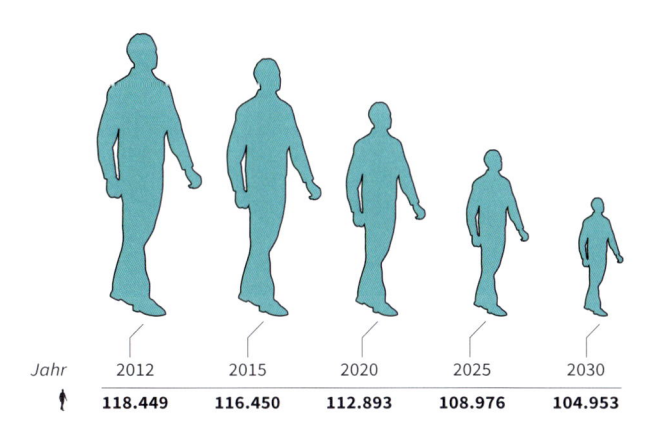

Jahr	2012	2015	2020	2025	2030
	118.449	**116.450**	**112.893**	**108.976**	**104.953**

Altersstruktur
Wolfsburg (Stand 2013)

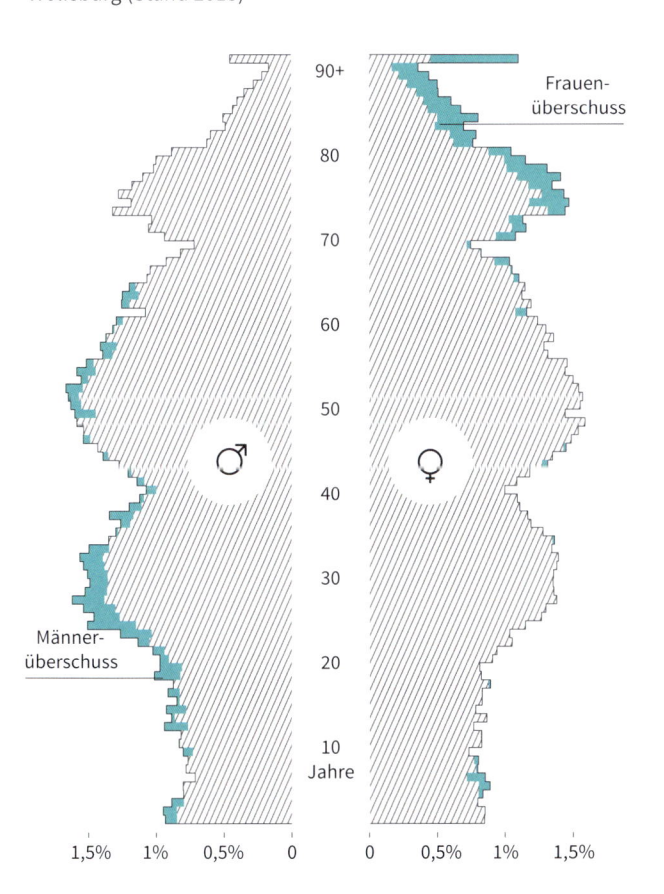

♂ Männerüberschuss

♀ Frauenüberschuss

1,5%   1%   0,5%   0   0   0,5%   1%   1,5%

90+
80
70
60
50
40
30
20
10 Jahre

229

Personen nach Gebäudetyp
Wolfsburg (Stand 2011)

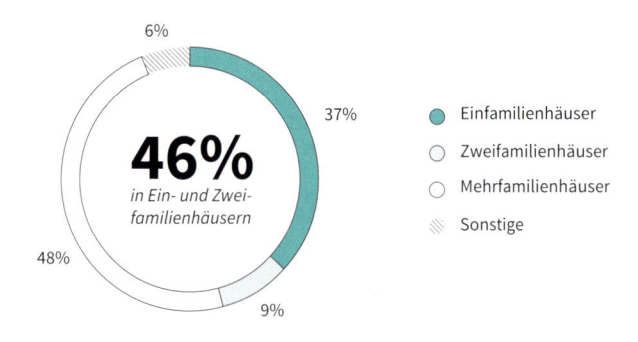

- 6%
- 37% Einfamilienhäuser
- Zweifamilienhäuser
- Mehrfamilienhäuser
- Sonstige
- 48%
- 9%

46% in Ein- und Zweifamilienhäusern

Wohngebäudebestand
Wolfsburg (Stand 2011)

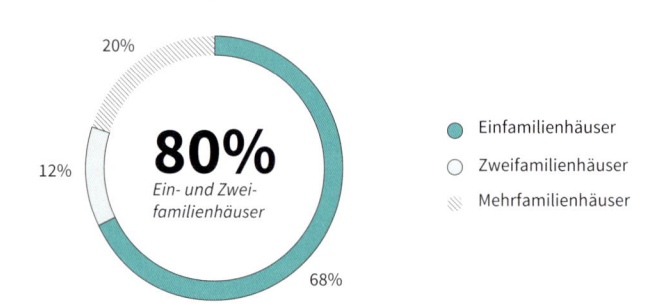

- 20%
- 12%
- 68%

80% Ein- und Zweifamilienhäuser

- Einfamilienhäuser
- Zweifamilienhäuser
- Mehrfamilienhäuser

Eigentumsverhältnisse
Ein- und Zweifamilienhausbestand in Wolfsburg (Stand 2011)

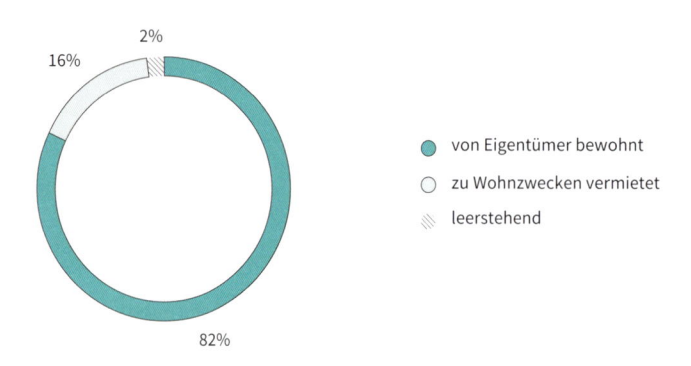

- 2%
- 16%
- 82%

- von Eigentümer bewohnt
- zu Wohnzwecken vermietet
- leerstehend

Aktuelle Entwicklungen

Wolfsburg ist eine wachsende Stadt. Die Wachstumsdynamik steht in unmittelbarem Zusammenhang mit der wirtschaftlichen Lage des Hautarbeitgebers Volkswagenkonzern. Die Entwicklungen im Jahr 2015 zeigten die Instabilität eines sicher geglaubten Wachstumsmotors und beeinflussen die Haushaltslage der Stadt nachhaltig.

Die Bevölkerungsprognose deutet auf einen Rückgang der Bevölkerung hin. Eine andere Prognose im Auftrag der NBank geht jedoch von einem deutlichen Wachstum aus. Demnach sollten 2030 rund 136.600 Einwohner in Wolfsburg leben (vgl. NBank 2015).

In Wolfsburg leben rund 37 Prozent der Einwohner im Einfamilienhaus und zirka neun Prozent im Zweifamilienhaus. Die Ein- und Zweifamilienhäuser machen einen großen Teil des gesamten Wohngebäudebestandes aus. Die meisten dieser Gebäude werden von den Eigentümern bewohnt. Die Baufertigstellungen schwanken im Bereich der Ein- und Zweifamilienhäuser stark. Die der Mehrfamilienhäuser sind seit einigen Jahren konstant niedrig.

Bis 2020 sollen in Wolfsburg bis zu 6.000 neue Wohneinheiten geschaffen werden, da der Wohnungsdruck hoch ist. Die Leerstände liegen unter einem Prozent. In allen Wohnungssegmenten gibt es eine hohe Nachfrage; die Warteliste für Neubaugrundstücke ist lang. Die Bodenrichtwerte für Einfamilienhäuser in Detmerode liegen bei 135-140 Euro/m². Der Wohnungsnachfrage will die Stadt nicht nur durch Innenentwicklung begegnen. Größere Erweiterungen werden in Nordsteimke und am Steimker Berg geplant.

Rund zwei Drittel der Arbeitnehmer in Wolfsburg sind Pendler. Ein wachsendes Segment sind daher Boardinghouse-Angebote. Die angespannte Wohnungsmarktsituation wirkt sich auch auf Detmerode aus. Neubauten und Nachverdichtungen im Bestand sind hierbei das zentrale Handlungsfeld (vgl. Interviews Ortstermin 22.04.2015).

Im Stadtteil Detmerode leben 7.684 Einwohner. Es gibt rund 820 Gebäude, davon sind 660 Einfamilienhäuser, 125 Mehrfamilienhäuser und 35 Nichtwohngebäude. In einer Wohneinheit leben durchschnittlich 1,8 Personen. Die Bevölkerungsvorausrechnungen gehen von einer leicht schrumpfenden Einwohnerzahl in den Einfamilienhäusern aus. Aufgrund der zunehmenden Altersstruktur und den sich verkleinernden Haushalten sinkt die Bevölkerung im gesamten Stadtteil. In vielen Haushalten lebt nur noch eine Person. Das Durchschnittsalter beträgt 48,8 Jahre und liegt somit über dem Wolfsburger Durchschnitt von 44,1 Jahren (vgl. Interviews Ortstermin 22.04.2015).

Initiative/Projekt

Der Prozess zur Gestaltsicherung begann 2011 zunächst aus eigener Initiative der Stadtverwaltung. Die Ausgangssituation war gekennzeichnet durch eine zunehmende Individualisierung in den Einfamilienhausgebieten, vermehrte Anfragen nach baulichen Veränderungen, einen Generationenwechsel und neue Einwohner, die mit dem historisch bedeutsamen Siedlungscharakter noch nicht betraut waren. Der Baubestand der 1960er-Jahre war in die Jahre gekommen, der Wärmeschutz unzureichend, es gab Wünsche für Wohnraumerweiterungen und barrierefreie Grundrisse. Das Auseinanderdriften

Bautätigkeit / Baufertigstellungen
Wohngebäude 1990 bis 2013 in Wolfsburg

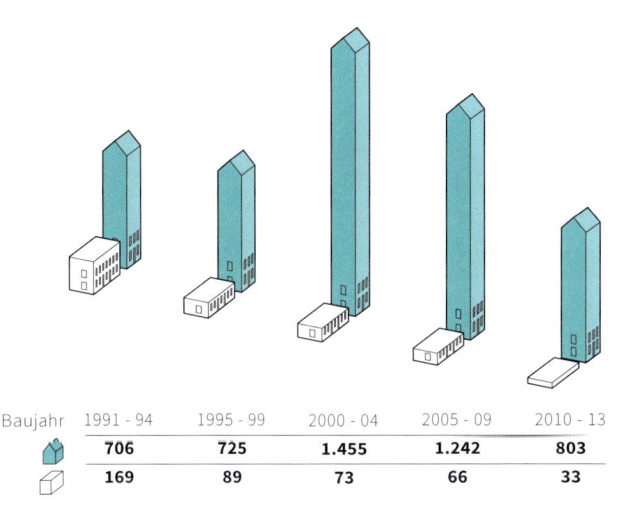

Baujahr	1991 - 94	1995 - 99	2000 - 04	2005 - 09	2010 - 13
Einfamilienhäuser	706	725	1.455	1.242	803
Mehrfamilienhäuser	169	89	73	66	33

Jahr	Gesamt	Ein- und Zweifamilienhäuser	Mehrfamilienhäuser
1990	Daten liegen nicht vor		
1991	100	77	23
1992	242	215	27
1993	315	252	63
1994	218	162	56
1995	121	112	9
1996	77	66	11
1997	122	100	22
1998	180	163	17
1999	314	284	30
2000	338	305	33
2001	253	242	11
2002	139	134	5
2003	338	330	8
2004	460	444	16
2005	293	276	17
2006	369	350	19
2007	292	274	18
2008	176	169	7
2009	178	173	5
2010	235	225	10
2011	278	273	5
2012	218	209	9
2013	105	96	9

zwischen Wünschen und historisch bedeutsamer baukultureller Qualität machten der Verwaltung den Handlungsbedarf deutlich. Einzelne Details, die zum Teil prägend für das Stadtbild sind, waren schon überformt worden. Ziel der Stadtverwaltung war es, die Qualität der Baukultur zu sichern und dennoch zeitgemäßen Wohnwünschen Rechnung zu tragen. Zudem sollten durch die Schaffung einer einheitlichen Beurteilungsgrundlage die Einzelfallentscheidungen der Baurechtsbehörde verringert werden.

Die Beteiligung des Forums Architektur an diesem Prozess war von besonderer Bedeutung. Das Forum Architektur hat die Aufgabe Wolfsburg als Architekturstadt zu profilieren. Die besonderen architektonischen Qualitäten einer der wenigen Neustadtgründungen des 20. Jahrhunderts sollen hervorgehoben und einer breiten Öffentlichkeit vermittelt werden. Mit dem Forum Architektur erhält das Thema Baukultur eine gleichwertige Stellung neben den klassischen Kulturressorts wie Literatur (Stadtbibliothek), Musik (Musikschule), Geschichte (Stadtarchiv, Stadtmuseum) und Kunst (Städtische Galerie). Das Forum versteht sich nicht als Institution, sondern als Netzwerk. Kooperationen wie beispielsweise mit der Architektenkammer spielen eine zentrale Rolle (vgl. Stadt Wolfsburg 18.01.2015).

Der Prozess begann mit einer Bürgerbeteiligung, die aus Mitteln der Stadt Wolfsburg finanziert wurde. Ende 2011 wurde die Stadt Wolfsburg mit dem Modellvorhaben „Detmerode – Städtebauliche Qualitäten gemeinsam sichern" in das ExWoSt-Forschungsprogramm „Baukultur in der Praxis" aufgenommen (Laufzeit bis 2014). Das Modellvorhaben des Experimentellen Wohnungs- und Städtebaus sah eine Finanzierung von 50 Prozent der Gesamtkosten vor. Veranschlagt wurden 50.000 Euro Fördermittel und 50.000 Euro Eigenmittel der Stadt. Die

Beteiligungsmöglichkeiten stießen auf reges Interesse, vor allem auch aufgrund vielfältiger Fragen zur energetischen Sanierung. Die angebotenen Beteiligungsformate konnten jedoch nicht alle Bewohner erreichen.

Es wurde eine feste Arbeitsgruppe aus zehn bis 15 Personen gebildet, die sich mit unterschiedlichen Themen beschäftigten: energetische Verbesserung, Haustechnik, Freiräume, Aufstockung, Erweiterung. In den Diskussionen stellte sich heraus, dass die bauhistorisch wertvollen Qualitäten bereits unbewusst wahrgenommen werden. Die Stadt setzte sich zum Ziel, das Bewusstsein für die Qualität des Stadtteils nachhaltig zu fördern. Dazu wurde die Initiative zunächst über die Tagespresse, das Internet und über Wurfsendungen an alle Haushalte beworben. Wichtig war es der Stadt, auf alle Beteiligungsmöglichkeiten aufmerksam zu machen (Informationsveranstaltungen, Workshops etc.). Auch der Ortsrat unterstützte die Initiative. Gemeinsam mit den Bürgern wurde ein Leitfaden erstellt, der Hauseigentümern aufzeigen soll, wie bauliche Erweiterungen und energetische Modernisierungen der Einfamilienhäuser aus den 1960er-Jahren auszuführen sind und dabei gleichzeitig deren herausragende gestalterische Qualität bewahrt werden kann. Das Bewusstsein für die Qualität des Stadtteils konnte gefördert werden. An dem Vorhaben waren das Referat Strategische Planung, Stadtentwicklung, Statistik, die Untere Denkmalschutzbehörde, die Wolfsburger Energieagentur, Bürger, die Lokale Agenda 21 und das Forum Architektur beteiligt.

Der Leitfaden wurde an alle Haushalte verteilt. Viele Bewohner begrüßen den Leitfaden als Richtschnur und schätzen es, dass sich die Stadt mit der Weiterentwicklung des Stadtteils auseinandersetzt. Im Leitfaden werden auch Maßnahmen vorgeschlagen, beispielsweise zur energetischen Sanierung, die einen geringen finanziellen Aufwand erfordern und dennoch sehr effektiv sind.

Zusätzlich werden die Eigentümer künftig vom Geschäftsbereich Stadtplanung und Bauberatung der Stadt Wolfsburg beraten. Die Eigentümer haben die Möglichkeit, einen einmaligen individuellen Beratungstermin zu vereinbaren. Da der Vertrag mit dem beauftragten Berater 2015 ausgelaufen ist, werden die Beratungen künftig im Zuge des KfW-Programmes fortgeführt.

Der Stadtteil Detmerode wurde 2014 in das KfW-Programm 432 „Energetische Stadtsanierung" aufgenommen. Die KfW fördert das Sanierungsmanagement über drei Jahre. 2015 wurde das energetische Quartierskonzept fertiggestellt und eine Partizipationsstrategie erarbeitet. Aufgrund der hohen Nachfrage nach Wohnraum gewinnt die städtebauliche Weiterentwicklung und Nachverdichtung des Stadtteils weiter an Aktualität (vgl. Interviews Ortstermin 22.04.2015, Stadt Wolfsburg 2013a).

Auswertung und Übertragbarkeit

Zentraler Aspekt des Wolfsburger Ansatzes ist die Bewusstseinsbildung und Sensibilisierung der Bewohner für die baukulturellen Qualitäten ihres Stadtteils und ihrer Häuser. Das Forum Architektur spielte im Prozess der Bewusstseinsbildung eine tragende Rolle. Der 2013 herausgegebene Leitfaden wird von den Bewohnern im Allgemeinen positiv bewertet. Das Bewusstsein für die besonderen Gestaltqualitäten ist gestiegen. Allerdings kann der Leitfaden als informelles Instrument lediglich Anregungen geben, die Umsetzung abweichender Maßnahmen jedoch nicht verhindern. Die Stadt bemüht sich daher darum, den Erhalt der prägenden Elemente durch Beratung zu forcieren. Ohne Förderung aus dem Experimentellen Wohnungs- und Städtebau hätte die Stadt den Prozess nicht in dieser Qualität und Tiefe anstoßen können.

Das Bewusstsein für die erhaltenswerten Bauqualitäten konnte durch die Öffentlichkeitsarbeit und Bürgerbeteiligung, den Leitfaden und einen Audioguide verstärkt werden (vgl. Stadt Wolfsburg 2013b). Die Identifikation mit dem Stadtteil ist gestiegen und nachbarschaftliche Kontakte wurden gefördert. Die Möglichkeiten zur Mitwirkung wurden insbesondere von älteren Bewohnern wahrgenommen; es ist jedoch nicht gelungen alle Eigentümer in den Prozess einzubinden.

Eine Fülle an bebilderten Fallbeispielen im Leitfaden zeigt Möglichkeiten zur Weiterentwicklung der Gebäude auf. Sanierungen, die bereits zuvor umgesetzt wurden, haben jedoch schon zu Überformungen geführt. Dies hätte verhindert werden können, wenn der Prozess der Bewusstseinsbildung früher eingesetzt hätte. Der Leitfaden ist ein geeignetes Instrument, um Einzelfallentscheidungen bei Bauanträgen entgegenzuwirken. Es liegen noch keine Auswertungen vor, wie der Leitfaden bei genehmigungsfreien baulichen Veränderungen angewendet wird.

Der Leitfaden ist ein informelles Instrument, er besitzt keine Rechtskraft. Ein formelles Instrument zur Gestaltsicherung ist der Ensembleschutz. Inwiefern er bei einem Gebiet dieser Größe einsetzbar ist, wäre zu prüfen. Seit der Novellierung des Niedersächsischen Denkmalschutzgesetzes NDSchG 2011 besteht Klagemöglichkeit bei der Eintragung als Denkmal (NDSchG Absatz 4 und 5).

Der Stadtteil Detmerode ist ein bedeutendes Zeugnis der Städtebau- und Architekturgeschichte des 20. Jahrhunderts. Seine behutsame Weiterentwicklung ist der Stadt ein großes Anliegen. Die Initiative der Stadt, die Gründung des Forums Baukultur und die intensive Auseinandersetzung mit den baukulturellen Qualitäten der 1950er- bis 1970er-Jahre sind beispielgebend für andere Städte.

Viele Kommunen zeigen Interesse an den Wolfsburger Initiativen. Auch in Wolfsburg gibt es weitere Stadtgebiete mit einem hohen Anteil von Einfamilienhäusern aus den 1950er- bis 1970er Jahren, auf die der Ansatz übertragbar wäre.

Die Stadt sieht den Prozess nicht als abgeschlossen an. Es ist wichtig, die Bewusstseinsbildung kontinuierlich zu fördern und die Eigentümer immer wieder aufs Neue zu sensibilisieren, z.B. durch einen Quartiersmanager. Die Stadt selbst beurteilt den gesamten Prozess als sehr positiv, sieht jedoch in dem informellen Charakter des Instruments einen Schwachpunkt. Die Sicherung der baulichen Qualität kann angeregt, jedoch nicht verlässlich sichergestellt werden. Zudem gibt es für Detmerode keinen Bebauungsplan mehr. Viele Maßnahmen können daher auch durch die Bauaufsicht und Bauordnung nicht verhindert werden. Eine Kombination aus einer Gestaltungs- und Erhaltungssatzung wäre denkbar. Dies wird vom Ortsrat Detmerode unterstützt. Er hat die Stadt aufgefordert, eine Gestaltungssatzung/Unterschutzstellung in die Wege zu leiten.

7 Zusammenfassung und Fazit

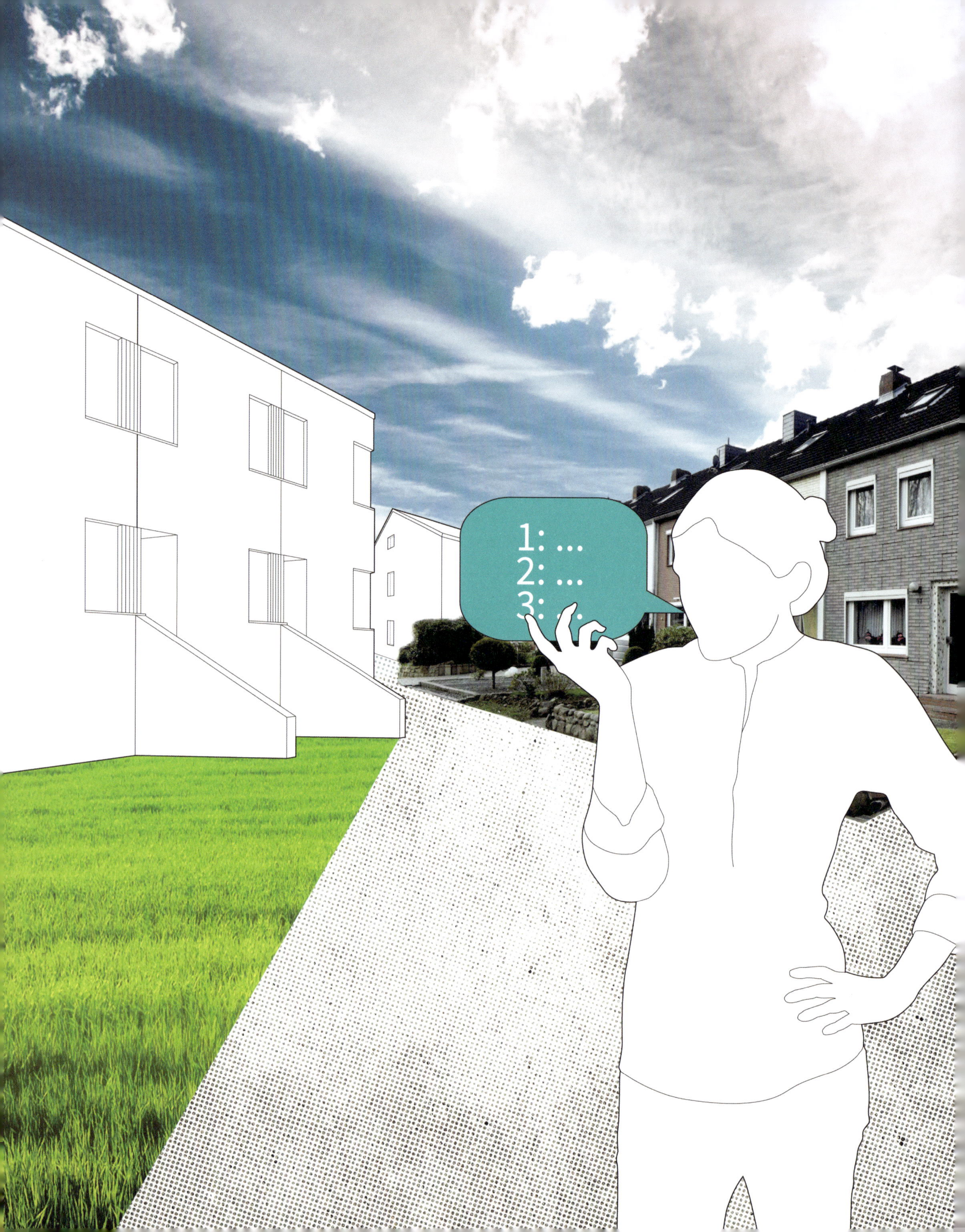
1: ...
2: ...
3: ...

7 Zusammenfassung und Fazit

Trendentwicklung in den Einfamilienhausgebieten der 1950er- bis 1970er-Jahre

Ein- und Zweifamilienhäuser aus den 1950er- bis 1970er-Jahren sind ein städtebaulich und siedlungsstrukturell prägender Bestandteil des Gebäude- und Wohnungsbestandes in Deutschland. Mittlerweile sind die Häuser und die Infrastruktur in die Jahre gekommen, die Bewohner „der ersten Stunde" sind mit ihren Häusern alt geworden und die Kinder längst ausgezogen. Die Grundrisse und die Ausstattung der Häuser entsprechen den heutigen Anforderungen nur noch in geringem Maße und die energetischen Kennwerte liegen weit hinter den zeitgemäßen Werten. Demografische und soziokulturelle Veränderungen führen dazu, dass der Generationenwechsel nicht überall problemlos verläuft.

Der Bevölkerungsrückgang und ein hoher Anteil älterer Menschen in einzelnen Gebieten führen zu einer veränderten Nachfrage nach Infrastruktureinrichtungen. Zwar ist das Einfamilienhaus nach wie vor eine der beliebtesten Wohnformen, aber der Gebäudebestand, das Wohnumfeld und die Infrastruktur werden in der bestehenden Form nicht mehr zwangsläufig nachgefragt. Vor allem Lagen mit Standortnachteilen und Infrastrukturdefiziten verlieren an Attraktivität. Die Standortpräferenzen verändern sich zugunsten gut angebundener Gebiete mit bedarfsgerechter Infrastrukturausstattung. Die Stadterweiterungsgebiete der 1950er- bis 1970er-Jahre verlieren ihr Privileg als „Selbstläufer" und werden zum Gegenstand der bestandsorientierten Stadtentwicklungsplanung.

Problemwahrnehmung und Handlungsfelder

Individuelle Sanierungen und Modernisierungen können den Wohnwert erhöhen, strukturelle Veränderungen und Anpassungen, die über das einzelne Grundstück hinausgehen, lassen sich aber nur mit planerischen und partizipatorischen Instrumenten realisieren. Die Fallbeispiele zeigen, dass das Problembewusstsein bereits vorhanden ist: In die Jahre gekommene Einfamilienhausgebiete wurden als Thema der Stadtentwicklung erkannt. Vor dem Hintergrund der spezifischen Entwicklungspotenziale vor Ort werden unterschiedliche Strategien angewendet.

Im Forschungsprojekt wurde ein exemplarischer Querschnitt möglicher Projekte, Strategien und Instrumente zur Revitalisierung der Gebiete aufgearbeitet. Es wurden fünf Handlungsfelder der Stadtentwicklung identifiziert, die für die Revitalisierung der Bestände von Bedeutung sind. Die bedarfsgerechte Bestandsanpassung und die Weiterentwicklung der Infrastruktur sind Gegenstand zahlreicher Entwicklungsstrategien. Verdichtung und Wohnraumerweiterungen erfordern in der Regel eine planungsrechtliche Sicherung durch einen Bebauungsplan. Die energetische Quartierssanierung setzt insbesondere auf Bewusstseinsbildung und Beratung. Für die Leerstandsaktivierung und Leerstandsbewältigung ist der gesamtstädtische Kontext von großer Bedeutung. Die Sicherung der Gestaltung und Baukultur ist in einheitlich aufgesiedelten Gebieten, die von Beginn an einen hohen Gestaltungsanspruch formulierten, zum Beispiel im Rahmen von Modellprojekten und Demonstrativbauvorhaben des Bundes ein Zukunftsthema.

Bewusstseinsbildung und Kommunikation als Querschnittsthemen

Information, Bewusstseinsbildung und Sensibilisierung sind die Voraussetzung für alle Umsetzungskonzepte. Daher wurden Querschnittsthemen identifiziert, die Gegenstand aller Handlungsfelder der Stadtentwicklung sind: Kommunikation, Beteiligung und Nachbarschaft. In Gebieten mit kleinteiliger Eigentümerstruktur, einem hohen Grad an Identifikation und langer Wohndauer lassen sich Veränderungen nur in die Wege leiten, wenn die Bewohner von Beginn an mitgenommen werden und nicht die Probleme, sondern die Herausforderungen, Chancen und Perspektiven in den Vordergrund gestellt werden.

Bewusstseinsbildung und Kommunikation sind die wichtigsten Bausteine der Revitalisierungsstrategien; bauliche Umsetzungen und gebietsbezogene investive Maßnahmen sind derzeit nur vereinzelt zu beobachten. Ein Quartiersmanagement kann dazu beitragen, die Kommunikation im Gebiet zu verbessern; Informationen werden leichter und individueller zugänglich gemacht und es gibt eine Anlaufstelle für Fragen und Anliegen. In Deutschland wird das Quartiers- oder Gebietsmanagement nur temporär eingesetzt, zunehmend auch außerhalb der Städtebauförderung. Sind die Aufgaben des Quartiersmanagements nicht an die Bedürfnisse vor Ort angepasst, kann das Management auch schnell auf Ablehnung stoßen. Das Instrument des Quartiersmanagements ist in Deutschland – außerhalb der Städtebauförderung – noch ausbaufähig.

Impulsprojekte

Gebaute Impulsprojekte können die Bewusstseinsbildung stärken und Eigeninitiative anstoßen. Niederschwellig lassen sich bauliche Umsetzungen eins zu eins veranschaulichen (z.B. Gläserne Baustelle zur energetischen Sanierung in Stade oder Musterhaus zum Wohnen mit Zukunft in Osterholz-Scharmbeck). Für die erfolgreiche Umsetzung ist die Zusammenarbeit unterschiedlicher Akteure notwendig (Planung, Finanzierung, Bau, Betrieb). Sehr wichtig für den Erfolg sind neutrale Beratungsangebote. Um eine breite Öffentlichkeitswirksamkeit zu entfalten, sollten Impulsprojekte durch Image- und Pressearbeit begleitet werden.

Impulsprojekte können auch stadtweit angelegt und nur mittelbar auf die Gebiete zugeschnitten sein, dennoch aber ihre Entwicklung maßgeblich beeinflussen. Dies wird in Osterholz-Scharmbeck deutlich. Als Schlüsselprojekt der Stadtentwicklung wurde der Campus für lebenslanges Lernen realisiert. Die Erneuerung der Infrastruktur und die Realisierung des Bildungscampus haben wichtige Impulse gesetzt. Die Gebiete der 1950er- bis 1970er-Jahre erneuern sich „von innen heraus". Eine Übertragbarkeit dieser Stadtentwicklungsstrategie ist sehr gut gegeben.

Instrumentenmix

Es gibt eine Reihe von formellen und informellen Instrumenten, die zur Weiterentwicklung von Einfamilienhausgebieten angewendet werden können. Bedeutend sind insbesondere die Bauleitplanung (Flächennutzungsplan und Bebauungspläne) und das Flächenmanagement. Voraussetzung ist das politische Bekenntnis der Kommune zum Vorrang der Innenentwicklung und zur Bestandssicherung. Gestaltungspläne und Bebauungspläne können dazu beitragen, die Spielräume für Anbauten und Aufstockungen verbindlich zu regeln, neue Bebauungspläne können Möglichkeiten für Nachverdichtungen schaffen. Allerdings ist die Erstellung der Bebauungspläne mit einem hohem Aufwand verbunden und die Anzahl der tatsächlich geschaffenen Nachverdichtungen meist gering (z.B. Bocholt). Die Erfahrungen mit Nachverdichtungen werden in der Praxis ambivalent beurteilt. In gewachsenen, harmonischen Nachbarschaften ist die Zustimmung zu Nachverdichtungen meist größer. Wenn die zusätzliche Bebauung für Verwandte vorgesehen ist, wird dies von Seiten der Bewohner deutlich positiver aufgefasst, als wenn ein Investor im Gebiet bauen möchte.

Zur Weiterentwicklung von Einfamilienhausgebieten ist ein Instrumenten- und Methodenmix erfolgversprechend. Formelle und informelle Instrumente sowie unterschiedliche Formen der Information, Bewusstseinsbildung und Aktivierung lassen sich auf vielfältige Weise kombinieren. So kann strukturellen Defiziten und einem schleppenden Generationenwechsel mit einem Bündel aus unterschiedlichen Instrumenten, Methoden und Strategien begegnet werde. Auch eine Kombination aus bewährten und ergebnisoffenen, kreativen, neu interpretierten Instrumenten kann erfolgversprechend sein. Breit angelegte Akteursstrukturen und bürgerschaftliches Engagement vor Ort können die Bewusstseinsbildung und die Bereitschaft für die Umsetzung von Maßnahmen befördern.

Integrierte Konzepte und Förderungen

Integrierte (Stadt)Entwicklungskonzepte/städtebauliche Entwicklungskonzepte sind eine wesentliche Grundlage für die Revitalisierung der in die Jahre gekommenen Einfamilienhausgebiete. In Bocholt und Cuxhaven wurden beispielsweise die Problemlagen in den Gebieten durch die Erarbeitung der Entwicklungskonzepte erst sichtbar. Integrierte, auf Partizipation beruhende Entwicklungskonzepte sind ein solides planerisches Werkzeug und bieten eine Orientierungshilfe. Sie sind immer prozessorientiert zu betrachten und nicht als festgeschriebene, abzuarbeitende Regelwerke zu verstehen. Die Analyse und Aufarbeitung der unterschiedlichen Handlungsfelder der Stadt- und Gebietsentwicklung können zur Bewusstseinsbildung über die Problemlagen, Chancen und Herausforderungen der räumlichen Entwicklung beitragen. Dabei ist es wichtig, alle Handlungsfelder der Stadtentwicklung einzubeziehen und eine vorausschauende städtische Wohn- und Liegenschaftspolitik zugrunde zu legen. Ziel der integrierten Entwicklungskonzepte ist die koordinierte Umsetzung von Leitlinien und Maßnahmen der Stadtentwicklung.

In sektoralen Entwicklungskonzepten können einzelne Handlungsfelder vertiefend betrachtet, konkrete Lösungsvorschläge aufgezeigt und zur Diskussion gestellt werden. Wenn es nicht gelingt, die Bewohner und Eigentümer umfassend in den Prozess einzubeziehen, ziehen integrierte Entwicklungskonzepte keine Realisierungen nach sich. Monitoring und (Zwischen)Evaluationen können den Umsetzungsstand reflektieren.

Programme und finanzielle Förderungen, auch in geringem Umfang, können die Umsetzung von Maßnahmen befördern. Voraussetzung ist dabei jedoch eine zielgruppen- und anwendungsorientierte Förderpolitik. So sind zum Beispiel die Konditionen der unterschiedlichen KfW-Förderungen sehr unübersichtlich, und das KfW-Programm 432 Energetische Stadtsanierung fördert keine investiven Maßnahmen, sondern die Erstellung von Quartierskonzepten und den Einsatz von Sanierungsmanagern. Die fehlende Förderung von Investitionen in den Gebäudebestand wird in den untersuchten Fallstudien bemängelt und das Fördersystem als technokratisch eingeschätzt. Die Förderprogramme des Bundes könnten durch einen breit angelegten Förderansatz attraktiver gestaltet werden. Zudem ist das Kreditprogramm aufgrund der niedrigen Zinsen derzeit wenig attraktiv. Auch das Ziel der KfW-Programme, durch Beratung eine hochwertige Sanierung zu fördern, tritt oftmals nicht ein. Obwohl in den Beratungen für Qualität geworben wird, gibt es so gut wie keine Beispiele, bei denen Architekten den Umbau planen und begleiten. Architektenleistungen werden bewusst eingespart, um die Kosten so gering wie möglich zu halten. Es wird ein Trend zur „Standardteilsanierung" ohne gestalterische Sensibilität beobachtet.

Eigene Landesprogramme sind positiv zu bewerten, sofern sie erfolgversprechend durchgeführt, regelmäßig evaluiert und angepasst werden. Voraussetzung für erfolgreiche Landesprogramme ist eine gut aufgestellte, vorausschauende Landespolitik und -verwaltung, die sich bemüht, Antworten auf die anstehenden Entwicklungsherausforderungen zu finden. Modellvorhaben können zwar wichtige Anstöße für aktuelle Fragestellungen der räumlichen Entwicklung geben und zur Bewusstseinsbildung beitragen, nicht selten aber finden die Erkenntnisse und Ergebnisse keinen breiten Transfer in die kommunale Planungspraxis.

Kommunale Förderprogramme sind unmittelbar abhängig von der kommunalen Haushaltslage. Die erforderlichen politischen Beschlüsse können schnell obsolet werden, wenn sich die Haushaltslage der Kommune (plötzlich) ändert (siehe

Wolfsburg 2015/ 2016). Die Förderprogramme können eingestellt werden, was Unsicherheiten auf der Seite der Fördernehmer mit sich bringt. Wichtig ist es, lokal gebundene Institutionen (beispielsweise lokale Sparkassen und andere Kreditinstitute) einzubinden. Je nach Programmzuschnitt können vielfältige lokale Akteure profitieren, neben den Hauseigentümern beispielsweise das lokale Handwerk. Kommunale und kreisweite Förderprogramme bieten die Möglichkeit, lokal-spezifische Hilfestellungen bereitzustellen.

Auch wenn sich das Instrumentarium der Städtebauförderung flexibel auf unterschiedliche Gebietstypen anwenden lässt, werden ältere Einfamilienhausgebiete nicht auf breiter Basis Gegenstand der geförderten Stadterneuerung werden. Andere Gebietstypen mit drängenden städtebaulichen und sozialen Problemen stehen zu Recht im Fokus. Denkbar ist, Einfamilienhausgebiete als Sanierungsgebiete förmlich abzugrenzen, den Eigentümern damit eine erhöhte steuerliche Abschreibung für Sanierungsmaßnahmen zu ermöglichen und die Fördermittel vorwiegend für die Aufwertung des öffentlichen Raumes und die Anpassung der sozialen Infrastruktur zu verwenden.

Der Experimentelle Wohnungs- und Städtebau (ExWoSt) trägt dazu bei, Lösungen für anstehende Herausforderungen der Stadtentwicklung zu finden. Kommunen können sich mit Ideen initiativ bewerben und den bundesweiten Erfahrungsaustausch damit prägen. Das Konzept der Cuxhavener Wohnlotsen beispielsweise, das mittlerweile bundesweit Schule machte, konnte nur mit Unterstützung des Experimentellen Wohnungs- und Städtebaus ausgearbeitet werden.

Chancen wahrnehmen und Erneuerungspotenziale offensiv und kreativ nutzen

Soll eine zukunftsfähige Entwicklung in den Gebieten eingeleitet werden, müssen sowohl die Bedürfnisse der zunehmenden Zahl Älterer als auch die der jungen Familien berücksichtigt werden. Es hat sich gezeigt, dass eine aktive Rolle der Kommune und die Einbindung der Bewohner von Beginn an sehr wichtig sind. Die Untersuchung der Fallstudien macht deutlich, wie mit einem hohen Grad an kommunalem Engagement, einer intensiven Beteiligung, kreativen Ideen und Impulsprojekten sowie einem ausgeprägten Bürgerengagement Siedlungsgebiete der 1950er- bis 1970er-Jahre weiterentwickelt werden können. Die im Forschungsprojekt untersuchten Instrumente, Methoden und Projekte sind sehr gut übertragbar. Auch wenn wenige finanzielle und personelle Kapazitäten zur Verfügung stehen, können mit Engagement und Kreativität beispielgebende Initiativen ins Leben gerufen werden. So kann es gelingen, bestehende Strukturen zu stabilisieren, Immobilienwerte zu erhalten, Wohnquartiere zu verjüngen, die Infrastrukturauslastung zu verbessern und die nachhaltige Siedlungsentwicklung voranzubringen.

8

Übersicht Projektsteckbriefe

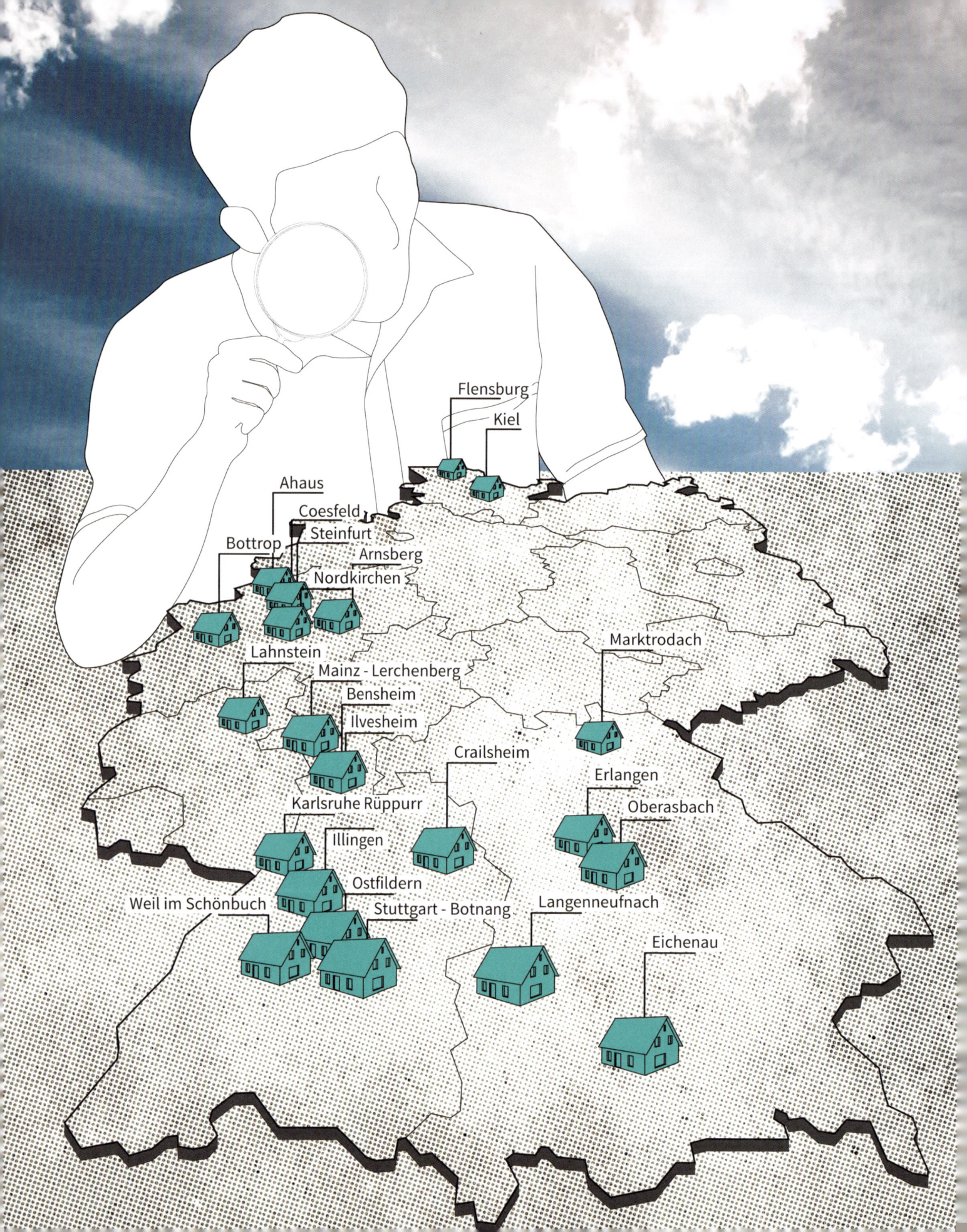

Flensburg
Kiel
Ahaus
Coesfeld
Steinfurt
Bottrop
Arnsberg
Nordkirchen
Marktrodach
Lahnstein
Mainz - Lerchenberg
Bensheim
Ilvesheim
Crailsheim
Erlangen
Karlsruhe Rüppurr
Oberasbach
Illingen
Ostfildern
Weil im Schönbuch
Stuttgart - Botnang
Langenneufnach
Eichenau

8 Übersicht Projektsteckbriefe

Querschnittsthemen

Kommunikation,
Nachbarschaft,
Beteiligung

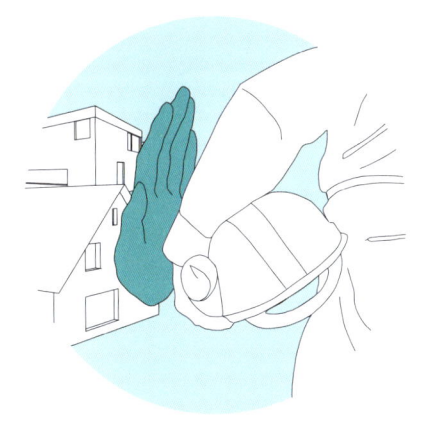

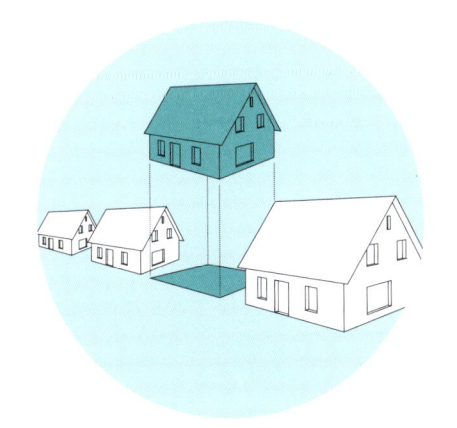

Querschnittsthemen: Kommunikation, Nachbarschaft, Beteiligung

Ziele und Handlungsbereiche der Stadtentwicklung	Bedarfsgerechte Bestandsanpassung und Weiterentwicklung der Infrastruktur			Wohnraum erweitern und zusätzlichen Wohnraum schaffen	
Fallstudie	**Dorsten**	Osterholz-Scharmbeck	Karlstadt	Aalen	Bocholt
Instrumente (Rechtscharakter)	Wettbewerb, Beteiligung und Beratung (informell)	Quartierskonzept (informell)	Quartierskonzept, Beteiligung (informell)	Gestaltungsplan und planrechtliche Sicherung (informell/formell)	Bebauungsplan (formell)
Fördergeber	Landesinitiative, Regionale 2016, Europan, Stadt-Baukultur NRW	EU, Stadt	Landesinitiative	Stadt	Stadt
Besonderheiten	„Hausaufgaben" Partizipationsprojekt, kreative Initiative (z.B. Hauswandkino)	Musterhaus	Eigenheimgemeinschaft	Eigenheimgemeinschaft	Bodenmanagement
Weitere Beispiele	*Ahaus Josefsviertel, Arnsberg Moosfelde, Arnsberg Hüsten-Mitte, Flensburg, Kiel Ellerbeck und Kiel Wellingdorf, Langenneufnach Blumensiedlung, Lahnstein Am Allerheiligenberg, Marktrodach Am Steig/Schlot, Nordkirchen Südkirchen,*			*Eichenau Okalsiedlung, Erlangen Sieglitzhofer Waldsiedlung*	

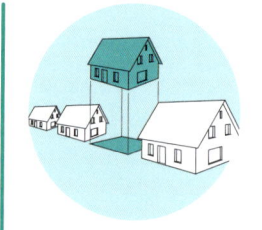

Energetische Quartierssanierung	*Leerstandsaktivierung und Leerstandsbewältigung*	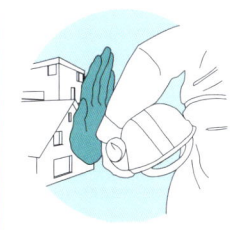	*Sicherung der Gestaltung und Baukultur*
Stade	**Hiddenhausen**	**Cuxhaven**	**Wolfsburg**
Entwicklungskonzept und Beratung, Förderung (informell)	Förderung (informell)	Beratung (informell)	Gestaltungsleitfaden, Förderung (informell)
ExWoSt, KfW	Stadt	ExWoSt, Stadt, Wohnlotsen, Förderung durch Stadt	BMVBS, ExWoSt, Stadt
„Gläserne Baustelle" mit filmischer Begleitung	gesamtstädtischer Kontext	Wohnraumvermittlung	Architekturvermittlung, Architekturbeauftragte mit Schwerpunkt 50er-70er-Jahre Bauten
Bottrop Windmühlenweg, Crailsheim Zur Flügelau, Ilvesheim Mühlenweg, Kreis Coesfeld, Kreis Steinfurt, Mainz Lerchenberg, Oberasbach Hölzleshoffeld, Ostfildern Parksiedlung	*Illingen*		*Karlsruhe Rüppurr Baumgartensiedlung, Stuttgart Botnang Aspen, Weil im Schönuch Schaichhofsiedlung*

Ahaus
Josefsviertel

Bundesland	Nordrhein-Westfalen	**Einwohnerzahl**	**38.927** (2014)
Landkreis	Kreis Borken	**Demografische Entwicklung**	
Zentralörtliche Funktion	Mittelzentrum	1990 | **31.202**	
		2000 | **37.279**	
Stadtgröße	Mittelstadt	2010 | **38.952**	
Gebietsbezeichnung	Josefsviertel/Innenstadt-Ost	**Einwohner im Gebiet**	ca. 1.186
Gebietsgröße	ca. 23,4	**Wohneinheiten im Gebiet**	k.A.

Bedarfsgerechte Bestandsanpassung und Weiterentwicklung der Infrastruktur

Einwohnerentwicklung	Einwohnerzahl hat nicht abgenommen, junge Leute ziehen hinzu (Quartier liegt dicht an der Innenstadt), von Altersstruktur her ältester Stadtteil in Ahaus
Gebietslage	angrenzend, nordöstlich der Innenstadt von Ahaus
Baustruktur	freistehende, meist eingeschossige Einfamilienhäuser aus den 1950er-Jahren auf tiefen Parzellen
Gebietstyp	sukzessive aufgesiedelt
Ausgangslage und Herausforderungen	Generationenwechsel, Alterung der Bewohner, Anpassungsbedarf an veränderte Wohnwünsche, Anpassungsbedarf an eine älter werdende Bevölkerung, fehlende planungsrechtliche Sicherheit

Programm/Projekt

Projektaufruf „Innen leben – Neue Qualitäten entwickeln!" im Rahmen der Regionale 2016, Beteiligung mit dem Projekt „Einfamilienhausquartiere der Zukunft", Europan (Architektenwettbewerb)

Ansatz/Instrumente
Ideenwettbewerb, Beratung, Partizipation, Moderation, Umsetzungsvorschläge

Ziel
Ideen und Impulse für die städtebauliche Weiterentwicklung von Einfamilienhausgebieten der 1950er- bis 1970er-Jahre

Akteure
Stadtverwaltung, Bewohner/Eigentümer, Architekten

Finanzierung
Land, Eigenanteil der Kommune

Zeitraum
2012 bis 2016 +

Maßnahmen und Ergebnisse

Quartiersmanager als Ansprechpartner (Beratungsangebot, Vermittlung von Fachleuten), Aufstellung eines B-Plans geplant.

Im Ideenwettbewerb wurden drei Arbeiten mit Ankäufen ausgezeichnet: „Kein Land für alte Männer" (zeigt konkrete Lösungsvorschläge für die bauliche, ortsgerechte Weiterentwicklung auf), „Mach es Dir gemütlich!" (zeigt bauliche Erweiterungsmöglichkeiten durch serielle Elemente auf, die sich flexibel einsetzen lassen), „Rising Stars" (konzentriert sich auf den öffentlichen Raum und die Gemeinschaftsflächen); alle Arbeiten stellen partizipatorische Ansätze in den Vordergrund. Parallel zu Europan hat die Stadt Ahaus einen Beteiligungsprozess mit Bürgern gestartet; der Aufstellungsbeschluss für einen B-Plan wurde verabschiedet; ein städtebauliches Konzept soll entwickelt werden und in eine Gestaltungsfibel münden; es soll ein Quartiersmanager eingestellt werden.

Die Aktivitäten im Projekt ruhen momentan, da es aufgrund von Kommunikationsschwierigkeiten zu Unstimmigkeiten gekommen ist. Ein externes Büro führt derzeit ein Mediationsverfahren durch, der Ausgang ist offen und kann demnach auch zu Neuausrichtung oder Einstellung des Projektes führen.

Arnsberg
Moosfelde

Bundesland	Nordrhein-Westfalen
Landkreis	Hochsauerlandkreis
Zentralörtliche Funktion	Mittelzentrum
Stadtgröße	Mittelstadt

Einwohnerzahl		73.436 (2014)
Demografische Entwicklung		
1990		**75.864**
2000		**77.473**
2010		**74.227**

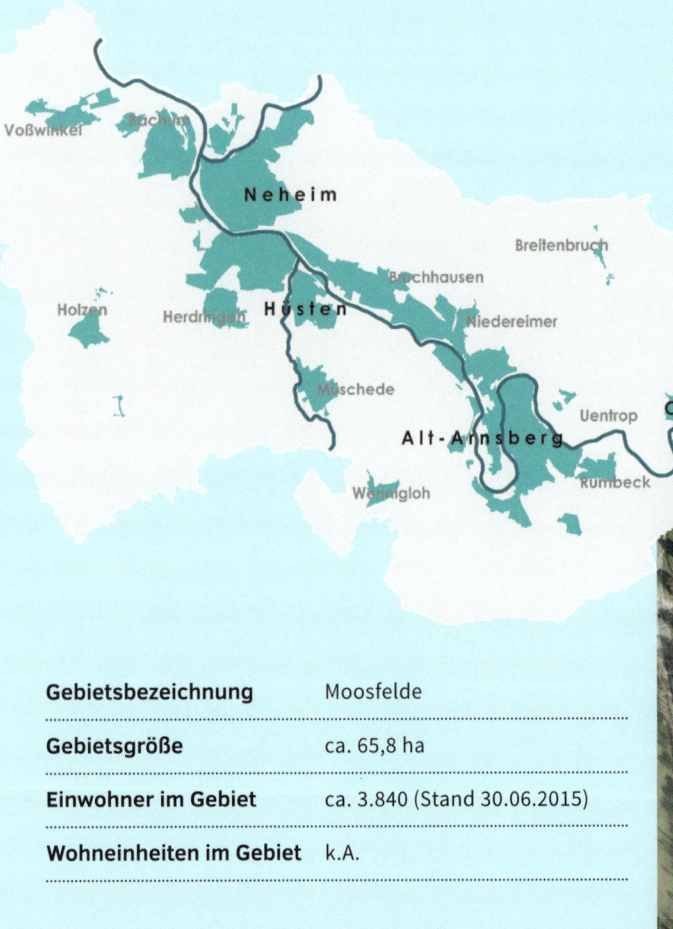

Gebietsbezeichnung	Moosfelde
Gebietsgröße	ca. 65,8 ha
Einwohner im Gebiet	ca. 3.840 (Stand 30.06.2015)
Wohneinheiten im Gebiet	k.A.

Luftbild 2015 © Stadt Arnsberg

Bedarfsgerechte Bestandsanpassung und Weiterentwicklung der Infrastruktur

Einwohnerentwicklung	ca. -5,6 Prozent (seit 2006)
Gebietslage	ca. 14 km nördlich der Innenstadt von Arnsberg, im Stadtteil Neheim
Baustruktur	Einfamilienhäuser aus den 1950er- bis 1990er-Jahren, viergeschossige Zeilenbauten aus den 1960er-Jahren
Gebietstyp	zunächst einheitlich, später sukzessive aufgesiedelt
Ausgangslage und Herausforderungen	Leerstände, Sanierungs- und Modernisierungsbedarf, wegbrechende Nahversorgung, städtebauliche Missstände im Wohnumfeld

Programm/Projekt

Stadtumbau-West

Ansatz/Instrumente

Abbruch/Rückbau, Verbesserungen im öffentlichen Raum, Beteiligung der Bevölkerung, Netzwerkarbeit

Ziel

Sicherung und Stärkung des innenstadtnahen Wohnstandortes, Imagewandel, Stärkung des Quartiersbewusstseins, Sicherung der Infrastruktur und Nahversorgung

Akteure

Familienzentrum Moosfelde, Jugendtreff Mooki, Vereine, Initiativen

Finanzierung

Bund und Land

Zeitraum

2008 bis 2013

Maßnahmen und Ergebnisse

Abbruch des leerstehenden Lebensmittelmarktes, Verbesserung der Fußwege, Neuanlage eines Spielplatzes, vielfältige Beteiligungsprojekte zur Imageaufwertung und zur Stärkung des "Wir-Gefühls" (Maimarkt, Aktionstag, Wald&Wiesen-Kino, Promi-Talk Rotes Sofa etc.).

Arbeitskreis Familie ist entstanden; drei Veranstaltungsformate haben das Ende des Quartiersmanagements überdauert; es wird ein positiver, interessierter Blick auf Moosfelde geworfen; das Wohnumfeld hat sich in Teilen verbessert, beim Wohnungsbestand ließ sich kein Anknüpfungspunkt finden, da der überwiegende Teil der Mietwohnungen zu einer Eigentümergemeinschaft mit 470 Eigentümern gehört; Kooperation mit Kindern und Anwohnern zur Neugestaltung des ehemaligen Supermarktgrundstücks, das zukünftig als Freiraum dient und als öffentlicher Garten gestaltet werden soll, damit das Zentrum Moosfeldes als Ort der Begegnung weiter aufgewertet wird; nicht gelungen ist es bislang, für die größtenteils leerstehende Zentrumsimmobilie neue Nutzungen zu finden, dennoch führen Eigentümer und Stadt weitere Gespräche.

Arnsberg
Hüsten-Mitte

Bundesland	Nordrhein-Westfalen	**Einwohnerzahl**	**73.436** (2014)
Landkreis	Hochsauerlandkreis	**Demografische Entwicklung**	
Zentralörtliche Funktion	Mittelzentrum	1990 | **75.864**	
		2000 | **77.473**	
Stadtgröße	Mittelstadt	2010 | **74.227**	
Gebietsbezeichnung	Hüsten Mitte	**Einwohner im Gebiet**	1.344 (Stand Mitte 2015)
Gebietsgröße	55,3 ha	**Wohneinheiten im Gebiet**	k.A.

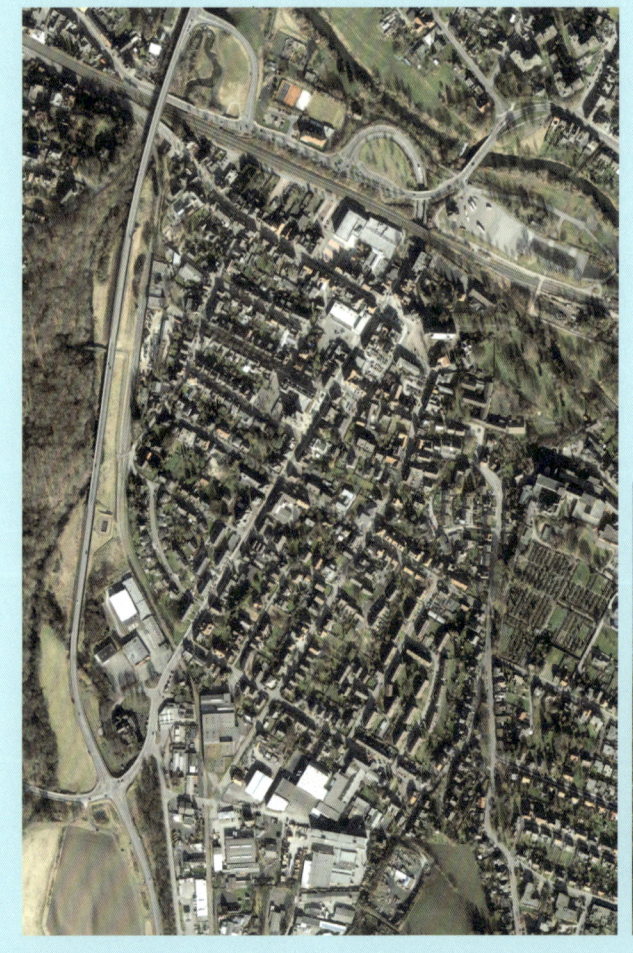

Bedarfsgerechte Bestandsanpassung und Weiterentwicklung der Infrastruktur

Einwohnerentwicklung	seit 2004 + 0,8 Prozent
Gebietslage	ca. 7 km nordwestlich der Innenstadt von Arnsberg, im Stadtteil Hüsten
Baustruktur	Einfamilienhäuser, gemischte Baustruktur: ehemalige Dorflagen, planmäßig errichtete Wohnlagen und -gebäude aus der Zeit der Industrialisierung (teils repräsentativ), Wohnanlagen aus den 1950er-Jahren
Gebietstyp	sukzessive aufgesiedelt
Ausgangslage und Herausforderungen	Leerstände (Läden und Wohnungsbestand)

Programm/Projekt

KIQ Kooperation im Quartier Hüsten-Mitte

Ansatz/Instrumente

Beratung, Kooperationen

Ziel

‚KiQ' knüpfte an vorherige Investitionen im öffentlichen Raum an, die bereits zu einer deutlichen Verbesserung des Wohnstandortes Hüsten-Mitte führten; es wurden auch private Eigentümer aktiviert und dabei unterstützt, sich perspektivisch mit ihren Immobilien, aber auch ihrem Quartier auseinanderzusetzen; es gibt Beratungs- und Unterstützungsangebote für private Immobilieneigentümer

Akteure

Stadtverwaltung (Träger des Projektes), Bewohner/Eigentümer, Haus & Grund Neheim-Hüsten im Beratungsnetzwerk KiQ-Hüsten, Experten unterschiedlicher Fachrichtungen (z.B. Architektur, Handwerk, energetische Sanierung, Barrierefreiheit, Finanzierung, Bewirtschaftung, Wohnungswirtschaft, Innen- und Landschaftsarchitektur)

Maßnahmen und Ergebnisse

Kooperation Haus & Grund Neheim-Hüsten und Stadt Arnsberg, Stabilisierung und Aufwertung als Wohnquartier, Aktivierungs-, Informations- und Beratungsangebote der Netzwerkpartner (Vorträge, Sprechstunden, Einzelberatungen, Gutscheinhefte), Thermografiespaziergänge, Fassadenvisualisierungen, Initiierung von Eigentümerstammtischen etc.; objektbezogene Beratungs- und Planungsleistungen wurden durch kleinere Zuschussbeträge ergänzt, Eigentümer konnten so zu Investitionen in die Immobilienbestände angeregt werden; Ladenleerstände konnten dauerhaft oder temporär belegt werden.

Finanzierung

Bund (BMVBS im Rahmen des ExWoSt-Forschungsfeldes „Kooperation im Quartier mit privaten Eigentümern zur Wertsicherung innerstädtischer Immobilien")

Zeitraum

2012 bis 2015

Bensheim
Hemsberg-Viertel

Bundesland	Hessen	**Einwohnerzahl**	**39.368** (2014)
Landkreis	Kreis Bergstraße	**Demografische Entwicklung**	
Zentralörtliche Funktion	Mittelzentrum	1990 | **35.056**	
		2000 | **28.557**	
Stadtgröße	Mittelstadt	2010 | **39.729**	
Gebietsbezeichnung	Hemsberg-Viertel	**Einwohner im Gebiet**	k.A.
Gebietsgröße	ca. 6,3 ha	**Wohneinheiten im Gebiet**	k.A.

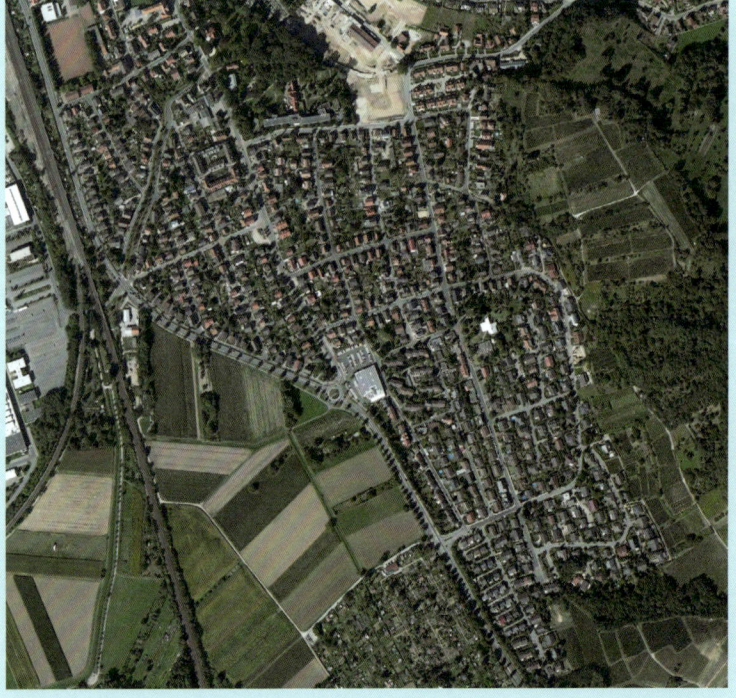

*Bedarfsgerechte Bestandsanpassung und
Weiterentwicklung der Infrastruktur*

Einwohnerentwicklung	gesamte Kernstadt 2007: 23.323, 2013: 23.558, 2014: 23.673, 2032: 20.700 (mittlere Variante)
Gebietslage	ca. 3 km südlich der Innenstadt
Baustruktur	freistehende Einfamilienhäuser der 1950er- bis 1970er-Jahre
Gebietstyp	sukzessive aufgesiedelt
Ausgangslage und Herausforderungen	Anpassungsbedarf an eine älter werdende Bevölkerung

Programm/Projekt

KfW-Programm altersgerecht Umbauen, „Die Chancen ergreifen – Wohnen altersgerecht gestalten"

(abgeschlossen) anschließend eigeninitiiertes kommunales Zuschussprogramm zum altengerechten und barrierefreien Umbau, B-Plan Aufstellung

Ansatz/Instrumente

Information und Beratung, Mitwirkung der Bewohner

Ziel

altersgerechte Quartiersentwicklung, Impulse und Erkenntnisse für die Stadtentwicklung in Bezug auf Wohnumfeld, Nachbarschaften, Infrastruktur und Nahversorgung

Akteure

Stadtverwaltung, Bewohner/Eigentümer, weitere Akteure (breites Akteurs-Netzwerk)

Finanzierung

Bund (BMVBS)

Zeitraum

2010 bis 2012 (kommunales Zuschussprogramm lief bis Ende 2015)

Maßnahmen und Ergebnisse

Bestandsaufnahme, Befragung, Beratung, Beteiligung (sechs Workshops zu unterschiedlichen Themen wie Lift/Überwindung Höhenunterschiede, Bad, KfW-Zuschuss und -Kredit, Quartier und Baurecht); bislang wenig/ bzw. nur kleinere bauliche Maßnahmen zur altersgerechten Entwicklung.

Einführung eines kommunalen Zuschussprogramms zum altengerechten und barrierefreien Umbau für die Gesamtstadt; Beratung nicht beschränkt auf Einfamilienhäuser dieser Zeit.

Aufstellung eines B-Plans zur Sicherung der städtebaulichen Ordnung und auch zur Definition der Rahmenbedingungen für Ersatzbauten (bislang nur § 34 BauGB, allmählich Umbruch und städtebauliche Heterogenität, durch zunehmenden Bau von Mehrfamilienhäusern; diese sind nun auch zugelassen aber unter Beibehaltung städtebaulicher Ordnung), Beteiligungsmaßnahmen bei B-Plan Aufstellung über die formelle Beteiligung hinaus (Vor-Ort-Termine mit Bürgern); Offenlage B-Plan mit Veränderungssperre erfolgt.

Flensburg

Bundesland	Schleswig-Holstein
Landkreis	kreisfrei
Zentralörtliche Funktion	Oberzentrum
Stadtgröße	Mittelstadt

Gebietsbezeichnung gesamtstädtisch

Ausgangslage und Herausforderungen
Bevölkerungsverlust, Alterung der Bewohner, Leerstände Modernisierungsbedarf

Programm/Projekt
„Flensburg jung & alt - Die Wohnlotsen e.V.", Kommunales Netzwerk Wohnberatung Flensburg, Gestaltung des Generationenwechsels im Quartier der 1950er- bis 1970er-Jahre

Einwohnerzahl	**84.694** (2014)
Demografische Entwicklung	
1990	**86.977**
2000	**84.281**
2011	**89.357**

Ansatz/Instrumente
Beratung, Information, Förderung von Wohnpartnerschaften

Ziel
zukunftsfähige Entwicklung/Qualifizierung der Einfamilienhausbestände, Unterstützung des Generationenwechsels, Quartiere mit gemischten Wohnformen schaffen, die unterschiedliche Wohnbedürfnisse erfüllen, Zusammenarbeit mit Kooperationspartnern

Akteure
gemeinnütziger, eingetragener Verein

Bedarfsgerechte Bestandsanpassung und Weiterentwicklung der Infrastruktur

Finanzierung
Land, Kommune

Zeitraum
2010-2011, 2011 Kommunales Netzwerk Wohnberatung Flensburg, 2013 Gestaltung des Generationenwechsels in einem Quartier der 1950er- bis 1970er-Jahre

Maßnahmen und Ergebnisse
Kostenfreie Beratungsangebote, monatliche Vorträge zum Thema Wohnen, Förderung von Wohnpartnerschaften durch Projekt „Wohnen für Hilfe", Vermittlung zwischen Akteuren der Entwicklung, Erprobung und Steuerung wohnungswirtschaftlicher und quartiersbezogener Strategien im Umgang mit dem demografischen Wandel.

Gebietsbezeichnung	Mürwik
Gebietsgröße	k.A.

Einwohner im Gebiet	**14.284** (2011)
Wohneinheiten im Gebiet	ca. 7.230

Einwohnerentwicklung
schwankende Bevölkerungszahlen, der Anteil der über 65-Jährigen steigt (derzeit rund 30 Prozent), Mürwik hat den höchsten Altersdurchschnitt in Flensburg

Gebietslage
ca. 6 km nordöstlich der Innenstadt, an der Flensburger Förde

Baustruktur
freistehende Einfamilienhäuser, Reihen- und Doppelhäuser, Geschosswohnungsbau (Zeilen) aus den 1960er- bis 1970er-Jahren, gründerzeitliche Strukturen mit gemischter Nutzung

Gebietstyp
sukzessive aufgesiedelt

Ausgangslage und Herausforderungen
Bevölkerungsverlust, Alterung der Bewohner, Leerstände Modernisierungsbedarf

Programm/Projekt

ExWoSt – Innovationen für familien- und altengerechte Stadtquartiere – Modellvorhaben

Ansatz/Instrumente
Beratung, Information, Vorschläge für die bauliche Umsetzung

Ziel
Bereitstellung von attraktivem und finanzierbarem Wohnraum (für junge Familien), Entwicklung altengerechter Wohnangebote, Dienstleistungen, generationenübergreifende Wohnformen

Maßnahmen und Ergebnisse
Bestandsaufnahme, kooperative und umsetzungsorientierte Vorgehensweise, Mobilisierung von Einfamilienhausbeständen, Einrichtung Beratungsbüro, aktivierende Befragung (zur Ermittlung von Wohnwünschen), Öffentlichkeitsarbeit, Aufbau Expertenpool als Beraterteam.

Akteure
Stadtverwaltung, Fachberater, informelle Netzwerke, institutionelle Akteure, Wohnungswirtschaft, Investoren, private Eigentümer, Kooperation mit Innenministerium Schleswig-Holstein

Finanzierung	Bund
Zeitraum	2008 bis 2010

Kiel
Ellerbek und Wellingdorf

Bundesland	Schleswig-Holstein
Landkreis	kreisfrei
Zentralörtliche Funktion	Oberzentrum
Stadtgröße	Großstadt
Gebietsbezeichnung	Ellerbek und Wellingdorf

Gebietsgröße (je gesamter Stadtteil)
Ellerbek ca. 2,37 km²
Wellingdorf ca. 3,77 km²

Einwohnerzahl 243.148 (2014)

Demografische Entwicklung
1990 | **245.567**
2000 | **232.612**
2010 | **239.526**

Einwohner im Gebiet (je gesamter Stadtteil, 31.3.2015)
Ellerbek 5.875
Wellingdorf 8.015

Wohneinheiten im Gebiet (Stand 31.12.2013)
Ellerbek 3.296
Welliingdorf 4.666

© GEWOS

Bedarfsgerechte Bestandsanpassung und Weiterentwicklung der Infrastruktur

Einwohnerentwicklung	steigend
Gebietslage	ca. 8 km östlich der Innenstadt von Kiel, Stadtteile Ellerbek und Wellingdorf gehen ineinander über
Baustruktur	Ein- und Zweifamilienhäuser, Mehrfamilienhäuser aus den 1950er- bis 1970er-Jahren
Gebietstyp	sukzessive aufgesiedelt
Ausgangslage und Herausforderungen	Anpassungsbedarf an eine älter werdende Bevölkerung

Programm/Projekt

KfW-Programm Altersgerecht Umbauen

Ansatz/Instrumente

Quartierskonzept, Förderung, Beratung, Information

Ziel

Stadtteile an den demografischen Wandel anpassen, Attraktivität der beiden Stadtteile als Wohnstandort stärken, Quartierskonzept zur altersgerechten Weiterentwicklung erarbeiten

Akteure

Stadtverwaltung, Bewohner/Eigentümer, GEWOS Institut für Stadt-, Regional- und Wohnforschung GmbH, Haus-, Wohnungs- und Grundeigentümerverein, Arbeitsgemeinschaft für zeitgemäßes Bauen e.V., Innenministerium, Investitionsbank SH

Finanzierung

Bund (BBSR), Land (Innenministerium des Landes SH)

Zeitraum

Mai 2010 bis Dezember 2012

Maßnahmen und Ergebnisse

Stadtteil-/sozialraumorientierte Analyse der Situation, Anregung von Investitionen für den altersgerechten Umbau, Konkretisierung der städtischen Leitziele im Quartiersentwicklungskonzept, Entwicklung umsetzungsfähiger Maßnahmen zur altersgerechten Anpassung der Stadtteile und Wohnungsbestände, langfristige Sicherung der Marktfähigkeit der Wohnungsbestände und Attraktivität der beiden Stadtteile; Initialprojekte sollen Investitionsprozesse in den Stadtteilen anstoßen; Kommunikationsplattform (Netzwerk mit lokalen Akteuren, Aufgabe: alternative Aktivierungsmöglichkeiten entwickeln und diese umsetzen).

Modellvorhaben ist abgeschlossen; das Quartiersentwicklungskonzept wurde der Öffentlichkeit vorgestellt; Schwerpunkt des Modellvorhabens liegt im Bereich der Öffentlichkeitsarbeit und der Ansprache von Eigentümern; bisherige Beratungsvorhaben führten zu keinen baulichen Umsetzungen; Beratungsleistungen werden weiterhin durchgeführt; bisherige Erfahrungen haben gezeigt, dass Interesse an qualifizierter Beratung zum Thema altersgerechter Umbau vor Ort sehr begrenzt ist; trotz umfassender Öffentlichkeitsarbeit (Presse und Veranstaltungen unterschiedlicher Formate) wurde Beratungsangebot nur von wenigen privaten Eigentümern in Anspruch genommen; bis 2012 wurden im Rahmen des Modellvorhabens 20 Haus- bzw. Wohnungseigentümer zum altersgerechten Umbau beraten; Abschlussbericht liegt vor.

Lahnstein
Am Allerheiligenberg

Bundesland	Rheinland-Pfalz	**Einwohnerzahl**	**17.598** (2014)
Landkreis	Rhein-Lahn-Kreis	**Demografische Entwicklung**	
Zentralörtliche Funktion	Mittelzentrum	1990 | **18.514**	
		2000 | **18.776**	
Stadtgröße	Mittelstadt	2010 | **17.972**	
Gebietsbezeichnung	Am Allerheiligenberg	**Einwohner im Gebiet**	ca. 80 Einwohner, darunter 35 Familien (9 Kinder)
Gebietsgröße	k.A.	**Wohneinheiten im Gebiet**	41 Gebäude

*Bedarfsgerechte Bestandsanpassung und
Weiterentwicklung der Infrastruktur*

Einwohnerentwicklung	mittlerweile ca. 80 Prozent über 70 Jahre alt
Gebietslage	ca. 2 km südöstlich der Innenstadt, auf einem Hügel
Baustruktur	freistehende Einfamilienhäuser und eingeschossige Bungalows aus den Jahren 1966-1973, 100-120 m² Wohnfläche, durchschnittliche Grundstücksgröße 730 m², homogenes Erscheinungsbild
Gebietstyp	sukzessive aufgesiedelt
Ausgangslage und Herausforderungen	Anpassungsbedarf an veränderte Wohnwünsche und eine älter werdende Bevölkerung, Generationenwechsel ist im Gange

Programm/Projekt

Wohneigentum für Generationen – Siedlungen zukunftsfähig gestalten und entwickeln (ExWoSt)

Ansatz/Instrumente
Befragungen, Beteiligung, Beratung

Ziel
Erarbeitung umsetzungsfähiger Konzepte und Strategien zur zukünftigen Entwicklung der Siedlung gemeinsam mit den Eigentümern, Ausloten von Diskrepanzen zwischen theoretischen Handlungsbedarfen und Umsetzungswirklichkeit, Aufzeigen von Grenzen eines intensiven, systematischen Unterstützungsangebotes, Empfehlungen für die öffentliche Hand zur effizienteren Ausgestaltung der Förderungen

Akteure
Finanzministerium Rheinland-Pfalz (Abteilung Bauen und Wohnen), Stadtverwaltung, Eigentümer, Eigenheimgemeinschaft, Energieagentur Rheinland-Pfalz, Technische Universität Kaiserslautern

Finanzierung	Land (Finanzministerium Rheinland-Pfalz)
Zeitraum	2009 bis 2011

Maßnahmen und Ergebnisse

Enger Kontakt und Austausch mit den Eigentümern, Siedlervorständen und kommunalen Entscheidungsträgern; Befragungen, Kartierungen, Bestandsaufnahmen vor Ort (Thermografieaufnahmen), Zukunftswerkstätten, Informationsveranstaltungen, Erstellung von Handlungsleitfäden, projektbegleitende Beratungsangebote, siedlungs- bzw. strukturverträgliche Nachverdichtung.

Konkrete Umsetzung von Maßnahmen der Einzeleigentümer war nur in Ansätzen möglich; innerhalb der Projektlaufzeit wurden kleinere Verbesserungen realisiert: Montage von Solaranlagen, diverse Isolierungsmaßnahmen, Bordsteinabsenkung; bei Neubezug erfolgten teilweise umfangreiche Sanierungsmaßnahmen; die ehemalige Bauhütte der Siedlung wird seit zirka drei Jahren intensiver für Veranstaltungen, Gemeinschaftsaktivitäten etc. genutzt; Organisation eines mobilen Bäckers und Fleischers, rollstuhlgerechte Umgestaltung der Straße, Anlegen eines Bouleplatzes und Versuch einen Bürgerbus zu etablieren folgten aus dem Projekt; Projekt hatte starke Wirkung auf die Sensibilisierung für die drei untersuchten Themenbereiche Soziales, Städtebau und Energie sowie auf die Motivation, den Siedlungscharakter zu erhalten.

Langenneufnach
Blumensiedlung

Bundesland	Bayern	**Einwohnerzahl**	**1.710** (2014)
Landkreis	Kreis Augsburg	**Demografische Entwicklung**	
Zentralörtliche Funktion	-	1990 | **1.530**	
		2000 | **1.646**	
Stadtgröße	ländliche Gemeinde	2010 | **1.659**	
Gebietsbezeichnung	Blumensiedlung	**Einwohner im Gebiet**	ca. 150
Gebietsgröße	ca. 5,9 ha	**Wohneinheiten im Gebiet**	ca. 90 (50 Gebäude)

*Bedarfsgerechte Bestandsanpassung und
Weiterentwicklung der Infrastruktur*

Einwohnerentwicklung	in 13 Gebäuden sind die Bewohner älter als 70 Jahre
Gebietslage	ca. 500 m östlich des Ortskerns, grenzt an einen zentralen Bereich, der derzeit im Rahmen der Dorferneuerung neu entwickelt wird und zu dem sich gute Anknüpfungspunkte ergeben
Baustruktur	freistehende Einfamilienhäuser aus den 1950er- bis 1970er-Jahren, homogene Struktur
Gebietstyp	sukzessive aufgesiedelt
Ausgangslage und Herausforderungen	demografische Veränderungen, Sanierungsbedarf, wegbrechende Nahversorgung, Anpassungsbedarf der sozialen Infrastruktur, mangelnder ÖPNV

Programm/Projekt

**Modellprojekt des Landes Bayern
„Revitalisierung von Einfamilienhausgebieten"**

Ansatz/Instrumente
Klärung Ausgangslage und Interessen vor Ort, Aufbau Kommunikationsprozess, Entwicklungskonzept

Ziel
Quartiersentwicklungskonzept zur raschen Umsetzung von Einzelmaßnahmen, Anpassung an unterschiedliche Wohnbedürfnisse, altengerechte Anpassung, Integration von Wohnformen für das Wohnen im Alter, Ableitung von übertragbaren Handlungsansätzen für andere Kommunen

Akteure
vier bayerische Ministerien (ressortübergreifendes Modellvorhaben), Gemeindeverwaltung, Bewohner/Eigentümer, Planungsbüros

Finanzierung
Land (Staatsministerien für Umwelt und Verbraucherschutz, des Inneren, für Bau und Verkehr, für Ernährung, Landwirtschaft und Forsten sowie für Arbeit und Sozialordnung, Familie und Frauen)

Zeitraum   2012 bis 2014

Maßnahmen und Ergebnisse
Anpassung und Revitalisierung, Flächenmanagement, Impulse für neue Wohnformen, Flächenmanagement-Datenbank wurde aufgebaut; Impulse für neue Wohnformen sollten gesetzt werden; Nachverdichtung durch Gebäudekonzepte für gemeinschaftliches Wohnen und Einfamilienhäuser auf ehemaligem Gärtnereigelände; ein weiteres Grundstück wird aktuell mit barrierefreien Gebäuden bebaut.

Marktrodach
Am Steig/Schlot

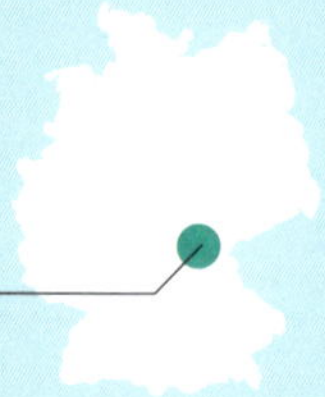

Bundesland	Bayern
Landkreis	Kreis Kronach
Zentralörtliche Funktion	ländlicher Raum mit Verdichtungsansätzen
Stadtgröße	ländliche Gemeinde
Gebietsbezeichnung	Am Steig/Schlot
Gebietsgröße	ca. 20 ha

Einwohnerzahl	3.715 (2014)
Demografische Entwicklung	
1990	**3.826**
2000	**4.171**
2010	**3.901**
Einwohner im Gebiet	ca. 580
Wohneinheiten im Gebiet	ca. 190 Parzellen

Bedarfsgerechte Bestandsanpassung und Weiterentwicklung der Infrastruktur

Einwohnerentwicklung	in 15 Häusern sind die Bewohner älter als 70 Jahre
Gebietslage	ca. 1 km südwestlich des Ortskerns, auf einem Hügel gelegen
Baustruktur	überwiegend freistehende Einfamilienhäuser aus den 1960er- bis 1980er-Jahren, homogene Struktur, 23 Baulücken (mit 1,6 ha)
Gebietstyp	sukzessive aufgesiedelt
Ausgangslage und Herausforderungen	demografische Veränderungen, städtebauliche Missstände im öffentlichen Raum (Verkehrserschließung über steile Straße)

Programm/Projekt

Modellprojekt des Landes Bayern „Revitalisierung von Einfamilienhausgebieten"

Ansatz/Instrumente

Klärung Ausgangslage und Interessen vor Ort, Aufbau Kommunikationsprozess, Entwicklungskonzept

Ziel

Quartiersentwicklungskonzept zur raschen Umsetzung von Einzelmaßnahmen, Anpassung an unterschiedliche Wohnbedürfnisse, altengerechte Anpassung, Integration von Wohnformen für das Wohnen im Alter, Ableitung von übertragbaren Handlungsansätzen für andere Kommunen

Akteure

vier bayerische Ministerien (ressortübergreifendes Modellvorhaben) Gemeindeverwaltung, Bewohner/Eigentümer, Arbeitskreis Familienportal, Planungsbüros

Finanzierung

Land (Staatsministerien für Umwelt und Verbraucherschutz, des Inneren, für Bau und Verkehr, für Ernährung, Landwirtschaft und Forsten sowie für Arbeit und Sozialordnung, Familie und Frauen)

Zeitraum 2012 bis 2014

Maßnahmen und Ergebnisse

Beteiligungsprozess, Flächenmanagement-Datenbank für Baulücken wurde erstellt; Zusammenarbeit mit der Hochschule Coburg, studentischer Entwurf für zwei Grundstücke im Innenbereich, innovative Wohnkonzepte für unterschiedliche Lebensphasen; Kontaktaufnahme und Ausloten der Kooperationsmöglichkeiten mit dem Therapiezentrum (Veranstaltungssaal des ehemaligen Hotels wurde für Treffen der Bewohnerschaft zur Verfügung gestellt); Unterstützung und Abstimmung mit engagierter Bewohnergruppe (Durchführung von Veranstaltungen, wie „Steigtreffen" und gemeinsame Gartenbesichtigungen), Ausweitung des Engagements auf Ortskern (Aktion Leben in leerstehenden Läden in der Adventszeit); Bürgerbus angedacht.

Nordkirchen
Südkirchen

Bundesland	Nordrhein-Westfalen	**Einwohnerzahl**	**9.677** (2014)
Landkreis	Kreis Coesfeld	**Demografische Entwicklung**	
Zentralörtliche Funktion	Unterzentrum	1990 | **8.359**	
		2000 | **9.956**	
Stadtgröße	Kleinstadt	2010 | **10.434**	
Gebietsbezeichnung	Südkirchen	**Einwohner im Gebiet**	ca. 3.302
Gebietsgröße	ca. 93,5 ha	**Wohneinheiten im Gebiet**	k.A.

Bedarfsgerechte Bestandsanpassung und Weiterentwicklung der Infrastruktur

Einwohnerentwicklung	k.A.
Gebietslage	ca. 5 km südlich der Innenstadt von Nordkirchen
Baustruktur	freistehende Einfamilienhäuser, Reihenhäuser (Grundstücksgrößen rund 800 m²)
Gebietstyp	sukzessive aufgesiedelt als Erweiterung eines historischen Ortskerns
Ausgangslage und Herausforderungen	Generationenwechsel, Alterung der Bewohner, Anpassungsbedarf an veränderte Wohnwünsche und eine älter werdende Bevölkerung

Programm/Projekt

Projektaufruf „Innen leben – Neue Qualitäten entwickeln!" im Rahmen der Regionale 2016, (Beteiligung im Rahmen der Qualifizierung mit dem Projekt „WohnZukunft Südkirchen") Europan (Architektenwettbewerb)

Ansatz/Instrumente

Ideenwettbewerb, kommunikativer Austausch, Beratung, Partizipation, Moderation, Umsetzungsvorschläge

Ziel

Verjüngung des Ortsteils, Ideen für ein zukunftsorientiertes Wohnen aufzeigen, Inklusion, ehrenamtliche Aktivitäten fördern, Einwohnerzahl halten/steigern, Auslastung der Infrastruktur sicherstellen, Gestaltung des Generationenwechsels, Entwicklung übertragbarer Instrumente zum Umgang mit Einfamilienhausgebieten der 1950er- bis 1970er-Jahre

Akteure

Stadtverwaltung, Bewohner/Eigentümer, Kreditinstitute und Architekten (angedacht)

Finanzierung

Land, Eigenanteil der Kommune, ggf. Zuschuss aus der Städtebauförderung, 100 Beratungsgutscheine für Erstgespräch zwischen Hauseigentümer und Architekt

Zeitraum
2013 bis 2016 +

Maßnahmen und Ergebnisse

Teilnahme am Wettbewerb war aus Sicht der Gemeinde ein Einstieg in das Thema, er hat für eine positive öffentliche Wirkung gesorgt. Im Ideenwettbewerb wurden drei Arbeiten mit Ankäufen ausgezeichnet: „Kein Land für alte Männer" (zeigt konkrete Lösungsvorschläge für die bauliche, ortsgerechte Weiterentwicklung auf), „Mach es Dir gemütlich!" (zeigt bauliche Erweiterungsmöglichkeiten durch serielle Elemente auf, die sich flexibel einsetzen lassen), „Rising Stars" (konzentriert sich auf den öffentlicher Raum und die Gemeinschaftsflächen); alle Arbeiten stellen partizipatorische Ansätze in den Vordergrund. Quartiersmanagement zur Unterstützung bei der Umsetzung der genannten Konzeptideen soll eingesetzt werden; Thema Inklusion soll weitergedacht werden.

Die Vorstellung der institutionalisierten Wohn- und Pflegeberatung des Kreises Coesfeld ist erfolgt. Spielplätze sollen als Familienplätze für alle Generationen umgestaltet werden; es werden Planungsgespräche vorgeschlagen, bei denen sich die Bewohner einer Nachbarschaft gegenseitig einladen, um über die Weiterentwicklung der Wohnumgebung zu diskutieren; Es ist ein „Haus mit Versorgungssicherheit" auf einem Grundstück mit Leerstand geplant; es sollen Miet- und Eigentumswohnungen für Ältere realisiert werden; von Beginn an Pressearbeit; Bewohner und Eigentümer aus Südkirchen waren stets informiert.

Eichenau
Okalsiedlung

Bundesland	Bayern	**Einwohnerzahl**	**11.744** (2014)
Landkreis	Kreis Fürstenfeldbruck	**Demografische Entwicklung**	
Zentralörtliche Funktion	Siedlungsschwerpunkt (Grundzentrum)	1990 | **10.262** 2000 | **11.137** 2010 | **11.961**	
Stadtgröße	Kleinstadt		
Gebietsbezeichnung	Okalsiedlung	**Einwohner im Gebiet**	ca. 97 Einwohner
Gebietsgröße	ca. 2,9 ha	**Wohneinheiten im Gebiet**	ca. 42 Gebäude

Wohnraum erweitern und zusätzlichen Wohnraum schaffen

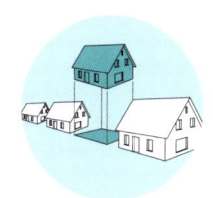

Einwohnerentwicklung	k.A.
Gebietslage	ca. 800 m südöstlich der Innenstadt
Baustruktur	monostrukturelle Fertigbau Bungalow-Siedlung
Gebietstyp	einheitlich aufgesiedelt
Ausgangslage und Herausforderungen	Generationenwechsel, Anpassungsbedarf an veränderte Wohnwünsche

Programm/Projekt

Neuaufstellung des Bebauungsplans mit Nachverdichtung über Flachdachanbau im Erdgeschoss

Ansatz/Instrumente

Planungsinstrumente, Bürgerbeteiligung

Ziel

Schaffung von Erweiterungsmöglichkeiten für die 1960er-Jahre Bungalow-Fertighäuser und gleichzeitig Erhalt der besonderen städtebaulichen Struktur des Gebiets

Akteure

Stadtverwaltung, Eigentümer

Finanzierung

Kommune, Privat

Zeitraum

seit 2011

Maßnahmen und Ergebnisse

Erweiterungen als erdgeschossiger Anbau; einige realisierte Beispiele existieren bereits; auf fünf Grundstücken wurde seit 2011 (Rechtsverbindlichkeit des B-Plans) der Altbestand entfernt und teilweise auf dem vorhandenen Keller ein Neubau mit Anbau errichtet (fünf neue Häuser von insgesamt 42).

Erlangen
Sieglitzhofer Waldsiedlung

Bundesland	Bayern	**Einwohnerzahl**	**106.423** (2014)
Landkreis	Kreis Erlangen-Höchstadt	**Demografische Entwicklung**	
Zentralörtliche Funktion	Oberzentrum	1990 | **102.440**	
		2000 | **100.778**	
Stadtgröße	Großstadt	2010 | **105.629**	
Gebietsbezeichnung	Sieglitzhofer Waldsiedlung	**Einwohner im Gebiet**	ca. 272 Bewohner (zum Zeitpunkt der Planungen)
Gebietsgröße	ca. 10,7 ha	**Wohneinheiten im Gebiet**	ca. 93 Wohngebäude

Wohnraum erweitern und zusätzlichen Wohnraum schaffen

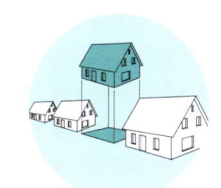

Einwohnerentwicklung	durch Neubauvorhaben und Generationenwechsel leicht steigend
Gebietslage	ca. 2,5 km nordöstlich der Innenstadt, Insellage im Wald
Baustruktur	überwiegend freistehende Einfamilienhäuser aus den 1960er-Jahren, große, sehr breite Grundstücke, geringe Baudichte, vergleichsweise einheitliches Erscheinungsbild
Gebietstyp	sukzessive aufgesiedelt
Ausgangslage und Herausforderungen	Anpassungsbedarf an veränderte Wohnwünsche, teils widersprüchliche Wünsche nach Erhalt auf der einen und Weiterentwicklung des Gebietes auf der anderen Seite

Programm/Projekt

Bebauungsplan – 1. Deckblatt zum Bebauungsplan 104 / 163 ist seit März 2013 rechtskräftig

Ansatz/Instrumente
Planungsinstrumente, Bürgerbeteiligung

Ziel
B-Pländerungen, um Wohnraumerweiterungen zu ermöglichen, Modernisierung des Bestandes, Weiterentwicklung unter Beibehaltung grundsätzlicher Rahmenbedingungen, stadtplanerische Steuerung widersprüchlicher Wünsche, Anpassung an demografischen Wandel und Generationenwechsel, Erhöhung der Nutzungsdichte des Gebiets, bauliche und energetische Anpassung, Erfahrungen für den Umgang mit homogenen Baustrukturen mit Vergleich zu anderen Stadtteilen gewinnen

Akteure
Stadtverwaltung, Eigentümer, Planungsbüros

Finanzierung
Kommune, Privat

Zeitraum
2011 bis 2013

Maßnahmen und Ergebnisse

Erste Bauvorhaben laufen, Bautätigkeit kann über den aktualisierten B-Plan besser gesteuert werden; da die Zahl der Wohneinheiten pro Gebäude auf maximal zwei beschränkt ist, ist das Quartier für Bauträger nicht interessant. Seit Rechtskraft des B-Plans 104/163, 1. Deckblatt, vom 21.03.2013 wurde der Neubau von fünf Wohngebäuden genehmigt; Bauerweiterungen oder genehmigungspflichtige Umbauten sind nicht bekannt.

Bottrop
Windmühlenweg

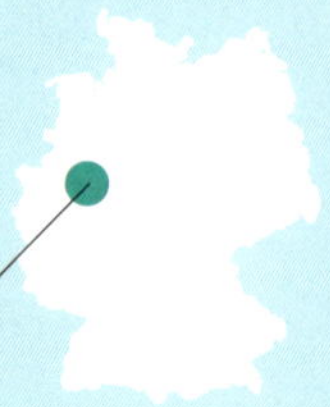

Bundesland	Nordrhein-Westfalen	**Einwohnerzahl**	**116.017** (2014)
Landkreis	kreisfrei	**Demografische Entwicklung**	
Zentralörtliche Funktion	Mittelzentrum	1990 | **118.936**	
		2000 | **120.611**	
Stadtgröße	Großstadt	2010 | **116.771**	
Gebietsbezeichnung	Windmühlenweg	**Einwohner im Gebiet**	ca. 600
Gebietsgröße	ca. 18 ha	**Wohneinheiten im Gebiet**	ca. 190 WE in 168 Gebäuden (EFH, ZFH, RH)

Energetische Quartierssanierung

Einwohnerentwicklung	k.A.
Gebietslage	ca. 1 km südwestlich der Innenstadt
Baustruktur	freistehende Einfamilienhäuser, Doppelhäuser aus den 1950er-Jahren
Gebietstyp	sukzessive aufgesiedelt
Ausgangslage und Herausforderungen	Anpassungsbedarf an eine älter werdende Bevölkerung, energetischer Anpassungsbedarf

Programm/Projekt

„Neue Zukunft für ältere Häuser", InnovationCity

Ansatz/Instrumente
Beratung, Befragungen, Quartiersmanagement

Ziel
Sensibilisierung der Hauseigentümer für energetische Sanierungsmaßnahmen, Aufzeigen von Fördermöglichkeiten für die barrierefreie Anpassung des Bestandes

Akteure
im Rahmen von „InnovationCity": Stadtverwaltung, Eigentümer, NRW.URBAN, NRW Bank

Finanzierung
NRW Bank

Zeitraum
Januar bis Dezember 2012

Maßnahmen und Ergebnisse
Aufsuchende Beratung, Befragungen (schriftlich und persönlich/telefonisch), Haus-zu-Haus-Besuche, Eigentümersensibilisierung; im Gesamtgebiet Energieeinsparungspotenzial von durchschnittlich 50 Prozent, zu hebendes Energieeinsparpotenzial liegt bei ca. 25 Prozent; Bewusstsein für frühzeitigen altersgerechten Umbau ist gering; Darlehensangebote werden aus Angst vor weiterer Verschuldung gerade von älteren Eigentümern abgelehnt; bisher nur vereinzelte Sanierungsmaßnahmen.

Crailsheim
Zur Flügelau

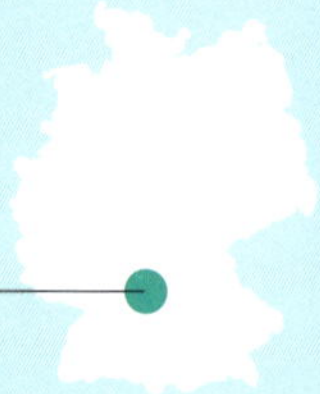

Bundesland	Baden-Württemberg	**Einwohnerzahl**	32.829 (2014)
Landkreis	Kreis Schwäbisch Hall	**Demografische Entwicklung**	
Zentralörtliche Funktion	ländliche Prägung	1990	27.917	
		2000	32.063	
Stadtgröße	Mittelstadt	2010	33.021	
Gebietsbezeichnung	Zur Flügelau	**Einwohner im Gebiet**	ca. 1.200
Gebietsgröße	k.A.	**Wohneinheiten im Gebiet** 152 Gebäude, davon 140 Wohngebäude aus den 1960er- bis 1980er-Jahren, Ein- und Zweifamilienhäuser, Mehrfamilienhäuser, zwei Wohnhochhäuser	

Energetische Quartierssanierung

Einwohnerentwicklung	künftig wird eine leicht positive Bevölkerungsentwicklung erwartet
Gebietslage	ca. 2 km südwestlich der Innenstadt
Baustruktur	freistehende Einfamilienhäuser, Reihenhäuser, Mehrfamilienhäuser, Hochhäuser, gemischte Baustruktur; überwiegend aus den 1960er- bis 1970er-Jahren
Gebietstyp	sukzessive aufgesiedelt
Ausgangslage und Herausforderungen	energetischer Anpassungsbedarf

Programm/Projekt

KfW 432; integriertes und städtebauliches Quartierskonzept

Ansatz/Instrumente
energetisches Konzept, Sanierungsmanagement, Beratung, Information

Ziel
energetisch aufwerten, Endenergieeinsparung von 14 Prozent – CO^2-Minderung von 33 Prozent bis zum Jahr 2030

Akteure
Stadtverwaltung, Stadtwerke Stadt Crailsheim/Baden-Württemberg, Bewohner/Eigentümer

Finanzierung
Bund (65 Prozent Zuschuss der KfW für Konzept und Sanierungsmanagement), Kommune (35 Prozent Eigenanteil Kommune/Stadtwerke Crailsheim GmbH)

Zeitraum
Aug. 2013 bis März 2014 (Konzepterstellung)
Mai 2014 bis Mai 2017 (Sanierungsphase)

Maßnahmen und Ergebnisse
Erarbeitung eines integrierten städtebaulichen Quartierskonzepts, Beratung über energetische Sanierungsmaßnahmen; zwei Bürgerversammlungen, vier Akteurstreffen (u.a. Vertreter der Architektenkammer Baden-Württemberg, Kreishandwerkerschaft, Energieberater, Stadtseniorenrat, Baugenossenschaft Crailsheim, Haus & Grund, Wirtschaftsförderung); Befragung per Fragebogen, beispielhafte energetische/altersgerechte Sanierung Wohngebäude zum „Musterhaus" angedacht (es wurde bislang kein Gebäude dafür gefunden); Entwicklung von Contracting Lösungen für private Haushalte; Umsetzung in Sanierungsphase; Fortführung der Akteursgruppe, Informationskampagne mit Internetplattform als Netzwerk, Sanierungsmanager wurde beauftragt, Sanierungsmaßnahmen laufen, Erneuerung und Erweiterung Wärmenetz 2017.

Ilvesheim
Quartier Mühlenweg – Wachenheimer Straße

Bundesland	Baden-Württemberg	**Einwohnerzahl**	8.874 (2014)
Landkreis	Rhein-Neckar-Kreis	**Demografische Entwicklung**	
Zentralörtliche Funktion	-	1990 | **7.284**	
		2000 | **7.217**	
Stadtgröße	Kleinstadt	2010 | **8.471**	
Gebietsbezeichnung	Quartier Mühlenweg – Wachenheimer Straße	**Einwohner im Gebiet**	ca. 1.000
Gebietsgröße	ca. 30 ha	**Wohneinheiten im Gebiet**	ca. 550 Haushalte

Energetische Quartierssanierung

Einwohnerentwicklung	k.A.
Gebietslage	in der Innenstadt
Baustruktur	freistehende Einfamilienhäuser, Doppel- und Reihenhäuser und Mehrfamilienhäuser aus den 1950er- bis 1960er-Jahren
Gebietstyp	sukzessive aufgesiedelt
Ausgangslage und Herausforderungen	Modernisierungsbedarf, energetischer Anpassungsbedarf

Programm/Projekt

Energiekarawane

Ansatz/Instrumente

Beratung, Information

Ziel

Sanierungsmaßnahmen anstoßen, Hilfestellung bei möglichen Sanierungsmaßnahmen anbieten

Akteure

Gemeindeverwaltung, Metropolregion, Energieberater

Finanzierung

Bund, Land

Zeitraum

03.02.2014 bis 11.04.2014

Maßnahmen und Ergebnisse

Kostenlose Energieberatung, danach Umfrage/Evaluation; die Energiekarawane wurde erfolgreich durchgeführt und von der Bevölkerung angenommen.

Kreis Coesfeld

Bundesland	Nordrhein-Westfalen	**Einwohnerzahl**	**215.996** (2014)
Landkreis	Kreis Coesfeld	**Demografische Entwicklung**	
Zentralörtliche Funktion	-	1990 | **184.241**	
		2000 | **214.893**	
Gebietsbezeichnung	Kreis Coesfeld	2010 | **219.784**	

Energetische Quartierssanierung

Ausgangslage und Herausforderungen

demografischer Wandel, Anpassungsbedarf an eine älter werdende Bevölkerung, energetischer Anpassungsbedarf

Programm/Projekt

„Clever Wohnen im Kreis Coesfeld" im Rahmen von ALTBAUNEU

Ansatz/Instrumente

Information, Kommunikation, Beratung

Ziel

Maßnahmen zur energetischen Sanierung anstoßen und Hauseigentümer für das Thema sensibilisieren, informieren und beraten. Weitere Themen: Barrierefreiheit, Sicherheit

Akteure

Kreis mit Kooperationspartnern (EnergieAgentur NRW, Kreditinstitute, Kreishandwerkerschaft, kreiseigene Wohnberatung, Wohnraumförderung und weitere)

Finanzierung

Kreis (Eigenmittel des Kreises) und Sponsoring

Zeitraum

seit 2006

Maßnahmen und Ergebnisse

Thermografieaktionen, Herausgabe einer jährlich erscheinenden Broschüre (Bauratgeber), Teilnahme an Messen und Info-Veranstaltungen, Bereitstellung von Infomaterial, eigener Internetauftritt, Fördermittellotse, Erstellung eines Solarpotenzialkatasters.

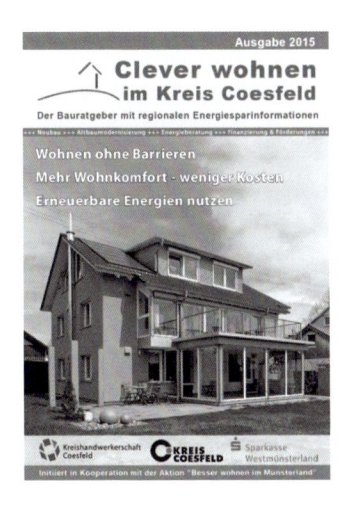

Kreis Steinfurt

Bundesland	Nordrhein-Westfalen
Landkreis	Kreis Steinfurt
Zentralörtliche Funktion	flächendeckend zweitgrößter Landkreis in NRW
Gebietsbezeichnung	Kreis Steinfurt

Einwohnerzahl	**437.127** (2014)
Demografische Entwicklung	
1990	**390.945**
2000	**434.885**
2010	**443.357**

Haus-zu-Haus-Beratungswochen von 2006 bis 2015

Haus im Glück!

Legende

Teilnahme:
- bisher nicht teilgenommen
- 1 x teilgenommen
- 2 x teilgenommen
- 3 x teilgenommen
- 4 x teilgenommen
- 5 x teilgenommen
- 8 x teilgenommen

Hopsten
Recke (2006, 2013)
Mettingen (2007)
Westerkappeln (2007, 2013)
Lotte (2012)
Hörstel (2006, 2012)
Rheine (2006, 2008, 2010, 2011, 2012, 2013, 2014, 2015)
Ibbenbüren (2006, 2008, 2011, 2012)
Wettringen (2006, 2011)
Neuenkirchen (2007, 2010, 2011)
Ochtrup (2006, 2008)
Tecklenburg
Saerbeck (2011, 2013)
Lengerich (2008, 2014)
Metelen (2008, 2010)
Steinfurt (2006)
Emsdetten (2007, 2011, 2012, 2013, 2014)
Ladbergen
Lienen (2007)
Horstmar
Laer (2010)
Nordwalde
Greven (2007, 2012)
Altenberge (2010, 2011, 2014, 2015)

Energetische Quartierssanierung

Ausgangslage und Herausforderungen

Modernisierungsbedarf, energetischer Anpassungsbedarf

Programm/Projekt

Haus im Glück e.V.

Ansatz/Instrumente

Sensibilisierung, Erstinformation und -beratung

Ziel

flächendeckende Erfassung der energetischen Modernisierungspotenziale im Wohngebäudebestand nach dem Motto „Energieberatungen als Schlüssel zum Erfolg"; durch ein gut funktionierendes Netzwerk soll die Zielgruppe erreicht, mit qualifizierten Fachleuten zusammengebracht und zu Modernisierungsmaßnahmen motiviert werden; Verbraucherschutz, regionale Wertschöpfung steigern, Beitrag zum Klimaschutz leisten, Steigerung der Nachfrage nach energieeffizientem Bauen und Modernisieren und Steigerung der Nutzung von erneuerbaren Energien und barrierefreiem Wohnen im Kreis Steinfurt durch die Sensibilisierung, Information und Beratung von Hausbesitzern und Bauwilligen von Ein- und Zweifamilienhäusern

Akteure

Kreis Steinfurt, alle 24 kreisangehörigen Städte und Gemeinden, die Kreishandwerkerschaft Steinfurt-Warendorf, Baugewerksinnungen, Kreditinstitute, Stadtwerke, Energieberater

Finanzierung

Kreis (Kreiszuwendung zur Deckung der Personalkosten & Mitgliedsbeiträge für die Finanzierung der Maßnahmen)

Zeitraum

seit 2005

Maßnahmen und Ergebnisse

Anbieterunabhängige und kostenfreie Anlaufstelle für Hausbesitzer und Bauwillige im Kreis Steinfurt; der gemeinnützige Verein Haus im Glück e.V. ging aus einer Gebäudeinitiative des Agenda 21-Prozesses im Kreis Steinfurt hervor. Vernetzung der Ratsuchenden mit Fachleuten, Durchführung von Projekten mit qualifizierten, lokalen Partnern, telefonische Beratung, Information über Internetseite und Infomappen, Veranstaltungen und Kampagnen wie die Haus-zu-Haus-Beratungen, Unterstützung von Kommunen bei der Umsetzung von KfW 432-Projekten.

Haus-zu-Haus-Beratung: Innerhalb eines dreiwöchigen Zeitraums besuchen Energieberater Haushalte in einem zuvor ausgewählten Wohngebiet. Sie bieten den Hausbesitzern kostenlose Initial-, Kurz- und Langberatungen an. Die Energieberater informieren über die verschiedenen Möglichkeiten der energetischen Modernisierung; Begleitung durch Presse- und Öffentlichkeitsarbeit.

Mainz
Lerchenberg

Bundesland	Rheinland-Pfalz	**Einwohnerzahl**	**206.991** (2014)
Landkreis	kreisfrei	**Demografische Entwicklung**	
Zentralörtliche Funktion	Oberzentrum/Doppelzentrum	1990 | **197.321**	
		2000 | **198.055**	
Stadtgröße	Großstadt	2010 | **201.425**	
Gebietsbezeichnung	Lerchenberg	**Einwohner im Gebiet**	ca. 6.268 (2013)
		ca. 2,25 wohnberechtigte Einwohner je Wohnung am 31.12.2011	
Gebietsgröße	ca. 241,1 ha	**Wohneinheiten im Gebiet**	ca. 2.800 Haushalte (2011)

Energetische Quartierssanierung

Einwohnerentwicklung	schrumpfend (1990: 6.739; 2000: 6.555; 2010: 6.263) viele der heutigen Einwohner sind noch Bewohner „der ersten Stunde"
Gebietslage	ca. 8 km südwestlich der Innenstadt, am südwestlichen Stadtrand, relativ isolierte Lage zur Kernstadt
Baustruktur	Ein- und Zweifamilienhäuser aus den späten 1960er-Jahren (insgesamt 944), Hochhäuser aus den frühen 1970er-Jahren, insgesamt rund 1.000 Gebäude, Reihenhäuser im Süden und Norden, vier Hochhäuser sowie verdichteter Geschosswohnungsbau im mittleren Siedlungsbereich, Stadtteilgründung 1962; im Osten Sitz des ZDF-Sendezentrums
Gebietstyp	Demonstrativbauvorhaben, einheitlich aufgesiedelt
Ausgangslage und Herausforderungen	schleppender Generationenwechsel, Alterung der Bewohner, Modernisierungsbedarf, sozialräumliche Polarisierungstendenzen (hoher Anteil an Transferhilfeempfängern, hoher Anteil an Kindern unter der Armutsgrenze), städtebauliche Missstände im öffentlichen Raum

Programm/Projekt

KfW 432; integriertes und städtebauliches Quartierskonzept

Ansatz/Instrumente
energetisches Konzept, Sanierungsmanagement, Beratung, Information

Ziel
energetische Aufwertung

Akteure
Stadtverwaltung, Umweltamt, Institut Wohnen und Umwelt (IWU), Ingenieurbüro

Finanzierung
Bund (Zuschuss der KfW), Kommune, (35 Prozent Eigenanteil)

Maßnahmen und Ergebnisse
Mehrere Stadtteilforen während der Erarbeitung des energetischen Quartierskonzepts, Sanierungsmanagement seit 2014 (seither 140 Interessenten), organisierte Spaziergänge zu sanierten Objekten (insgesamt 16), 14 Infoveranstaltungen, Fernwärmeausbau/-sanierung; Programm soll ggf. verlängert werden.

Oberasbach
Hölzleshoffeld

Bundesland	Bayern	**Einwohnerzahl**	**17.465** (2014)
Landkreis	Kreis Fürth	**Demografische Entwicklung**	
Zentralörtliche Funktion	Siedlungsschwerpunkt	1990 | **15.871**	
		2000 | **16.985**	
Stadtgröße	Kleinstadt	2010 | **17.173**	
Gebietsbezeichnung	Hölzleshoffeld	**Einwohner im Gebiet**	ca. 360
Gebietsgröße	ca. 10,17 ha	**Wohneinheiten im Gebiet**	ca. 193

Energetische Quartierssanierung

Einwohnerentwicklung	hohes Durchschnittsalter, zahlreiche über 65-Jährige, weniger Kinder und Jugendliche, stabile Einwohnerentwicklung
Gebietslage	ca. 2 km südlich des Ortskerns von Oberasbach, südlich einer S-Bahntrasse im Ortsteil Unterasbach
Baustruktur	freistehende Einfamilienhäuser und Doppelhäuser auf großen Grundstücken; 1961 von einem Bauträger als Ganzes geplant und gebaut, Häuser und Grundrisse sind relativ ähnlich und homogen
Gebietstyp	einheitlich aufgesiedelt
Ausgangslage und Herausforderungen	Generationenwechsel, Modernisierungsbedarf, Anpassungsbedarf an veränderte Wohnwünsche, energetischer Anpassungsbedarf, wegbrechende Infrastruktur

Programm/Projekt

KfW 432; integriertes und städtebauliches Quartierskonzept

Ansatz/Instrumente

energetisches Konzept, Sanierungsmanagement, Beratung, Information, B-Plan

Ziel

energetische Aufwertung, Erhalt der Lebens- und Wohnqualität, Erhalt des Gebietscharakters, behutsame Nachverdichtung, Umbau, Ausbau; es sollen Vorschläge für die Sanierung und Modernisierung der Häuser aufgezeigt werden

Akteure

Stadtverwaltung, Planungsbüros

Finanzierung

Bund (Zuschuss der KfW), Kommune, (35 Prozent Eigenanteil, B-Plan)

Zeitraum

Beginn 2014

Maßnahmen und Ergebnisse

Erarbeitung eines integrierten städtebaulichen Quartierskonzeptes (Bestandsaufnahme, Bürgerinformation), energetische Beratung, Weiterentwicklung städtebauliches Konzept, Bebauungsplanung.

Einzelberatungen für Bauwillige; Problemlösungen fließen in Gesamtkonzept mit ein.

Ostfildern
Parksiedlung

Bundesland	Baden-Württemberg	**Einwohnerzahl**	**37.085** (2014)
Landkreis	Kreis Esslingen	**Demografische Entwicklung**	
Zentralörtliche Funktion	Unterzentrum	1990 | **28.678**	
		2000 | **30.858**	
Stadtgröße	Mittelstadt	2010 | **36.163**	
Gebietsbezeichnung	Parksiedlung	**Einwohner im Gebiet**	ca. 2.800 (2007)
Gebietsgröße	ca. 27 ha	**Wohneinheiten im Gebiet**	ca. 470 Miet- und Eigentumswohnungen sowie 561 Ein- und Zweifamilienhäuser

Energetische Quartierssanierung

Einwohnerentwicklung	stabil
Gebietslage	ca. 1 km östlich des Ortskerns Ruit, nördlich angrenzend an den Scharnhauser Park
Baustruktur	gemischte Bebauungsstruktur, überwiegend Reihenhäuser sowie drei- bis viergeschossige Zeilengebäude aus den 1950er- bis 1960er-Jahren
Gebietstyp	einheitlich aufgesiedelt
Ausgangslage und Herausforderungen	Modernisierungsbedarf

Programm/Projekt

KfW 432; integriertes und städtebauliches Quartierskonzept

Ansatz/Instrumente

energetisches Konzept, Sanierungsmanagement, Beratung, Information

Ziel

städtebauliche, energetische, stadtklimatische und soziale Aufwertung des Quartiers

Akteure

Stadtverwaltung, Bewohner/Eigentümer, Planungsbüro, Wohnungswirtschaft, lokale Akteure wie z.B. Bürgerverein, Kirchen

Finanzierung

Bund (65 Prozent Zuschuss der KfW für Konzept und Sanierungsmanagement), Kommune (35 Prozent Eigenanteil der Stadt)

Zeitraum

Konzeptphase Juli 2012 bis Juli 2013; Sanierungsmanagement Januar 2015 bis Herbst 2017

Maßnahmen und Ergebnisse

Erarbeitung eines integrierten städtebaulichen Quartierskonzeptes mit Maßnahmenkatalog (2013) unter Beteiligung der Akteure, Information und Motivation der unterschiedlichen Eigentümergruppen im Quartier, Energie- und Fördermittelberatung, Öffentlichkeitsarbeit, Reihenhauseigentümer planen Sanierungsmaßnahmen, seit Januar 2015 Sanierungsmanagement.

Illingen

Bundesland	Saarland	**Einwohnerzahl**	**16.491** (2014)
Landkreis	Kreis Neunkirchen	**Demografische Entwicklung**	
Zentralörtliche Funktion	Unterzentrum	1990 | **18.796**	
		2000 | **18.984**	
Stadtgröße	Kleinstadt	2010 | **17.437** (Einwohnermeldeamt Illingen)	
Gebietsbezeichnung	gesamtstädtisch		

Übersicht Projektsteckbriefe | 8

Leerstandsaktivierung und Leerstandsbewältigung

Ausgangslage und Herausforderungen

Bevölkerungsverluste, Leerstände, wegbrechende Infrastruktur

Programm/Projekt

„Platz da!" kommunales Abrissprogramm (MELanIE), bereits in der Vergangenheit wurden Modellprojekte zum Umgang mit Leerstand durchgeführt, außerdem Förderprogramm „Alte Häuser für Familien"

Ansatz/Instrumente

Kommunikation, Abriss, bauliche Umsetzungen, Konzepte, Förderung

Ziel

konzentrierte Innenentwicklung, innovative Konzepte zum Umgang mit Leerstand, aktives Leerstandsmanagement

Akteure

Gemeindeverwaltung, Bewohner/Eigentümer, Umweltministerium bis Dezember 2011

Finanzierung

Land (75 Prozent-Zuschuss durch Ministerium für Umwelt des Saarlandes) bis Dezember 2011, seither Kommune (freiwillige kommunale Leistung, wird jährlich gekürzt, inzwischen nur noch 10.000 Euro jährlich für Abrissprogramm und Wiedernutzungsprogramm

Zeitraum

2004 bis 2011 fünf Modellprojekte zum Umgang mit Leerstand, 2012 bis heute freiwillige kommunale Leistung

Maßnahmen und Ergebnisse

2004 Erarbeitung eines Leerstandskatasters; Bausubstanz und Alter der Bewohner wurden erhoben; Abriss und Aufwertungsmaßnahmen in der Brückenstraße, anschließend Ausarbeitung und Einführung des Zuschussprogramms; Zuschüsse für die Wiedernutzung leerstehender älterer Wohngebäude für Familien (alte Häuser für Familien), Abriss (Platz da!), Leerstandsmanagement; seit 2005 keine Ausweisungen von Neubaugebieten mehr; jährliche Leerstandserhebung seit 2001, inzwischen belastbare statistische Zahlen; Abriss einzelner leerstehender Gebäude; Landesprogramm Ende 2011 ausgelaufen, seit 2012 Fortführung mit sehr begrenzten, finanziellen und personellen Ressourcen.

Karlsruhe
Baumgartensiedlung

Bundesland	Baden-Württemberg	**Einwohnerzahl**	10.505
Landkreis	Stadtkreis Karlsruhe	**Demografische Entwicklung**	
Zentralörtliche Funktion	Oberzentrum	steigend	
Stadtgröße	702,7 ha		
Gebietsbezeichnung	Baumgartensiedlung	**Einwohner im Gebiet**	ca. 1.600
Gebietsgröße	ca. 37,5 ha	**Wohneinheiten im Gebiet**	ca. 700 (ursprünglich für 3.000 EW)

*Sicherung der
Gestaltung und Baukultur*

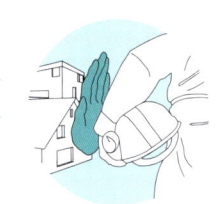

Einwohnerentwicklung	in Rüppurr sinkend (-62 zwischen 2009 und 2010)
Gebietslage	ca. 7 km südlich der Innenstadt
Baustruktur	Aufsiedelung 1963, im Norden mehrgeschossige Zeilenbebauung und drei Punkthochhäuser, im Süden eingeschossige Bungalows und verdichtete Reihenhäuser auf kleinen Grundstücken (ca. 180 bis 350 m², Grundrissfläche fünf auf zwölf Meter)
Gebietstyp	einheitlich aufgesiedelt als ablesbare Wohnanlage mit eigenem Charakter
Ausgangslage und Herausforderungen	Verlust des einheitlichen Siedlungsbildes, fehlende planungsrechtliche Sicherheit

Programm/Projekt

Kulturdenkmal

Ansatz/Instrumente
Sicherung der Gestaltung durch Denkmalschutz

Ziel
Erhalt des Siedlungsbildes

Akteure
Stadt, Landesamt für Denkmalpflege

Finanzierung
bei Sanierungen an Kulturdenkmalen besteht Unterstützung in Form von Zuschüssen (direkte Unterstützung) oder steuerlichen Vorteilen (indirekte Unterstützung); Land gewährt Zuwendungen bei Maßnahmen zum Erhalt und zur Pflege

Zeitraum
1990er-Jahre (Erhaltungssatzung) bis heute

Maßnahmen und Ergebnisse
Ältester Teil der Siedlung als Sachgesamtheit Kulturdenkmal nach dem Denkmalschutzgesetz; neuerer Teil (aus den 1970er-Jahren) ist nicht Kulturdenkmal; aus städtebaulicher Sicht sind die verschiedenen Bauabschnitte der Baumgartensiedlung eine Gesamtheit; der Gemeinderat der Stadt Karlsruhe beschloss daher für das gesamte Gebiet eine Erhaltungssatzung; die hohe Qualität und der Charakter der gesamten Baumgartensiedlung sollen auch in Zukunft gesichert werden.

Stuttgart
Aspen

Bundesland	Baden-Württemberg	**Einwohnerzahl**	**12.783** (2014)
Landkreis	Stadtkreis Stuttgart	**Demografische Entwicklung**	
Zentralörtliche Funktion	Oberzentrum	1975 | **12.683**	
Stadtgröße	213,5 ha	1990 | **13.248**	
		2000 | **12.693**	
		2014 | **12.783**	
Gebietsbezeichnung	Aspen	**Einwohner im Gebiet**	ca. 180
Gebietsgröße	ca. 2,4 ha	**Wohneinheiten im Gebiet**	ca. 82, davon 51 Geschosswohnungen und 31 ein- bis zweigeschossige Reihen- und Kettenhäuser (diese sind in bis zu sechs Einheiten zusammengefasst)

*Sicherung der
Gestaltung und Baukultur*

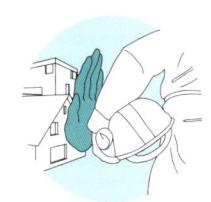

Einwohnerentwicklung	Altersdurchschnitt steigend, Einwohnerentwicklung weitgehend konstant
Gebietslage	ca. 6 km westlich der Innenstadt, am Südrand des Stadtteils Botnang, am Waldrand
Baustruktur	1963-1966, Reihenhäuser, Kettenhäuser, Wohnblöcke, Punkthochhaus, unterteilt in einen Bereich mit verdichteten Einfamilienhäusern (Flachdächer) und einen Bereich mit Geschosswohnungsbau
Gebietstyp	einheitlich aufgesiedelt als ablesbare Wohnanlage mit eigenem Charakter
Ausgangslage und Herausforderungen	fehlende planungsrechtliche Sicherheit, bisher weitgehend in ursprünglicher Form erhalten; lediglich kleine Veränderungen (neue Türen, Fenster); das Gesamtbild blieb weitestgehend erhalten; Hanglage ungünstig für ältere Bewohner

Programm/Projekt

Kulturdenkmal

Ansatz/Instrument
Leitfaden zum Kulturdenkmal, Sicherung der Gestaltung durch Denkmalschutz

Ziel
Erhalt des Siedlungsbildes

Akteure
Stadt, Landesamt für Denkmalpflege

Finanzierung
für Sanierungen an Kulturdenkmalen gibt es Zuschüsse (direkte Unterstützung) oder steuerliche Vorteile (indirekte Unterstützung); das Land gewährt Zuwendungen bei Maßnahmen zum Erhalt und zur Pflege

Zeitraum
seit 2011 Kulturdenkmal

Maßnahmen und Ergebnisse
Veränderungen an den Gebäuden erfordern eine denkmalschutzrechtliche Genehmigung; das Erscheinungsbild konnte gut erhalten werden.

Weil im Schönbuch
Schaichhofsiedlung

Bundesland	Baden-Württemberg	**Einwohnerzahl**	**9.674** (2014)
Landkreis	Kreis Böblingen	**Demografische Entwicklung**	
Zentralörtliche Funktion	Ort mit Eigenentwicklung	1990 | **8.773**	
		2000 | **9.734**	
Stadtgröße	Kleinstadt	2010 | **9.777**	
Gebietsbezeichnung	Schaichhofsiedlung	**Einwohner im Gebiet**	ca. 160
Gebietsgröße	ca. 4 ha	**Wohneinheiten im Gebiet**	ca. 60

*Sicherung der
Gestaltung und Baukultur*

Einwohnerentwicklung	k.A.
Gebietslage	ca. 2 km östlich des Ortskerns
Baustruktur	1952 bis 1957 in drei Bauabschnitten geplant und gebaut, Siedlung war für Heimatvertriebene bestimmt, Häuser/Wohnungen mit großem Garten ursprünglich zur Eigenversorgung angedacht, mit Stallgebäuden
Gebietstyp	einheitlich aufgesiedelt
Ausgangslage und Herausforderungen	Anpassungsbedarf an veränderte Wohnwünsche, baulicher Veränderungsdruck (Notwendigkeit aber Angst vor Veränderung), Verlust des einheitlichen Siedlungsbildes, fehlende planungsrechtliche Sicherheit

Programm/Projekt

Landessanierungsprogramm, Gestaltungsrichtlinie, Gestaltungsplanung für den öffentlichen Raum und Bebauungsplan

Ansatz/Instrument
Erhalt der städtebaulich-gestalterischen Grundordnung (Siedlungscharakter) durch reglementierende Vorgehensweise; gleichzeitig Schaffung finanzieller Anreize zur Gebäudemodernisierung durch Städtebaufördermittel

Ziel
Erhalt des ursprünglichen Erscheinungsbildes; Erweiterungen der Gebäude, neue Garagen und sonstige Nebengebäude sind nur begrenzt möglich

Akteure
Gemeindeverwaltung, Sanierungsträger, private Eigentümer

Finanzierung
Landessanierungsprogramm
(60 Prozent Land, 40 Prozent Gemeinde)

Zeitraum
Gestaltungsrichtlinie von 2008

Maßnahmen und Ergebnisse
Aufwertung durch Gebäudemodernisierungen, Sanierung und Umgestaltung der Straßen und der privaten Freiflächen; Straßenräume werden als Mischverkehrsflächen ausgebildet; Ausbildung von kleinen Platzflächen, Schaffung von Sitz- und Spielmöglichkeiten; bisher wurden neun private Baumaßnahmen durchgeführt, größere Effekte werden erst bei der nächsten Sanierungswelle in zehn bis 15 Jahren erwartet; die Siedlung erweist sich als attraktiv für junge Familien.

9 Anhang

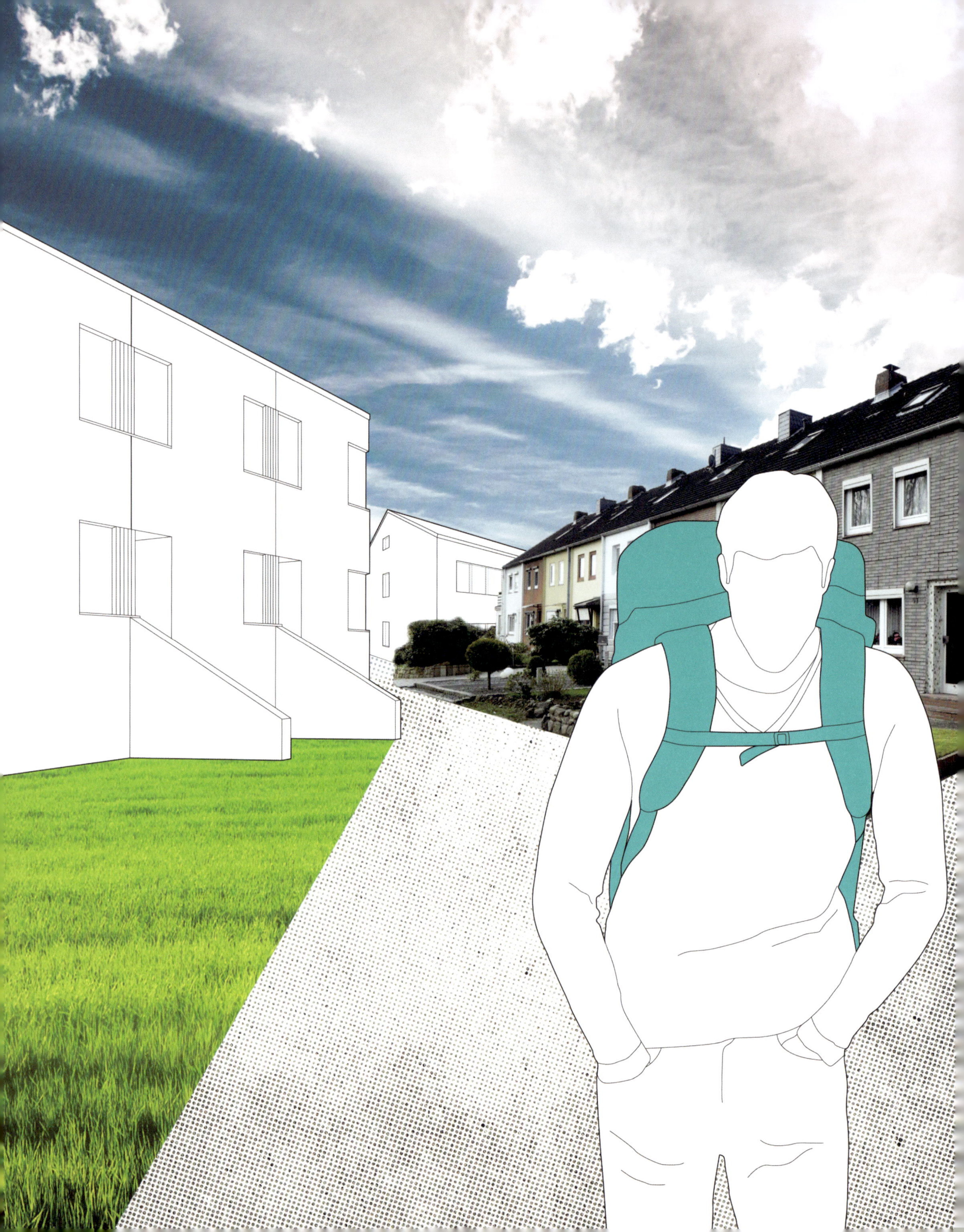

9 Anhang

Literatur- und Quellenverzeichnis

Anmerkung: Die fallstudienspezifischen Literatur- und Quellenangaben in den Kapiteln 6 und 8 werden kapitelweise aufgelistet. Alle anderen Literatur- und Quellenangaben werden in alphabetischer Reihenfolge aufgeführt.

Akademie für Raumforschung und Landesplanung (ARL): Planungssystem http://www.arl-net.de/commin/planning-germany/14-hauptinstrumente-des-planungssystems, Zugriff 22.09.2015

Baugesetzbuch (BauGB) in der Fassung der Bekanntmachung vom 23. September 2004 (BGBl. I S. 2414), zuletzt geändert durch Artikel 6 des Gesetzes vom 20. Oktober 2015 (BGBl. I S. 1722)

Bayerisches Landesamt für Umwelt (Hg.): Umwelt Wissen Boden, Flächensparen – rundum gut, Augsburg 2014

Bayerisches Staatsministerium des Innern, für Bau und Verkehr: Revitalisierung von Einfamilienhausgebieten https://www.stmi.bayern.de/buw/staedtebau/flaechensparen/revitalisierung/index.php, Zugriff 22.09.2015

Breuer, I.: Wenn das Wohngebiet überaltert, Deutschlandfunk 27.09.2012, http://www.deutschlandfunk.de/wenn-das-wohngebiet-ueberaltert.1148.de.html?dram:article_id=222499, Zugriff 14.08.2014

Bomkamp, L.: Einfamilienhausgebiete der 1950er-Jahre im Umbruch: Eine Herausforderung für die kooperative Stadt- und Quartiersentwicklung – Das Josefsviertel in Ahaus, Masterarbeit an der Ruhr-Universität Bochum, Düsseldorf 2013

Bornmann, F.: Einfamilienhausgebiete im Wandel. Das klassische Eigenheim – wertlos oder unbezahlbar? Veranstaltungsbericht des Forums Baulandmanagement NRW am 11.01.2008, Dortmund 2008

Bundesamt für Bauwesen und Raumordnung (Hg.): Kommunale Konzepte: Wohnen, Ein ExWoSt-Forschungsfeld, ExWoSt-Informationen 33/1, Bonn 2008

Bundesamt für Bauwesen und Raumordnung (BBR): Thematische Karten, Prognose Neubau nach Gebäudeart, http://www.bbsr.bund.de/BBSR/DE/Raumbeobachtung/Downloads/HaeufigNachgefragteKarten/Neubauprog.pdf?__blob=publicationFile&v=2, Zugriff 29.07.2014

Bundesamt für Bauwesen und Raumordnung (BBR): Thematische Karten, Demografischer Wandel – Synthese, http://www.bbsr.bund.de/BBSR/DE/Raumbeobachtung/Downloads/HaeufigNachgefragteKarten/DemWandel.pdf?__blob=publicationFile&v=2, Zugriff 29.07.2014

Bundesgeschäftsstelle Landesbausparkassen (Hg.): Markt für Wohnimmobilien 2014, Daten Fakten Trends, Berlin 2014, S. 26, 41, 49

Bundesinstitut für Bau-, Stadt- und Raumforschung (BBSR) im Bundesamt für Bauwesen und Raumordnung (Hg.): Wohnungsmärkte im Wandel. Zentrale Ergebnisse der Wohnungsmarktprognose 2025. BBSR-Berichte KOMPAKT 1/2010, Bonn 2010

Bundesinstitut für Bau-, Stadt- und Raumforschung (BBSR) im Bundesamt für Bau-, Stadt- und Raumforschung (Hg.): 40 Jahre Städtebauförderung, Berlin 2011

Bundesinstitut für Bau-, Stadt- und Raumforschung (BBSR) im Bundesamt für Bauwesen und Raumordnung (Hg.): Suburbaner Raum im Lebenszyklus, http://www.bbsr.bund.de/BBSR/DE/FP/ExWoSt/Studien/2010/SuburbanerRaumLebenszyklus/01_Start.html?nn=430832&notFirst=true&docId=430376, Zugriff 26.08.2014

Bundesinstitut für Bau-, Stadt- und Raumforschung (BBSR) im Bundesamt für Bau-, Stadt- und Raumforschung: ExWoSt, http://www.bbsr.bund.de/BBSR/DE/FP/ExWoSt/exwost_node.html, Zugriff 22.09.2015

Bundesministerium für Umwelt, Naturschutz, Bau und Reaktorsicherheit (BMUB) (Hg.): Integrierte städtebauliche Entwicklungskonzepte in der Städtebauförderung, Eine Arbeitshilfe für Kommunen, Bonn 2015

Bundesministerium für Umwelt, Naturschutz, Bau und Reaktorsicherheit (BMUB) (Hg.): Richtlinie für Planungswettbewerbe – RPW 2013, Fassung vom 31. Januar 2013, Berlin 2014

Bundesministerium für Verkehr, Bau und Stadtentwicklung (BMVBS) (Hg.): Altersgerecht umbauen – 20 Modellvorhaben, Berlin 2010a

Bundesministerium für Verkehr, Bau und Stadtentwicklung (BMVBS) (Hg.): Kostengünstige und qualitätsbewusste Entwicklung von Wohnungsobjekten im Bestand, Werkstatt: Praxis Heft 66, Berlin 2010b

Bundesministerium für Verkehr, Bau und Stadtentwicklung (BMVBS) (Hg.): Suburbaner Raum im Lebenszyklus, BMVBS-Online-Publikation 24/2013, Berlin 2013

Bundeszentrale für politische Bildung: Entwicklung der Haushaltstypen, http://www.bpb.de/nachschlagen/zahlen-und-fakten/soziale-situation-in-deutschland/61590/entwicklung-der-haushaltstypen, Zugriff 06.10.2014

Bundeszentrale für politische Bildung: Lebensformen, http://www.bpb.de/nachschlagen/zahlen-und-fakten/soziale-situation-in-deutschland/147370/themengrafik-lebensformen, Zugriff 06.10.2014

Busch, L.: Bürgerbeteiligung in der städtebaulichen Planung – am Beispiel der kreisangehörigen Städte Schleswig-Holsteins, Dissertation, Department für Stadtplanung Hafen City Universität Hamburg, Hamburg 2009

CONVENT Planung und Beratung/ ELBBERG Stadt-Planung-Gestaltung: Regionales Wohnraumentwicklungskonzept, Region Flensburg, Endbericht, Hamburg 2008

Crone, B./Friedrich, J.: Die Enkelgeneration, In: Bauwelt Nr. 17-18.14, Berlin 2014, S. 21

Cuxhavener Wohnlotsen, http://www.cuxhavener-wohnlotse.de/, Zugriff 13.03.2014

Einkommensteuergesetz (EStG) in der Fassung der Bekanntmachung vom 8. Oktober 2009 (BGBl. I S. 3366, 3862), zuletzt geändert durch Artikel 2 des Gesetzes vom 21. Dezember 2015 (BGBl. I S. 2553)

Engel und Völkers AG (Hg.): Wohnimmobilien, Marktbericht Deutschland 2013/2014, Hamburg 2013, S. 5

Erstes Wohnungsbaugesetz: vom 24. April 1950
(BGB I. 1950, S. 83)

Forum Baulandmanagement NRW (Hg.): Boden 2030, Anforderungen an die kommunale Bodenpolitik und den Umgang mit Einfamilienhausgebieten der 1950er-, 1960er- und 1970er-Jahre, Dortmund 2010

Führs, M./Niekamp, S./Schneider, U.: Hausaufgaben im Münsterland, Ein Praxisbericht aus der Regionale2016, in: Bundesverband für Wohnen und Stadtentwicklung e.V. (vhw): Schwerpunkt Einfamilienhaussiedlungen der fünfziger bis siebziger Jahre, Heft 74, Juli-September 2015, S. 211-215

Göres, J.: Auslaufmodell Einfamilienhaus?, Taz.de 09.02.2013, http://www.taz.de/1/archiv/digitaz/artikel/?ressort=sp&dig=2013%2F02%2F09%2Fa0082&cHash=86efe9e5f88882d077c330ee75aed6ea, Zugriff 25.08.2014

Harlander, T. (Hg.): Villa und Eigenheim: Suburbaner Städtebau in Deutschland, Deutsche Verlags-Anstalt, Stuttgart, München 2001

Hoetzel, D.: Raus aus der Demografie-Falle, in: Bauwelt Nr. 17-18.14, Berlin 2014, S. 23ff

Illingen (Hg.): Illingen 2030 (2008) Projekt Zukunft, Platz da! Kommunales Abrissprogramm der Gemeinde Illingen, Illingen, http://www.landentwicklung.de/fileadmin/sites/Landentwicklung/Dateien/Dorferneuerung/SL_Illingen_Abriss.pdf, Zugriff 09.08.2014

Ilvesheim, http://www.ilvesheim.de/index.php?id=83&no_cache=1&publish[id]=320257&publish[start, Zugriff 13.03.2014

Kompetenzzentrum der Initiative „Kostengünstig qualitätsbewusst Bauen" im Institut für Erhaltung und Modernisierung von Bauwerken e. V. (Hg.): Wohngebäudebestand und Nutzungsperspektiven, Info-Blatt 7.1, Bonn 2009

Krawczyk, L.: Immobilienmarkt: Preisschere geht weiter auseinander, http://westfalium.de/2013/08/20/immobilienmarkt-preisschere-geht-weiter-auseinander/, Zugriff 23.09.2014

Landesbauordnung Baden-Württemberg (LBO) in der Fassung vom 5.März 2010 (GBl. S. 358, ber. S. 416), zuletzt geändert durch Gesetz vom 11. November 2014 (GBl. S. 501)

Landesinitiative StadtBauKultur NRW 2020 (Hg.): UmBauKultur – Häuser von gestern für die Stadt von morgen, Gelsenkirchen 2014, S. 22

Landeszentrale für politische Bildung (lpb), LUBW, Stuttgart 2006: „Formen der Bürgerbeteiligung für eine nachhaltige Stadt und Gemeindeentwicklung", Kurzdokumentation der Ergebnisse, Stuttgart, https://www.lubw.baden-wuerttemberg.de/servlet/is/41807/buergerbeteiligung.pdf?command=downloadContent&filename=buergerbeteiligung.pdf, Zugriff 25.08.2015

Leerstandsoffensive Brückenland Bayern-Böhmen (Hg.): Offensiv gegen den Leerstand – Ergebnisbericht, Altendorf 2011, http://www.leerstandsoffensive.eu/fileadmin/img/Leerstandsoffensive/Ergebnisbericht_LeerstandsOFFENSIVE_2011.pdf, Zugriff 09.08.2014

Leibnitz-Institut für Ökologische Raumentwicklung, https://www.ioer.de/, Zugriff 02.01.2016

Lüke, C./Führs, M.: ZukunftsLAND Regionale 2016, „Innen Leben – Neue Qualitäten entwickeln!", Ein Projektaufruf der Regionale 2016, Präsentation im Rahmen der Tagung „Innen leben – Neue Qualitäten entwickeln" der Regionale 2016 am 23.02.2012, Bocholt 2012

Martin, D.: Siedlungen und Ensembleschutz im Denkmalrecht, o.O. 2008, http://www.denkmalnetzbayern.de/uploads/bbe3efe745eea036f7caf09ee35267de.pdf, Zugriff 18.01.2015

Mielke, B.: Förderansätze für Einfamilienhausgebiete im Umbruch, in: Bundesverband für Wohnen und Stadtentwicklung e.V. (vhw) (Hg.): Schwerpunkt Einfamilienhaussiedlungen der fünfziger bis siebziger Jahre, Heft 74, Juli-September 2015, Berlin 2015, S. 216-218

Ministerium der Finanzen Rheinland-Pfalz (Hg.): Wohneigentum für Generationen, Siedlungen zukunftsfähig gestalten und entwickeln, Mainz 2011

Ministerium der Finanzen Rheinland-Pfalz (Hg.): Wohneigentum für Generationen, Evaluation der (fünf) Modellsiedlungen unter Einbeziehung weiterer Referenzsiedlungen des Verbandes Wohneigentum, Mainz 2013

Österreichisches Ökologie Institut: http://www.ecology.at/rehabitat.htm, Zugriff 03.09.2014

Offenes Presseportal: Kappel, I.: Jugend träumt vom eigenen Heim / LBS-Studie: 16- bis 25-jährige mit Zukunfts-Optimismus, Starker Wunsch nach Wohneigentum – Fast jeder Zweite will auf Dauer am bisherigen Wohnort bleiben, http://www.offenes-presseportal.de/wissenschaft_technologie/jugend_traeumt_vom_eigenen_haus__lbs-studie_16-_bis_25-jaehrige_mit_zukunfts-optimismus_-_starker_wunsch_nach_wohneigentum_-_fast_jeder_zweite_will_auf_dauer_am_bisherigen_wohnort_bleiben_mit_bild_290359.htm, Zugriff 23.09.2014

Presseportal: Bundesgeschäftsstelle Landesbausparkassen, http://www.presseportal.de/pm/35604/3281763, Zugriff 07.06.2016

ReHABITAT Blog: https://rehabitatprojekt.wordpress.com/, Zugriff 06.10.2014

Rolfes, J.: Mit Freiraum entwickeln, Möglichkeiten privater Kooperation zur Entwicklung von Einfamilienhausgebieten mit Freiraum, Präsentation 06.02.2014, Aachen 2014

Römhild, C. M.: Und was passiert mit Omas Haus? Partizipative Planungsansätze im Umgang mit den aktuellen Herausforderungen in Einfamilienhausgebieten der 1950er- bis 1970er-Jahre, Bachelor-Thesis an der Hafen City Universität Hamburg, Hamburg 2013

Schieritz, M.: „Hausgeträumt" Die ZEIT Nr. 51 vom 17.12.2015, www.zeit.de/2015/51/immobilieneigentum-wirtschaft-investition-berlin, Zugriff 10.10.2016

Schmitz, S.: Der unsichtbare Riss. In: stern Nr. 40, 25.9.2014, S. 66-72

Selle, K./Wachten, K.: Lehrbausteine Stadt, Landschaft, Planung, o.O., o.J., http://www.pt.rwth-aachen.de/dokumente/lehre_materialien/b8_instrumente.pdf, Zugriff 25.08.2015

Simon, C.: Suburbane Wohngebiete, Konzepte zur städtebaulichen Qualifizierung des Ein- und Zweifamilienhauses in der Bundesrepublik Deutschland 1949-1999, Dissertation, Städtebau-Institut der Universität Stuttgart, Stuttgart 2001

Spehl, H. (Hg.): Leerstand von Wohngebäuden in ländlichen Räumen. Beispiele ausgewählter Gemeinden der Länder Hessen, Rheinland-Pfalz und Saarland, E-Paper der ARL 12, Hannover 2011

Stadt Köln, Amt für Stadtentwicklung und Statistik (Hg.): Generationenwechsel in älteren Ein- und Zweifamilienhausgebieten – Untersuchung im Rahmen des Stadtentwicklungskonzeptes Wohnen, Kölner Statistische Nachrichten 2/2012, Köln 2012

Stadtquartiere im Umbruch, http://www.uni-leipzig.de/~isb/squ/index.php?sub=5, Zugriff 30.09.2014

Stadt Wolfsburg (Hg.): Einfamilienhausquartiere in Detmerode, Handlungsleitfaden für die Modernisierung, Wolfsburg 2013

Steckel, N.: Bürgerbeteiligung in benachteiligten Stadtteilen – Eine Analyse ausgewählter Quartiere des Landesförderprogramms „Soziale Stadt NRW" Diskussionspapier aus der Fakultät Sozialwissenschaft, Ruhr-Universität-Bochum, Bochum 2008

Statistisches Bundesamt (Hg.): Datenreport 1999, Bonn, 2001, S. 503-504, https://www.destatis.de/DE/Publikationen/Datenreport/Downloads/Datenreport1999.pdf?__blob=publicationFile, Zugriff 05.08.2014

Statistisches Bundesamt: Anfrage beim Statistischen Bundesamt 6/2014, Datenauszug Zensus 2011

Statistisches Bundesamt (Hg.): Alleinlebende in Deutschland. Ergebnisse des Mikrozensus 2011, Begleitmaterial zur Pressekonferenz am 11. Juli 2012 in Berlin, https://www.destatis.de/DE/PresseService/Presse/Pressekonferenzen/2012/Alleinlebende/begleitmaterial_PDF.pdf?__blob=publicationFile, Zugriff 25.08.2014

Statistisches Bundesamt/Wissenschaftszentrum Berlin für Sozialforschung (Hg.): Datenreport 2013, Ein Sozialbericht für die Bundesrepublik Deutschland, Bonn 2013, S. 14-15, 21, 37

Steckel, N.: Bürgerbeteiligung in benachteiligten Stadtteilen – Eine Analyse ausgewählter Quartiere des Landesförderprogramms „Soziale Stadt NRW" Diskussionspapier aus der Fakultät Sozialwissenschaft, Ruhr-Universität-Bochum, Bochum 2008

Technische Universität Dortmund (Hg.): Einfamilienhaussiedlungen – künftige Stadtquartiere im Umbruch? Marktchancen und Interventionsbedarf für Wohnträume von gestern, Endbericht, Dortmund 2011

Tröster, C.: Leerstand bei Einfamilienhäusern: Alptraumhaus im Grünen, SPIEGEL online 6.11.2012, http://www.spiegel.de/wirtschaft/cuxhaven-demografischer-wandel-bedroht-einfamilienhausviertel-a-863006.html, Zugriff 10.08.2014

Universität Kassel (Hg.): Entwurfsprojekt Häuser von gestern für die Stadt von morgen – vom Konsumieren zum Produzieren, http://www.uni-kassel.de/fb06/fileadmin/datas/fb06/fachgebiete/Architektur/ArchitekturtheorieUndEntwerfen/Bilder_Startseite/PDF_SS2014/140417_Aufgabenstellung_PROJEKT.pdf, Zugriff 23.09.2014

Verband Wohneigentum e.V.: Zukunft der „alternden" Einfamilienhausgebiete, Planer und Politiker auf Ideensuche, http://www.verband-wohneigentum.de/bv/on61475, Zugriff 08.07.2013

Verband Wohneigentum e.V. (Hg.): Wohneigentum – heute für morgen, Energieeffizient – Generationentauglich – Sozial engagiert, 25. Bundeswettbewerb 2013 für Eigenheim-Siedlungen in den Städten und Gemeinden der Bundesrepublik Deutschland, Bonn 2013

Verbandwohneigentum e.V. Wohneigentum (Hg.): Heute für morgen, Nachhaltig – Ökologisch – Sozial engagiert, Ausschreibung 26. Bundeswettbewerb 2016 für Eigenheim-Gemeinschaften in den Städten und Gemeinden der Bundesrepublik Deutschland, Bonn 2015

Vereinigung der Landesdenkmalpfleger in der Bundesrepublik Deutschland (Hg.): Handbuch Städtebauliche Denkmalpflege, Petersberg 2013

Walberg, D. (Hg.): Wohnungsbau in Deutschland – 2011. Modernisierung oder Bestandsersatz. Studie zum Zustand und der Zukunftsfähigkeit des deutschen „Kleinen Wohnungsbaus", Band I Textband, Kiel 2011

Westdeutscher Rundfunk (WDR): Verlassen und verramscht – wenn keiner Omas Haus will, WDR-Reihe „Die Story", 10.02.1014

Wüstenrot Stiftung (Hg.): Die Zukunft von Einfamilienhausgebieten aus den 1950er- bis 1970er-Jahren – Handlungsempfehlungen für eine nachhaltige Nutzung, Ludwigsburg 2012

Zensus 2011: Bayerisches Landesamt für Statistik und Datenverarbeitung: Zensus 2011, Ergebnisse dynamisch und individuell, https://ergebnisse.zensus2011.de/#dynTable:statUnit=GEBAEUDE;absRel=ANZAHL;ags=00,01,02,03,04, 05,06,07,08,09,10,11,12,13,14,15,16;agsAxis=X;yAxis= GEBAEUDEART_SYS,BAUJAHR_10JA, Zugriff 21.07.2014

Expertenworkshops

Hochschule für Technik Stuttgart (HFT), 06.02.2015, 05.10.2015

Kapitel 6

6.1 Dorsten

Bornemann, S. et al (Hg.): Neue Stadt Wulfen. Idee, Entwicklung, Zukunft, Dorsten 2009

Entwicklungsgesellschaft Wulfen (Hg.): Das andere Wohnen. Beispiel Neue Stadt Wulfen, Stuttgart 1980

Europan Deutschland/Regionale 2016 Agentur (Hg.): Europan 12 Adaptable City. Innen Leben – Neue Qualitäten Entwickeln! Regionale 2016, Berlin/Velen 2013

Europan Deutschland/Regionale 2016 Agentur (Hg.): Unterlagen der Regionale 2016 Agentur Velen Regionale 2016 – Deutschland – Europan 12. Innen Leben – Neue Qualitäten Entwickeln, o.O. u. o.J.

Frauns, E: Zukunftsland Regionale 2016. Aufruf zu einem regionalen Dialog! Ein Denklabor. Präsentation im Rahmen der Zwischenbilanz-Tagung zum Projektaufruf „Innen Leben – Neue Qualitäten Entwickeln!", 12.11.2014, Coesfeld 2014, http://www.innen-leben.info/fileadmin/daten/mandanten/innen-leben/Dokumente/Praesentationen_Zwischenbilanz/Ideenskizzen_Regionale_Denklabor.pdf, Zugriff 26.11.2014

Kirschenmann, J. C./Muschalek C.: Barkenberg Süd, Neue Stadt Wulfen/Bundesrepublik Deutschland. In: Kirschenmann, J. C./Muschalek C.: Quartiere zum Wohnen. Wohnquartiere aus dem 3. Viertel des 20. Jahrhunderts als Stadtumbau, Stadterweiterung, Stadtneubau mit Analyse der Wohnbaustruktur. Bauliche und sozial-räumliche Entwicklung des Wohnens. Stuttgart 1977, S. 152

Regionale 2016 Agentur GmbH: Alte Wohngebiete fit für morgen – Tagung in Coesfeld, http://www.innen-leben.info/de/aktuelles/nachricht/artikel/alte-wohngebiete-fuer-morgen-tagung-in-coesfeld.html, Zugriff 26.11.2014

Regionale 2016 Agentur GmbH: Quartiersanpassung Wulfen-Barkenberg, http://www.innen-leben.info/de/projekte/quartiersanpassung-wulfen-barkenberg.html, Zugriff 26.11.2014

Stadt Dorsten (Hg.): Hausaufgaben in Barkenberg, Dokumentation der Auftaktwerkstatt zur Zukunft von Einfamilienhausgebieten der 1950er- bis 1970er-Jahre, 10.-20. Juni 2015, November 2015

Interviews

H. Lohse, V. Deutsch (Stadt Dorsten), S. Niekamp (Regionale 2016-Vertreter), S. Vest (Vertreter der Sparkasse), M. Feller, zwei Bewohner, 05.03.2015

Weitere Quellen

Dietrich, R.: Metastadt: Ein Versuch zur Theorie und Technik des Mensch-Umwelt-Systems. In: Deutsche Bauzeitung, Fachzeitschrift für Architektur und Bautechnik, 103. Jahrgang, Heft 1/1969, Stuttgart 1969, S. 4-21

Kramp, M: Neue Möglichkeiten der Wohnraumförderung in Nordrhein-Westfalen – Neubau und Bestand. Präsentation im Rahmen der Zwischenbilanz-Tagung zum Projektaufruf „Innen Leben – Neue Qualitäten Entwickeln!" am 12.11.2014, Coesfeld 2014, http://www.innen-leben.info/fileadmin/daten/mandanten/innenleben/Dokumente/Praesentationen_Zwischenbilanz/Michael_Kramp_MBWSV_Neue_M%C3%B6glichkeiten_der_Wohnraumf%C3%B6rderung.pdf, Zugriff 26.11.2014

Schneider, U.: Projektaufruf „Innen-Lenbem – Neue Qualitäten entwickeln!". Eine Zwischenbilanz. Präsentation im Rahmen der Zwischenbilanz-Tagung zum Projektaufruf „Innen Leben – Neue Qualitäten Entwickeln!" am 12.11.2014, Coesfeld 2014, http://www.innen-leben.info/fileadmin/daten/mandanten/innenleben/Dokumente/Praesentationen_Zwischenbilanz/Uta_Schneider_Regionale_2016_Zwischenbilanz_Projektaufruf.pdf, Zugriff 26.11.2014

Schmidt, K. H.: Barkenberg am See, http://www.barkenberg.de/index.html, Zugriff 04.12.2014

Stadt Dorsten (Hg.): Wulfen-Barkenberg. Im Grünen zu Hause, http://stadtumbau-barkenberg.de/, Zugriff 20.03.2015

Stadt Dorsten (Hg.): Stadt Dorsten Wulfen-Barkenberg. Städtebauliches Entwicklungs- und Handlungskonzept, Dorsten 2007

Karlstadt

Bayrisches Landesamt für Statistik und Datenverarbeitung: Zensus 2011. Gebäude und Wohnungen sowie Wohnverhältnisse der Haushalte. Gemeinde Karlstadt, Stadt am 9. Mai 2011, München 2014

Bayrisches Landesamt für Statistik und Datenverarbeitung: Zensus 2011. Bevölkerung und Haushalte. Gemeinde Karlstadt, Stadt am 9. Mai 2011, München 2014

Bayerisches Landesamt für Statistik und Datenverarbeitung: Statistik kommunal 2013. Eine Auswahl wichtiger statistischer Daten für die Stadt Karlstadt 09677148, München 2014

Bayerisches Landesamt für Statistik und Datenverarbeitung: Beiträge zur Statistik Bayerns. Demografie-Spiegel für Bayern. Berechnungen für Gemeinden ab 5.000 Einwohnern bis 2029. Stadt Karlstadt, München 2011

Müller-Herbers, S./Skorka, M.: Revitalisierung von Einfamilienhausgebieten. Ressortübergreifendes Modellprojekt von vier Bayerischen Staatsministerien. Ausgangslage und Fragestellungen in Karlstadt. Präsentation vom 12.2012, Gunzenhausen/Neuried 2012

Müller-Herbers, S./Skorka, M.: Integriertes Quartierskonzept (IQ) „Alte Siedlung" Karlstadt. Im Rahmen des Modellprojekts „Revitalisierung von Einfamilienhausgebieten", Mannheim/München 2014a

Müller-Herbers, S./Skorka, M.: Schlüsselprojekte Karlstadt (Teil3/3) / 2012-14, 2014b

Müller-Herbers, S./Skorka, M.: Revitalisierung von Einfamilienhausgebieten. Ressortübergreifendes Modellprojekt von vier Bayerischen Staatsministerien. Stadt Karlstadt. Analyse Einfamilienhausgebiet „Alte Siedlung", Mannheim/München 2014, S. 5

Stadt Karlstadt: Einwohnermeldeamt, Altersstrukturdaten, Karlstadt 2013

Stadt Karlstadt: Auszug aus dem Sitzungsprotokoll Stadtrat vom 27.11.2014. TOP 02: Vorstellung und Beratung über das Ergebnis der Verkehrsuntersuchung und Neuordnung der Verkehrsströme in der „Siedlung" in Karlstadt, Karlstadt 2014

Statistisches Bundesamt (Hg.): Zensus 2011. Bevölkerung und Haushalte. Bundesrepublik Deutschland am 9. Mai 2011, Wiesbaden 2014

Wegweiser Kommune: Bertelsmann Stiftung (Hg.) Kommunale Daten, http://www.wegweiser-kommune.de/, Zugriff 11.03.2016

Zensus 2011: Haushalte nach Art des Gebäudes und Größe des privaten Haushalts, https://ergebnisse.zensus2011.de/#dynTable:statUnit=HAUSHALT;absRel=ANZAHL;ags=081365001088,055540008008,033520011011,055620012012,057580016016,096770148148,033560007007,033590038038,031030000000;agsAxis=X;xAxis=GEBAEUDEART_SYS;yAxis=HHGROESS_KLASS, Zugriff 13.01.2015

Interviews

P. Kruck,, R. van Baal (Stadtverwaltung Karlstadt), W. Feeser (Sparkasse Mainfranken), A. Schäfer (Caritas Sozialstation Karlstadt), vier Bewohner (darunter Vorstand Eigenheimgemeinschaft), 24.02.2015, M. Amrhein (Stadtverwaltung Karlstadt), Telefoninterview 28.05.2015

Weitere Quellen

Müller-Herbers, S./Skorka, M.: Revitalisierung von Einfamilienhausgebieten. Ressortübergreifendes Modellprojekt von vier Bayerischen Staatsministerien. Hintergründe und Ziele des Projektes, Präsentation, Gunzenhausen/Neuried o.J.

Müller-Herbers, S./Skorka, M.: Was passiert mit alten Einfamilienhausgebieten? Siedlungsentwicklung im Bestand – Zwischenergebnisse aus dem bayrischen Modellprojekt „Revitalisierung von Einfamilienhausgebieten". Präsentation am 27. März 2014. 16. Münchner Tage der Bodenordnung und Landentwicklung, München 2014

Osterholz-Scharmbeck

Campus-Flyer Programm April bis Juli 2015, www.campus-ohz.de, Zugriff 28.01.2016

Musterhaus zum Wohnen mit Zukunft Landkreis Osterholz, www.landkreis-osterholz.de/musterhaus, Zugriff 28.01.2016

Interviews

J. Fanelli-Flacke, C. Scheve (Stadtverwaltung Osterholz-Scharmbeck), Dr. U. Baumheier (Bildungs-Campus), 27.07.2015

Weitere Quellen

Fanelli-Flacke, J.: Alternde Einfamilienhausgebiets als Teil eines Problems – kann mit dem demografischen Wandel in Klein- und Mittelstädten strategisch umgegangen werden? Vortrag Evangelische Akademie Loccum am 18.10.2013, Osterholz-Scharmbeck 2013

Landkreis Osterholz (Hg.): Musterhaus zum Wohnen mit Zukunft, Osterholz-Scharmbeck 2014

Neues Lernen am Campus, Präsentation, Dr. Ulrike Baumheier, 28.07.2015

Stadt Osterholz-Scharmbeck: Ausstellung „Stadtquartiere für Jung und Alt". Eröffnungsveranstaltung am 07.11.2012 im Rathausfoyer, http://www.osterholz-scharmbeck.de/pres.phtml?call=detail&css=basic.css&La=1&FID=422.1810.1&, Zugriff 01.05.2014

Stadt Osterholz-Scharmbeck (Hg.): Untersuchung von 1950/60er-Jahre-Siedlungen in Osterholz-Scharmbeck. Gebiet 4 und Gesamtbetrachtung, Osterholz-Scharmbeck 2014

Stadt Osterholz-Scharmbeck (Hg.): ISEK – Integriertes städtisches Entwicklungs- und Wachstumskonzept. Erläuterungsbericht Teil 1 Bestandsaufnahme, Osterholz-Scharmbeck 2007

Stadt Osterholz-Scharmbeck (Hg.): ISEK – Integriertes städtisches Entwicklungs- und Wachstumskonzept. Erläuterungsbericht Teil 2 Entwicklungsstrategien und -perspektiven, Osterholz-Scharmbeck 2007

Stadt Osterholz-Scharmbeck (Hg.): ISEK – Integriertes städtisches Entwicklungs- und Wachstumskonzept. Erläuterungsbericht Teil 2 Handlungskonzept, Osterholz-Scharmbeck 2007

Stadt Osterholz-Scharmbeck (Hg.): Erfolgreich sanieren in Osterholz-Scharmbeck. Sanierungsbroschüre, Osterholz-Scharmbeck 2013

Wagener, M.: Neuer Bildungscampus ist eröffnet. In: Stadt und Gemeinde 10/2014, S. 388-391

6.2 Aalen

ARGE Forschungsgruppe Stadt + Umwelt/ Rist, H./Leibniz Institut für ökologische Raumentwicklung IÖR/ Psychologisches Institut der Universität Tübingen: Pilotstudie zur nachhaltigen Entwicklung von Nachkriegssiedlungen (1945-65) unter besonderer Berücksichtigung von Flächenökonomie und Flächenmanagement. Forschungsbericht FZKA-BWPLUS, Ludwigsburg 2005

Neue Stadt auf grüner Wiese, in: DIE ZEIT, 07.03.1957, http://www.zeit.de/1957/10/Neue-Stadt-auf-gruener-Wiese

Stadt Aalen, Stadtplanungsamt: Analgen zur Begründung zur Bebauungsplanänderung der Bebauungspläne Triumphstadt I-III. Gestaltungsplan, Aalen 2005

Stadt Aalen, Stadtplanungsamt: Begründung zur Bebauungsplanänderung der Bebauungspläne Triumphstadt I-III und Satzung über örtliche Bauvorschriften für den Geltungsbereich, Aalen 2006a

Stadt Aalen, Stadtplanungsamt: Analgen zur Begründung zur Bebauungsplananderung der Bebauungspläne Triumphstadt I-III. Gestaltungsplan und Auszug aus dem Flächennutzungsplan, Aalen 2006b

Stadt Aalen, Stadtplanungsamt: Bebauungsplan und Satzung über örtliche Bauvorschriften – Entwurf – „Änderung der Bebauungspläne Triumphstadt I-III". Plan Nr. 07-04/4, Aalen 2006

Statistisches Landesamt Baden-Württemberg: Website Statistisches Landesamt Baden-Württemberg: Demografisches Profil Aalen, Stadt. Stuttgart 2014, http://www.statistik.baden-Wuerttemberg.de/Bevoelk Gebiet/Demografie-Spiegel/tabelle.asp?r=136088&c=0, Zugriff 17.04.2015

Interviews

C. Wede, I. Stoll-Haderer, B. Münzer, R. Kluge (Stadtverwaltung Aalen), drei Bewohnern und Vertreter der Eigenheimgemeinschaft, 13.01.2015

Weitere Quellen

Stadt Aalen, Stadtplanungsamt: Textteil zum Bebauungsplanentwurf. Planungsrechtliche Festsetzungen zum Bebauungsplan „Änderung der Bebauungspläne Triumphstadt I-III", Aalen 2006c

Stadt Aalen, Stadtplanungsamt: Legende zum Bebauungsplanentwurf „Änderung der Bebauungspläne Triumphstadt I-III", Aalen 2006d

Bocholt

Empirica: Wohnungsnachfrageanalyse für die Stadt Bocholt, Bonn, 24. Juni 2015

Farwick, H.: Neuausweisung von Wohngebieten versus Entwicklung von Bestandsquartieren. Präsentation im Rahmen der Tagung „Innen leben – Neue Qualitäten entwickeln" der Regionale 2016 am 23.02.2012, Bocholt 2012

Information und Technik Nordrhein-Westfalen, Geschäftsbereich Statistik: Zensus 2011. Bevölkerung und Haushalte. Gemeinde Bocholt, Stadt am 9. Mai 2011, Düsseldorf 2014

Information und Technik Nordrhein-Westfalen, Geschäftsbereich Statistik: Zensus 2011. Gebäude und Wohnungen sowie Wohnverhältnisse der Haushalte. Gemeinde Bocholt, Stadt am 9. Mai 2011, Düsseldorf 2014

Landesdatenbank NRW: Statistische Daten, https://www.landesdatenbank.nrw.de/ldbnrw/online, Zugriff 10.03.2016

Paßlick, U.: Werkstattbericht zur Innenentwicklung in der Stadt Bocholt. Präsentation im Rahmen der Tagung „Innen leben – Neue Qualitäten entwickeln" der Regionale 2016 am 23.02.2012, Bocholt 2012

Paßlick, U.: Werkstattbericht zur Innenentwicklung in der Stadt Bocholt – Nachverdichtung von Einfamilienhausgebieten. Präsentation im Rahmen des Difu-Seminars „Alternde" Einfamilienhausgebiete – Herausforderungen und Perspektiven am 24.-25.09.2012, Bocholt 2012

Stadt Bocholt: Bauleitplanung Dr. Elisabeth-Selbert-Straße, Bebauungsplan No. 17, 25.01.1988

Stadt Bocholt (Hg.): Stadtentwicklungskonzept Bocholt, Bocholt 2007

Stadt Bocholt: Bauleitplanung Schulstraße – Auf dem Dannenkamp, Bebauungsplan 2-21, Öffentliche Sitzungsvorlage, 28.02.2012

Zensus 2011: Haushalte nach Art des Gebäudes und Größe des privaten Haushalts, https://ergebnisse.zensus2011.de/#dynTable:statUnit=HAUSHALT;absRel=ANZAHL;ags=081365001088,055540008008,033520011011,055620012012,057580016016,096770148148,033560007007,033590038038,031030000000;agsAxis=X;xAxis=GEBAEUDEART_SYS;yAxis=HHGROESS_KLASS, Zugriff 13.01.2015

Interviews

Paßlick, U., Sieverding, G., Döring, A., Johann, N. (Stadtverwaltung Bocholt), 04.03.2015

Weitere Quellen

Stadt Bocholt: Leitlinien zur Innenentwicklung/Nachverdichtung im unbeplanten und beplanten Innenbereich zur Schaffung von zusätzlichen Baumöglichkeiten auf privaten Grundstücken, Beschlussvorlage – Entwurf, Bocholt 2015

Stadt Bocholt: Begründung zum Bebauungsplan 2-21 der Stadt Bocholt, Aufstellung des Bebauungsplanes für den Bereich südlich der Mittelheggenstraße, westlich der Straße Auf dem Dannenkamp, nördlich der Birkenallee und östlich der Schulstraße im vereinfachten Verfahren gemäß § 13 Baugesetzbuch (BauGB), Bocholt, 14.02.2012

Stadt Bocholt: Bebauungsplanentwurf 2-21 für den Bereich Auf dem Dannenkamp, Schulstraße, Mittelheggenstraße und Birkenallee, Bocholt, 14.02.2012

6.3 Stade

Bundesinstitut für Bau-, Stadt- und Raumforschung (Hg.): Anforderungen an energieeffiziente und klimaneutrale Quartiere (EQ), Modellquartier Stade-Hahle, http://www.bbsr.bund.de/BBSR/DE/FP/ExWoSt/Studien/2011/EnergieeffizienteQuartiere/Downloads/Steckbrief_Stade.pdf?__blob=publicationFile&v=2, Zugriff 17.06.2015

Danner, M./Kirci, G.: Integriertes energetisches Quartierskonzept in Stade, Eine Chance für kommunalen Klimaschutz und Bewohnerschaft? In: AKP – Fachzeitschrift für Alternative Kommunal Politik, Ausgabe 1/2014, S. 24/25

Hansestadt Stade (Hg.): Klimaschutz und Klimaanpassung in der Stader Region, Klimaschutzmaßnahmen der Hansestadt Stade – Klimaquartier Hahle, Präsentation im Rahmen des Klimaschutz-Workshops am 09.12.2014, Stade 2014

Interviews

N. Jacobs, S. van Bernem (Stadtverwaltung Stade), F. Polzin (Energie Ingenieure), 16.06.2015

Weitere Quellen

Albers, M./Schröder-Doms, K.: Stadt Gespräche, Das KlimaQuartier der Hansestadt Stade – der Stadtteil Hahle, Interview mit Kersten Schröder-Doms, Stadtrat der Hansestadt Stade, in: DSK – Deutsche Stadt- und Grundstücksentwicklungsgesellschaft (Hg.): DSK Depesche, Ausgabe 3/2011, Wiesbaden 2011, S. 2

Allwörden, P.: Hahle ist Modellquartier für Bildung und Klimaschutz, in: Stader Tageblatt, Seite 10, Stand 06.06.2012, www.gs-hahle.de/app/download/5782095752/120606_sth_gesamt+10.pdf, Zugriff 04.04.2016

Bundesministerium für Verkehr, Bau und Stadtentwicklung (Hg.): Anforderungen an energieeffiziente und klimaneutrale Quartiere (EQ), Werkstatt: Praxis Heft 81, Berlin 2013

Bundesministerium für Verkehr, Bau und Stadtentwicklung (Hg.): Anforderungen an energieeffiziente und klimaneutrale Quartiere, Ein ExWoSt-Forschungsfeld, ExWoSt-Informationen 42/2, Berlin 2012

Hansestadt Stade (Hg.): Integriertes Energetisches Quartierskonzept Stade-Hahle, Ein Baustein für den Klimaschutz in der Hansestadt Stade, Flyer, o.J.

Klimaquartier Hahle, Gläserne Baustelle Hahle, https://www.stadt-stade.info/wohnen-und-leben/klimaschutz/ii-sanierungsmanagment-stade-hahle/, Zugriff 18.03.2016

Landesamt für Statistik Niedersachsen: Zensus 2011, Gebäude und Wohnungen sowie Wohnverhältnisse der Haushalte, Gemeinde Stade, Hansestadt am 9. Mai 2011, Hannover 2014

Landesamt für Statistik Niedersachsen: Zensus 2011, Bevölkerung und Haushalte, Gemeinde Stade, Hansestadt am 9. Mai 2011, Hannover 2014

Malottki, C.: Anforderungen an energieeffiziente und sozial stabile Quartiere, Präsentation im Rahmen des 7. BDA-Symposiums Ökologisch, sozial, ästhetisch – Perspektiven für die energetische Stadtsanierung am 28.02.2013, Hannover 2013

Penz, T: Kreiszeitung Wochenblatt: Mehrheit für den Klima-Manager in Stade, Halbe Stelle bei der Stadtverwaltung / Viele Aufgaben in Hahle, http://www.kreiszeitung-wochenblatt.de/stade/politik/mehrheit-fuer-den-klima-manager-in-stade-d27736.html, Zugriff 17.06.2015

Penz, T: Kreiszeitung Wochenblatt: Raum für Begegnungen und Aufenthalt, Freizeitfläche für 130.000 Euro in Hahle / Bauarbeiten dauern bis zu den Sommerferien, http://www.kreiszeitung-wochenblatt.de/stade/panorama/raum-fur-begegnung-und-aufenthalt-d32197.html, Zugriff 17.06.2015

Penz, T: Kreiszeitung Wochenblatt: „Gläserne Baustelle mit Show-Effekt, Stadt lässt betagtes Reihenhaus im „Klima-Quartier" Hahle energetisch sanieren / Zuschauer erwünscht, http://www.kreiszeitung-wochenblatt.de/stade/wirtschaft/glaeserne-baustelle-mit-show-effekt-d52070.html, Zugriff 17.06.2015

Schlump, C.: Die Handlungsebene zwischen Einzelgebäude und Stadt, Energieeffiziente Quartiere (EQ), Präsentation im Rahmen der Berliner Energietage am 16. Mai 2013, Berlin 2013

6.4 Cuxhaven

Lasius, U.: Marktaktivität Ein- und Zweifamilienhäuser in der Stadt Cuxhaven 1992-2013, Vortrag 23.10.2013

Stadt Cuxhaven (Hg.): Leitbild Cuxhaven – Sehen, Handeln und Verstehen einer Stadt, Cuxhaven 2011

Stadt Cuxhaven: Sitzungsvorlagen 2009

Stadt Cuxhaven: Projektflyer Cuxhavener Wohnlotsen, Programmflyer zur Auftaktveranstaltung am 11. März 2009, Cuxhaven 2009a

Stadt Cuxhaven: Cuxhavener Wohnlotsen – Sachstandsbericht zum Ende der Projektlaufzeit des ExWoSt-Modellvorhabens, Cuxhaven 2009b

Stadt Cuxhaven (Hg.): Abschlussbericht zum ExWoSt-Forschungsfeld „Kommunale Konzepte: Wohnen" Cuxhavener Wohnlotse, Cuxhaven/Bremen 2009c

Wein, M.: Cuxhaven hofft auf Schuldenerlass. Zukunftsvertrag mit dem Land könnte Verbindlichkeiten der Stadt von 350 Millionen Euro halbieren. In: Weser-Kurier, 02.06.2014, 70. Jahrgang, Nr. 126, Bremen 2014, S. 12

Wohltmann, H.: Cuxhavener Wohnlotsen: Ergebnisprotokoll des 1. Findungstreffens. 1. Treffen der Cuxhavener Akteure rund um die Bestandsimmobilie am 26.03.2009, Cuxhaven 2009

Interviews

M. Adamski, N. Eisenbrandt , U. Lasius (Stadtverwaltung Cuxhaven), H. Bartels (freier Architekt, 2. Vorsitzender Wohllotsen Cuxhaven), M. Horeis (Bewohner), 28.7.2015

Weitere Quellen

Bundesministerium für Verkehr, Bau und Stadtentwicklung (Hg.): Altersgerecht umbauen – 20 Modellvorhaben, Berlin 2010

Müller, R.: Wohnlotsen am Wattenmeer. Cuxhaven hat ein Problem: Schon in wenigen Jahren könnte dort jedes vierte Haus leer stehen. Jetzt versucht die Stadt an der Nordsee gegenzusteuern. Neubürger werden kaum kommen, aber es soll zumindest der Bestand gesichert werden. In: Frankfurter Allgemeine Zeitung, 20.06.2010, Frankfurt 2010

Plan-WerkStadt: Cuxhavener Wohnlotsen. Aktivierungsprozess zur Förderung des Wohnungsbestandes insbesondere im Ein- und Zweifamilienhaussegment. Projektbeschreibung, Cuxhaven o.J.

Plan-WerkStadt: CuxViTA – Häuser für´s ganze Leben. Ein Kooperationsprojekt zur Entwicklung von Lösungen für ein langes selbstbestimmtes Leben in den eigenen 4 Wänden. Projektbeschreibung, Cuxhaven o.J.

Stadt Cuxhaven: Cuxhavener Wohnlotse – Auftaktveranstaltung am 11.03.2009. Veranstaltungsbeiträge, Cuxhaven 2006

Tröster, C.: Website Spiegel Online: Leerstand bei Einfamilienhäusern: Alptraumhaus im Grünen, http://www.spiegel.de/wirtschaft/cuxhaven-demografischer-wandel-bedroht-einfamilienhausviertel-a-863006.html, Zugriff 24.04.2015

Website BBSR: Cuxhavener Wohnlotsen. Kommunale Konzepte: Wohnen, http://www.bbsr.bund.de/BBSR/DE/FP/ExWoSt/Forschungsfelder/2007/KommunaleKonzepte/Modellvorhaben/MV_Cuxhaven.html?nn=425678, Zugriff 05.05.2014

Website refina: Cuxhavener Wohnlotsen. http://refina.segeberg.de/staticsite/drucken.php?menuid=121, Zugriff 23.07.2010

Wohltmann, H.: 2. Treffen der Cuxhavener Akteure rund um die Bestandsimmobilie, 20.05.2009. Thema: Erfahrungsbericht aus dem Praxisprojekt altbauplus e.V. Aachen, Cuxhaven 2009a

Wohltmann, H./Gohrbandt. T.: Ideenbörse zur Entwicklung silberner und goldener Hochzeitsgebiete. Praxisbeispiel Cuxhavener Wohnlotsen. Präsentation im Rahmen der 6. Zukunftswerkstatt – Flächenverbrauch in der Metropolregion Hamburg am 16.05.2009, Hamburg 2009b

Wohltmann, H.: Wohnlotsen in Cuxhaven und Flensburg. Difu-Fortbildung. Alternde Einfamilienhausgebiete – Herausforderungen und Perspektiven. Präsentation, Berlin 25.09.2012

Hiddenhausen

Hiddenhausen: Richtlinien zur Förderung des Erwerbs von Altbauten, http://www2.hiddenhausen.de/PDF/Richtlinien_zur_Förderung_des_Erwerbs_von_Altbauten_, Zugriff 01.04.2016

Homburg, A.: Wettbewerb 2011 – Aktiv für ländliche Infrastruktur: „Jung kauft Alt". Präsentation vom 12.12.2013, Langfassung, Hiddenhausen 2013

Homburg, A.: Förderprogramm „Jung kauft Alt – Junge Leute kaufen alte Häuser". Präsentation, Hiddenhausen o.J.

Interviews

U. Rolfsmeyer, U., Homburg (Stadtverwaltung Hiddenhausen), U. Wolff (Sparkasse Herford, Runder Tisch), M. Biro (Runder Tisch), 21.04.2015

Weitere Quellen

Homburg, A.: Alte Häuser suchen neue Bewohner, http://www.netzwerk-laendlicher-raum.de/themen/demografischer-wandel/von-anderen-lernen/jung-kauft-alt/, Zugriff 29.07.2014

Homburg, A.: Förderprogramm „Jung kauft Alt", Hiddenhausen 2013

Homburg, A.: Wettbewerb 2011 – Aktiv für ländliche Infrastruktur: „Jung kauft Alt". Präsentation vom 12.12.2013, Kurzfassung, Hiddenhausen 2013

6.5 Wolfsburg Detmerode

Bauwelt 17/18, 2013, Themenheft Wolfsburg 75!

Bauwelt 43/44, 1968, Sonderdruck: Wolfsburg – nach dreißig Jahren. Umrisse einer gegründeten Stadt

Braun, M. S. u.a. (Hg.): Wolfsburg. Der Architekturführer, Berlin 2011

Herlyn, U./Tessin, W./Harth, A./Scheller, G.: Faszination Wolfsburg 1938-2012, 2. Auflage, Springer VS Verlag für Sozialwissenschaften, Wiesbaden 2012

Hotze, B.: Modellfall Wolfsburg-Detmerode, in: Baunetzwoche 307/2013, S. 2-16 http://www.baunetz.de/baunetzwoche/baunetzwoche_ausgabe_3095519.html, Zugriff 01.07.2014

NBank: NBank-Bevölkerungs- und Haushaltsprognose aus „Wohnungsmarktbeobachtung 2014/15 Generationengerechtes Wohnen in Niedersachsen – Perspektive 2035", Bevölkerungsprognose der Stadt Wolfsburg, Wolfsburg 2014/15

Stadt Wolfsburg: Forum Architektur, www.wolfsburg.de, Zugriff 18.01.2015

Stadt Wolfsburg (Hg.): Geschäftsbereich Stadtplanung & Bauberatung: Einfamilienhausquartiere in Detmerode, Handlungsleitfaden für die Modernisierung, Wolfsburg 2013a

Stadt Wolfsburg (Hg.): Baukultur im Ohr. Ein Hörspaziergang durch den Wolfsburger Stadtteil Detmerode, Flyer im Rahmen des Hörspaziergangs Wolfsburg-Detmerode, Wolfsburg 2013b

Wegweiser Kommune: Bertelsmann Stiftung (Hg.) Kommunale Daten, http://www.wegweiser-kommune.de/, Zugriff 06.04.2016

Interviews

H. Fengel, N. Froberg (Stadtverwaltung Wolfsburg), R. Curti (Landesamt für Denkmalpflege) zwei Bewohner, 22.04.2015

Weitere Quellen

Beier, R. (Hg.): Aufbau West Aufbau Ost, die Planstädte Wolfsburg und Eisenhüttenstadt in der Nachkriegszeit, Buch zur Ausstellung des Deutschen Historischen Museums vom 16. Mai bis 12. August 1977, Gerd Hatje Verlag, Ostfildern 1977

Reichold, O. (Hg.): ...erleben, wie eine Stadt entsteht, Städtebau, Architektur und Wohnen in Wolfsburg 1938-1998, Begleitband zur Ausstellung vom 26. Mai bis 28. August 1998 in der Bürgerhalle des Wolfsburger Rathauses, Jo. Heinr. Meyer Verlag, Braunschweig 1998

Stadt Wolfsburg (Hg.): Modellvorhaben Detmerode. Städtebauliche Qualitäten gemeinsam sichern, Stadt Wolfsburg sucht Dialog mit Einfamilienhausbesitzern, Wolfsburg 2012

Kapitel 8

Ahaus

Europan Deutschland/Regionale 2016 Agentur (Hg.): Europan 12 Adaptable City. Innen Leben – Neue Qualitäten Entwickeln! Regionale 2016, Berlin/Velen 2013

Europan Deutschland/Regionale 2016 Agentur (Hg.): Unterlagen der Regionale 2016 Agentur Velen, Regionale 2016 – Deutschland – Europan 12. Innen Leben – Neue Qualitäten Entwickeln, Berlin/Velen 2014

Frauns, E: Zukunftsland Regionale 2016, Aufruf zu einem regionalen Dialog! Ein Denklabor, Präsentation im Rahmen der Zwischenbilanz-Tagung zum Projektaufruf „Innen Leben – Neue Qualitäten Entwickeln!" am 12.11.2014, Coesfeld 2014, http://www.innen-leben.info/fileadmin/daten/mandanten/innen-leben/Dokumente/Praesentationen_Zwischenbilanz/Ideenskizzen_Regionale_Denklabor.pdf, Zugriff 26.11.2014

Schneider, U.: Projektaufruf „Innen-Leben – Neue Qualitäten entwickeln!", Eine Zwischenbilanz, Präsentation im Rahmen der Zwischenbilanz-Tagung zum Projektaufruf „Innen Leben – Neue Qualitäten Entwickeln!", 12.11.2014, Coesfeld 2014, http://www.innen-leben.info/fileadmin/daten/mandanten/innen-leben/Dokumente/Praesentationen_Zwischenbilanz/Uta_Schneider_Regionale_2016_Zwischenbilanz_Projektaufruf.pdf, Zugriff 26.11.2014

Statistik NRW, https://www.it.nrw.de/statistik/, Zugriff 28.01.2016

Telefoninterviews

C. Lüke, C., S. Niekamp (Regionale 2016 Agentur, Velen), 2014

Arnsberg

Dräger-Möller, B.: Stadt Arnsberg, Zukunftsagentur, Stadtentwicklung, o.O.u.o.J.

Stadt Arnsberg: „Alternde" Einfamilienhausgebiete – Herausforderungen und Perspektiven, Ein- und Zweifamilienhausgebiete als Handlungsfeld kommunaler Stadterneuerung, Arnsberg 2012

Statistik NRW, https://www.it.nrw.de/statistik/, Zugriff 28.01.2016

Telefoninterview

T. Vielhaber (Stadt Arnsberg, Fachbereich 4 Planen, Bauen, Umwelt), 2015

Bernsheim

Bundesministerium für Verkehr, Bau und Stadtentwicklung (Hg.): Altersgerecht umbauen – 20 Modellvorhaben, Berlin 2010

Morgenweb, http://www.morgenweb.de/region/bergstrasser-anzeiger/bensheim/wohnungen-altersgerecht-umbauen-1.907204, Zugriff 28.02.2014

Stadtbauplan GmbH: Städtebauliche Bestandsanalyse und Befragung, Modellvorhaben Altersgerecht Umbauen, „Die Chance ergreifen – Wohnen altersgerecht gestalten – Ein Modellvorhaben auf dem Weg zu mehr Lebensqualität aller Generationen in Bensheim", im Auftrag der Stadt Bensheim, Darmstadt 2011

Stadt Bensheim: Wohnstandort Bensheim, Präsentation, November 2011

Statistik Hessen, http://www.statistik-hessen.de/, Zugriff 28.01.2016

Telefoninterview

M. Foltin (Stadt Bensheim, Demografiebeauftragter, Team Stadtplanung), 2015

Flensburg

Bundesministerium für Verkehr, Bau und Stadtentwicklung (Hg.): Stadtquartiere für Jung und Alt – Das ExWoSt-Forschungsfeld „Innovationen für familien- und altersgerechte Stadtquartiere", Berlin 2007

Stadt Flensburg (Hg.): „Mürwik- jung und alt!" – Zusammenfassung, ExWoSt-Forschungsvorhaben, Generationenübergreifende und nachbarschaftsorientierte Bestandsentwicklung im Einfamilien- und Geschosswohnungsbau auf Stadtquartiersebene am Beispiel Flensburg-Mürwik, Flensburg 2010

Stadt Flensburg (Hg.): Sozialatlas 2014, Datenbasis bis 31.12.2013, Stadt Flensburg, Fachbereich Jugend, Soziales, Gesundheit, Flensburg 2014

Statistisches Landesamt Schleswig-Holstein, http://www.statistik-nord.de/, Zugriff 28.01.2016

Wohnlotsen, http://www.wohnlotsen-flensburg.de/, Zugriff 28.02.2014

Telefoninterview

W. Börstinghaus (Stadt Flensburg, Fachbereich Stadtentwicklung), 2014

Kiel

GEWOS Institut für Stadt-, Regional- und Wohnforschung GmbH (Hg.): Quartiersentwicklungskonzept Kiel – Altersgerechte Anpassung der Stadtteile Ellerbek und Wellingdorf, Hamburg 2011

GEWOS Institut für Stadt-, Regional- und Wohnforschung GmbH: Kieler Modellvorhaben „Altersgerechte Anpassung der Stadtteile Ellerbek und Wellingdorf" Präsentation im Rahmen der Kommunikationsplattform am 30.08.2010, Hamburg 2010

GEWOS Institut für Stadt-, Regional- und Wohnforschung GmbH: Kieler Modellvorhaben „Altersgerechte Anpassung der Stadtteile Ellerbek und Wellingdorf", Präsentation im Rahmen der Vorstellung beim Ortsbeirat Ellerbek/Wellingdorf am 02.03.2011, Kiel 2011

Statistisches Landesamt Schleswig-Holstein: http://www.statistik-nord.de/, Zugriff 28.01.2016

Telefoninterview

A. Mahler-Wings (Landeshauptstadt Kiel, Amt für Wohnen und Grundsicherung), 2014

Lahnstein

Borowski, N: Siedler gehen Zukunft gemeinsam an, In: Rhein-Lahn-Zeitung, 15.06.2012

Hoß, W.: Stadtverwaltung Lahnstein, Fachbereich 1 – Zentrale Dienste, Stadtentwicklung und Kultur, Fachgebiet 1.5 – Stadtentwicklung, Kultur und Tourismus, Lahnstein 2015

Ministerium der Finanzen Mainz (Hg.): Wohneigentum für Generationen, Siedlungen zukunftsfähig gestalten und entwickeln, Mainz 2011

Ministerium der Finanzen Mainz (Hg.): Wohneigentum für Generationen, Evaluation der (fünf) Modellsiedlungen unter Einbeziehung weiterer Referenzsiedlungen der Verbandes Wohneigentum, Abschlussbericht, Mainz 2013

Stadt Lahnstein (Hg.): Haushaltssatzung & Haushaltsplan 2014, Lahnstein 2014

Stadt Lahnstein, http://www.lahnstein.de/startseite/, Zugriff 26.05.2014

Statistisches Landesamt Rheinland-Pfalz, https://www.statistik.rlp.de/home/, Zugriff 28.01.2016

Telefoninterview

A. Mokus, A. (Vorsitzender Siedlerverein), 2015

Langenneufnach

Langenneufnach, http://www.langenneufnach.de/index.php?p=modellkommune, Zugriff 03.03.2014

Müller-Herbers, S./Skorka, M.: Revitalisierung von Einfamilienhausgebieten, Ressortübergreifendes Modellprojekt von vier bayrischen Staatsministerien, Ausgangslage und Fragestellungen, Präsentation vom 12.2012, Gunzenhausen/Neuried

Müller-Herbers, S./Skorka, M.: Revitalisierung von Einfamilienhausgebieten, Ressortübergreifendes Modellprojekt von vier bayrischen Staatsministerien, Hintergründe und Ziele des Projektes, Präsentation, Gunzenhausen/Neuried

Müller-Herbers, S./Skorka, M.: Revitalisierung von Einfamilienhausgebieten, Ressortübergreifendes Modellprojekt von vier bayrischen Staatsministerien, Lösungsansätze Stand Mai 2013, Gunzenhausen/Neuried

Statistik Bayern, https://www.statistik.bayern.de/, Zugriff 28.01.2016

Marktrodach

Bellazrak, R.: Wohngebiet „Am Steig" wird Modellprojekt, In Bayern arbeiten vier Ministerien an der „Revitalisierung von Einfamilienhausgebieten", Auch Marktrodach ist in dem Programm, Die Untersuchung im Quartier laufen Schon, http://www.np-coburg.de/lokal/kronach/kronach/Wohngebiet-Am-Steig-wird-Modellprojekt;art83426,2627746, Zugriff 05.06.2014

Marktrodach, http://marktrodach.de/, Zugriff 03.03.2014

Müller-Herbers, S./Skorka, M.: Revitalisierung von Einfamilienhausgebieten, Ressortübergreifendes Modellprojekt von vier bayrischen Staatsministerien, Hintergründe und Ziele des Projektes, Präsentation, Gunzenhausen/Neuried

Statistik Bayern, https://www.statistik.bayern.de/, Zugriff 28.01.2016

Telefoninterviews

M. Skorka (Planungsbüro Skorka, München), S. Müller-Herbers (Baader Konzept GmbH, Mannheim), 2014, 2015

Nordkirchen

Europan Deutschland/Regionale 2016 Agentur (Hg.): Europan 12 Adaptable City. Innen Leben – Neue Qualitäten Entwickeln! Regionale 2016, Berlin/Velen 2013

Europan Deutschland/Regionale 2016 Agentur (Hg.): Unterlagen der Regionale 2016 Agentur Velen Regionale 2016 – Deutschland – Europan 12. Innen Leben – Neue Qualitäten Entwickeln, Velen 2016

Frauns, E: Zukunftsland Regionale 2016, Aufruf zu einem regionalen Dialog! Ein Denklabor, Präsentation im Rahmen der Zwischenbilanz-Tagung zum Projektaufruf „Innen Leben – Neue Qualitäten Entwickeln!" am 12.11.2014, Coesfeld 2014, http://www.innen-leben.info/fileadmin/daten/mandanten/innen-leben/Dokumente/Praesentationen_Zwischenbilanz/Ideenskizzen_Regionale_Denklabor.pdf, Zugriff 26.11.2014

Schneider, U.: Projektaufruf „Innen-Lenbem – Neue Qualitäten entwickeln!", Eine Zwischenbilanz, Präsentation im Rahmen der Zwischenbilanz-Tagung zum Projektaufruf „Innen Leben – Neue Qualitäten Entwickeln!" am 12.11.2014, Coesfeld 2014, http://www.innen-leben.info/fileadmin/daten/mandanten/innen-leben/Dokumente/Praesentationen_Zwischenbilanz/Uta_Schneider_Regionale_2016_Zwischenbilanz_Projektaufruf.pdf, Zugriff 26.11.2014

Statistik NRW, https://www.it.nrw.de/statistik/, Zugriff 28.01.2016

Telefoninterviews

C. Lüke, S. Niekamp (Regionale 2016 Agentur GmbH, Velen), 2014

Eichenau

Stadt Eichenau: Bebauungsplan B14 „Okalsiedlung", Begründung, Eichenau 2011

Stadt Eichenau: Bebauungsplan B14 „Okalsiedlung", Plandarstellung, Eichenau 2011

Stadt Eichenau: Bebauungsplan B14 „Okalsiedlung", Textteil, Eichenau 2011

Statistik Bayern, https://www.statistik.bayern.de/, Zugriff 28.01.2016

Telefoninterviews

L. Dietz, (Gemeinde Eichenau, Bauleitplanung), R. Karnott (Planungsverband äußerer Wirtschaftsraum München), 2015

Erlangen

Stadt Erlangen: Auszug aus dem 1. Deckblatt zum Bebauungsplan 104 / 163 – Sieglitzhofer Waldsiedlung, Erlangen 2012

Stadt Erlangen: 1. Deckblatt zum Bebauungsplan Nr. 104 / 163 - Sieglitzhofer Waldsiedlung, Erlangen 2012

Statistik Bayern, https://www.statistik.bayern.de/, Zugriff 28.01.2016

Telefoninterviews

G. Franz, W. Stein (Stadt Erlangen, Abteilung Stadtentwicklung und Stadtplanung), 2015

Bottrop

Innovation City Ruhr, http://www.icruhr.de/index.php?id=3, Zugriff 28.02.2014

Kloidt, L: „Neue Zukunft für ältere Häuser", Ergebnisse der Pilotstudie Bottrop, Windmühlenweg, Ein Beitrag zum Quartiersmanagement in der energetischen Stadtsanierung, Präsentation In Rahmen der Veranstaltung „Einfamilienhausquartiere der Zukunft" am 26. September 2013 in Ahaus, Ahaus 2013

NRW.URBAN Service GmbH (Hg.): Optimieren von Quartieren, Das KfW-Programm 432 zur „Energetischen Stadtsanierung" ein Leitfaden, Dortmund, o.J.

NRW Bank, http://www.nrwbank.de/de/corporate/presse/pressearchiv/2012/120103_PI_InnovationCity.html, Zugriff 16.09.2015

Statistik NRW, https://www.it.nrw.de/statistik/, Zugriff 28.01.2016

Telefoninterviews

L. Kloidt (Bereichsleiter Projektmanagement NRW.URBAN), P. Kramer (NRW.URBAN, Projektmanagement), 2014

Crailsheim

Sanier mit mir, http://www.saniermitmir.de/experten/stadt-crailsheim.html, Zugriff 16.09.2015

Stadtwerke Crailsheim, http://www.stw-crailsheim.de/stadtwerke-crailsheim/unternehmen/klimaquartier-zur-fluegelau.html, Zugriff 16.09.2015

Statistisches Landesamt Baden-Württemberg, http://www.statistik.baden-wuerttemberg.de/, Zugriff 28.01.2016

Werner, J. : Klimagerechte Stadtentwicklung, Praxisbericht – integrierte energetische Quartierskonzepte, DSK GmbH & Co. KG, Deutsche Stadt- und Grundstücksentwicklungsgesellschaft, Büro Wiesbaden ABGnova – Sophien Hof Abende 16.12.2014

Telefoninterviews

E. Reu (Stadtwerke Crailsheim GmbH), 2015

Ilvesheim

Stadt Ilvesheim: Bürgerversammlung zum Sanierungsgebiet, Präsentation im Rahmen der Bürgerversammlung am 29.11.2012, Ilvesheim 2012

Stadt Ilvesheim: Die Energiekarawane kommt nach Ilvesheim! Infoflyer zur Auftaktveranstaltung am 20.02.2014, Ilvesheim 2014

Statistisches Landesamt Baden-Württemberg, http://www.statistik.baden-wuerttemberg.de/, Zugriff 28.01.2016

Telefoninterviews

C. Arnold, J. Schueckle (Gemeinde Ilvesheim, Bauamt/Bürgerdienste), 2015

Kreis Coesfeld

Hofmann, K.: Wohnungsmarkt im Wandel – Aktuelle Einblicke in die Region, Die Zukunft älterer Wohngebiete im Münsterland entwickeln und fördern, Präsentation im Rahmen der Zwischenbilanz-Tagung zum Projektaufruf „Innen Leben – Neue Qualitäten Entwickeln!" am 12.11.2014, Coesfeld 2014, http://www.innen-leben.info/fileadmin/daten/mandanten/innen-leben/Dokumente/Praesentationen_Zwischenbilanz/Karl_Hofmann_NRWBank_Wohnungsmarkt_im_Wandel.pdf, Zugriff 26.11.2014

Kreis Coesfeld: Clever wohnen im Kreis Coesfeld. „Innen leben – Neue Qualitäten entwickeln!" 1. Fliegendes Klassenzimmer, Billerbeck 2012

Statistik NRW, https://www.it.nrw.de/statistik/, Zugriff 28.01.2016

Telefoninterview

M. Raabe (Büro des Landrats, FD Kreisentwicklung), 2014

Kreis Steinfurt

Haus im Glück: http://www.hausimglueck.info/kreis-steinfurt/, Zugriff 03.03.2014

Haus im Glück e.V.: Haus im Glück, Ihr Schmuckstück für die Zukunft, Energetisches Bauen und Modernisierung, Wenn, dann richtig! Eine Initiative für die Eigentümer von Ein- und Zweifamilienhäusern im Kreis Steinfurt, Infoflyer, Steinfurt o.J.

Haus im Glück e.V.: Projekt- und Ergebnisbericht der Haus im Glück – Bausteine Gebäudekataster und Haus-zu-Haus-Beratungen, Steinfurt 2007

Jürgen Pösch (Hg.): Energieeffizienz in Gebäuden. Jahrbuch 2015. 2015. Verlag und Medienservice Energie (VME) o.O. 2015

Statistik NRW, https://www.it.nrw.de/statistik/, Zugriff 28.01.2016

Telefoninterview

M. Bußkamp (Haus im Glück e.V., Projektkoordination), 2014

Mainz

Institut Wohnen und Umwelt GmbH (Hg.): Projektinformation, Energetische Stadtsanierung – integriertes Quartierskonzept Mainz-Lerchenberg, im Auftrag des Umweltamtes der Stadtverwaltung Mainz, Darmstadt 2012

Institut Wohnen und Umwelt GmbH (IWU), http://www.iwu.de/forschung/integrierte-nachhaltige-entwicklung/mainz-lerchenberg/, Zugriff 15.05.2014

Mainz Lerchenberg, http://www.mainz-lerchenberg.de/, Zugriff 07.05.2014

Mainz, http://www.mainz.de/leben-und-arbeit/umwelt/sanierungsmanagement-lerchenberg.php, Zugriff 16.09.2015

Mainz, https://www.mainz.de/leben-und-arbeit/umwelt/sanierungsmanagement-lerchenberg.php, Zugriff 26.04.2016

Stadt Mainz, Soziale Stadt, http://www.mainz-lerchenberg.de/soziale-stadt.htm, Zugriff 20.10.2014

Statistisches Landesamt Rheinland-Pfalz, https://www.statistik.rlp.de/home/, Zugriff 28.01.2016

Telefoninterview

B.C. Reichard-Matkowski (Sanierungsmanagerin Mainz Lerchenberg), 2015

Oberasbach

Stadt Oberasbach: Siedlung am Hölzleshoffeld in Unterasbach, Integriertes und städtisches Quartierskonzept gestartet, http://www.oberasbach.de/aktuelles/detail/siedlung-am-hoelzleshoffeld-in-unterasbach-1089.html, Zugriff 18.02.2014

Stadt Oberasbach: 2. Anwohnerinformation, Energetisches Quartierskonzept, Präsentation 19.02.2015

Statistik Bayern, https://www.statistik.bayern.de/, Zugriff 28.01.2016

Telefoninterview

M. Dietrich (Stadtplanerin, Architektin BayAK, Projektsteuerung für die Stadt Oberasbach), 2014

Ostfildern

StadtRundschau 2015: Das Sanierungsmanagement Parksiedlung lädt zum Spaziergang ein – Eine energetische Sanierung zahlt sich aus, Nummer 31, 30.07.2015

Statistisches Landesamt Baden-Württemberg, http://www.statistik.baden-wuerttemberg.de/, Zugriff 28.01.2016

Weeber+Partner, Institut für Stadtplanung und Sozialforschung: Energetische Stadtsanierung Ostfildern-Parksiedlung, Integriertes Quartierskonzept, Präsentation, Ostfildern 2015

Interview

J. Aminde (Büro Weeber+Partner, Stuttgart), 2015

Illingen

Berger, A.: Gemeinde Illingen, Dorferneuerung, Denkmalpflege und Städtebauförderung, Illingen o.J.

Berger, A.: Leerstandsmanagement in Illingen – Entwicklung, Schwierigkeiten, Erfolge, Präsentation, Illingen o.J.

Gemeinde Illingen (Hg.): Handlungsanleitung zum Umgang mit leerstehenden Gebäuden, Erfassung, Konzepte, Mobilisierung, Leerstandsmanagement, Pilotprojekt Illingen in Zusammenarbeit mit dem Umweltministerium des Saarlandes, Illingen 2005

Gemeinde Illingen (Hg.): Neue Strategien der Siedlungsentwicklung unter Berücksichtigung der demografischen Entwicklung, Pilotprojekt Illingen in Zusammenarbeit mit dem Umweltministerium des Saarlandes, Illingen 2005

Gemeinde Illingen (Hg.): Platz Da! Kommunales Abrissprogramm der Gemeinde Illingen, Illingen 2008

Gemeinde Illingen (Hg.): Modellprojekt MELanIE Revitalisierung der Brückenstraße 2007-2009 in der Gemeinde Illingen, gefördert durch das Ministerium für Wirtschaft und Wissenschaft des Saarlandes, Illingen 2009

Gemeinde Illingen (Hg.): MELanIE-Modellprojekt Dokumentation des kommunalen Förderprogrammes „Abriss" in der Gemeinde Illingen, gefördert durch das Ministerium für Umwelt und Verbraucherschutz des Saarlandes, Illingen 2012

König, A: Illingen 2030. Keine Angst vor Schrumpfung dank Offenheit, pfiffiger Ideen und Bürger-Partizipation, Illingen 2009

Karlsruhe Rüppurr

Stadt Karlsruhe: Informationsservice Statistik Aktuell, Zahl der Karlsruher Einwohner steigt weiterhin an, Bevölkerungsbilanz 2010, Karlsruhe 2011

Stadtwiki Karlsruhe, http://ka.stadtwiki.net/Baumgartensiedlung, Zugriff 16.10.2015

Karlsruhe, https://web1.karlsruhe.de/db/kulturdenkmale/archiv/dt2003/baumgarten.php, Zugriff 16.10.2015

Statistisches Landesamt Baden-Württemberg, http://www.statistik.baden-wuerttemberg.de/, Zugriff 28.01.2016

Stuttgart-Botnang

Hopfner, K., Simon-Philipp, C., Wolf, C. (Hg.): Größer höher dichter, Wohnen in Siedlungen der 1960er- und 1970er-Jahre in der Region Stuttgart, Stuttgart 2012

Stadt Stuttgart: Datenkompass Stadtbezirke Stuttgart 2014/2015, Stadtbezirk Botnang, Stuttgart 2015

Statistisches Landesamt Baden-Württember,: http://www.statistik.baden-wuerttemberg.de/, Zugriff 28.01.2016

Ströbele, T: Nach zwei Jahren ist der Leitfaden für Aspen fertig, Stuttgarter Zeitung, 10.06.2013, http://www.stuttgarter-zeitung.de/inhalt.wohnsiedlung-aspen-nach-zwei-jahren-ist-der-leitfaden-fuer-aspen-fertig.6381c551-49ba-4f85-8811-04cdb75549c7.html, Zugriff 16.10.2015

Weil im Schönbuch

Kommunalentwicklung, http://www.lbbw-immobilien.de/real-estate-services/kommunalentwicklung/leistungsspektrum/planung/weitere-seiten/weil-im-schoenbuch-schaichhofsiedlung, Zugriff 03.03.2014

Statistisches Landesamt Baden-Württemberg, http://www.statistik.baden-wuerttemberg.de/, Zugriff 28.01.2016

Telefoninterviews

J. Currle (LBBW Immobilien Kommunalentwicklung GmbH Stuttgart), A. Klama (Gemeindeverwaltung Weil im Schönbuch, Ortsbauamt), 2015

Abbildungsverzeichnis

Kapitel 1

1.2
- Methode und Aufbau des Projektes
  Quelle: Eigene Darstellung

Kapitel 2

2.1
- Unterscheidungsmerkmale der Gebiete
  Quelle: Eigene Darstellung

- Gebietstypen
  Quelle: Eigene Darstellung

- Haus- und Gebietstypen
  Quelle: Eigene Darstellung

2.2
- Wohngebäudebestand nach Baujahr in Deutschland (ohne Wohnheime).
- Wohngebäudebestand nach Baujahr in Deutschland (ohne Wohnheime)
  Quelle: Eigene Darstellung, Grundlage Zensus2011, Bayerisches Landesamt für Statistik und Datenverarbeitung: Zensus 2011, Ergebnisse dynamisch und individuell, https://ergebnisse.zensus2011.de/#dynTable:statUnit=GEBAEUDE;absRel=ANZAHL;ags=00,01,02,03,04,05,06,07,08,09,10,11,12,13,14,15,16;agsAxis=X,yAxis=GEBAEUDEART_SYS,BAUJAHR_10JA, Zugriff 21.07.2014

- Ein- und Zweifamilienhausbestand nach Baualtersklassen in Deutschland – differenziert dargestellt nach Ein- und Zweifamilienhäusern
- Ein- und Zweifamilienhausbestand nach Baualtersklassen
  Quelle: Eigene Darstellung, Grundlage Statistisches Bundesamt 2014: Anfrage beim Statistischen Bundesamt 12.01.2015, Datenauszug Zensus 2011

- Ein- und Zweifamilienhäuser der betrachteten Baualtersklassen gesamt Wohngebäude der betrachteten Baualtersklassen nach Ein- und Zweifamilienhäusern
  Quelle: Eigene Darstellung, Grundlage Statistisches Bundesamt 2014: Anfrage beim Statistischen Bundesamt 06/2014, Datenauszug Zensus 2011

- Ein- und Zweifamilienhausbestand nach Baualtersklassen in Westdeutschland Ein- und Zweifamilienhausbestand nach Baualtersklassen in Ostdeutschland
- Ein- und Zweifamilienhausbestand nach Baualtersklassen in West- und Ostdeutschland im Vergleich
- Ein- und Zweifamilienhausbestand nach Baualtersklassen in Prozent in Deutschland – West- und Ostdeutschland im Vergleich
  Quelle: Eigene Darstellung, Grundlage Statistisches Bundesamt 2014: Anfrage beim Statistischen Bundesamt 12.01.2015, Datenauszug Zensus 2011

- Ein- und Zweifamilienhäuser der 1950er- bis 1970er-Jahre nach Gemeindetypen
  Quelle: Eigene Darstellung, Grundlage Statistisches Bundesamt 2014: Anfrage beim Statistischen Bundesamt 06/2014, Datenauszug Zensus 2011

- Ein- und Zweifamilienhäuser der 1950er- bis 1970er-Jahre in ländlichen Gemeinden Ein- und Zweifamilienhäuser der 1950er- bis 1970er-Jahre in Kleinstädten Ein- und Zweifamilienhäuser der 1950er- bis 1970er-Jahre in Mittelstädten
- Ein- und Zweifamilienhäuser der 1950er- bis 1970er-Jahre in Großstädten
  Quelle: Eigene Darstellung, Grundlage Statistisches Bundesamt 2014: Anfrage beim Statistischen Bundesamt 06/2014, Datenauszug Zensus 2011

- Neubau nach Gebäudearten 2010 bis 2025 (Ein- und Zweifamilienhäuser)
- Neubau nach Gebäudearten 2010 bis 2025 (Mehrfamilienhäuser)
  Quelle: Eigene Darstellung, Grundlage BBSR: BBR (Hg.): Thematische Karten, Prognose Neubau nach Gebäudeart, http://www.bbsr.bund.de/BBSR/DE/Raumbeobachtung/Downloads/HaeufigNachgefragteKarten/Neubauprog.pdf?__blob=publicationFile&v=2, Zugriff 29.07.2014

2.3

- Bevölkerungsentwicklung 2006-2011
  Quelle: Eigene Darstellung, Grundlage BBSR_Karte Bevölkerungsentwicklung, 29.07.2014

- Wanderungssaldo 2011
  Quelle: Eigene Darstellung, Grundlage BBSR_Karte Wanderungssaldo, 29.07.2014

- Altersaufbau der Bevölkerung Deutschlands 2011 – in Tausend je Altersjahr
- Entwicklung der Altersstruktur
  Quelle: Eigene Darstellung, Grundlage Statistisches Bundesamt/WZB 2013, S. 14-15

- Entwicklung der Geburtenrate
  Quelle: Eigene Darstellung, Grundlage Statistisches Bundesamt/WZB 2013: 14-15

- Durchschnittsalter der Bevölkerung in Jahren für Deutschland.
  Quelle: Eigene Darstellung, Grundlage Zensus 2011, Bayerisches Landesamt für Statistik und Datenverarbeitung (Hg.): Zensus 2011, Ergebnisse kartografisch und visuell, https://ergebnisse.zensus2011.de/#MapContent:00,D4,m, Zugriff 21.07.2014

- Personen nach infrastrukturellen Altersgruppen 2011
  Quelle: Eigene Darstellung, Grundlage Zensus 2011, Bayerisches Landesamt für Statistik und Datenverarbeitung (Hg.): Zensus 2011, Ergebnisse dynamisch und individuell, https://ergebnisse.zensus2011.de/#dynTable:statUnit=PERSON;absRel=ANZAHL;ags=00,01,02,03,04,05,06,07,08,09,10,11,12,13,14,15,16;agsAxis=X;yAxis=ALTER_INFR, Zugriff 21.07.2014

- Altersaufbau der Bevölkerung in den Jahren 2013 und 2060 unter Annahme geringer Zuwanderung – in Millionen (in Prozent)
  Quelle: Eigene Darstellung, Grundlage Statistisches Bundesamt / WZB (Hg.): Datenreport 2013, Ein Sozialbericht für die Bundesrepublik Deutschland, Bonn 2013, S. 21ff

- Altersaufbau der Bevölkerung in den Jahren 2013 und 2060 unter Annahme starker Zuwanderung – in Millionen (in Prozent)
  Quelle: Eigene Darstellung, Grundlage Statistisches Bundesamt / WZB (Hg.): Datenreport 2013, Ein Sozialbericht für die Bundesrepublik Deutschland, Bonn 2013, S. 21ff

- Der demografische Wandel im Raum – eine Synthese.
  Quelle: Eigene Darstellung, Grundlage BBR: BBR (Hg.): Thematische Karten, Demografischer Wandel – Synthese, http://www.bbsr.bund.de/BBSR/DE/Raumbeobachtung/Downloads/HaeufigNachgefragteKarten/DemWandel.pdf?__blob=publicationFile&v=2, Zugriff 29.07.2014

2.4

- Urbanes Wohnen – Wo sich Eigentumserwerber ansiedeln (Angaben in Prozent)
  Quelle: Eigene Darstellung, Grundlage Bundesgeschäftsstelle Landesbausparkassen (Hg.): Markt für Wohnimmobilien 2014, Daten Fakten Trends, Berlin, 2014, S. 49

- Raumtypen 2010 – Bezug Lage
  Quelle: Eigene Darstellung, Grundlage BBR: BBR (Hg.): Thematische Karten, Raumtypen: Lage, http://www.bbsr.bund.de/BBSR/DE/Raumbeobachtung/Raumabgrenzungen/Raumtypen2010_krs/Download_KarteLageKrs.pdf?__blob=publicationFile&v=2, Zugriff 29.07.2014

- Erreichbarkeit von Oberzentren (PKW-Fahrtzeiten)
  Quelle: Eigene Darstellung, Grundlage BBR (Hg.): Thematische Karten, Erreichbarkeit von Oberzentren, http://www.bbsr.bund.de/BBSR/DE/Raumbeobachtung/Downloads/HaeufigNachgefragteKarten/ErrOb.pdf?__blob=publicationFile&v=2, Zugriff 29.07.2014

- Wohnzufriedenheit. Beurteilung der Wohnsituation durch Eigentümer. Angabe auf einer Skala von 0 bis 10
- Wohnzufriedenheit. Beurteilung der Wohnsituation durch Mieter. Angabe auf einer Skala von 0 bis 10
  Quelle: Eigene Darstellung, Grundlage Bundesgeschäftsstelle Landesbausparkassen (Hg.): Markt für Wohnimmobilien 2014, Daten Fakten Trends, Berlin, 2014, S. 26

- Argumente für Wohneigentum – Warum Mieter zu Wohneigentümern werden (Angaben in Prozent)
  Quelle: Eigene Darstellung, Grundlage Bundesgeschäftsstelle Landesbausparkassen (Hg.): Markt für Wohnimmobilien 2014, Daten Fakten Trends, Berlin, 2014, S.51

- Wie die Alten so die Jungen. Warum junge Menschen zu Wohneigentümern werden
  Quelle: Eigene Darstellung, Grundlage Offenes Presseportal. Kappel, I.: Jugend träumt vom eigenen Heim / LBS-Studie: 16- bis 25-jährige mit Zukunfts-Optimismus, Starker Wunsch nach Wohneigentum – Fast jeder Zweite will auf Dauer am bisherigen Wohnort bleiben, http://www.offenes-presseportal.de/wissenschaft_technologie/jugend_traeumt_vom_eigenen_haus__lbs-studie_16-_bis_25-jaehrige_mit_zukunfts-optimismus_-_starker_wunsch_nach_wohneigentum_-_fast_jeder_zweite_will_auf_dauer_am_bisherigen_wohnort_bleiben_mit_bild_290359.htm, Zugriff 23.09.2014

- Gründe für eine energetische Modernisierung – Umfrage unter Hausbesitzern.
  Quelle: Eigene Darstellung, Grundlage Offenes Presseportal: Kappel, I.: Energiekostensenkung stärkstes Motiv/ Wohneigentümer sind wichtigste Investorengruppe bei energetischer Sanierung – Zustimmung zum Konzept der Energiewende – Aber mehr Zuschüsse erwartet, http://www.offenes-presseportal.de/wissenschaft_technologie/energiekostensenkung_staerkstes_motiv__wohneigentuemer_sind_wichtigste_investorengruppe_bei_energetischer_sanierung_-_zustimmung_zum_konzept_der_energiewende_-_aber_mehr_zuschuesse_erwartet_bild_420445.htm, Zugriff 23.09.2014

- Personen nach Gebäudetyp
  Quelle: Eigene Darstellung, Grundlage Zensus 2011: Bayerisches Landesamt für Statistik und Datenverarbeitung (Hg.): Zensus 2011, Ergebnisse dynamisch und individuell, https://ergebnisse.zensus2011.de/#dynTable:statUnit=PERSON;absRel=ANZAHL;ags=00,01,02,03,04,05,06,07,08,09,10,11,12,13,14,15,16;agsAxis=X;yAxis=GEBTYPGROESSE, Zugriff 21.07.2014

- Personen in Wohngebäuden (ohne Wohnheime) nach Baualtersklassen
- Personen in Wohngebäuden (ohne Wohnheime) nach Baualtersklassen in Westdeutschland
- Personen in Wohngebäuden (ohne Wohnheime) nach Baualtersklassen in Ostdeutschland
  Quelle: Eigene Darstellung, Grundlage Zensus 2011: Bayerisches Landesamt für Statistik und Datenverarbeitung (Hg.): Zensus 2011, Ergebnisse dynamisch und individuell, https://ergebnisse.zensus2011.de/#dynTable:statUnit=PERSON;absRel=ANZAHL;ags=00,01,02,03,04,05,06,07,08,09,10,11,12,13,14,15,16;agsAxis=X;yAxis=GEBAEUDEART_SYS,BAUJAHR_10JA, Zugriff 21.07.2014

- Einwicklung des Wohnflächenverbrauchs je Einwohner und Wohnfläche je Wohnung in Deutschland
  Quelle: Eigene Darstellung, Grundlage nach: Engel und Völkers AG (Hg.): Wohnimmobilien, Marktbericht Deutschland 2013/2014, Hamburg, 2013, S. 4

- Mehr Raum zum Wohnen Prognose der Wohnflächenentwicklung 2010 bis 2030 in Quadratmeter pro Kopf
  Quelle: Eigene Darstellung, Grundlage Bundesgeschäftsstelle Landesbausparkassen (Hg.): Markt für Wohnimmobilien 2014. Daten Fakten Trends. Berlin 2014, S.41

- Differenzierung der Haushaltstypen
  Quelle: Eigene Darstellung, Grundlage Bundeszentrale für politische Bildung, Bundeszentrale für politische Bildung: Entwicklung der Haushaltstypen, http://www.bpb.de/nachschlagen/zahlen-und-fakten/soziale-situation-in-deutschland/61590/entwicklung-der-haushaltstypen, Zugriff 06.10.2014

- Haushalte in Ein- und Zweifamilienhäusern der 1950er- bis 1970er-Jahre in Deutschland
- Haushalte in Ein- und Zweifamilienhäusern der 1950er- bis 1970er-Jahre in Westdeutschland
- Haushalte in Ein- und Zweifamilienhäusern der 1950er- bis 1970er-Jahre in Ostdeutschland
  Quelle: Eigene Darstellung, Grundlage Statistischen Bundesamt 2015: Anfrage beim Statistischen Bundesamt 12.01.2015

- Eigentumsquote – Anteil des selbst genutzten Wohneigentums in Prozent
  Quelle: Eigene Darstellung, Grundlage nach: Engel und Völkers AG (Hg.): Wohnimmobilien, Marktbericht Deutschland 2013/2014, Hamburg, 2013, S. 5

- Mieter- und Eigentümerhaushalte in Ost- und Westdeutschland Mieter- und Eigentümerhaushalte in Westdeutschland
- Mieter- und Eigentümerhaushalte in Ostdeutschland
  Quelle: Eigene Darstellung, Grundlage / Zensus2011, Bayerisches Landesamt für Statistik und Datenverarbeitung (Hg.): Zensus 2011, Ergebnisse dynamisch und individuell, https://ergebnisse.zensus2011.de/#dynTable:statUnit=PERSON;absRel=ANZAHL;ags=00,01,02,03,04,05,06,07,08,09,10,11,12,13,14,15,16;agsAxis=X;yAxis=NUTZUNG,ALTER_10JG, Zugriff 21.07.2014

- Anteil der vom Eigentümer bewohnten Wohnungen an allen bewohnten Wohnungen
  Quelle: Eigene Darstellung, Grundlage Statistischen Bundesamt 2014: Anfrage beim Statistischen Bundesamt 06.10.2014

Kapitel 3

3.2

- Deutschland-Karte mit Lage der Fallstudien
  Quelle: Eigene Darstellung

- Problemstellungen vor Ort
  Quelle: Eigene Darstellung

- Fallstudien im Überblick
  Quelle: Eigene Darstellung

Kapitel 4 und 5

- Alle Abbildungen
  Quelle: Eigene Darstellung

Kapitel 6

Dorsten Wulfen-Barkenberg
- Auftaktseite:
  Luftbild Dorsten
  Quelle: Regionale 2016/inceniofilm, AERO West 2010

- Fotos
  Quelle: Eigene Fotos

- Leerstand
  Quelle: Eigene Fotos

- Lage der Stadt Dorsten im Raum
  Quelle: Eigene Darstellung

- Lage des Untersuchungsgebiets in Dorsten Wulfen-Barkenberg
  Quelle: Eigene Darstellung

- Gesamtaufbauplan Neue Stadt Wulfen (Hauptbauzeit 1962-1977)
  Quelle: Bornemann, S./Broich, P./Diebschlag, R./Mellers, H./Thiehoff, J. (Hg.): Neue Stadt Wulfen. Idee, Entwicklung, Zukunft. Dorsten 2009, S. 14

- Bebauungsstruktur Dorsten Wulfen Barkenberg
  Quelle: Eigene Darstellung, Grundlage: © Geobasisdaten Stadt Dorsten

- Bebauungsstruktur
  Quelle: Eigene Fotos

- Eindrücke aus dem Gebiet
  Quelle: Eigene Fotos

- Bevölkerungsentwicklung Dorsten
- Bevölkerungsprognose Dorsten
- Altersstruktur Dorsten (Stand 2013)
  Quelle: Information und Technik Nordrhein-Westfalen, Geschäftsbereich Statistik: Zensus 2011. Bevölkerung und Haushalte. Gemeinde Dorsten, Stadt am 09. Mai 2011, Düsseldorf 2014; Landesdatenbank NRW: Statistische Daten, https://www.landesdatenbank.nrw.de/ldbnrw/online, Zugriff 10.03.2016

- Personen nach Gebäudetyp in Dorsten (Stand 2011)
  Quelle: Zensus 2011. Haushalte nach Art des Gebäudes und Größe des privaten Haushalts, https://ergebnisse.zensus2011.de/#dynTable:statUnit=HAUSHALT;absRel=ANZAHL;ags=081365001088,055540008008,033520011011,055620012012,057580016016,096770148148,033560007007,033590038038,031030000000;agsAxis=X;xAxis=GEBAEUDEART_SYS;yAxis=HHGROESS_KLASS, Zugriff 13.01.2015

- Wohngebäudebestand Dorsten (Stand 2013)
  Quelle: Information und Technik Nordrhein-Westfalen, Geschäftsbereich Statistik: Zensus 2011. Gebäude und Wohnungen sowie Wohnverhältnisse der Haushalte. Gemeinde Dorsten, Stadt am 09. Mai 2011, Düsseldorf 2014; Landesdatenbank NRW: Statistische Daten, https://www.landesdatenbank.nrw.de/ldbnrw/online, Zugriff 10.03.2016

- Eigentumsverhältnisse in Ein- und Zweifamilienhausbestand 2011 in Dorsten (Stand 2011)
  Quelle: Zensus 2011. Haushalte nach Art des Gebäudes und Größe des privaten Haushalts, https://ergebnisse.zensus2011.de/#dynTable:statUnit=HAUSHALT;absRel=ANZAHL;ags=081365001088,055540008008,033520011011,055620012012,057580016016,096770148148,033560007007,033590038038,031030000000;agsAxis=X;xAxis=GEBAEUDEART_SYS;yAxis=HHGROESS_KLASS, Zugriff 13.01.2015

- Bautätigkeit/Baufertigstellungen von Wohngebäuden 1990-2013 in Dorsten
  Quelle: Information und Technik Nordrhein-Westfalen, Geschäftsbereich Statistik: Zensus 2011. Gebäude und Wohnungen sowie Wohnverhältnisse der Haushalte. Gemeinde Dorsten, Stadt am 09. Mai 2011. Düsseldorf 2014; Landesdatenbank NRW: Statistische Daten, https://www.landesdatenbank.nrw.de/ldbnrw/online, Zugriff 10.03.2016

- Eindrücke aus dem Gebiet
  Quelle: Eigene Fotos

- Regionale und Titelblatt zum Projektaufruf
  Quelle: Lüke, C./Führs, M.: ZukunftsLAND regionale 2016. „Innen Leben – Neue Qualitäten entwickeln!". Ein Projektaufruf der Regionale 2016. Präsentation im Rahmen der Tagung „Innen leben – Neue Qualitäten entwickeln" der Regionale 2016 am 23.02.2012, Bocholt 2012

- Europan 2012, Ausschnitt Wettbewerbsbeitrag
  „Kein Land für alte Männer"
  Quelle: Alomar Mateu, J./Gene Garcia, C./Largacha Polo, C./Llorens Canosa, I./Moreno-Ventas, J.I./Rodriguez Diaz, J.: EUROPAN-Beitrag 2014 „Kein Land für alte Männer", in: Geipel, K. u.a. (Hg.): Europan 12, Adaptable City, Europan Deutschland, Europan, Berlin, 2014

- Beteiligungsinitiative Hausaufgaben, S. 121
  Quelle: Jan Kampshoff, modulorbeat (Münster)

Karlstadt Alte Siedlung

- Auftaktseite:
  Luftbild Karlstadt
  Quelle: Stadt Karlstadt, Karlstadt 22.10.2014

- Fotos
  Quelle: Eigene Fotos

- Lage der Stadt Karlstadt im Raum
  Quelle: Eigene Darstellung

- Lage der Alten Siedlung in Karlstadt
  Quelle: Eigene Darstellung

- Bebauungsstruktur
  Quelle: Eigene Fotos

- Städtebauliche Struktur
  Quelle: Müller-Herbers, S./Skorka, M.: Revitalisierung von Einfamilienhausgebieten. Ressortübergreifendes Modellprojekt von vier bayrischen Staatsministerien. Stadt Karlstadt. Analyse Einfamilienhausgebiet „Alte Siedlung", 2014, S. 6 ff

- Bebauungsstruktur Alte Siedlung
  Quelle: Eigene Darstellung, Grundlage: Stadt Karlstadt, Karlstadt 22.10.2014

- Erschließung
  Quelle: Eigene Fotos

- Bahnunterführung, S. 127 (l. o.)
  Quelle: Müller-Herbers/Skorka

- Mobilität
  Quelle: Müller-Herbers, S./Skorka, M.: Revitalisierung von Einfamilienhausgebieten. Ressortübergreifendes Modellprojekt von vier bayrischen Staatsministerien. Stadt Karlstadt. Analyse Einfamilienhausgebiet „Alte Siedlung", 2014, S. 36

- Infrastruktur
  Quelle: Eigene Fotos

- Gemeinbedarf
- Täglicher Bedarf
  Quelle: Müller-Herbers, S./Skorka, M.: Revitalisierung von Einfamilienhausgebieten. Ressortübergreifendes Modellprojekt von vier bayrischen Staatsministerien. Stadt Karlstadt. Analyse Einfamilienhausgebiet „Alte Siedlung", 2014, S. 28ff

- Bevölkerungsentwicklung Karlstadt
- Bevölkerungsprognose Karlstadt
  Quelle: Bayrisches Landesamt für Statistik und Datenverarbeitung: Zensus 2011. Bevölkerung und Haushalte. Gemeinde Karlstadt, Stadt am 9. Mai 2011, München 2014; Bayrisches Landesamt für Statistik und Datenverarbeitung: Beiträge zur Statistik Bayerns. Demografie-Spiegel für Bayern. Berechnungen für Gemeinden ab 5000 Einwohnern bis 2029. Stadt Karlstadt, München 2011

- Altersstruktur in Karlstadt (Stand 2011)
  Quelle: Zensus 2011: Haushalte nach Art des Gebäudes und Größe des privaten Haushalts, https://ergebnisse.zensus2011.de/#dynTable:statUnit=HAUSHALT;absRel=ANZAHL;ags=081365001088,055540008008,033520011011,055620012012,057580016016,096770148148,033560007007,033590038038,031030000000;agsAxis=X;xAxis=GEBAEUDEART_SYS;yAxis=HHGROESS_KLASS, Zugriff 13.01.2015

- Personen nach Gebäudetyp in Karlstadt (Stand 2011)
- Wohngebäudebestand Karlstadt (Stand 2013)
- Eigentumsverhältnisse in Ein- und Zweifamilienhausbestand in Karlstadt (Stand 2011)
  Quelle: Zensus 2011: Haushalte nach Art des Gebäudes und Größe des privaten Haushalts, https://ergebnisse.zensus2011.de/#dynTable:statUnit=HAUSHALT;absRel=ANZAHL;ags=081365001088, 055540008008,033520011011,055620012012,057580016016,096770148148,033560007007, 033590038038,031030000000;agsAxis=X;xAxis=GEBAEUDEART_SYS;yAxis=HHGROESS_KLASS, Zugriff 13.01.2015

- Bautätigkeit/Baufertigstellungen von Wohngebäuden 1990-2013 in Karlstadt
  Quelle: Bayerisches Landesamt für Statistik und Datenverarbeitung: Beiträge zur Statistik Bayerns. Demografie-Spiegel für Bayern. Berechnungen für Gemeinden ab 5000 Einwohnern bis 2029. Stadt Karlstadt. München 2011; Bayrisches Landesamt für Statistik und Datenverarbeitung: Zensus 2011. Gebäude und Wohnungen sowie Wohnverhältnisse der Haushalte. Gemeinde Karlstadt, Stadt am 9. Mai 2011, München 2014

- Aktuelle Entwicklungen
  Quelle: Eigene Fotos

- „Ältere Einfamilienhausgebiete – fit für die Zukunft"
  Quelle: Bayerisches Staatsministerium für Umwelt und Verbraucherschutz/ Oberste Baubehörde im Bayerischen Staatsministerium des Innern, für Bau und Verkehr/ Bayerisches Staatsministerium für Ernährung, Landwirtschaft und Forsten/ Bayerisches Staatsministerium für Arbeit und Soziales, Familie und Integration (Hg.): Ältere Einfamilienhausgebiete – fit für die Zukunft! Anpassungsstrategien und Empfehlungen für Kommunen, Augsburg, September 2015

Osterholz-Scharmbeck

- Auftaktseite:
  Luftbild Osterholz-Scharmbeck
  Quelle: Auszug aus den Geobasisdaten der Niedersächsischen Vermessungs- und Katasterverwaltung, © LGLN 2015

- Fotos S. 135 (r. u.)
  Quelle: Eigene Fotos; Stadt Osterholz-Scharmbeck 2015

- Lage der Stadt Osterholz-Scharmbeck im Raum
  Quelle: Eigene Darstellung

- Lage des Untersuchungsgebiets in Osterholz-Scharmbeck
  Quelle: Eigene Darstellung

- Innenstadt, S. 138
  Schlichtwohnungsbauten (vor der Sanierung)
  Quelle: Stadt Osterholz-Scharmbeck

- Bebauungsstruktur Osterholz-Scharmbeck
  Quelle: Eigene Darstellung, Grundlage: © OpenStreetMap-Mitwirkende, Zugriff 2016

- Erschließung
  Quelle: Thomas Wolf

- Bebauungsstruktur; Neugestaltung 30er Zone, S. 140 (r. u.)
  Quelle: Eigene Fotos; Thomas Wolf, Stadt Osterholz-Scharmbeck 2015

- Spielplatz, S. 141
  Quelle: Stadt Osterholz-Scharmbeck 2015

- Bevölkerungsentwicklung Osterholz-Scharmbeck
  Quelle: Landesamt für Statistik Niedersachsen: Zensus 2011. Bevölkerung und Haushalte. Gemeinde Osterholz-Scharmbeck, Stadt am 9. Mai 2011, Hannover 2014

- Bevölkerungsprognose Osterholz-Scharmbeck
Quelle: Demografiemonitoring: Bevölkerungsdaten, Basisjahr 2013, ab 2014 Vorausberechnung, www.demografie-monitoring.de, http://www.statistik-bremen.de/Kommunalverbund/Diagramme/Stadt Osterholz-Scharmbeck.htm, Zugriff 24.06.2015

- Altersstruktur in Osterholz-Scharmbeck (Stand 2013)
Quelle: Landesamt für Statistik Niedersachsen: Zensus 2011. Bevölkerung und Haushalte. Gemeinde Osterholz-Scharmbeck, Stadt am 9. Mai 2011, Hannover 2014

- Personen nach Gebäudetyp in Osterholz-Scharmbeck (Stand 2011)
- Wohngebäudebestand Osterholz-Scharmbeck (Stand 2011)
- Eigentumsverhältnisse in Ein- und Zweifamilienhausbestand (Stand 2011)
- Bautätigkeit/Baufertigstellungen von Wohngebäuden 1990-2013 in Osterholz-Scharmbeck
Quelle: Landesamt für Statistik Niedersachen: Zensus 2011. Gebäude und Wohnungen sowie Wohnverhältnisse der Haushalte. Gemeinde Osterholz-Scharmbeck, Stadt am 9. Mai 2011, Hannover 2014; Zensus 2011: Haushalte nach Art des Gebäudes und Größe des privaten Haushalts, https://ergebnisse.zensus2011.de/#dynTable:statUnit=HAUSHALT;absRel=ANZAHL;ags= 081365001088,055540008008,033520011011,055620012012,057580016016,096770148148,033560007007,033590038038,031030000000;agsAxis=X;xAxis=GEBAEUDEART_SYS;yAxis=HHGROESS_KLASS, Zugriff 13.01.2015

- Atmosphärische Eindrücke
Quelle: Eigene Fotos

- Bildungscampus S. 146 (r. u., L. u.)
Quelle: Eigene Fotos; Stadt Osterholz-Scharmbeck; Thomas Wolf

- Das Musterhaus zum Wohnen im Alter, S. 148 (r. u.)
Quelle: Thomas Wolf, Pro Arbeit kAöR

- Veranstaltungen im Musterhaus
Quelle: ProArbeit kAöR

Aalen Triumphstadt
- Auftaktseite:
Luftbild Aalen
Quelle: Stadt Aalen, Stadtplanungsamt: Luftbild Triumphstadt. Auszug aus dem GIS, Aalen 2014

- Fotos
Quelle: Eigene Fotos; Stadt Aalen, S. 150 (r. u.)

- Lage der Stadt Aalen im Raum
Quelle: Eigene Darstellung

- Lage der Triumphstadt in Aalen
Quelle: Eigene Darstellung

- Bebauungsstruktur Triumphstadt
Quelle: Eigene Darstellung, Grundlage: Stadt Aalen, Geodaten

- Eindrücke aus dem Gebiet
Quelle: Eigene Fotos

- Bevölkerungsentwicklung Aalen
- Bevölkerungsprognose Aalen
- Altersstruktur in Aalen (Stand 2013)
Quelle: Statistisches Landesamt Baden-Württemberg: Zensus 2011. Bevölkerung und Haushalte. Gemeinde Aalen, Stadt am 09. Mai 2011, Stuttgart 2014

- Personen nach Gebäudetyp in Aalen (Stand 2011)
Quelle: Zensus 2011: Haushalte nach Art des Gebäudes und Größe des privaten Haushalts, https://ergebnisse.zensus2011.de/#dynTable:statUnit=HAUSHALT;absRel=ANZAHL;ags= 081365001088,055540008008,033520011011,055620012012,057580016016,096770148148,033560007007,033590038038,031030000000;agsAxis=X;xAxis=GEBAEUDEART_SYS;yAxis=HHGROESS_KLASS, Zugriff 13.01.2015

- Wohngebäudebestand in Aalen (Stand 2013)
  Quelle: Statistisches Landesamt Baden-Württemberg: Zensus 2011. Gebäude und Wohnungen sowie Wohnverhältnisse der Haushalte. Gemeinde Aalen, Stadt am 09. Mai 2011, Stuttgart 2014

- Eigentumsverhältnisse in Ein- und Zweifamilienhausbestand in Aalen (Stand 2011)
  Quelle: Zensus 2011: Haushalte nach Art des Gebäudes und Größe des privaten Haushalts, https://ergebnisse.zensus2011.de/#dynTable:statUnit=HAUSHALT;absRel=ANZAHL;ags=081365001088,055540008008,033520011011,055620012012,057580016016,096770148148,033560007007,033590038038,031030000000;agsAxis=X;xAxis=GEBAEUDEART_SYS;yAxis=HHGROESS_KLASS, Zugriff 13.01.2015

- Bautätigkeit/Baufertigstellungen von Wohngebäuden 1990-2013 in Aalen
  Quelle: Statistisches Landesamt Baden-Württemberg: Zensus 2011. Gebäude und Wohnungen sowie Wohnverhältnisse der Haushalte. Gemeinde Aalen, Stadt am 09. Mai 2011, Stuttgart 2014

- Stadt Aalen, Stadtmessungsamt, Kommunale Statistikstelle, 17.07.2015

- Service durch die Eigenheimgemeinschaft
  Quelle: Eigenes Foto

- Ausschnitt aus dem Gestaltungsplan
  Quelle: Stadt Aalen 2006b

- An- und Umbauten in der Triumphstadt
  Quelle: Eigene Fotos; Stadt Aalen, S. 161

Bocholt

- Auftaktseite:
  Luftbilder Bocholt
  Quelle: © Stadt Bocholt Fachbereich Grundstücks- und Bodenwirtschaft, 2015

- Fotos
  Quelle: Eigene Fotos

- Lage der Stadt Bocholt im Raum
  Quelle: Eigene Darstellung

- Lage der Untersuchungsgebiete in Bocholt
  Quelle: Eigene Darstellung

- Bebauungsstruktur der der Untersuchungsgebiete
  Quelle: Eigene Darstellung, Grundlage: Stadt Bocholt, 2015

- Bebauungsstruktur
  Quelle: Eigene Fotos

- Leerstehendes Karstadt-Gebäude
  Quelle: Eigenes Foto

- Infrastruktureinrichtungen in der Stadt
  Quelle: Stadt Bocholt 2007, 81

- Bevölkerungsentwicklung Bocholt
- Bevölkerungsprognose Bocholt
- Altersstruktur in Bocholt (Stand 2013)
  Quelle: Landesdatenbank NRW: Statistische Daten, https://www.landesdatenbank.nrw.de/ldbnrw/online, Zugriff 10.03.2016; Information und Technik Nordrhein-Westfalen, Geschäftsbereich Statistik: Zensus 2011. Bevölkerung und Haushalte. Gemeinde Bocholt, Stadt am 9. Mai 2011, Düsseldorf 2014

- Personen nach Gebäudetyp (Stand 2011)
  Quelle: Zensus 2011: Haushalte nach Art des Gebäudes und Größe des privaten Haushalts, https://ergebnisse.zensus2011.de/#dynTable:statUnit=HAUSHALT;absRel=ANZAHL;ags=081365001088,055540008008,033520011011,055620012012,057580016016,096770148148,033560007007,033590038038,031030000000;agsAxis=X;xAxis=GEBAEUDEART_SYS;yAxis=HHGROESS_KLASS, Zugriff 13.01.2015

- Wohngebäudebestand (Stand 2013)
Quelle: Landesdatenbank NRW: Statistische Daten, https://www.landesdatenbank.nrw.de/ldbnrw/online, Zugriff 10.03.2016; Information und Technik Nordrhein-Westfalen, Geschäftsbereich Statistik: Zensus 2011. Gebäude und Wohnungen sowie Wohnverhältnisse der Haushalte. Gemeinde Bocholt, Stadt am 9. Mai 2011, Düsseldorf 2014

- Eigentumsverhältnisse in Ein- und Zweifamilienhausbestand (Stand 2011)
Quelle: Zensus 2011: Haushalte nach Art des Gebäudes und Größe des privaten Haushalts, https://ergebnisse.zensus2011.de/#dynTable:statUnit=HAUSHALT;absRel=ANZAHL;ags=081365001088,055540008008,033520011011,055620012012,057580016016,096770148148,033560007007,033590038038,031030000000;agsAxis=X;xAxis=GEBAEUDEART_SYS;yAxis=HHGROESS_KLASS, Zugriff 13.01.2015

- Bautätigkeit Baufertigstellungen von Wohngebäuden 1990-2013
Quelle: Landesdatenbank NRW: Statistische Daten, https://www.landesdatenbank.nrw.de/ldbnrw/online, Zugriff 10.03.2016; Information und Technik Nordrhein-Westfalen, Geschäftsbereich Statistik: Zensus 2011. Gebäude und Wohnungen sowie Wohnverhältnisse der Haushalte. Gemeinde Bocholt, Stadt am 9. Mai 2011, Düsseldorf 2014

- Bebauungsplanausschnitt1(NO17)
Quelle: Stadt Bocholt 1988

- Struktur des Gebiets Dr. Elisabeth-Selbert-Straße
Quelle: Eigene Fotos

- Bebauungsplanausschnitt 2 (2-21)
Quelle: Stadt Bocholt 2012

- Struktur des Gebiets Auf dem Dannenkamp
Quelle: Eigene Fotos

Stade Hahle

- Auftaktseite
Luftbild Stade
Quelle: Hansestadt Stade 2015

- Fotos
Quelle: Eigene Fotos

- Lage der Stadt Stade im Raum
Quelle: Eigene Darstellung

- Lage des Gebiets Hahle in Stade
Quelle: Eigene Darstellung

- Bebauungsstruktur in Hahle
Quelle: Eigene Darstellung, Grundlage: Hansestadt Stade, Fachbereich Bauen und Stadtentwicklung

- Eindrücke aus dem Gebiet
Quelle: Thomas Wolf, Eigene Fotos

- Bevölkerungsentwicklung Stade
- Bevölkerungsprognose Stade
- Altersstruktur in Stade (Stand 2013)
Quelle: Landesamt für Statistik Niedersachsen: Zensus 2011. Bevölkerung und Haushalte. Gemeinde Stade, Hansestadt am 9. Mai 2011, Zensus 2011: Haushalte nach Art des Gebäudes und Größe des privaten Haushalts, https://ergebnisse.zensus2011.de/#dynTable:statUnit=HAUSHALT;absRel=ANZAHL;ags=081365001088,055540008008,033520011011,055620012012,057580016016,096770148148,033560007007,033590038038,031030000000;agsAxis=X;xAxis=GEBAEUDEART_SYS;yAxis=HHGROESS_KLASS, Zugriff 13.01.2015

- Personen nach Gebäudetyp in Stade (Stand 2011)
- Wohngebäudebestand Stade (Stand 2011)
- Eigentumsverhältnisse in Ein- und Zweifamilienhausbestand in Stade (Stand 2011)
- Bautätigkeit/Baufertigstellungen von Wohngebäuden 1990-2013 in Stade

Quelle: Landesamt für Statistik Niedersachsen: Zensus 2011. Gebäude und Wohnungen sowie Wohnverhältnisse der Haushalte. Gemeinde Stade, Hansestadt am 9. Mai 2011, Hannover 2014; Zensus 2011: Haushalte nach Art des Gebäudes und Größe des privaten Haushalts, https://ergebnisse.zensus2011.de/#dynTable:statUnit=HAUSHALT;absRel=ANZAHL;ags=081365001088,055540008008, 033520011011,055620012012,057580016016 ,096770148148,033560007007,033590038038, 031030000000;agsAxis=X;xAxis= GEBAEUDEART_SYS;yAxis=HHGROESS_KLASS, Zugriff 13.01.2015

- Bauvorhaben
Quelle: Eigenes Foto

- Der „Laden ohne Namen"
Quelle: Energie Ingenieure GbR, S. 189

- Gläserne Baustelle, S. 191-192 (r. o.)
Quelle: Thomas Wolf, Hansestadt Stade

Cuxhaven

- Auftaktseite
Luftbild Cuxhaven
Quelle: Stadt Cuxhaven 2013

- Fotos, S. 194 (r. u.)
Quelle: Eigene Fotos; Stadt Cuxhaven, FB 6.1 Bauleitplanung und Stadtentwicklung

- Lage der Stadt Cuxhaven im Raum
Quelle: Eigene Darstellung

- Cuxhaven 1960 (Wißmannstraße), S. 197
Quelle: H. Borrmann, Cuxhaven, Bilder Cuxhaven 1960 (Wißmannstraße)

- Bebauungsstruktur Stadt Cuxhaven
Quelle: Eigene Darstellung, Grundlage: © OpenStreetMap-Mitwirkende, Zugriff 2016

- Bebauungsstruktur, S. 198 (2. von oben links)
Quelle: Eigene Fotos, Thomas Wolf, Stadt Cuxhaven, FB 6.1 Bauleitplanung und Stadtentwicklung

- Erschließung, S. 199 (3. von oben)
Quelle: Eigene Fotos, Thomas Wolf

- Infrastruktur
Quelle: Thomas Wolf; Stadt Cuxhaven, FB 6.1 Bauleitplanung und Stadtentwicklung

- Bevölkerungsentwicklung Cuxhaven
- Bevölkerungsprognose Cuxhaven
- Altersstruktur Cuxhaven (Stand 2013)
Quelle: Landesamt für Statistik Niedersachsen: Zensus 2011. Bevölkerung und Haushalte. Gemeinde Cuxhaven, Stadt am 9. Mai 2011, Hannover 2014

- Personen nach Gebäudetyp in Cuxhaven (Stand 2011)
- Wohngebäudebestand Cuxhaven (Stand 2011)
- Eigentumsverhältnisse in Ein- und Zweifamilienhausbestand in Cuxhaven (Stand 2011)
Quelle: Zensus 2011: Haushalte nach Art des Gebäudes und Größe des privaten Haushalts, https://ergebnisse.zensus2011.de/#dynTable:statUnit=HAUSHALT;absRel=ANZAHL;ags=081365001088,055540008008,033520011011, 055620012012,057580016016,096770148148,033560007007, 033590038038,031030000000;agsAxis=X;xAxis=GEBAEUDEART_SYS;yAxis=HHGROESS_KLASS, Zugriff 13.01.2015

- Bautätigkeit/Baufertigstellungen von Wohngebäuden 1991-2013 in Cuxhaven
Quelle: Landesamt für Statistik Niedersachsen: Zensus 2011. Gebäude und Wohnungen sowie Wohnverhältnisse der Haushalte. Gemeinde Cuxhaven, Stadt am 9. Mai 2011, Hannover 2014

- Wohnlotsenobjekt
Quelle: Thomas Wolf

Hiddenhausen

- Auftaktseite
  Luftbild Hiddenhausen
  Quelle: Geobasisdaten der Kommunen und des Landes NRW © Geobasis NRW 2016

- Fotos, S. 206 (l. u.)
  Quelle: Christian Grube; Eigene Fotos

- Lage der Gemeinde Hiddenhausen im Raum
  Quelle: Eigene Darstellung

- Bebauungsstruktur Hiddenhausen
  Quelle: © Kreis Herford, Kataster und Vermessung 2016

- Bebauungsstruktur
  Quelle: Eigene Fotos

- Bevölkerungsentwicklung Hiddenhausen
- Bevölkerungsprognose Hiddenhausen
- Altersstruktur in Hiddenhausen (Stand 2013)
  Quelle: Information und Technik Nordrhein-Westfalen, Geschäftsbereich Statistik: Zensus 2011. Bevölkerung und Haushalte. Gemeinde Hiddenhausen am 9. Mai 2011, Düsseldorf 2014; Landesdatenbank NRW, https://www.landesdatenbank.nrw.de/ldbnrw/online/data;jsessionid=B090C41C93095B35C655B28D7460B0CC?operation=previous&levelindex=3&levelid=1428674492104&step=3, Zugriff 05.04.2016

- Personen nach Gebäudetyp in Hiddenhausen (Stand 2011)
- Wohngebäudebestand Hiddenhausen (Stand 2013)
- Eigentumsverhältnisse in Ein- und Zweifamilienhausbestand in Hiddenhausen (Stand 2011)
- Bautätigkeit/Baufertigstellungen von Wohngebäuden 1990-2013 in Hiddenhausen
  Quelle: Information und Technik Nordrhein-Westfalen, Geschäftsbereich Statistik: Zensus 2011. Gebäude und Wohnungen sowie Wohnverhältnisse der Haushalte. Gemeinde Hiddenhausen am 9. Mai 2011, Düsseldorf 2014; Landesdatenbank NRW, https://www.landesdatenbank.nrw.de/ldbnrw/online/data;jsessionid=B090C41C93095B35C655B28D7460B0CC?operation=previous&levelindex=3&levelid=1428674492104&step=3, Zugriff 05.04.2016; Zensus 2011: Haushalte nach Art des Gebäudes und Größe des privaten Haushalts, https://ergebnisse.zensus2011.de/#dynTable:statUnit=HAUSHALT;absRel=ANZAHL;ags=081365001088,055540008008,033520011011,055620012012,057580016016,096770148148,033560007007,033590038038,031030000000;agsAxis=X;xAxis=GEBAEUDEART_SYS;yAxis=HHGROESS_KLASS, Zugriff 13.01.2015

- Logo Jung kauft Alt
  Quelle: Grube, C.: Gemeinde Hiddenhausen, Hiddenhausen 2015

- Beispiel eines Förderobjektes
  Quelle: Eigene Fotos

- Baualter des Bestandes und Förderobjekte in Hiddenhausen
  Quelle: WoltersPartner Architekten & Stadtplaner GmbH im Auftrag der Gemeinde Hiddenhausen: Jung kauft Alt, Stufen der Siedlungsentwicklung und Förderprojekte, 27.03.2014

- Förderobjekte, S. 216
  Quelle: Grube, C. : Gemeinde Hiddenhausen, Hiddenhausen 2015

- Presse und Medien zum Programm Jung kauft Alt
  Quelle: Rydlink, K.: Kampf dem demografischen Wandel: Downtown Hiddenhausen, in: Spiegel Online, 08.09.2015; Ehlerding, S.: Klein aber oho, in: Der Tagesspiegel, 05.03.2016;

Wolfsburg Detmerode

- Auftaktseite
  Luftbild Detmerode
  Quelle: Stadt Wolfsburg, Orthophotomosaik der Stadt Wolfsburg, Geschäftsbereich IT – 15-3 GIS, 2014

- Fotos Detmerode 1968, S. 220 (oben und l. u.)
  Quelle: Eigenes Foto, Lars Landmann/Stadt Wolfsburg, Wolfgang Muthesius/Stadt Wolfsburg, IZS

- Lage der Stadt Wolfsburg im Raum
  Quelle: Eigene Darstellung

- Lage des Stadtteils Detmerode in Wolfsburg
  Quelle: Eigene Darstellung

- Modell Detmerode, Januar 1965, S. 223
  Quelle: Stadt Wolfsburg, Institut für Zeitgeschichte und Stadtpräsentation IZS

- Ansichten Gartenhofhaus, S. 224
  Quelle: Stadt Wolfsburg, IZS, Broschüre in der Historischen Akte Nr. 8927, Bd. 2

- Neuland Burg in Detmerode im Bau, 1968, S. 224
  Quelle: Stadt Wolfsburg, IZS

- Quartier, Lageplan, S. 225
  Quelle: Stadt Wolfsburg, IZS, Broschüre in der Historischen Akte Nr. 8927, Bd. 2

- Foto Detmerode, S. 225
  Quelle: Wolfgang Muthesius/Stadt Wolfsburg, IZS

- Bebauungsstruktur Detmerode
  Quelle: Eigene Darstellung, Grundlage: © OpenStreetMap-Mitwirkende, Zugriff 2016

- Eindrücke aus dem Gebiet
  Quelle: Eigene Fotos

- Bevölkerungsentwicklung Wolfsburg
- Bevölkerungsprognose Wolfsburg
- Altersstruktur in Wolfsburg (Stand 2013)
  Quelle: Landesamt für Statistik Niedersachsen: Zensus 2011. Bevölkerung und Haushalte. Kreisfreie Stadt Wolfsburg, Stadt am 9. Mai 2011, Hannover 2014

- Personen nach Gebäudetyp in Wolfsburg (Stand 2011)
- Wohngebäudebestand Wolfsburg (Stand 2011)
- Eigentumsverhältnisse in Ein- und Zweifamilienhausbestand in Wolfsburg (Stand 2011)
- Bautätigkeit/Baufertigstellungen von Wohngebäuden 1990-2013 in Wolfsburg
  Quelle: Landesamt für Statistik Niedersachsen: Zensus 2011. Gebäude und Wohnungen sowie Wohnverhältnisse der Haushalte. Kreisfreie Stadt Wolfsburg, Stadt am 9. Mai 2011, Hannover 2014; Zensus 2011: Haushalte nach Art des Gebäudes und Größe des privaten Haushalts, https://ergebnisse.zensus2011.de/#dynTable:statUnit=HAUSHALT;absRel=ANZAHL;ags=081365001088,055540008008,033520011011,055620012012,057580016016,096770148148,033560007007,033590038038,031030000000;agsAxis=X;xAxis=GEBAEUDEART_SYS;yAxis=HHGROESS_KLASS, Zugriff 13.01.2015

- Eindrücke aus dem Gebiet
  Quelle: Eigene Fotos

- Leitfaden, Bürgerbeteiligung, S. 234
  Quelle: Stadt Wolfsburg (Hg.): Geschäftsbereich Stadtplanung & Bauberatung: Einfamilienhausquartiere in Detmerode, Handlungsleitfaden für die Modernisierung, Wolfsburg, 2013a; Nicole Froberg, Stadt Wolfsburg

Kapitel 8

Ahaus
- Eindrücke aus dem Gebiet
  Quelle: Michael Führs, 23.10.2015
- Luftbild
  Quelle: Bing maps, 2016

Arnsberg
- Eindrücke aus dem Gebiet
  Quelle: Stadt Arnsberg Moosfelde, 12.11.2015
- Luftbild
  Quelle: Stadt Arnsberg Moosfelde, 12.11.2015

Bensheim
- Eindrücke aus dem Gebiet
  Quelle: Stadt Bensheim, 04.11.2015
- Luftbild
  Quelle: Bing maps, 2016

Bottrop
- Eindrücke aus dem Gebiet
  Quelle: NRW.URBAN GmbH & Co. KG, 12.11.2012
- Luftbild
  Quelle: Bing maps, 2016

Coesfeld
- Eindrücke aus dem Gebiet
  Quelle: Kreis Coesfeld, 2015
- Luftbild
  Quelle: Bing maps, 2016

Crailsheim
- Eindrücke aus dem Gebiet
  Quelle: Stadtwerke Crailsheim GmbH, 2015
- Luftbild
  Quelle: Bing maps, 2016

Eichenau
- Eindrücke aus dem Gebiet, Neubau
  Quelle: Gemeindeverwaltung Eichenau, 2016
- Eindrücke aus dem Gebiet, Haus mit Garten
  Quelle: Planungsverband Äußerer Wirtschaftsraum München, 2016
- Schrägluftbild
  Quelle: Bildrechte an HFT übergegangen (Fotograf: Achim Keiper, Lahr), 2016

Erlangen
- Stadtkarte von 1958
  Quelle: Kartengrundlage: Stadt Erlangen, Stadtkarte 1:10.000 von 1958
- Stadtkarte von 1964
  Quelle: Kartengrundlage: Stadt Erlangen, Stadtkarte 1:10.000 von 1964
- Luftbild
  Quelle: Open Street Map contributors, 2016

Flensburg
- Eindrücke aus dem Gebiet, Haus und Garten
  Quelle: Börstinghaus, 2015
- Luftbild
  Quelle: Bing maps, 2016

Illingen
- Eindrücke aus dem Gebiet
  Quelle: Kernplan, 2016
- Luftbild
  Quelle: LVGL Saarland, erhalten am 26.04.2016

Ilvesheim
- Faltblatt Seite 1 und 2
  Quelle: Gemeinde Ilvesheim, Mail vom 26.11.2015
- Luftbild
  Quelle: Bing maps, 2016

Karlsruhe
- Eindrücke aus dem Gebiet
  Quelle: Eigene Fotos
- Luftbild
  Quelle: Bing maps, 2016

Kiel
- Eindrücke aus dem Gebiet
  Quelle: © GEWOS, 2016
- Luftbild
  Quelle: Bing maps, 2016

Lahnstein
- Eindrücke aus dem Gebiet, Gebäudeensemble
  Quelle: Stadt Lahnstein, 2016
- Eindrücke aus dem Gebiet, Haus und Garten
  Quelle: Mokus, 2016
- Luftbild
  Quelle: Bing maps, 2016

Langenneufach
- Eindrücke aus dem Gebiet
  Quelle: Planungsbüro Skorka, Baader Konzept, 2015
- Luftbild
  Quelle: Bing maps, 2016

Mainz
- Eindrücke aus dem Gebiet
  Quelle: Eigene Darstellung, 2016
- Luftbild
  Quelle: Bing maps, 2016

Marktrodach
- Eindrücke aus dem Gebiet
  Quelle: Planungsbüro Skorka, Baader Konzept, 2015
- Luftbild
  Quelle: Kommune Marktrodach, 2016

Nordkirchen
- Bürgerversammlung
  Quelle: André Dünnebacke (Regionale 2016 Agentur GmbH), 2016
- Impressionen aus dem Quartier
  Quelle: Michael Führs (Regionale 2016 GmbH), 2016
- Luftbild
  Quelle: Regionale 2016/inceniofilm, Gronau, 2016

Oberasbach
- Titelblatt Stadtentwicklungskonzept
  Quelle: Website Stadt Oberasbach, 2016
- Teilbebauungsplan
  Quelle: Brigitte Sesselmann, Nürnberg, 2016
- Luftbild
  Quelle: Bing maps, 2016

Ostfildern
- Eindrücke aus dem Gebiet
  Quelle: Weeber+Partner, Institut für Stadtplanung und Sozialforschung, Stuttgart/Berlin, 2016
- Luftbild
  Quelle: Bing maps, 2016

Steinfurt
- Haus-zu-Haus Beratungswochen
  Quelle: Haus im Glück e.V, 2016
- Logo Haus im Glück e.V
  Quelle: Haus im Glück e.V, 2016
- Luftbild
  Quelle: Bing maps, 2016

Stuttgart-Botnang
- Aspen, Eindrücke aus dem Gebiet
  Quelle: Industriefoto Leutschaft und Sepp Mayer

Weil im Schönbuch
- Eindrücke aus dem Gebiet, Straßenansichten
  Quelle: Gemeinde Weil im Schönbuch, 2016
- Luftbild
  Quelle: Bing maps, 2016

Abkürzungsverzeichnis

ARL	Akademie für Raumforschung und Landesplanung
BauGB	Baugesetzbuch
BauNVO	Baunutzungsverordnung
BBR	Bundesamt für Bauwesen und Raumordnung
BBSR	Bundesinstitut für Bau-, Stadt- und Raumforschung
BMUB	Bundesministerium für Umwelt, Naturschutz, Bau und Reaktorsicherheit
BMVBS	Bundesministerium für Verkehr-, Bau- und Stadtentwicklung
B-Plan	Bebauungsplan
EFH	Einfamilienhaus
ESF	Europäischer Sozialfonds
EStG	Einkommensteuergesetz
ExWoSt	Experimenteller Wohnungs- und Städtebau
FNP	Flächennutzungsplan
HFT	Hochschule für Technik Stuttgart
IBA	Internationale Bauausstellung
ISEK	Integriertes (Stadt)Entwicklungskonzept
KfW	Kreditanstalt für Wiederaufbau
LBO	Landesbauordnung
NRW	Nordrhein-Westfalen
ZFH	Zweifamilienhaus

Index

A

Aktivierung
56, 72, 95, 98, 193, 205, 241

Anbau
87, 269

Aufsiedlungszeitraum
106, 123, 151, 164, 181, 195, 203, 207, 221

Aufstockung
233

Außenbereich
73

Auszeichnungsverfahren
3, 56, 71, 84, 91

B

Ballungsraum/-zentrum
279

Barrierefreiheit
40, 59, 104, 253, 279

Baunutzungsverordnung
72, 334

Bausubstanz
15, 56, 74, 75, 141, 204, 214, 219, 289

Bauvorschrift
74

Bebauungsplan
20, 26, 63, 72, 73, 74, 86, 87, 133, 149, 151, 152, 160, 162, 172, 173, 176, 178, 235, 239, 246, 271, 295

Beratung
20, 57, 58, 90, 92, 100, 173, 179, 182, 189, 190, 192, 204, 205, 234, 240, 241, 246, 247, 249, 253, 255, 256, 257, 259, 261, 267, 273, 275, 277, 279, 281, 283, 285, 287

Bestand
28, 31, 33, 40, 58, 59, 64, 65, 85, 99, 100, 149, 158, 160, 165, 172, 188, 193, 196, 202, 203, 204, 205, 208, 217, 219, 231

Bestandsanpassung
4, 17, 20, 103, 104, 148, 239, 246, 249, 251, 253, 255, 257, 259, 261, 263, 265, 267

Bestandssicherung
3, 71, 74, 75, 76, 87, 100, 240

Beteiligung
4, 20, 82, 93, 95, 96, 98, 99, 121, 134, 137, 176, 232, 240, 242, 245, 246, 249, 251, 255, 261, 267, 287

Bevölkerungsverlust
63, 64, 65, 66, 256, 257

Bewusstseinsbildung
20, 58, 75, 77, 81, 92, 95, 98, 99, 100, 107, 120, 121, 179, 182, 189, 205, 219, 222, 234, 235, 240, 241

Boardinghouse
231

Bodenmanagement
173, 178

Bürgerbeteiligung
73, 77, 120, 138, 139, 183, 232, 235, 269, 271

Bürgerinitiative
116, 117

D

Demografischer Wandel
39, 62

Demonstrativbauvorhaben
20, 25, 62, 63, 64, 67, 106, 107, 151, 152, 153, 162, 219, 221, 222, 226, 240, 283

Denkmalschutz
74, 291, 293

Dichte
25, 26, 73, 149, 178

Dienstleistungen
257

E

Einzelhandel
76, 113, 124, 138, 139, 168

Energieeffizienz
44, 56, 84, 172, 182

Engagement
20, 21, 56, 84, 107, 116, 121, 133, 134, 205, 241, 242

Entwicklungskonzept
71, 88, 124, 133, 134, 136, 144, 162, 247, 263, 265

Erneuerung
17, 19, 44, 60, 62, 77, 78, 103, 118, 134, 148, 179, 193, 240, 275

Ersatzneubau
214

F

Flächenmanagement
3, 20, 71, 72, 86, 133, 240, 263, 265

Flächennutzungsplan
20, 71, 240

Formelle Instrumente
74, 75

Freiraum
57, 176, 251

G

Gebietstyp
3, 23, 25, 63, 64, 65, 66, 67, 72, 106, 123, 136, 151, 164, 181, 195, 207, 221, 249, 251, 253, 255, 257, 259, 261, 263, 265, 267, 269, 271, 273, 275, 277, 283, 285, 287, 291, 293, 295

Generationenwechsel
15, 16, 20, 56, 57, 66, 97, 104, 107, 116, 134, 141, 143, 144, 149, 152, 158, 159, 179, 188, 231, 239, 241, 249, 261, 267, 269, 271, 283, 285

Gestaltqualität
74, 172, 219, 226

Gestaltungsleitfaden
75, 87, 219, 222, 247

Gestaltungsplan
63, 74, 86, 151, 152, 159, 160, 162, 246

Gestaltungssatzung
74, 235

Gestaltungssicherung
74

Großsiedlung
64, 67, 106, 221, 226

Grundriss
124, 166

H

Haushaltslage
82, 188, 230, 241

I

Idealstadt
108

Image
86, 99, 110, 141, 178, 190, 202, 203, 240

Impulsprojekte
3, 71, 85, 86, 92, 240

Informelle Instrumente
74

Infrastruktur
4, 15, 20, 25, 26, 57, 62, 76, 77, 78, 88, 98, 103, 104, 107, 110, 113, 116, 120, 128, 133, 137, 138, 141, 147, 148, 156, 162, 165, 168, 172, 179, 182, 185, 190, 193, 199, 210, 217, 227, 239, 240, 242, 246, 249, 251, 253, 255, 257, 259, 261, 263, 265, 267, 285, 289

Innenbereich
73, 173, 265

Innenentwicklung
3, 16, 71, 72, 76, 86, 100, 133, 137, 139, 148, 165, 168, 171, 172, 173, 176, 178, 183, 193, 213, 214, 231, 240, 289

Innere Leerstände
65

Integrierte Entwicklungskonzepte
77

K

KfW
3, 59, 66, 71, 77, 79, 80, 87, 88, 89, 90, 100, 148, 179, 181, 182, 189, 190, 192, 203, 214, 222, 233, 241, 247, 255, 259, 275, 281, 283, 285, 287

Kleinsiedlung
27, 31

Kommunikation
4, 19, 20, 58, 62, 75, 80, 93, 95, 96, 98, 99, 240, 245, 246, 279, 289

Kulturdenkmal
87, 291, 293

L

Landesbauordnung
 74
Landesprogramm
 289
Leerstand
 16, 127, 193, 202, 208, 267, 289
Leerstandsaktivierung
 4, 20, 103, 193, 240, 247, 289
Leerstandskataster
 193
Leerstandsmanagement
 58, 289
Leitfaden
 58, 86, 92, 124, 233, 234, 235, 293

M

Modellvorhaben
 3, 20, 58, 59, 67, 71, 81, 83, 90, 132, 134, 181, 203, 222, 232, 241, 257, 259, 263, 265
Monitoring
 56, 57, 77, 241

N

Nachbarschaft
 4, 20, 72, 73, 93, 95, 96, 97, 99, 100, 120, 133, 149, 203, 240, 245, 246, 267
Nachverdichtung
 59, 61, 62, **72**, 86, 87, 100, 149, 164, 165, 171, 172, 173, 174, 175, 176, 177, 178, 234, 261, 263, 269, 285
Nahversorgung
 63, 64, 98, 128, 134, 152, 156, 199, 251, 255, 263
Netzwerk
 19, 141, 147, 232, 255, 256, 257, 259, 275, 281
Neubaugebiet
 188

O

Öffentlichkeitsarbeit
 75, 95, 99, 179, 204, 214, 235, 257, 259, 281, 287

P

Partizipation
 16, 62, 98, 99, 219, 241, 249, 267
Peripherie
 15
Pflege
 97, 172, 291, 293
Placemaking
 56
Planungsprozess
 95
Problemwahrnehmung
 3, 15, 19, 55, 239

Q

Quartiersmanagement
 3, 71, 80, 89, 90, 100, 104, 133, 240, 267, 273

R

Regionale 2016
 21, 58, 64, 81, 90, 106, 107, 118, 120, 121, 246, 249, 267
Revitalisierung
 1, 19, 20, 21, 58, 65, 81, 88, 90, 123, 124, 132, 172, 239, 241, 263, 265
Rückbau
 55, 58, 251

S

Sachgesamtheit
 291
Sanierung
 44, 56, 74, 92, 99, 100, 143, 179, 182, 188, 190, 192, 204, 212, 222, 233, 240, 241, 253, 275, 279, 285, 295
Sanierungsmanager
 79, 80, 179, 189, 222, 275
Sensibilisierung
 20, 58, 99, 203, 234, 240, 261, 273, 281
Serviceangebot
 58, 196

Siedlungsbild
   56, 73, 74, 75, 133, 149, 162, 219, 222, 227
Siedlungscharakter
   56, 74, 75, 231, 261, 295
Städtebauförderung
   3, 71, 78, 81, 88, 240, 242, 267
Stadtentwicklungskonzept
   66, 87, 137, 138, 139, 144, 148, 172, 183, 203
Stadterneuerung
   17, 71, 78, 95, 188, 242
Strukturförderprogramm
   64, 118
Strukturwandel
   15, 56, 113, 118, 168
Suburbanisierung
   25

T

Trabantenstadt
   222, 226
Transformation
   17, 19, 55, 60

U

Überformung
   152, 159, 162, 219, 222
Umbau
   59, 79, 84, 85, 92, 118, 147, 204, 205, 241, 255, 259, 273, 285
Umstrukturierung
   17, 19, 60

V

Verband Wohneigentum
   56, 84
Verstetigung
   80, 121

W

Werksiedlung
   151, 152
Wettbewerb
   58, 84, 91, 96, 118, 121, 246, 267
Wohneigentum für Generationen
   56, 91, 261
Wohnlotsen
   58, 64, 83, 90, 91, 92, 99, 193, 195, 196, 203, 204, 205, 242, 247, 256
Wohnraumerweiterung
   4, 63, 87, 149, 160
Wohnsuburbanisierung
   55
Wohnungsmarktbeobachtung
   58, 168, 171
Wohnungsüberhang
   196, 197, 203

Autorinnen

Christina Simon-Philipp, Prof. Dr.-Ing., Architektin und Stadtplanerin, Professorin für Städtebau und Stadtplanung an der Hochschule für Technik Stuttgart (HFT), seit 2014 Studiendekanin Master-Studiengang Stadtplanung. Forschungstätigkeit am Institut für Angewandte Forschung der HFT sowie auf selbstständiger Basis, Tätigkeit als Fachgutachterin und Fachpreisrichterin. Forschungsschwerpunkte: Stadtentwicklung, Stadterneuerung, Wohnungsbauerbe der 1950er- bis 1970er-Jahre, Zentrenentwicklung, öffentlicher Raum. Mitgliedschaften: Architektenkammer Baden-Württemberg, Vereinigung für Stadt-, Regional- und Landesplanung, Deutsche Akademie für Städtebau und Landesplanung, Deutscher Werkbund Baden-Württemberg, Forum Stadt, Städtebauausschuss der Stadt Stuttgart.

Josefine Korbel, Infrastrukturmanagement (B. Eng.) und Stadtplanung (M. Eng.), 2009-2013 Tätigkeit in zwei Stuttgarter Planungsbüros. Seit 2013 wissenschaftliche Mitarbeiterin am Institut für Angewandte Forschung der HFT Stuttgart, Forschungsschwerpunkte: Stadtentwicklung, Einfamilienhausgebiete der 1950er- bis 1970er-Jahre, Klimaanpassung, energetische Stadtplanung, Subkultur in Städten. Mitgliedschaften: Vereinigung für Stadt-, Regional- und Landesplanung.